绍兴市哲学社会科学特别重大课题"绍兴历史文化系列研究"
（编号：15TBZD-01）子课题（SXW1510）

绍兴历史文化精品丛书

会稽天下：越国文化史

潘承玉 著

中国社会科学出版社

图书在版编目(CIP)数据

会稽天下:越国文化史/潘承玉著. --北京：中国社会科学出版社，2024.12

(绍兴历史文化精品丛书)

ISBN 978-7-5227-2789-9

Ⅰ.①会… Ⅱ.①潘… Ⅲ.①文化史—研究—中国—越国(?-前306) Ⅳ.①K225.03

中国国家版本馆 CIP 数据核字(2023)第 235606 号

出 版 人	赵剑英
责任编辑	郭晓鸿
特约编辑	杜若佳
责任校对	师敏革
责任印制	戴　宽

出　　版	中国社会科学出版社
社　　址	北京鼓楼西大街甲 158 号
邮　　编	100720
网　　址	http://www.csspw.cn
发 行 部	010-84083685
门 市 部	010-84029450
经　　销	新华书店及其他书店

印刷装订	北京君升印刷有限公司
版　　次	2024 年 12 月第 1 版
印　　次	2024 年 12 月第 1 次印刷

开　　本	710×1000　1/16
印　　张	22.25
字　　数	334 千字
定　　价	119.00 元

凡购买中国社会科学出版社图书，如有质量问题请与本社营销中心联系调换
电话：010-84083683
版权所有　侵权必究

"绍兴历史文化精品丛书"编辑委员会

主　　任：丁如兴
副 主 任：王静静　　王　晶　　潘承玉
编　　委：王　晶　　王静静　　陈杨军　　张　恬
　　　　　柳巨波　　蔡立峰　　潘承玉
主　　编：王静静
执行主编：王　晶　潘承玉

《绍兴历史文化精品丛书》序言

绍兴历史文化是拥有两千五百多年完整城市史的绍兴的骄傲，更是整个中华民族和全人类的精神财富。

二十年前，著名学者钟敬文曾深情地写道，绍兴，是幅员广阔的祖国的一个行政区域，"它牵系着许多知识分子的心"（《绍兴百俗图赞》序，1997）。季羡林更包举而言说，"绍兴大名垂宇宙，物华天宝，人杰地灵"，"建国首先必须重视文化、教育、科学、技术。在这方面，绍兴古今人物都有一切重要的贡献。此外，更必须有炽热的爱国主义热情"，绍兴这方面也创造了中华民族的骄傲（《绍兴百俗图赞》序，1997）。在更早出版的《浙江十大文化名人》（浙江人民出版社1987年版）中，合撰该著的著名学者蒋祖怡、沈善洪、王凤贤还将出自传统绍兴地区的王充、陆游、王阳明、黄宗羲、蔡元培、鲁迅等6人列入浙江10大文化名人，绍兴文化名人数量竟占了浙江全省的一半以上。2000年竣工的北京中华世纪坛，根据长期以来的社会共识，用青铜铸造了40尊中华文化名人像，其中王羲之、蔡元培、鲁迅、马寅初4尊来自绍兴地区。2016年5月17日习近平总书记在哲学社会科学工作座谈会上的讲话中谈到中华民族几千年发展史上的25位"思想大家"，百年来开拓运用马克思主义的9位"名家大师"，分别又各有4位（王充、王守仁、黄宗羲、鲁迅）、2位（范文澜、马寅初）来自传统绍兴地区。这些都足以说明，绍兴历史文化是浙江文化的根脉所在，是中华优秀传统文化的重要组成部分之一。

对绍兴历史文化的研究，已经走过两千多年历程，积累下丰厚的学术资源。

毕生研究绍兴历史文化、本身也是当代越地杰出文化名人的陈桥驿先生,曾梳理绍兴历史文化的研究史指出,对绍兴历史文化的比较自觉研究始于东汉初,"唯一一种由先秦越地越人写作的是《越绝书》,此书经过东汉初人的整理补充而流传下来,价值甚高。此外,东汉初人研究越文化的著作还有《吴越春秋》和《论衡》,也都有重要价值。东汉以后,由于种种原因,越文化的研究者和成果很少。20世纪二三十年代,若干学者以新的思维和方法研究越文化,其中顾颉刚的研究成果具有创见。最近二十年来,越文化研究出现高潮,许多研究成果相继问世"[《越文化研究的回顾和展望》,《杭州师范学院学报》(社会科学版)2004年第2期]。这当然是主要基于本土学者的比较简略的考察。将视野放开一点可以看到,西汉早期,伟大史学家和思想家的司马迁从史学角度构建汉代大一统国家意识文化时,就对绍兴历史文化进行了比较深入的研究。其《史记·太史公自序》、《越王句践世家》、《货殖列传》以及《夏本纪》,就对绍兴人民的精神图腾大禹、绍兴历史文化的灿烂开篇——越国时期的重大军政、经济和文化建树,作出多方面、多角度的考述。他旗帜鲜明地赞美:"禹之功大矣,渐九川,定九州,至于今诸夏艾安。及苗裔句践,苦身焦思,终灭彊吴,北观兵中国,以尊周室,号称霸王。句践可不谓贤哉!盖有禹之遗烈焉!"司马迁十分精准地挖掘出绍兴历史文化传统中的两大要件——事功精神和爱国传统,至今仍有启迪价值。两汉以后,六朝时期越国故地的士族文化精英出于在南下北方士人面前张扬本土文化的需要,通过撰写大量地志著作,成为绍兴历史文化研究新的主力。唐、宋、元、明、清各代,绍兴历史文化其实也都有相当一批本土内外的热心研究者。正是基于这些丰厚的积累,进入20世纪,人们才看到一系列"亮眼"的动作。如1910年12月21日,鲁迅在《致许寿裳》信中,以"开拓越学,俾其曼衍,至于无疆"共勉;并身体力行,花费相当大的心血整理《会稽郡故书杂集》等绍兴历史文献。1912年1月3日,他在《〈越铎〉出世辞》(按即《〈越铎日报〉发刊词》)中提出,"於越故称无敌于天下,海岳精液,善生俊异，后先络驿，展其殊才；其民复存大禹卓苦勤劳之风，同句践坚确慷慨之志，力作治生，绰然足以自理"，援引绍兴历史文化精神以为创造中华民族新纪元的精神支撑之一，不啻20世纪第一篇绍兴历史文化研究檄文。1936年8月30日，由蔡元培主持的吴越史地研究会成立大会在上海举行，绍兴历史文化研究随之进入一个更具自觉和群体性的时代。改革开放以来，绍兴历史文化研究飞速发展，硕果累累，应是吴越史地研究会所推动形成的趋势在经历种种历史波折之后恢复、壮大的成果之一。

中国特色社会主义进入新时代，组织展开绍兴历史文化的新的系统研究，是历史的选择。

习近平总书记在系列讲话中一再指出："我们说要坚定中国特色社会主义道路自信、理论自信、制度自信，说到底是要坚定文化自信。文化自信是更基本、更深沉、更持久的力量"；"要讲清楚中华优秀传统文化的历史渊源、发展脉络、基本走向，讲清楚中华文化的独特创造、价值理念、鲜明特色，增强文化自信和价值观自信"。显然，文化自信建设已然成为我们这个时代的主题。在这一大背景中，浙江省和绍兴市也加快了文化建设的步伐。不久前发布的《浙江省第十四次党代会报告》提出"文化浙江"奋斗目标，并且置于"六个浙江"建设的中枢位置，要求"挖掘传承地方特色文化"，"进一步延续浙江文脉"；《绍兴市第八次党代会报告》同样把强化文化的传承创新列为战略重点，提出"建设具有国际影响力的历史文化名城"，"在彰显特色文化魅力上充分发挥历史文化资源优势，打造特色文化高地"。在中央和浙江省一系列里程碑性质文件、决策酝酿出台的同时，绍兴市社科界就如何把举世罕匹的深厚历史文化资源转变为现实的文化软实力和绍兴大城市建设的恒久推动力，进行了多方面的思考，采取了一系列比较重大的举措。其中之一就是绍兴市社科联与绍兴文理学院越文化研究院（浙江省越文化传承与创新研究中心）通力合作，面向国内外学术界组织撰著一套既能集中反映绍兴历史文化遗产、代表这一领域最新学术进展，又较好适应当前时代需要的"绍兴历史文化精品丛书"。

这项工作在中共绍兴市委宣传部的关心、指导下，在绍兴市社科联多位领导的精心谋划、组织下展开，得到浙江省社会科学院副院长陈野研究员、上海交通大学博士生导师朱丽霞教授、安徽大学吴从祥教授、聊城大学罗衍军教授、浙江师范大学吴民祥教授、浙江工商大学聂付生教授、绍兴市鉴湖研究会会长邱志荣研究员等多位专家学者的响应和大力参与支持。各位专家学者基于既往两千年学术史特别是近八十多年现代学科意义上的研究史，基于践行社会主义核心价值观和文化自信建设的需要，从不同方面对绍兴历史文化进行了比较系统深入的厘清，及时完成了这套丛书。

期待这套丛书不仅是对深厚绍兴历史文化的一次全新解读和总结，对传承、发展好这份中华民族和全人类的精神财富也有一定价值。

唐人元稹曾在诗中吟道："会稽天下本无俦，任取苏杭作辈流。"（《再酬复言和夸州宅》）我们还期待，对绍兴历史文化的新的解读和总结，对传承、发展中国其他地域文化也有借鉴意义。在满足中国特色社会主义新时代广大民众的美好精神生活需要方面，地方文化是最近便、适切的食粮。

潘承玉

目　录

引　言 …………………………………………………………… 1

第一章　越国的兴衰 ………………………………………… 7
第一节　越国的早期历史 ……………………………………… 7
第二节　越国的崛起 …………………………………………… 14
第三节　越国战国时期的霸业延续与衰亡 …………………… 41

第二章　越国的社会政治制度 ……………………………… 64
第一节　社会结构 ……………………………………………… 64
第二节　政治制度 ……………………………………………… 71
第三节　军事制度 ……………………………………………… 85
第四节　越王句践的改革 ……………………………………… 95

第三章　越国的思想 ………………………………………… 117
第一节　句践思想 ……………………………………………… 117
第二节　范蠡思想 ……………………………………………… 134
第三节　文种思想 ……………………………………………… 153
第四节　计然思想 ……………………………………………… 162

第四章　越国的语言与文学 ………………………………… 179
第一节　越语与鸟篆 …………………………………………… 179

第二节　神话传说 ………………………………………… 197
　　第三节　诗文 ……………………………………………… 212

第五章　越国的艺术 ……………………………………………… 229
　　第一节　越国音乐 ………………………………………… 229
　　第二节　越国美术 ………………………………………… 243

第六章　越国的信仰与风俗 ……………………………………… 281
　　第一节　社会信仰 ………………………………………… 281
　　第二节　民众习俗 ………………………………………… 292
　　第三节　上层习俗 ………………………………………… 296
　　第四节　社会风尚 ………………………………………… 331

大事年表 …………………………………………………………… 335

引　言

众所周知，中华优秀传统文化在当代中国获得前所未有的历史资源地位。诚如中共二十大报告中所言："只有把马克思主义基本原理同中国具体实际相结合、同中华优秀传统文化相结合，坚持运用辩证唯物主义和历史唯物主义，才能正确回答时代和实践提出的重大问题。……只有植根本国、本民族历史文化沃土，马克思主义真理之树才能根深叶茂。……我们必须坚定历史自信、文化自信，坚持古为今用、推陈出新，把马克思主义思想精髓同中华优秀传统文化精华贯通起来、同人民群众日用而不觉的共同价值观念融通起来。"[1]

习近平总书记在担任浙江省委书记时，曾对绍兴历史文化（特别是其中的越国文化）十分眷注，一再指示要挖掘、传承好中华民族的这份宝贵遗产。2003年1月20日浙江省两会期间，习近平在出席绍兴代表团的讨论会时讲道："绍兴有很多典故值得我们借鉴和学习。今天，我们弘扬越王句践[2]卧薪尝胆、'十年生聚，十年教训'的精

---

[1] 习近平：《高举中国特色社会主义伟大旗帜　为全面建设社会主义现代化国家而团结奋斗——在中国共产党第二十次全国代表大会上的报告》，新华社2022年10月25日电。

[2] "句践"既往一般读物多写作"勾践"，20世纪末以来渐被"句践"写法取代。1999年越文化专家董楚平撰文谈道，"近年，在我们的出版物中，出现以'句践'取代'勾践'的趋势，并出现相应的理论"，"其主要理由是：勾践的勾，'本来'写作句"，"勾践的时候，只有句字，没有勾字。不但勾践时候如此，现在我们所能看到的甲骨文与金文，只有从口的句，没有从厶的勾"（董楚平：《浅谈"勾践"与"句践"的纠纷问题》，《中国语文》1999年第6期）。战国竹书《越公其事》当然也只见写作"句践"。"句践"取代"勾践"趋势，在近年的先秦史专题论著中更加突出。故本书从之，写作"句践"。

神，就是要围绕全面建设小康社会、提前基本实现现代化的目标，卧薪尝胆，艰苦奋斗，努力谱写新时期的'胆剑篇'。"2005年5月17日，他率领省委分管文化建设的有关领导和省直厅局负责人专程来绍兴调研文化工作，对一行人说："在浙江省的这些城市中，绍兴建城最早，历史名人最多，毛主席就曾讲绍兴是'鉴湖越台名士乡'。绍兴历史文化积淀十分深厚，可以说，绍兴是浙江的'罗马'。"又说："绍兴的地域文化和历史传承，是中华民族文化的瑰宝。"[①] 习近平对越国胆剑精神的高度重视，还出现在其他多个场合。作为浙江的"罗马"，绍兴的"罗马"时期文化，自然就是包孕了"胆剑精神"在内的越国文化。

越国文化是中国首批历史文化名城绍兴的立命根本，是浙江文化的根脉所在，是中华优秀传统文化的重要组成部分。近些年来，我们讲良渚文化、大禹文化，讲浙东唐诗之路文化、浙东运河诗路文化，讲阳明文化、鲁迅文化，讲长三角文化一体化、讲东亚文化之都，等等，越国文化都是其中一个关键要素。

良渚文化辉煌于距今五千年前，既往一般认为距今四千年时突然消失。实际上，诚如中外越来越多学者所体认，越国文化就是良渚文化在本土崩溃以后的再生长文化。大禹是越国王室的立国先祖，越人对大禹的崇拜，乃至中国各地和东亚各地对大禹的推崇，主要即由挺进中原、称霸天下的越王句践主导。《吴越春秋·句践伐吴外传》载句践临终遗言："吾自禹之后，承允常之德，蒙天灵之祐、神祇之福，从穷越之地，籍楚之前锋，以摧吴王之干戈；跨江涉淮，从晋、齐之地，功德巍巍，自致于斯，其可不诚乎？"说明越国辉煌，与越国君臣践行大禹精神相关。浙东运河的主体乃在越国时期开筑，唐代诗人走上浙东唐诗之路的主要方式和主要目的之一，是沿浙东运河寻访越国遗迹。就朱熹之后中国最重要的思想体系阳明心学而言，其创立者王守仁也是越国卧薪尝胆精神的坚定弘扬者。明正德十五年（1520），

[①] 田玉珏、薛伟江、路也：《习书记指导绍兴谱写新时期的"胆剑篇"》，《学习时报》2021年3月15日第5版。

这是王阳明人生历程中的一个重要节点,他在《丰城阻风》诗中就说:"句践敢忘尝胆地,……海上陶朱意颇同。"[①] 表示要像越王句践卧薪尝胆那样,为国家的安定发挥力挽狂澜作用;待功成身退,再像越国大夫范蠡一样隐沦。鲁迅当然也是20世纪初越国卧薪尝胆精神的继承者。1912年元月,伴随着中国历史上第一个资产阶级民主共和国——中华民国的诞生,鲁迅曾自觉援引越文化精神以为创造中华民族新纪元的智慧资源。他在家乡创办浙江历史上第一份日报《越铎》,在亲撰发刊词中,始终以弘扬越国文化为激扬奋起的号角与大纛。"於越故称无敌于天下,海岳精液,善生俊异,后先络绎,展其殊才;其民复存大禹卓苦勤劳之风,同句践坚确慷慨之志,力作治生,绰然足以自理",这是开篇的雄健自豪之言;"猗此於越,故称无敌于天下,鸷夷纵虐,民生槁枯,今者解除,义当兴作,用报古先哲人征营治理之业"[②],这是文末的思夕抚今,踔厉自强。长三角地区高质量发展和一体化,有赖于长三角地区文化的一体化。越国文化的源头是上海马桥文化,又在其灭吴之后首次实现长三角地区的一体化。在今天长三角地区高质量发展和文化一体化中,可以擦亮的一张名片就是越国文化。2021年,绍兴揽获"东亚文化之都"美誉,其中历史的原因在于,东北亚朝鲜、韩国、日本,东南亚越南、马来西亚、菲律宾等,其文化都源于越国文化在上古时期的扩散。

诚然,越国文化以政治文化最为突出。春秋战国之交,越王句践"十年生聚,十年教训"(宋胡铨《澹庵文集》卷二《上孝宗论兵法书》),最终与楚、齐、晋"四分天下而有之"(《墨子·非攻下》),以政治、经济、文化的全面强盛,推动中国东南沿海地区从落后状态中崛起,为此后这里发展为中国的经济重镇和文化重镇,做了很好的准备。就越王句践"卧薪尝胆",以弱胜强,打败强吴,挺进中原,成为"春秋五霸"的最后一霸和"战国七雄"之前事实上的战国首雄而言,越国文化尤其树立中国历史上的一个政治范本。在一个相当

---

① 《王阳明全集》中册,上海古籍出版社2017年版,第636页。
② 《鲁迅全集》第八卷,人民文学出版社2005年版,第41页。

长的历史时期，越国是以"僻陋之邦，蛮夷之民"，"断发文身"，"衣冠礼仪无所施"，而见讥于北方知识界的。越国的灭吴崛起，进而称霸中原，堪称彻底颠覆了这一旧的政治话语。例如，战国初期，宋国人墨子就曾把句践推许为"中国之贤君"、举世公认善于领导国家转危为安的三大明君之一："昔者文公出走而正天下，桓公去国而霸诸侯，越王句践遇吴王之丑而尚摄中国之贤君。三子之能达名成功于天下也，皆其国抑而大丑也。"（《墨子·亲民》）战国中期，邹国人孟子更将句践与儒家的"先圣"周太王相提并论："惟智者为能以小事大，故太王事獯鬻，句践事吴。"（《孟子·梁惠王下》）东周都城洛阳人苏代曾向燕昭王推崇，"越王句践栖于会稽，而后残吴霸天下"，乃"转祸而为福，因败而为功者也"（《战国策·燕策一》）。汉代淮南王刘安君臣甚且把句践与儒家最为津津乐道的商汤王、周文王、周武王，一体捧上"圣人"的平台，等量齐观："汤教祝网者，而四十国朝；文王葬死人之骸，而九夷归之；武王荫喝人于樾下，左拥而右扇之，而天下怀其德；越王句践一决狱不辜，援龙渊而切其股，血流至足，以自罚也，而战武士必其死。故圣人行之于小，则可以覆大矣；审之于近，则可以怀远矣。"（《淮南子·人间训》）刘安君臣的言论还表明，华夏民族建立在儒家基础上的整个文化观念，随着句践复国的成功也被更新。《淮南子·齐俗训》云："越王句践劗发文身，无皮弁搢笏之服，拘罢拒折之容，然而胜夫差于五湖，南面而霸天下，泗上十二诸侯皆率九夷以朝。……岂必邹、鲁之礼之谓礼乎！"

历史上每到民族危机加重之时，越国崛起这一政治文化范本的价值意义，较之承平时期，总是得到更多的彰显。以始终受困于民族危亡问题的南宋为例，一些有远见卓识的民族志士就曾反复重溯这段历史，从这一政治文化范本中获取智慧。如建炎年间，赵元镇把"句践所以灭吴"的历史经验推荐给高宗说："天其或者眷佑我宋，激励陛下益坚忧勤之念，以就中兴之业乎？昔……越王句践，败困会稽，既以反国，置胆于坐，饮食必尝曰：'汝忘会稽之耻耶？'后亦以灭吴。区区小国之君，苟用心如此，卒能有成。今陛下……其亦饮食尝胆如负会稽之耻，仰承天之所以责成之意，则兴衰拨乱，此其始欤？唯夫食不加肉，衣不重采，折节下贤，与百姓同劳苦，是乃句践之所以灭吴也。"① 其意欲成就大业，要有当年句践那样以苦为乐、摈弃奢华、忧勤砥砺的作为和精神面貌。绍兴年间，吴伸上书高宗亦以这一政治范本为镜鉴，对照现实提出："臣窃观越王句践之脱于吴也，尝胆以苦其心，任贤以广其谋，虽一饮一食未尝不以灭吴为念。故当时其耻虽大，其国虽削，数年之间，复其疆而雪其耻。……今陛下去汴而之吴越，迹实似之，谋则异也。……伏望陛下痛察臣言，上以祖宗创业艰难为念，下以生灵涂炭为忧，焚舟决战，如句践欲杀妻子、焚宝器之时，誓与三军触战，共存共亡，则危国可以复安，亡地可以复得。"② 希望在国家政治何去何从的方向选择和如何达致其目标的重大战略方面，要效法越王句践，有早定大计、矢志复国、全力以赴的坚定决心。乾道年间，杨万里向孝宗提出句践曾隐忍事敌，以争取时间壮大自己的意义所在："越王会稽之役，请成于吴。吴以为真请也，不知夫越之将求其暇而用之也。是故王女女于王，大夫女女于大夫，士女女于士，句践不耻也；输其宝器，玩以女乐，句践不爱也。惟不耻，故有以复其所大耻；惟不爱，故有以保其所甚爱。会稽之栖，耻之大也；社稷之存，爱之甚也。夫惟其小者无所耻，无所爱，故国中之民疾者吾得以问，死者吾得以葬，富者吾得以安，贫者吾得以与，赏罚物备吾得以审，车马兵甲吾得以具。夫是数者得以尽，而吴固在其股掌矣。"③ 期待基于创立不朽功业的艰巨性、长期性，孝宗要善于将原则目的性和策略权变性统一起来，具有舍小谋大、刚而能屈、屈而不失其宗的坚韧精神，一如当年之句践。不仅爱国志士，曾经领导抗金斗争的南宋皇帝也都受到越国崛起政治文化范本的影响。与臣下反复讨论过句践灭吴史事的孝宗如此，即向来颇受争议的高宗亦然。

---

① 杨士奇等：《历代名臣奏议》卷八十六，《景印文渊阁四库全书》第435册，台湾商务印书馆2008年版，第425页。

② 杨士奇等：《历代名臣奏议》卷八十七，《景印文渊阁四库全书》第435册，台湾商务印书馆2008年版，第463、467页。

③ 杨万里著，王琦珍整理：《千虑策·治原上》，《杨万里诗文集》中册，江西人民出版社2006年版，第1372页。

南宋亡前姚勉建言朝廷重新振作，积极组织抗敌救国时，对此曾有中肯的分析说："高宗皇帝初在临安，尝有圣制曰：'愿同越句践，焦思先吾身。高风动君子，属意种蠡臣。'此诗也，盖高宗皇帝中兴之规模也。越之谋吴，臣种治内，臣蠡治外。高宗圣心，盖有见于此。其后用赵鼎、张浚为左右相，遂用此法。鼎居中秉政，进退人才；浚江上视师，专任边事。表里相应，举天下而运之掌矣。"① 赵构遂得以在绍兴初年一度创造出大好抗金局面。

我们认为，越国政治文化的辉煌，是越国强大上层建筑的缩影，也是越国经济在长期发展中走向繁荣的高度集中。所以，越国文化实际上包括越国物质文化、越国精神文化以及居于二者之间的越国政治制度文化三大基本内容。

然毕竟今人提起文化，主要指的还是精神文化和对物质文化、精神文化发展发挥重要杠杆作用的政治制度文化。所以，本书考察亦主要限于越国政治制度文化和精神文化的范围。为说清整个越国文化从何而来、存在于什么历史空间以及最终向何处去等问题，本书还在开头设立了"越国的兴衰"一章。

---

① 姚勉著，曹诣珍、陈伟文校点：《姚勉集》卷二《庚申封事》，上海古籍出版社2012年版，第13页。

第一章　越国的兴衰

作为浙江先民创建，有较翔实文献记载和大量考古发现支撑的中国东南地区第一个国家，越国历史起于夏末商初，灭亡于秦始皇统一中国，前后绵延约1400年，辉煌发生在公元前500年至公元前300年的两个世纪。

第一节　越国的早期历史

越国的建国起点向有四说：其一，孟文镛所说《史记》《越绝书》《吴越春秋》记载的夏帝少康封无余于越[1]；其二，西周初中原文献中出现"於越来宾"时；其三，郭沫若、曹锦炎所认定的春秋初稍后[2]；马雪芹所说的"越王允常时期"[3]。

综合考虑以下六个因素，越国历史还是以起于夏代晚期，即公元前1700年至公元前1600年，较为可靠。

第一个因素，文献记载，西周初年，作为姬周天下方国中的一员，越国显示出相当实力。《逸周书·王会解》记载，周成王七年（前1036年），成周洛邑建成，王如东都接受天下诸侯朝贺，"於越纳姑妹珍"。

---

[1] 孟文镛：《越国史稿》，中国社会科学出版社2010年版，第145—150页。
[2] 曹锦炎：《吴越历史与考古论集》，文物出版社2007年版，第141页。
[3] 马雪芹：《古越国兴衰变迁研究》，齐鲁书社2008年版，第79页。

孔晁注："於越，越也。姑妹国，后属越。"今本《竹书纪年》记载，周成王二十四年（前1019年），"於越来宾"。《艺文类聚》卷七十一引《周书》又说："周成王时，於越献舟。"《尚书·周书·顾命》又载周成王时："越玉五重、陈宝、赤刀、大训、弘璧、琬琰，在西序。""越玉"，《释文》引东汉马融注曰："越地所献玉也。"当代《尚书》专家刘起釪复引述前人研究指出，"越玉五重"即越玉五双，此越玉"指南方越人所雕琢的玉器"，是我国古代东南地区"越民族文化发展中所出现的美玉的总称"，是古玉三大分系之一。①《论衡·异虚篇》又载："周时天下太平，越尝献雉于周公。"足见西周初於越作为一个方国，一再向中原周天子朝贡频率之高，奉献玉、雉乃至舟船等贡品之丰富。这一定是以相当国力为前提的，表明到西周初，越国已经历一个比较长的发展时期。

第二个因素，文献记载，商朝初年，越已经是商王朝统治下的一个方国。《逸周书·王会解》所附《商书·伊尹朝献》记载："汤问伊尹曰：'诸侯来献，或无马牛之所生而献远方之物，事实相反，不利。今吾欲因其地势所有献之，必易得而不贵，其为四方献令。'伊尹受命，于是为四方令曰：'臣请正东符娄、仇州、伊虑、沤深、九夷十蛮、越沤（剪发文身），请令以鱼支之鞞、□鲗之酱、鲛瞂、利剑为献。正南瓯邓、桂国、损子、产里、百濮、九菌，请令以珠玑、瑇瑁、象齿、文犀、翠羽、菌鹤、短狗为献。'"宋代学者王应麟把其中的"越沤"看作先秦越国，注为"越，禹之苗裔，封于会稽"云云②。这不仅在于"越沤"方国名下标了一个独特的"剪发文身"习俗，还在于"越沤"正好处在东"夷"、南"蛮"的方位交会地带，与先秦越国的地域位置完全吻合。

第三个因素，考古发现证明，越国国家史有一个漫长而连贯的发展过程，商代晚期以前，越国必已建立。1991年至1993年在越国鼎

---

① 顾颉刚、刘起釪：《尚书校释译论》第4册，中华书局2005年版，第1755—1756页。
② 黄怀信、张懋镕、田旭东：《逸周书汇校集注》下册，上海古籍出版社1995年版，第971页。

第一章　越国的兴衰

盛时期的都城绍兴附近发掘的陶里壶瓶山遗址，据《绍兴陶里壶瓶山遗址发掘简报》载，除最早的文化层相当于良渚文化晚期，其他文化层年代可以分为第一期至第五期，分别相当于商代晚期、西周早期、春秋初期、春秋早中期和战国晚期等五个阶段，"基本可建立起绍兴地区自新石器时代晚期直至战国的文化序列"；"泥质灰陶、夹砂红陶、印纹硬陶、泥质红陶、素面硬陶和原始瓷，始终是组成这五期文化的共同的基本因素"，"作为辨识一个考古学文化之重要标志的炊器，从早到晚始终是绳纹鼎"，"鼎、豆、碗、罐、坛、三足盘、研钵等这一基本器物群纵贯早晚"，"泥质灰陶和泥质红陶上往往也拍饰各种几何形印纹"，"这些因素始终执着明显地表现出来，形成了区别于其他文化的独特风格。同时，这些要素早晚无明显变化的事实，表明了第一至五期整体的连贯性和系统性。它们之间体现的是一脉相承、连续发展的过程"。专家由此得出了壶瓶山遗存"既包含了越建国前又包含了越建国后这样一段漫长的历史时期"，"越文化的产生经历了一段漫长的发展过程，越与先越文化不存在根本性的区别"等结论①。这份简报显然按一般认知，把春秋战国这一越国在历史舞台大显身手的时间当作了越国仅有的存在时间或者说"越建国后"时间，但它十分清楚地揭示越地文化从商代晚期至春秋、战国时代，具有按个性特色发展演变的显著连贯性和系统性。这种文化发展的显著连贯性、系统性，无疑是越国史发展的显著连贯性的结果。直言之，壶瓶山遗存说明，越国的国家史有一个从商代晚期历西周早期，直至春秋战国的连贯过程，商代晚期以前越国必已建国。

第四个因素，考古发现证明，夏商之际，越地先民已有比较成熟和先进的考古文化。前面已经提到存在时代大致相当于中原夏代和商代作为越文化先驱的马桥文化及与之关系密切的肩头弄遗存、高祭台类型，它们都折射出较高的技术文明。如马桥文化，《马桥1993—

---

① 浙江省文物考古研究所、绍兴县文物保护管理所：《绍兴陶里壶瓶山遗址发掘简报》，浙江省文物考古研究所编：《浙江省文物考古研究所学刊》，长征出版社1997年版，第149—152页。

1997年发掘报告》载,"原始瓷和红褐陶在马桥文化遗存中颇具特色,代表了一种新的生产技术"。其中红褐陶"颜色可以分为橘红、红褐、灰褐、紫褐,硬度和吸水率也有程度上的差异","它们普遍采用泥条盘筑法成形,器表再施拍打,器内有垫痕,器表有印纹,主要是条格纹和叶脉纹",经现代测试烧成温度是逐渐变化的,最低的是902°C,最高的是1114°C,"这种渐变与颜色从橘红到紫褐、质地从软到硬的渐变基本一致",可见窑工在烧制硬陶时,对原材料的选择、处理,对窑温的控制经历了一个摸索、提高阶段。"马桥文化的一大发明是在它的中期(马桥遗址3段)已经能够制作黑釉原始瓷器,釉层的厚度达到0.15—0.25毫米,而且光亮透明,已经完全形成玻璃态层。"这同样经历了一个摸索、提高过程:"马桥文化早期(马桥遗址1段),在个别灰褐色和紫褐色硬陶上有人工施加的黑色涂层,涂层比较薄,约为0.10毫米,还没有完全形成玻璃态层,仅在局部处光亮,因此还不能称釉。马桥文化黑釉原始瓷器的起源也可以追溯到肩头弄文化遗存。陶器上加黑色涂层在肩头弄一单元中特别盛行,特称之为'着黑陶'。马桥文化早期引进了'着黑'技术,但不流行,仅局限于鸭形壶和小型的罐类器上。这种黑色涂层显然是黑釉的前驱,为黑釉的诞生作好了物质和技术上的准备。经过不断的摸索、试验,马桥文化中期终于在技术上获得突破,烧出了真正的黑釉原始瓷。"[1] 根据该报告,马桥文化第1段和第2段的年代相当于中原二里头文化的二期到四期,第3段和第4段相当于商代前期[2],也就是马桥文化1段相当于公元前1700年的夏代晚期,马桥文化3段相当于公元前1600年的商代初年。综上,由马桥文化可见,从夏代晚期至商代初年,越地先民的陶瓷烧造技术经过不断摸索、提高,出现了比较重大的技术突破。这样的技术进步,如果没有国家因素的介入和引导,显然是难以实现的。再如高祭台类型,"从石器的制作和组合上

---

[1] 上海市文物管理委员会编著:《马桥1993—1997年发掘报告》,上海书画出版社2002年版,第249、374页。

[2] 上海市文物管理委员会编著:《马桥1993—1997年发掘报告》,上海书画出版社2002年版,第300页。

反映出较高的生产力发展水平",陶器"按质料有夹砂红陶,泥质灰、黑陶,硬陶或印纹硬陶,以及稍后出现的原始青瓷。这几种质料的陶系之间器形、花纹装饰和制作、烧成工艺的风格有明显的区别,反映了制陶业之间已有了进一步的分工。"① 较高的生产力发展水平和手工业的进一步分工,一定也包含了国家因素的作用。

第五个因素,与吴国建国时间的比较。董楚平曾提出,"越文化开始的时间虽比吴文化早,而吴文化的起点要比越文化高"②。很多学者都赞同这一看法。吴国的建立时间,《史记·吴太伯世家》载:"吴太伯、太伯弟仲雍,皆周太王之子,而王季历之兄也。……太伯之奔荆蛮,自号句吴,荆蛮义之,从而归之千余家,立为吴太伯。……周武王克殷,求太伯、仲雍之后,得周章。周章已君吴,因而封之。"周武王灭商前,"周章已君吴",可见,吴建国于商末。近年大量考古发现也为这一记载提供了佐证。越国的建立时间,《史记·越王句践世家》记载为:"越王句践,其先禹之苗裔,而夏后帝少康之庶子也。封于会稽,以奉守禹之祀。文身断发,披草莱而邑焉。""披草莱而邑",即建立比较简陋的酋邦国家,可见西汉大学者司马迁把越国的建立定在了夏朝"少康中兴"时期。东汉赵晔的《吴越春秋·越王无余外传》也载:"越之前君无余者,夏禹之末封也。……禹以下六世而得帝少康。少康恐禹祭之绝祀,乃封其庶子於越,号曰无余。余始受封,人民山居,虽有鸟田之利,租贡才给宗庙祭祀之费。""租贡"即租税,本身就是一种国家行为。袁康、吴平《越绝书·越绝外传记地传》称,"昔者越之先君无余,乃禹之世别封於越",其"禹之世"也就是"夏禹之世"亦即"夏之世"的意思。可见司马迁之后,研究越国史的越地本土学者也认为,越国肇建于夏朝,具体当在"少康中兴"稍后。少康子杼以下,夏朝国势强盛,势力东移,一般视为夏朝晚期,这当然远比吴国的建国时间早。

---

① 牟永抗:《高祭台类型初析》,浙江省文物考古研究所编:《浙江省文物考古研究所学刊[建所十周年纪念(1980—1990)]》,科学出版社1993年版,第9—12页。
② 董楚平:《吴越文化新探》,浙江人民出版社1988年版,第128页。

第六个因素，学界已有的共识，距今4200—4100年前，具备国家形态的良渚文化衰亡，使今浙江地区的文化发展进入一个衰退和落后于中原的迟滞时期。《吴越春秋·越王无余外传》称越国历史上曾有一段时期，"末君微劣，不能自立，转从众庶为编户之民"，或许即包含了越地先民对良渚古国消失，民众重归一盘散沙状态的模糊记忆。从良渚复杂化社会崩溃的废墟上重新发展起来，再建一个新的国家，必然要有一个较长过程，但毕竟有过建立一个国家的经验，重建一个新的国家，其时间也可以不必太长。从良渚社会衰亡之后再过三四个世纪，当夏朝晚期中原进入改朝换代，社会出现重大动荡之际重建越国，也是比较合理的推测。

《吴越春秋·越王无余外传》载建国初，"人民山居，虽有鸟田之利，租贡才给宗庙祭祀之费。乃复随陵陆而耕种，或逐禽鹿而给食。无余质朴，不设宫室之饰，从民所居，春秋祠禹墓于会稽"。可见越国建国初尚处于原始的农耕和狩猎经济阶段，民力薄弱，税收亦轻，仅能满足最起码的需要，无余的政权也只是国家政权的雏形。

根据上述《伊尹朝献》，商朝前期，越国已成为商王朝的附属国；西周初期，越国与中原中央政权的关系亦相当亲密。

但西周中后期，越国与宗周几乎一直处于战争状态。周穆王期间，周的统治已开始走下坡路。《史记·周本纪》记载："穆王即位，春秋已五十矣，王道衰微。"但是周穆王仍四出征战，力图重新崛起。古本《竹书纪年》载，"穆王东征天下二亿二千五百里，西征亿有九万里，南征亿有七百三里，北征二亿七里"，夸大中却也包含若干史实。穆王企图扑灭的主要威胁，包含徐夷领头、包含越国在内的东南地区各方国的反叛。

徐夷为东夷一支，散居在江淮之间，素来与周室为敌。据今本《竹书纪年》记载，周成王"二年，奄人、徐人及淮夷入于邶以叛"。《逸周书·作雒解》亦载："周公立，相天子，三叔及殷东徐、奄及熊盈以略（叛）。"武王灭殷商后，曾经随武庚和"三监"反周。周公东征，成王践奄后，被平定，徐夷向周称臣。周穆王时又率领九夷讨伐宗周。《后汉书·东夷传》记述徐夷联合九夷反叛周朝统治，被穆王征召楚国，南北会师打败的经过："徐夷僭号，乃率九夷以伐宗周，西至河上。穆王畏其方炽，乃分东方诸侯，命徐偃王主之。偃王处潢池东，地方五百里，行仁义，陆地而朝者三十有六国。穆王后得骥騄之乘，乃使造父御以告楚，令伐徐，一日而至。于是楚文王大举兵而灭之。偃王仁而无权，不忍斗其人，故致于败。乃北走彭城武原县东山下，百姓随之者以万数，因名其山为徐山。"这还有其他史料的旁证。今本《竹书纪年》："（穆王）十四年，王帅楚子伐徐戎，克之。"《史记·秦本纪》："造父以善御幸于周缪（穆）王，得骥、温骊、骅骝、騄耳之驷，西巡狩，乐而忘归。徐偃王作乱，造父为缪王御，长驱归周，一日千里以救乱。"从考古发现越国与徐偃王的各种密切关联来看，越国当是徐国"陆地而朝者三十有六国"的三十六国之一。

周穆王后期，在徐国日渐衰败的同时，楚国、越国逐渐壮大，并出现结盟之势。周穆王于是再次南征，讨伐楚、越两国。古本《竹书纪年》载：周穆王"三十七年，伐越，大起九师，东至于九江，叱鼋、鼍以为梁"。今本《竹书纪年》记载基本相同："三十七年，大起九师，东至于九江，架鼋、鼍以为梁，遂伐越，至于纡，荆人来贡。三十九年，王会诸侯于涂山。"在周穆王的大举南征后，楚、越诸国臣服阙下，"荆人来贡"；两年后，"王会诸侯于涂山"，宣告征伐的全面胜利，重申宗周对东南方国的有效统治。《左传·昭公四年》亦载椒举言于楚王："穆有涂山之会。"据郭伟川对西周铜器宗周钟的考证，宗周钟乃穆王时器，钟铭有"南夷、东夷具见，廿又六邦"的记载，"正是为了纪念穆王此次南征的胜利"，"《竹书纪年》中所载穆王三十五年至三十七年事与《宗周钟》所述完全吻合"[①]。可见穆王此次南征降服了南夷（荆楚）、东夷（越）等南方二十六个邦国，越国应为其中之一。

[①] 郭伟川：《宗周钟（周王猷钟）新考》，《两周史论》，北京图书馆出版社2006年版，第196—215页。

第二节 越国的崛起

越国在春秋早中期成为楚国和吴国的附属国,直到春秋晚期越王允常时,才发展壮大起来。后句践灭吴,称霸中原,成为春秋末期最后一位霸主。

一 春秋早中期的越国

在东夷之首徐国衰亡的同时,楚国日渐发展成为南蛮之首,由于地缘因素和早期都是穆王征伐的主要对象等历史因素,春秋早中期越国成为楚国的附庸。《史记·楚世家》记载:楚成王元年(前671年),"初即位,布德施惠,结旧好于诸侯。使人献天子,天子赐胙,曰:'镇尔南方夷、越之乱,无侵中国。'于是楚地千里"。楚国趁势极力向东南扩张。《史记·楚世家》记载:楚庄王三年(前611年),"庄王左抱郑姬,右抱越女,坐钟鼓之间"。周定王六年(前601年),楚国召集吴、越两国,在滑水结盟。《左传·宣公八年》(前601年)记载:"楚为众舒叛,故伐舒、蓼,灭之。楚子疆之。及滑汭,盟吴、越而还。"楚庄王时,群舒背叛楚国,楚便起兵灭了舒和蓼两个小国,楚王给他们划定疆界,一直到滑汭(在今安徽合肥一带),楚国借余威,召吴、越两国在滑水之滨会盟。晋杜预《春秋经传集解》对此解释说:"传言楚强,吴、越服从。"

后来,在晋国"联吴制楚"的影响下,吴国成为遏制楚国东进的敌国,而楚国为了打击吴国的势力,也拉拢和扶持吴国东南的越国,使之成为牵制吴国的重要力量。在长期的楚、吴、越并存的过程中,越国一直奉行亲楚抗吴的外交方略。汉代《说苑》记载的《越人歌》,根据游国恩的研究,当问世于楚康王时代,约公元前550年[1]。

---

[1] 游国恩著,游宝谅编:《游国恩楚辞论著集》第3卷,中华书局2008年版,第22页。

结合《说苑》追叙的历史场景来看，此歌反映了楚国当时对周边弱小国家和民族的怀柔政策，也传达了"当时楚越人民之间的一种亲密关系"①。所以，吴、楚之间爆发战争时，越国经常随同楚国攻打吴国。《春秋》记载：昭公五年（前537年）"冬，楚子、蔡侯、陈侯、许男、顿子、沈子、徐人、越人伐吴。"《左传·昭公五年》记载："冬十月，楚子以诸侯及东夷伐吴，以报棘、栎、麻之役。薳射以繁扬之师，会于夏汭。越大夫常寿过帅师会楚子于琐。闻吴师出，薳启疆帅师从之，遽不设备，吴人败诸鹊岸。"楚灵王带领蔡、陈、许、顿、沈、徐、越七国的军队攻打吴国，以报复棘地、栎地、麻地的那次战役。越国派大夫常寿过率领越军在琐（今安徽霍邱县东）与楚灵王的军队会合，一起攻打吴国。吴国早有准备，设防甚严，楚、越联军被吴在鹊岸（今安徽省无为县南至铜陵市北沿长江北岸一带）击败，越国随楚伐吴之役无功而还。《左传·昭公二十四年》（前518年）记载："楚子为舟师以略吴疆。……越大夫胥犴劳王于豫章之汭，越公子仓归王乘舟。仓及寿梦帅师从王，王及圉阳而还。吴人踵楚，而边人不备，遂灭巢及钟离而还。"楚国用"舟师"攻吴，越国派大夫胥犴前往豫章江边（今长江以北、汉水以东）慰劳楚平王的军队，越公子仓向楚王赠送了一艘座船，并和另一位越国大夫寿梦（与吴国第十九任国王同名）一起跟随楚王攻打吴国。

其间，作为附庸的越国也曾出现种种情况。一是由于结盟双方并不平等，越国实际上长期奉行了向楚国贡献和亲楚妃的政策。如《史记·楚世家》所载，楚昭王二十七年（前489年），昭王病死军中，"迎越女之子章立之，是为惠王"。这位"越女"就是楚昭王的妃子，就像楚庄王的"越女"一样。二是楚、越之间也会偶然爆发重大冲突。如《史记·楚世家》载，因周景王七年（前538年），"（楚）灵王会兵于申，僇越大夫常寿过，杀蔡大夫观起。起子从亡在吴，乃劝吴王伐楚，为间越大夫常寿过而作乱，为吴间"，导致周景王十六年

---

① 周羽：《试论〈越人歌〉背后的象征意义》，张一平、吴春明、丘刚主编《百越研究》（第三辑），暨南大学出版社2012年版，第88—96页。

（前529年），常寿过"矫公子弃疾命召公子比于晋至蔡，与吴、越兵欲袭蔡"，"遂入杀灵王太子禄，立子比为王"，"灵王于是独彷徨山中，野人莫敢入王"，"王死申亥家"。楚灵王在公开场合对越国大夫常寿过的侮辱，致常寿过转而充当敌国吴国的间谍，并在九年后促成越国与吴国的结盟反噬，在楚国掀起一场国破君亡的大事变。三是越国成为楚国处置俘虏的后方。《春秋》记载，周景王十一年（前534年），"冬十月壬午，楚师灭陈，执陈公子招，放之于越"。四是独蒙吴国的侵伐，逐渐又沦为吴国的附庸国。湖北马王堆汉墓出土之帛书《春秋事语》，就载有吴王余祭（前547—前531年）进犯越国之事。这次战争吴国战胜，战后吴军把俘获之越民施以残酷刑罚，故被俘越民"怨以伺间"。据《左传》记载，周景王元年（前544年）夏五月，"吴人伐越，获俘焉，以为阍，使守舟。吴子余祭观舟，阍以刀弑之"。吴人打败越国，俘获越国战俘，让他们看守船只。但是，越人不甘奴役，当吴王余祭巡视船队时，被越国的俘虏杀死。这次战争之后，吴国迫使越国订立盟约，越国成为吴国的"贡赐之国"。

二 允常称王

在强大楚国的庇护之下，越国还是日渐壮大，迈出了公开称王的一大步。《史记·越王句践世家》张守节《正义》引《舆地志》云："越侯传国三十余叶，历殷至周敬（景）王时，有越侯夫谭，子曰允常，拓土始大，称王。"《吴越春秋·越王无余外传》也说："（允）常立，当吴王寿梦、诸樊、阖闾之时，越之兴霸自元（允）常矣。"越王允常开疆拓土，使越国的疆界向北拓展至今江苏昆山、上海嘉定一线，向西拓展至今江西余干，并在自己称王之后不久，又公开支持徐国称王。绍兴越国文化博物馆收藏一件越王铜戈，作宽援宽胡式。胡部有铭文两行12字，反书内容，根据曹锦炎的释读应为："越王佐徐，以其钟金，铸其拱戟。"收藏在澳门的另一件越王铜戈，其铭文开头云："越邦先王得居，作铸金戚，佐徐之为王后。"曹锦炎以为此"得居"当为允常名或字，"越、徐相继称王的时间应在公元前

560年之后"①。从史料所载周景王十五年（前530年）楚灵王出于宗周未像待齐、晋、鲁、卫那样予以宝鼎的名器原因，对徐国展开征伐来看，徐国在越国支持下称王，应在周景王十四年（前531年）或稍前；越国自己称王又当在这稍前，或在周景王四年（前541年）前后。

允常执政时期的生产水平，有较大发展。其中，青铜冶铸业的成就十分惊人。《吴越春秋·阖闾内传》记载，楚昭王得越国铸造的湛卢剑，相剑师风湖子对昭王说："臣闻越王元（允）常使欧冶子造剑五枚……一名湛卢，五金之英，太阳之精，寄气托灵，出之有神，服之有威，可以折冲拒敌。……此剑在越之时，客有酬其直者，有市之乡三十、骏马千匹、万户之都二，是其一也。"风湖子的话未免言过其实，然而允常时期越剑制作之精良，可以肯定。传世的"越王之子句践剑"是允常时期青铜铸造业发达的实证。1998年全国十大考古新发现之一、气势恢宏的印山大墓，学界多认为系越王允常陵，为允常生前所建，更是允常时期越国综合国力日趋强大的一个缩影。

三 吴、越矛盾

公元前6世纪初期，吴国受中原先进生产技术的影响，逐渐强大起来。吴王寿梦元年（前585年），他朝见周天子，"观诸侯礼乐"，与中原国家建立了联系。清华简《系年》第二十章记载，"晋景公立十又五年（前585年），申公屈巫自晋适吴，焉始通吴、晋之路，二邦为好"。第十五章又记载，申公屈巫"自晋适吴，焉始通吴、晋之路，教吴人反楚"。晋国派屈巫（又称巫臣）出使吴国，通过扶植吴国，以制服长期与晋争霸的楚国。《左传·成公七年》（前584年）记载，吴国主动发起一次对楚国的大决战，并取得胜利："吴始伐楚、伐巢、伐徐，子重奔命。马陵之会，吴入州来，子重自郑奔命。子重、子反于是乎一岁七奔命。蛮夷属于楚者，吴尽取之。"清华简

---

① 曹锦炎：《越王得居戈考释》，《古文字研究》第二十五辑，中华书局2004年版，第208—212页。

《系年》第二十章复记载:"(晋)悼公立十又一年,公会诸侯,以与吴王寿梦相见于虢。晋简公立五年,与吴王阖闾伐楚。"① 在晋国的扶持以及后来国相伍子胥"安君治民,兴霸成王"之道的指点下,吴国由落后的蛮夷之邦,一跃成为军事强国。越、吴不得不建立起的与楚、吴两国均存在的附庸国与宗主国关系,面临严峻的挑战,吴、越不可避免走向正面冲突。

吴、越成为"仇雠敌战之国",除了政治立场的不同,晋国联吴制楚,楚国联越制吴,最根本的原因还是双方利益的冲突。吴谋臣伍子胥说:"夫吴之与越也,仇雠敌战之国也。三江环之,民无所移。有吴则无越,有越则无吴,将不可改于是矣。员闻之,陆人居陆,水人居水。夫上党之国,我攻而胜之,吾不能居其地,不能乘其舟。夫越国,吾攻而胜之,吾能居其地,吾能乘其舟。"(《国语·越语上》)越国君臣也有类似想法,越大夫范蠡说:"吴、越二邦,同气共俗,地户之位,非吴则越。"(《越绝书·越绝外传记范伯》)吴王阖闾元年(前514年)构建吴都时,吴国就"欲东并大越,越在东南,故立蛇门以制敌国"。由于允常势力北进,直接威胁吴国东部,于是吴国在今苏州筑大城以备越。《吴越春秋·阖闾内传》记载,"从近制远者,必先立城郭,设守备"。

公元前510年,吴国对越国采取了一次大规模的军事行动。《左传·昭公三十二年》记载,"夏,吴伐越,始用师于越也"。杜预注:"自此之前,虽疆事小争,未尝用大兵。"此为吴、越间大规模武装冲突的开始,而其时正值越王允常执政时期。据《吴越春秋·阖闾内传》记载:"(阖闾)五年(前510年),吴王以越不从伐楚,南伐越。越王元(允)常曰:'吴不信前日之盟,弃贡赐之国,而灭其交亲。'阖闾不然其言,遂伐,破槜里。"阖闾因为越国不派兵跟从吴国伐楚,就以此为借口"南伐越"。越王允常谴责道:吴越两国订有盟约,越每年向吴贡献财物,两国亲善交往。吴国出兵攻越,信义何在?槜里,《左传》《史记》作槜李,地在今浙江桐乡濮院西。此次

---

① 李学勤主编:《清华大学藏战国竹简(贰)》下册,中西书局2011年版,第170、186页。

战争，越国以失败而告终，槜李失陷。吴国撕毁盟约，突然进犯盟国，乃不义之举，自然要遭到舆论的谴责。《左传》载当时晋史官蔡墨就说："不及四十年，越其有吴乎？越得岁而吴伐之，必受其凶。"

公元前506年，吴国发动了柏举之战。阖闾乘唐、蔡两个小国皆怨楚之贪婪，调集全国所有的精锐部队，与唐、蔡组成联军，大举伐楚。在柏举（今湖北麻城北）大败楚军，一直攻进楚都郢（今湖北江陵纪南城）。公元前505年，越国为了报五年前吴破槜李之仇，利用吴国进攻楚国，国内空虚的机会，偷袭了吴国。《春秋》经定公五年载："於越入吴。"《左传》载："越入吴，吴在楚也。"《吴越春秋·阖闾内传》也说："越王元（允）常恨阖闾破之槜李，兴兵伐吴，吴在楚，越盗掩袭之。"越王允常乘虚袭击吴国本土，吴国的安全受到威胁，迫使吴国从楚国郢都退军。《史记·吴太伯世家》记载得很清楚："（阖闾）十年春，越闻吴王之在郢，国空，乃伐吴。吴使别兵击越。楚告急秦，秦遣兵救楚击吴，吴师败。阖庐（闾）弟夫概见秦越交败吴，吴王留楚不去，夫概亡归吴而自立为吴王。阖庐（闾）闻之，乃引兵归。"吴军柏举之战主将吴王阖闾之弟夫概，在越军攻入吴境，严重威胁吴国安全的情况下，对于是否回师救援的问题，与其兄吴王阖闾发生了严重的分歧；阖闾坚持"留楚不去"，夫概擅自"亡归吴"且"自立为吴王"，阖闾才不得不"引兵归"。这次战争，越国打了胜仗，从此摆脱了对吴的从属关系，由一个附庸小国走上了与强吴抗争之路。

四 句践灭吴

（一）失败之耻

公元前496年，吴王阖闾为了报复越国九年前的偷袭，乘越王允常死，子句践新立之机，亲率大军，对越国发动了大规模的进攻。据《左传·定公十四年》记载："吴伐越，越子句践御之，陈于槜李。句践患吴之整也，使死士再禽焉，不动。使罪人三行，属剑于颈，而辞曰：'二君有治，臣奸旗鼓，不敏于君之行前，不敢逃刑，敢归死？'

遂自刭也。师属之目，越子因而伐之，大败之。灵姑浮以戈击阖庐（闾），阖庐（闾）伤将指，取其一屦。还，卒于陉，去槜李七里。"面对来犯的吴兵，越国新君句践率兵抵御，两军相遇于槜李。句践担心吴国军阵严整，无懈可击，便派敢死队多次发起冲锋，都未能动摇吴军阵脚。于是，越王句践又命令罪犯排成三行，把剑架在脖子上说："两位国君在此整军交战，下臣触犯军令，在君主前出丑，不敢逃避刑罚，却敢献首于君而死。"于是全体自刎而亡，这引起了吴军的瞩目，以至于目瞪口呆。越军趁机发起攻击，打败吴军。越国大夫灵姑浮用戈击中吴王阖闾，伤了阖闾脚趾，还捡获一只阖闾的鞋子。杜预注："其足大指见斩，遂失屦，姑浮取之。"这次战争，越王句践用了出其不意的战术，战胜了兵强将广的吴军，造成吴军"死伤者不可称数"（《越绝书·越绝外传计倪》），吴王阖闾也死于败退途中。槜李之战，年轻的越王句践在敌强我弱的形势下，统军御敌，奋起反抗，并最终取得重大胜利，锋芒初试。

吴王夫差即位以后，立志报仇雪恨。《左传·定公十四年》（前496年）记载，夫差派人每天站于庭院，进出时，此人就问："夫差！而忘越王之杀而父乎？"夫差则回答："唯。不敢忘！"由此时刻提醒自己不忘杀父之仇。据《越绝书·越绝外传计倪》记载，相国伍子胥对槜李之战败耿耿于怀，"三年自咎，不亲妻子，饥不饱食，寒不重彩，结心于越，欲复其仇"，发誓要报槜李之仇："发令告民，归如父母。当胥之言，唯恐为后"，全国上下，"师众同心"，为攻打越国做各项准备。

公元前494年（鲁哀公元年），越王句践不听范蠡之劝，贸然进攻吴国，同吴国的大军鏖战于夫椒，结果一败涂地，仅剩残兵五千被夫差围困于会稽山上。①《左传·哀公元年》记载："吴王夫差败越于夫椒，报槜李也。遂入越。越子以甲楯五千保于会稽。"《史记·越王

---

① 清华简《越公其事》记载越王句践困栖会稽山时的兵力为"八千"，有学者认为属吴越史事故事化的异文。见李学勤主编《清华大学藏战国竹简（柒）》下册，中西书局2017年版，第114—119页；魏栋《清华简〈越公其事〉合文"八千"刍议》，《殷都学刊》2017年第3期。

句践世家》记载更详:"(句践)三年,句践闻吴王夫差日夜勒兵,且以报越,越欲先吴未发往伐之。范蠡谏曰:'不可。臣闻兵者凶器也,战者逆德也,争者事之末也。阴谋逆德,好用凶器,试身于所末,上帝禁之,行者不利。'越王曰:'吾已决之矣。'遂兴师。吴王闻之,悉发精兵击越,败之夫椒。越王乃以余兵五千人保栖于会稽。吴王追而围之。"越王句践退到会稽山时,已经十分绝望。《史记·越王句践世家》续载:"句践之困会稽也,喟然叹曰:'吾终于此乎?'"在越国存亡的紧急关头,谋臣文种和范蠡及时提出了卑辞厚礼、忍辱求和的方针。《国语·吴语》记载,文种建议:"夫吴之与越,唯天所授,王其无庸战。……王不如设戎,约辞行成,以喜其民,以广侈吴王之心。"《史记·越王句践世家》记载,范蠡也主张"卑辞厚礼以遗之,不许,而身与之市"。句践接受了文种和范蠡的建议,派使前去吴国求和。这时夫差准备答应句践的请求,但谋臣伍子胥主张要趁这个机会灭掉越国,以除后患。当句践以为无路可走,打算"杀妻子,燔宝器,触战以死"时,文种献计说:"夫吴太宰嚭贪,可诱以利,请间行言之。"句践听从了文种的建议,"乃以美女宝器,令种间献吴太宰嚭",嚭收受了这些贿赂后,引文种去见吴王。当时伍子胥一再反对:"今不灭越,后必悔之",但是,"吴王弗听,卒赦越,罢兵而归"。

和议使越国付出了极为惨重的代价,接受了极其苛刻的屈辱条件。《国语·吴语》载:

> 句践请盟:一介嫡女,执箕帚以晐姓于王宫;一介嫡男,奉盘匜以随诸御;春秋贡献,不解于王府。

《国语·越语上》又载:

> 越王句践栖于会稽之上……大夫种进对曰……句践……执其手而与之谋,遂使之行成于吴,曰:"寡君句践……愿以金玉、子女赂君之辱。请句践女女于王,大夫女女于大夫,士女女于

士；越国之宝器毕从；寡君帅越国之众，以从君之师徒，唯君左右之。"

《国语·越语下》复载：

> 栖于会稽，王召范蠡而问焉……范蠡对曰："……卑辞尊礼，玩好女乐，尊之以名，如此不已，又身与之市。"王曰："诺。"乃令大夫种行成于吴，曰："请士女女于士，大夫女女于大夫，随之以国家之重器。"……

《史记·越王句践世家》又载：

> 越王乃以余兵五千人保栖于会稽……越王谓范蠡曰……蠡对曰："……卑辞厚礼以遗之，不许，而身与之市。"……乃令大夫种行成于吴，膝行顿首曰："君王亡臣句践使陪臣种敢告下执事：句践请为臣，妻为妾。"吴王将许之。子胥言于吴王曰……句践欲杀妻子，燔宝器，触战以死。……

"一介嫡女，执箕帚以晐姓于王宫；一介嫡男，奉盘匜以随诸御"，"句践女女于王，大夫女女于大夫，士女女于士"，"句践请为臣，妻为妾"，几种说法，颇有差异，但均令人有所不忍闻者。

越国请降过程中的上述细节，到底哪种才是真正历史，已不可知。大致结果是，句践夫妻带着范蠡来到吴国，伺候吴王，从事劳役，历尽艰辛屈辱。"越王服犊鼻，著樵头。夫人衣无缘之裳，施左关之襦。夫斫锉养马，妻给水、除粪、洒扫。三年不愠怒，面无恨色。"甚至在吴王患病之际，亲尝吴王的小便，以取悦吴王。《吴越春秋·句践入臣外传》载吴王对伍子胥说："越王迷惑，弃守边之事，亲将其臣民，来归寡人，是其义也。躬亲为虏，妻亲为妾，不愠寡人；寡人有疾，亲尝寡人之溲，是其慈也。虚其府库，尽其宝币，不念旧故，是其忠信也。"吴王给予句践"义""慈""忠信"的高度评价。

这当然又和越王忍辱负重的同时，用珍宝、美女去贿赂吴国的谀臣太宰嚭等，利用这个能左右吴王意志的内线人物，为越国说话相关。经历整整三年磨难，才被释放回国。这是历代传世文献的记载。①

（二）复兴之路

公元前490年，句践被赦归国，立志要报仇雪恨。他通过刻苦砥砺，不断磨炼自己的意志。《史记·越王句践世家》记载："吴既赦越，越王句践反国，乃苦身焦思，置胆于坐，坐卧即仰胆，饮食亦尝胆也。曰：'女忘会稽之耻邪？'身自耕作，夫人自织，食不加肉，衣不重采，折节下贤人，厚遇宾客，振贫吊死，与百姓同其劳。"为了不忘会稽战败的羞耻、三年为奴的屈辱，句践每天卧薪尝胆，生活极为简朴，甚至"非其身之所种则不食，非其夫人之所织则不衣"（《国语·越语上》）。还和百姓一起参加艰苦劳动，为国人做表率。据《吴越春秋·句践归国外传》记载，句践"苦身劳心，夜以接日，目卧则攻之以蓼，足寒则渍之以水。冬常抱冰，夏还握火"。疲倦困乏想要睡觉的时候，他就用蓼草的苦汁来刺激眼睛；脚冷就把脚浸泡在冷水里；寒冬常常抱着冰块，炎炎夏日还要握火。句践怨恨吴王，深于骨髓。但是，他很清楚"自量吾国，不足以伤吴"（《越绝书·越绝内传陈成恒》），当时的越国国破军残，物匮财尽，还不足以对抗吴国。

汉代学者的著作对越国谋求复兴之路的记载充满了传奇色彩。《史记·货殖列传》说，"计然之策七，越用其五而得意"。《越绝书》《吴越春秋》又都说是文种提出了"九术"。《吴越春秋·句践阴谋外传》记载，句践十年（前487年），越王句践向文种问伐吴复仇之计，文种说："臣闻高飞之鸟，死于美食；深泉之鱼，死于芳饵。今欲伐吴，必前求其所好，参其所愿，然后能得其实。"报复吴国必须趁其所愿，投其所好，才能制服敌人，于是献"伐吴九术"。据《越绝书·越绝内经九术》《吴越春秋·句践阴谋外传》记载，九术：一曰尊天地，事鬼神。二曰重财币，以遗其君；多货贿，以喜其臣。三曰贵籴粟

---

① 清华简《越公其事》不载句践宦吴三年等屈辱之事，或与作者所持的越人立场相关。参见黄爱梅《〈越公其事〉的叙事立场及越国史事》，《社会科学战线》2020年第8期。

槁，以虚其国。四曰遗之美女，以惑其心，以乱其谋。五曰遗之巧工良材，使起宫室高台，以尽其财、疲其力。六曰遗其谀臣，使之易伐。七曰强其谏臣，使之自杀。八曰君王国富，而备利器。九曰坚利甲兵，以承其弊。九术除第一条为宗教活动，在古代有安定全国民心的心理价值，最后两条属自强之道外，其他六条均属弱吴之策，越国均一一实施。针对吴王夫差"好服之离体"，句践"乃使国中男女入山采葛，以做黄丝之布"。据说这种布"弱于罗兮轻霏霏"，精美无比。句践派文种送去葛布十万匹，甘蜜九盆，文笥（刻着花纹的竹箱）七只，狐皮五双，箭竹十船，吴王一高兴，增加了句践封地（《吴越春秋·句践归国外传》）。针对吴王夫差喜欢盖造宫室，兴建亭台楼阁，文种建议句践选"名山神材"去献给吴王。吴王夫差由此经过三年聚材，花费五年时间兴建了姑苏台，这项浩大的劳民伤财的工程，使吴国"行路之人道死，巷哭不绝嗟嘻之声，民疲士苦，人不聊生"（《吴越春秋·句践阴谋外传》）。针对吴王好色这一点，句践又和文种商量着向吴王进献美女。越王句践对文种说："孤闻吴王淫而好色，惑乱沉湎，不领政事，因此而谋，可乎？"文种回答说："可破。夫吴王淫而好色，宰嚭佞以曳心，往献美女，其必受之。惟王选择美女二人而进之。"于是，遍寻越国美女，在苎萝山（今浙江诸暨南）觅得西施、郑旦两个美貌的"鬻薪之女"，让她们住在美人宫，"饰以罗縠，教以容步，习于土城，临于都巷，三年学服而献于吴"。此后，吴王夫差果然沉迷美色，对西施宠爱有加，放松了对越国的警惕。除此之外，越国还不断挑拨吴国谀臣与谏臣、谏臣与吴王的关系，加深吴国内部的矛盾。当时吴国的国相伍子胥为人"疾争强谏以胜其君"（《韩非子·说疑》），曾多次劝诫吴王夫差拒绝越王的美意。在越王赠送大量木材时，伍子胥劝谏说："昔者桀起灵台，纣起鹿台，……民虚国变，遂取灭亡。大王受之，必为越王所戮。"但是"吴王不听，遂受而起姑苏之台"。在越国进献西施、郑旦等美女之时，伍子胥又劝谏吴王不可收，并以"夏亡以妹喜，殷亡以妲己，周亡以褒姒"的历史教训，指出"贤士，国之宝；美女，国之咎"。但是，"吴王不听，遂受其女"（《吴越春秋·句践阴谋外传》）。最后，吴王夫差

"以申胥（伍子胥）为不忠而杀之"（《越绝书·越绝内经九术》）。伍子胥死前的一番话正是吴王亲小人、远贤臣的印证。他说："谗臣嚭为乱矣，王乃反诛我。我令若父霸。自若未立时，诸公子争立，我以死争之于先王，几不得立。若既得立，欲分吴国予我，我顾不敢望也。然今若听谀臣言以杀长者。"他嘱咐舍人，"必树吾墓上以梓，令可以为器；而抉吾眼县（悬）吴东门之上，以观越寇之入灭吴也"（《史记·伍子胥列传》）。伍子胥在愤恨之余，留下遗言，要家人于他死后，在他坟墓上种上梓树，等着长大可以用来给夫差做棺材；把他的眼睛挖出，悬挂在东城门上，亲眼看着越国军队灭掉吴国。

这种传奇色彩同样体现在汉代学者记载的公元前484年越国助吴伐齐一战上：当时齐国的重兵屯驻在鲁国的边境，战争有一触即发之势，鲁国为了解救自己的危难，决定利用吴、齐的矛盾，派子贡出使吴国，"使之救鲁而伐齐"。子贡游说夫差，救鲁伐齐可一举三得，成就霸王之业："救鲁，显名也；伐齐，大利也。义存亡鲁，害暴齐而威强晋，则王者不疑也"；倘若先伐弱小的越国，而不伐强暴的齐国，则"伐小越而恶强齐者，不勇；见小利而忘大害者，不智"。针对夫差对越国的疑虑，子贡表示愿意"东见越王，使之出锐师以从下吏"，说服句践出兵随夫差伐齐。于是子贡又来到越国，游说句践助吴伐齐，理由是：既然"吴王有伐齐之志"，越国应该"无惜重器以喜其心，毋恶卑辞以尊其礼"，务使吴国释越而伐齐。吴、齐相争，若吴"不胜，君之福也；彼战而胜，必以其余兵临晋"，与晋国争夺霸主。到那时，吴国的"骑士锐兵弊乎齐，重器羽旄尽乎晋"，越国就可以乘虚而入，战而胜之。这对于"怨吴王深于骨髓"，为报仇雪耻愿"士民流离，肝脑涂地"的句践来说，是一个良机。不久，句践派文种"以先人之藏器甲二十领、屈卢之矛、步光之剑"等镇国宝器，"悉择四疆之中，出卒三千"，去朝见吴王，代为表示"孤请自被坚执锐，以受矢石"。句践之所为，解除了吴王的疑虑，夫差接受了所献宝器和三千士卒，而辞谢了越王的亲自从征。"吴王果兴九郡之兵，而与齐大战于艾陵，大败齐师，获七将。陈兵不归，果与晋人相遇黄池之上，吴晋争强，晋人击之，大败吴师。"《越绝书·越绝内传陈成恒》的这些记载，显然不过是《史记·仲尼弟子列传》中子贡列传的另种演绎，所以两处最后都说："子贡一出，存鲁，乱齐，破吴，强晋，霸越，是也。"

上述传奇记载的部分内容，古今都曾引起质疑。例如，所谓"子贡一出，存鲁，乱齐，破吴"云云，胡三省早就指出，"考其年与事皆不合，盖六国游说之士托为之辞，太史公不加考订，因而记之"（《资治通鉴》卷三胡三省注）；王应麟也说，"是以战国说客视子贡也"，"十年之中，鲁、齐、晋未尝有变，吴、越不为是而存亡，迁之言华而少实哉"（《困学纪闻》卷七、卷十一）。关于句践派人在苎萝山觅得西施等鬻薪之女献给夫差之事，近年也有人提出这违背了古代等级社会制度，"西施无缘嫁吴王"[①]；还有学者指出先秦两汉时期吴、越争霸中西施故事的演变，主要在于由越国献人员给吴到突出越国献西施给吴，由西施与吴越战争无关到西施在吴越战争中发挥重要作用，战国时期并无西施故事的流传[②]；我们认为，就《越绝书》《吴越春秋》所载越王句践对"九术"逐策而施的时间节点来看，句践献西施给吴国时，两国早已撕破温情面纱大打出手，逻辑上也很难说得通。

但越国的助吴北上伐齐和伍子胥的死，确是吴、越两国内在力量消长的一个重要节点，也是越国图吴谋略的一次重大成功。

《左传·哀公十一年》（前484年）载："吴将伐齐，越子率其众以朝焉，王及列士皆有馈赂，吴人皆喜。惟子胥惧曰：'是豢吴也夫！'谏曰：'越在，我心腹之疾也。壤地同，而有欲于我；夫其柔服，求济其欲也。不如早从事焉。得志于齐，犹获石田也，无所用之；越不为沼，吴其泯矣。使医除疾，而曰必遗类焉者，未之有也。……'弗听。使于齐，属其子于鲍氏，为王孙氏。反役，王闻之，使赐之属镂以死。""豢吴"，杜预注："豢，养也。若人养牺牲，非爱之，将杀之。"《国语·吴语》亦载："吴王夫差既许越成，乃大戒师徒，将以伐齐。申胥进谏曰：'……越之在吴，犹人之有腹心之疾也。夫越王

[①] 俞志慧：《句践献给吴王的不是西施》，《光明日报》2013年11月4日第15版。
[②] 熊贤品：《论清华简七〈越公其事〉吴越争霸故事》，《东吴学术》2018年第1期。

之不忘败吴，于其心也戚然，服士以伺吾间。今王非越是图，而齐、鲁以为忧。夫齐、鲁譬诸疾，疥癣也，岂能涉江、淮而与我争此地哉？将必越实有吴土。……今王既变鲧、禹之功，而高高下下，以罢民于姑苏。天夺吾食，都鄙荐饥。今王将很天（韦昭注"很，违也"）而伐齐。夫吴民离矣，体有所倾，譬如群兽然，一个负矢，将百群皆奔，王其无方收也。越人必来袭我，王虽悔之，其犹有及乎？'王弗听。"
"天夺吾食，都鄙荐饥"表明，吴国——实为吴、越两国——陷入了空前的大饥荒，越王此时率其众以朝吴，怂恿吴国伐齐，"王及列士皆有馈赂"，对吴王夫差和手下大献殷勤，果然是个"豢吴"计策。如果《吴越春秋·句践阴谋外传》的记载确有其事，本年稍前越王派文种赴吴，高呼"越国洿下，水旱不调，年谷不登，人民饥乏，道荐饥馁，愿从大王请籴，来岁即复太仓"，夫差不听伍子胥之谏，"乃与越粟万石"，也确实是越国"罢民于姑苏"、离倾吴民的一个非常方略，对吴国的伤害力亦诚然不小。

历史上没有一个像样的政权或组织，可以仅靠谋略或者玩弄旁门左道，可以取得真正的成功。比较起来，清华简《越公其事》"记述越国复兴、重振军威而一举灭亡吴国的过程，越王句践推行'五政'之法"[①]，为传世文献所未载，才揭示出越国灭吴崛起的关键原因所在。

（三）灭吴过程

吴国连年发动对外战争，为越国的反攻创造了时机和条件。句践十五年（前482年）六月，"吴王北会诸侯于黄池，吴国精兵从王，惟独老弱与太子留守"。吴王夫差将所有精兵都调集起来参加讨伐齐国的战斗，国内只留下些老弱病残，由太子友率领，负责守卫国土和处理国内事务。越王句践抓住战机，乘虚而入，"乃发习流二千人，教士四万人，君子六千人，诸御千人伐吴"（《史记·越王句践世家》），也就是出动习流（水军）二千人、教士（精锐步兵）四万人、君子（为君王所亲信而又有志行的人，即禁卫军）六千人、诸御（后

---

① 黄灵庚：《"五政"是越文化精神的特征》，《光明日报》2017年7月31日第13版。

勤部队）千人，合计四万九千人，于六月十一日开始伐吴。当时兵分水陆两路：水路由范蠡和后庸率领水军沿海路进发，直溯江淮，以阻截北上争霸的吴军回救归路；陆路由大夫畴无余、讴阳率领一支先锋部队进军，句践亲率主力跟进，目标直指吴都姑苏。六月二十日，畴无余、讴阳率领的先锋军到达吴都姑苏城郊，遭到王孙弥庸、王子地率领的吴军反击。"吴大（太）子友、王子地、王孙弥庸、寿于姚自泓上观之。弥庸见姑蔑之旗，曰：'吾父之旗也。不可以见仇而弗杀也。'大（太）子曰：'战而不克，将亡国。请待之。'弥庸不可，属徒五千，王子地助之。"由于弥庸之父于吴越战争间被姑蔑兵所获，军旗也被敌缴获，现在弥庸看到姑蔑人手持军旗，遂不顾一切发起替父报仇的战斗命令。越军由于冒着六月酷暑长途奔袭，士卒疲惫，加以当时句践所率主力尚未到达，势孤力寡，结果被吴军战败。"（王孙）弥庸获畴无余，（王子）地获讴阳"（《左传·哀公十三年》），吴军打败越军先锋部队，取得首战告捷。六月二十二日，越王句践指挥的主力军推进到吴郊。吴军守城，拒绝应战。越军伪退，引诱敌人。王孙弥庸等惑于初战的胜利，轻视越军的战斗力，太子友也认为可以一战，遂改变了固守待援的初衷，仅以王子地守城，太子友、王孙弥庸、寿于姚等率师出击，迎战越军。"出而挑战，一日五反"（《国语·越语下》）。吴越两军在吴郊展开战斗，越王句践亲临前线督战，乘吴军五次挑战不逞、士气衰落之机，向吴军发起突然反击，结果"大败吴师，获太子友、王孙弥庸、寿于姚"（《左传·哀公十三年》）。此时范蠡、后庸指挥的水军，尽掠吴军在江淮间军实，从邗沟旋师与越王相会。吴都城高池深，越国水、陆两军拼力攻城，姑苏城破，"焚其姑苏，徙其大舟"（《国语·吴语》），越烧毁姑苏台，俘获吴军大批战船。姑苏之役，历时三天，以越军胜利告终。因主要战事发生在吴都南郊和西郊，此战又称"吴郊之战"，这是吴、越敌我双方力量对比发生的第一次重大转折。①

---

① 关于这次战役的分析，可参见武国卿、慕中岳《中国战争史》第一卷，人民出版社2016年版，第225—228页。

当越军攻破姑苏、俘杀太子友的消息传到吴王夫差耳中时,吴王正在黄池(今河南省封丘县南)与晋国争夺霸主地位,尚没有举行正式的会盟仪式。"吴、晋争长未成,边遽乃至,以越乱告。"吴王深感自己处于进退维谷的境地:如果不参加盟会而赶快率军回国,"越闻章矣,民惧而走,远无正就。齐、宋、徐、夷曰:'吴既败矣!'将夹沟而㪣我,我无生命矣";倘若参加盟会而让晋国做霸主,"晋既执诸侯之柄以临我,将成其志以见天子;吾须之不能,去之不忍。若越闻愈章,吾民恐叛"。君臣经过商议,决定采取吴大夫王孙雒的建议,"必会而先之"(《国语·吴语》),即参加盟会,用武力迫使晋国让步,夺得霸主,然后回救姑苏。

黄池之盟,晋定公让夫差先歃血盟誓,做了名义上的诸侯霸主。但这时吴国已经国都残破、财力空虚,夫差根本没有力量与越国军队抗衡,只好"使人厚礼以请成",而越国"自度亦未能灭吴",于是双方议和,越"乃与吴平"(《史记·越王句践世家》)。

公元前478年春,吴国由于前一年大旱,仓廪空虚,发生了大饥荒。文种认为,此时正是进攻吴国的大好时机。他对越王句践说:"吾谓吴王将遂涉吾地,今罢师而不戒以忘我,我不可以怠也。日臣尝卜于天,今吴民既罢,而大荒荐饥,市无赤米,而囷鹿空虚,其民必移就蒲嬴于东海之滨。天占既兆,人事又见,我蔑卜筮矣。王若今起师以会,夺之利,无使夫悛。夫吴之边鄙远者,罢而未至,吴王将耻不战,必不须至之会也,而以中国之师与我战。若事幸而从我,我遂践其地,其至者亦将不能之会也已,吾用御儿临之。吴王若愠而又战,幸遂可出。若不战而结成,王安厚取名而去之。"(《国语·吴语》)文种判断,吴民已经疲劳不堪,再加连年的大灾荒,稻谷无收成,市面上没有米出售,储存米谷的粮仓已没有一粒粮食,其民必迁徙到东海之滨以蒲草、蚌蛤为食。越国如果立即兴师与吴会战,一定可以夺其重地,打掉它的优势,使之再也不能出现转机。现在,一则吴国边邑遥远,边境上的军队远而未至;二则吴王骄傲,定会以不与越战为耻辱,所以吴王一定会不待边防军赶到就匆忙以国都的兵力与我交战。即使吴国边防军赶来救援,我们也可以用北境御儿的民众抵抗，使之不能前来会战。如果夫差恼怒之下再度开战，一定疲于奔命，必败无疑；夫差败战求和，越国答应，就可以稳取仁义美名和厚利暂时放了他。句践采纳了文种的建议，决定大举攻吴。

三月，越王句践率军大举攻吴，吴王夫差率军迎击，双方于笠泽（又称松陵江、松江，今称吴淞江，发源于今苏州市吴江区松陵镇以南太湖瓜泾口，由西蜿蜒向东，在今上海市黄浦公园北侧外白渡桥以东汇入黄浦江）夹水对阵。是役，《左传》《国语》《吴越春秋》均有记述。《国语·吴语》载："于是吴王起师，军于江北，越王军于江南。越王乃中分其师以为左、右军，以其私卒君子六千人为中军。明日，将舟战于江，及昏，乃令左军衔枚溯江五里以须，亦令右军衔枚逾江五里以须；夜中，乃令左军、右军涉江鸣鼓中水以须。吴师闻之，大骇曰：'越人分为二师，将以夹攻我师。'乃不待旦，亦中分其师，将以御越。越王乃令其中军衔枚潜涉，不鼓不噪以袭攻之，吴师大北。"当时，吴王起兵，驻扎在吴淞江北岸，越王军队驻扎在吴淞江南岸。越王把军队分成左、右两军，把近卫军六千将士组编成中军。第二天在江上进行船战，到黄昏时，越王便命令左军衔枚，逆江上行五里待命；又命令右军衔枚，沿江下行五里待命。越军决定从正面渡江攻击，但为了隐蔽，夜半时，命令左、右两军同时击鼓渡江，造成对吴军的钳形攻势。吴军听到鼓声大惊，误认为越军是乘夜渡江，分兵两路而来。于是不等到天明，也从所率军队中分出上、下两军，准备抵抗越军。趁吴军"两拳分开，胸膛露出"之机，越军主力利用夜色掩护，不击鼓，不喧哗，奇袭敌人，吴军大败。夫差正分兵迎击敌人左、右两军，突闻大本营被袭，回军救援，但越左、右两军渡江追击，将其击破。吴军主力在笠泽覆灭以后，吴王又在没溪（即越来溪，在今苏州市吴中区石湖以南，其中流东岸今有越来溪公园）收集散兵，整顿队伍，据溪而守，准备再战。越军紧接着逼进至阵前，双方又发生战斗。此际范蠡所率舟师，通过震泽（太湖）横山（又称踞湖山，今苏州西二十里）向吴军侧背包围，展开攻击。吴上军将领胥门巢在战斗中阵亡，引起中、下两军更加动荡，吴王夫差和王孙雒等见形势不利，无力击退敌人，挽回颓势，只得收兵，向吴郊撤退。经笠泽、没溪两战两胜，越军将士斗志昂扬，乘胜猛追吴军，到达吴城近郊，又展开战斗。"吴下军奋勇力战，经过反复搏斗，下军将领王子姑曹在战斗中战死。吴王夫差乘下军抗击越军之际，才得以把中军撤进城内，担任守备，越军则筑越城于胥门（西门）外，对吴首邑进逼和围攻。这场战争，战局急转直下，最主要的是由于吴王战前轻敌，准备不充分，早已损耗的实力，没有恢复，加上战争中指挥的错误，以致三战三败，首邑被围，全局危急。"[①] 对越国来说，则是句践发挥出高超的军事指挥艺术，战略战术灵活机动，终获"三战三捷"。这场战役以首战笠泽战事最为紧要，故史称"笠泽之战"。笠泽之战是吴、越力量对比的第二次重大转折；经此转折，吴、越两国的战争形势发生了彻底的变化。

公元前475年，越国攻打吴国。当时吴已被越包围，晋国国君派使臣楚隆去吴国，已不能直接进入吴都，而是"先造于越军"，声称"吴犯间上国多矣，闻君亲讨焉，诸夏之人莫不欣喜，唯恐君志之不从，请入视之"，"许之，告于吴王"（《左传·哀公二十年》）。越军围城后，并没有对吴立即发起攻击，而是采取了围而困之的战术。《国语·越语下》记载，越国"居军三年，吴师自溃。吴王帅其贤良与其重禄（按《国语》韦昭注引贾逵语"重禄，大臣也"），以上姑苏"。吴国都城的城墙，是在阖闾称霸的时候，根据伍子胥建议而修筑。城墙严密而牢固，又有重兵把守，越军在短期内当然是难以攻破的。长围久困，反而能做到"战胜而不报，取地而不反"（《淮南子·兵略训》）。

根据《左传》记载，越灭吴，时在鲁哀公二十二年（前473年）十一月。经过前后三年的围困，吴国弹尽粮绝。《吴越春秋·夫差内传》说，"吴国困不战，士卒分散，城门不守，遂屠吴"，"吴王率群臣遁去，昼驰夜走"，"胸中愁忧，目视茫茫，行步猖狂，腹馁口饥，顾得生稻而食之，伏地而饮水"，狼狈之极。《国语·吴语》载这时夫差不得不向句践乞和存吴称："昔不穀先委制于越君，君告孤请成，

---

① 武国卿、慕中岳：《中国战争史》第一卷，人民出版社2016年版，第232页。

男女服从。孤无奈越之先君何，畏天之不祥，不敢绝祀，许君成，以至于今。今孤不道，得罪于君王，君王以亲辱于弊邑。孤敢请成，男女服为臣御。"但是吴王的求和遭到越王的拒绝："昔天以越赐吴，而吴不受；今天以吴赐越，孤敢不听天之命，而听君之令乎？"他派人转告吴王："天以吴赐越，孤不敢不受。以民生之不长，王其无死！民生于地上，寓也，其与几何？寡人其达王于甬句东，夫妇三百，唯王所安，以没王年。"越王句践以人生苦短、生命如寄，劝吴王夫差不要自裁，答应把吴王安排到甬句东这个地方养老。夫差自知走投无路，国不可存，便推辞道："天既降祸于吴国，不在前后，当孤之身，实失宗庙社稷。凡吴土地人民，越既有之矣，孤何以视于天下！"夫差此时才认识到吴国的大祸是自己引起的，悔不当初没有听伍子胥的劝言，觉得无颜苟活于世，无颜面对伍子胥，"遂自杀"。

夫差的死标志着吴国彻底走入历史，于是越国占领了吴国的全部土地。越国消灭吴国，实现中国东南地区暨长江下游地区的首次一体化，为两百五十年后秦始皇统一中国，实现中华民族第一次真正大一统，预先进行了区域准备。这是越国对中华民族发展的一个重大历史贡献。

灭吴不久，越国又开始了北上争霸的进程。

五 北上称霸

（一）徐州之会

越王句践二十四年（前473年），越国灭亡吴国以后，越王句践乘胜北上，渡过淮水，"号令中国"，与齐、晋等诸侯国会盟于徐州，并送贡物给周王。据《史记·越王句践世家》记载："句践已平吴，乃以兵北渡淮，与齐、晋诸侯会于徐州，致贡于周。周元王使人赐句践胙，命为伯。句践已去，渡淮南，以淮上地与楚，归吴所侵宋地于宋，与鲁泗东方百里。当是时，越兵横行于江、淮东，诸侯毕贺，号称霸王。"周元王见越国对王室十分尊重，于是派人"赐句践胙"（祭祀时供过的肉），"命为伯"（命为诸侯之长），越王句践由此成为春秋时期最后一个霸主。据《国语·吴语》记载："越灭吴，上征上国，宋、郑、鲁、卫、陈、蔡执玉之君皆入朝。"《淮南子·齐俗训》也载："越王句践……胜夫差于五湖，南面而霸天下。泗上十二诸侯，皆率九夷以朝。""所谓泗上十二诸侯，当指宋、卫、鲁、邹、滕、薛、郳、莒、费、郯、任、邳等十二国"[①]。

（二）讨伐秦国

越王句践二十五年（前472年），越国派使者至齐、楚、秦、晋等大国，以盟主的身份号令诸侯，让它们共同辅助周王室，并要求订立盟约。秦国国君厉恭公（前476年至前433年在位），并没有听从越王尊辅周王室的命令。越王句践派兵西征伐秦，迫使秦国认罪，秦厉公闻讯而恐惧谢罪，越军才撤归。此事，《吴越春秋·句践伐吴外传》有记载："句践乃使使号令齐、楚、秦、晋，皆辅周室，血盟而去。秦桓公（当为厉恭公）不如越王之命，句践乃选吴越将士，西渡河以攻秦。军士苦之。会秦怖惧，逆自引咎，越乃还军。军人悦乐，遂作《河梁之诗》：'渡河梁兮渡河梁，举兵所伐攻秦王。孟冬十月多雪霜，隆寒道路诚难当。阵兵未济秦师降，诸侯怖惧皆恐惶。声传海内威远邦，称霸穆桓齐楚庄。天下安宁寿考长，悲去归兮河无梁。'自越灭吴，中国皆畏之。"这次军事行动，提高了越国在诸侯中的威望。

（三）搞好邻国关系

早在鲁哀公二十一年（前474年）五月，越国围困吴都姑苏的时候，越王句践就派人出使鲁、齐等国，为北上争霸进行积极的外交活动。《左传·哀公二十一年》记载，"夏五月，越人始来"。杜预注："越既胜吴，欲霸中国，始遣使适鲁。"《史记·六国年表》也载：齐平公七年（前474年），"越人始来"。

在战胜吴国之后，越国主动归还部分吴国侵占的土地，使这些国家成为越国的盟国。《史记·越王句践世家》记载："以淮上地与楚，

---

① 杨宽：《战国史》（增订本），上海人民出版社1998年版，第282页。

归吴所侵宋地于宋，与鲁泗东方百里。"楚国淮河沿岸的一部分土地（今安徽淮南市凤台县以东，皖北到苏北的徐、泗一带），曾被吴国长期占领，越灭吴后，把这些土地归还楚国。据《韩非子·说林下》记载："越已胜吴，又索卒于荆（楚）而攻晋。左史倚相谓荆（楚）王曰：'夫越破吴，豪士死，锐卒尽，大甲伤。今又索卒以攻晋，示我不病也。不如起师与分吴。'荆（楚）王曰：'善。'因起师而从越。越王怒，将击之。大夫种曰：'不可。吾豪士尽，大甲伤，我与战必不克，不如赂之。'乃割露山之阴五百里以赂之。""割露山之阴五百里"，清顾广圻引《说苑·权谋篇》注云："遂取东国。"灭吴后，越国提出向楚借兵攻打晋国，楚国乘势迅速派兵东进，以图瓜分吴国的土地。越王句践听后非常愤怒，想出兵迎战，文种极力劝阻，认为越军在对吴作战中消耗很大，继续与楚国作战难有胜算，不如贿赂楚国。越王句践考虑再三，只好把露山北面五百里的土地割让给了楚国，使楚国有了一次国土东拓的机会。越国又把吴国过去侵占宋国的地方（今江苏沛县一带）交还给宋国。还把原属于鲁国的地方（今山东泗水以东方圆百里的地方）还给鲁国，使鲁国的国土失而复得。

越国对被吞并的吴国，也施以仁义。吴国灭亡后，吴国的百姓成了亡国奴，要重新面对越国百姓曾经经历过的苦难。据《说苑·尊贤》记载："越王不隳旧冢而吴人服，以其所为之顺于民心也。"越王不任意杀戮无辜，不毁吴人的祖墓，因而得到吴民的信任。另外，对饱受饥饿和战争摧残的原吴国百姓，句践采取了休养生息的政策。办法之一是积极组织他们兴修水利，恢复生产。如发动原吴国百姓修筑的吴塘，"东西千步"（《越绝书·越绝外传记地传》），就是当时比较大型的水利工程。这些顺应民心的做法，征服了吴国的百姓，因此吴国百姓乐于接受越国的统治。

句践所为，乃信义之举，得到了诸侯国的肯定，所以才得以称霸。对于这一点，《荀子·王霸》中早就指出："齐桓、晋文、楚庄、吴阖闾、越句践，是皆僻陋之国也，威动天下，强殆中国，无它故焉，略信也，是所谓信立而霸也。"诸侯信服，所以"中国侵伐，因斯衰止"（《越绝书·越绝外传本事》）。

（四）迁都琅琊

越王句践二十九年（周贞定王元年，前 468 年），为了更好地北上争霸，越王句践把国都迁到琅琊。迁都前，句践曾经派楼船卒 2800 人到会稽山中去伐松柏做成木排，当作运输工具。《越绝书·越绝外传记地传》记载：句践"初徙琅琊，使楼船卒二千八百人，伐松柏以为桴"。为了繁荣琅琊新都，又迁三万户充实于观台之下，并驻泊"死士八千人，戈船三百艘"（《吴越春秋·句践伐吴外传》）。迁都琅琊一事史书多有记载。今本《竹书纪年》载："贞定王元年癸酉，於越徙都琅琊。"《越绝书·越绝外传记地传》载："句践伐吴，霸关东，从琅琊起观台。台周七里，以望东海。""允常子句践，大霸称王，徙琅琊，都也。"《吴越春秋·句践伐吴外传》载，越王"霸于关东，从琅琊起观台，周七里，以望东海"。《汉书·地理志上》琅琊郡琅琊县下颜师古注："越王句践尝治此，起馆台，有四时祠。"《山海经·海内东经》载："琅琊台，在渤海间，琅琊之东。"晋郭璞注云："今琅琊在海边，有山嶕峣特起，状如高台，此即琅琊台也。琅琊者，越王句践入霸中国之所都。"《水经·潍水注》载："琅琊，山名也，越王句践之故国也。句践并吴，欲霸中国，徙都琅琊。"《史记·秦始皇本纪》唐张守节正义引《括地志》云："琅琊台，越王句践观台也。台西北十里，有琅琊故城。"

越国史研究前辈权威蒙文通曾考证指出，"句践徙都琅琊，为越史之一大事，《越绝书》之《记吴地传》《记地传》、《吴越春秋·句践灭吴外传》、《水经·潍水注》皆明载其事"，"又自诸书所载句践及其以后越事论之，亦必都于琅琊于理乃合"，《韩非子·非攻中》《左传·哀公二十七年》《史记·鲁世家》《孟子·离娄》《战国策·魏策四》等记载，"皆明越人之活动多在北方。惟徙都琅琊始克灭滕、灭郯、亡缯、削莒，于时遂大显于中原，而与齐、楚、晋相提并论"[①]。都城的地望，历代学者根据古籍记载，多相信在黄海之滨的山东胶南

[①] 蒙文通：《越史丛考》，人民出版社 1983 年版，第 121—122 页。

(在今青岛市黄岛区）琅琊山附近。这里有琅琊台故址，即句践建筑的观台所在。根据《史记·秦始皇本纪》记载，秦始皇曾三次亲临琅琊台，在这里留下刻石，主要原因之一当与这里曾是越国都城相关，就像他"上会稽，祭大禹，望于南海"（《史记·秦始皇本纪》）一样。

（五）调处诸国纷争

邾国是泗上十二诸侯国之一，地理位置约在今山东省邹城市境内，常受鲁国欺侮，吴国强盛时，邾国投靠吴国；越国强盛，又以越国为靠山，越国进而掌控了邾国君主的废立。《左传·哀公二十二年》记载："夏四月，邾隐公自齐奔越，曰：'吴为无道，执父立子'。越人归之，太子革奔越。"邾隐公在吴国灭亡前夕逃到越国，向越王句践控诉了吴国废父立子的罪行。越国就将邾隐公送回邾国，重新当了国君。而被吴国扶立为君的太子革，为了避免被父亲邾隐公杀死，又逃到越国。《左传·哀公二十四年》（前471年）记载，"邾子又无道，越人执之以归，而立公子何。何亦无道"。邾隐公因治国无道被越人抓去，越国重新立太子革的弟弟何为国君。

《左传·哀公二十七年》（前468年）记载，越国调解了邾国与鲁国之间的边界纠纷："春，越子使后（舌）庸来聘，且言邾田，封于骀上。二月，盟于平阳，三子皆从（杜预注：季康子、叔孙文子、孟武伯皆从舌庸盟）。康子病之（杜预注：耻从蛮夷盟），言及子赣，曰：'若在此，吾不及此夫！'"邾国的田地，曾被鲁国长期侵夺不还。邾国力量弱小，求告于越国，希望越国主持公道。越国于是派舌庸出使鲁国。慑于越国的军威和霸主地位，鲁哀公、鲁国主政三桓（季康子、叔孙文子、孟武伯）和舌庸盟于平阳（今山东新泰），答应将过去侵夺邾国的土地归还邾国，以骀上（今山东滕县东南）作为两国的分界。季康子等人后悔没能重用子贡（子赣即子贡），使鲁国可以拒绝本属蛮夷的越国对鲁、邾两国矛盾的强制性调解。

莒国也是泗上诸侯国之一，是在春秋初年迁到今山东莒县的一个诸侯小国。在越国强盛时，投靠越国，后来"恃越而亡"（《战国策·齐策五》）。越国曾主持邾、莒两国的分界会盟。这次莒、邾分界事未见《左传》等史籍记载。曹锦炎通过对《殷周金文集成》著录的两件旧称"能原镈"和《缀遗斋彝器款识考释》著录的一件"凤鸣钟"的研究①，指出三件"能原镈"系越器，铭文记录的是一次越国主持的莒、邾分界会盟的内容，镈名可改称为"越莒邾盟辞镈（钟）"。从"能原镈"铭文内容看，似乎是莒在邾内乱时趁机扩张疆土，侵入了邾国，越国为之调停，主持了这次疆土划分，并趁机扩土筑城，将邾、莒两国连在自己脚下。

彼时越、鲁两国的交往越来越多，越国也就陷入鲁国国君与大臣"三桓"季孙氏、孟孙氏、叔孙氏的矛盾，调处了鲁国的国政。《左传·哀公二十三年》（前472年）载："秋八月，叔青如越，始使越也。越诸鞅来聘，报叔青也。"鲁国使者叔青到越国，这是鲁国第一次派人对越国的出访；越国使者诸鞅来鲁国聘问，是对叔青来访的回报。不久，鲁哀公本人也到访越国。《左传·哀公二十四年》载，闰十月："公如越，得大子適郢，将妻公而多与之地。公孙有山使告于季孙。季孙惧，使因大宰嚭而纳赂焉，乃止。"《哀公二十五年》（前470年）又载："六月，公至自越。"从上年闰十月到次年六月，鲁哀公在越国盘桓了九个月。期间鲁哀公与越国太子適郢相处得很融洽，適郢打算把自己的女儿嫁给哀公，并且多给予土地。这桩政治婚姻安排，因鲁国大夫公孙有山先行将内情透漏给季孙氏，季孙氏反过来买通受到越国重用的太宰嚭，使之从中阻挠而破产。

两年后，鲁哀公再次前往越国。《左传·哀公二十七年》（前468年）载："公欲以越伐鲁，而去三桓。秋八月甲戌，公如公孙有陉氏。因孙于邾，乃遂如越。"《史记·鲁周公世家》也载："公欲以越伐三桓。八月，哀公如陉氏。三桓攻公，公奔于卫，去如邹，遂如越。国人迎哀公复归，卒于有山氏。"鲁哀公从越国太子对他的极度亲善中，看到重振君主之威的希望，想要借助越国攻打鲁国，铲除三桓势力。鲁哀公为此做了精心策划，先从鲁国到达公孙有陉（即公孙有山）家

---

① 曹锦炎：《"能原"镈铭文初探》，《东方博物》创刊号，杭州大学出版社1997年版；《再论"能原"镈》，《故宫博物院院刊》1999年第3期。

里，从那里假装向西面卫国方向流亡；在三桓的联合追击下，转向南流亡到邾国（战国后称邹国），从那里再抵达越国。但鲁哀公的赴越搬兵愿望落空，只得沿原路折返，还没回到都城，就死在出亡时的落脚点公孙有山封地。

《吴越春秋·句践伐吴外传》记载："鲁哀公以三桓之逼来奔，越王欲为伐三桓，以诸侯、大夫不用命，故不果耳。"越王句践本想组织"国际"联军帮鲁哀公讨伐三桓，但因相关诸侯国和国内大夫都不听从号令，越国本身也面临迁都琅琊等大事要事，因此未能付诸实施。但越王还是派出了小股军队，采取了一定程度的军事侵袭行动，借以表达了对鲁国"三桓"主政局面的不满。《孟子·离娄下》记载："曾子居武城，有越寇。或曰：'寇至，盍去诸？'曰：'无寓人于我室，毁伤其薪木。'寇退，则曰：'修我墙屋，我将反。'寇退，曾子反。"

越国不仅亲善、扶持过鲁哀公这位"生于深宫之中，长于妇人之手"，"未尝知忧也，未尝知劳也"（《荀子·哀公》），备受权臣"三桓"压迫的懦君，还既扶持又拘禁过卫国的暴君卫出公，并让卫出公魂丧越国。或许与自己是从失败者中站立起来的强者相关，句践似乎很乐意替诸侯中的弃儿——鲁哀公、卫出公都是被所在国权力中枢所憎恶的人物——打抱不平，但其取舍仍有一定的战略和道德考量。

《左传·哀公二十六年》（前469年）载："夏五月，叔孙舒帅师会越皋如、舌庸、宋乐茷，纳卫侯，文子欲纳之。懿子曰：'君愎而虐，少待之，必毒于民，乃睦于子矣。'师侵外州，大获。出御之，大败。掘褚师定子之墓，焚之于平庄之上。文子使王孙齐私于皋如，曰：'子将大灭卫乎，抑纳君而已乎？'皋如曰：'寡君之命无他，纳卫君而已。'文子致众而问焉，曰：'君以蛮夷伐国，国几亡矣。请纳之。'众曰：'勿纳。'曰：'弥牟亡而有益，请自北门出。'众曰：'勿出。'重赂越人，申开、守陴而纳公，公不敢入。师还，立悼公，南氏相之，以城鉏与越人。公曰：'期则为此。'令苟有怨于夫人者，报之。司徒期聘于越，公攻而夺之币。期告王，王命取之，期以众取之。公怒，杀期之甥之为大（太）子者。遂卒于越。"这段文字中"纳卫侯"、"纳公"的"卫侯"、"公"，即卫出公。根据记载，这一年的夏五月，越国派出将军皋如、舌庸会同鲁国叔孙舒、宋国乐茷，联合以武力欲将流亡宋国的卫出公送回卫国重新即位。卫国将军、卫灵公之孙、卫出公之弟公孙弥牟（卫出公为卫灵公太子蒯聩之子，公孙弥牟为卫灵公幼子公子郢之子，氏子南，谥文子）打算接纳。卫国大夫公文懿子（又称公文要）提出："卫出公刚愎、暴虐，放他回来执政，要不了多少时间，必定残害百姓，那时百姓就会在君臣对比中跟您和睦了。"等不及卫国国内做出妥善回应，越国领导帮助卫出公复辟的"国际"联军，就展开了对卫国边境地区的大肆侵袭和劫掠；卫军不得不组织抵抗越军，但遭到惨败。在逼近卫国都城的路上，卫出公发掘宿敌褚师声子（又称褚师比）之父褚师定子的坟墓，把他的棺材放火烧了。联军攻势强劲，公孙弥牟只得派人私下去见皋如说："您是打算大举灭亡了卫国呢，还是把我们国君送回来就算了？"皋如说："寡君的命令没有别的，只把卫君送回国就算了。"公孙弥牟于是召集大家，以卫出公带来蛮夷之邦越国来攻打我国，国家危在旦夕为由，再次要求接纳卫出公。大家依然拒绝接纳，公孙弥牟说："如果我逃亡对大家有好处，请让我从北门出去。"众人说："不要出走。"公孙弥牟转而做越国的工作，重重地贿赂越国将领，同时一方面大开城门，摆出接纳卫出公进城的姿态，一方面又强化城墙守御，严阵以待，卫出公不敢进城。护送卫出公的联军退兵回去，卫国立了悼公，公孙弥牟做了国相。为了安抚大动干戈的越国，公孙弥牟做主，卫国把卫出公出亡前经过的城鉏一带割给了越国。卫出公回国执政的复辟梦想破灭，只好随越军前往越国，向追随者表示，这一切都是出于自己夫人（夏戊之女）之弟、司徒公孙期的阴谋，命令对夫人有怨的可以报复。司徒期代表卫国到越国聘问，卫出公派人攻打他并且夺走了财礼。公孙期报告了越王，越王命令取回来，公孙期带了一批人又把财礼夺了回来。卫出公发怒，索性杀死了司徒期做太子的外甥，也就是自己的太子。晋杜预《春秋经传集解》卷三十："忿期而及其姊为夫人者，遂复及夫人之子。"清魏禧《左传经世钞》卷二十三："迁怒妻、子，为虐已甚。"因恼恨公孙期，卫出公把自己的夫人和太子也杀了。

史料记载，卫出公是一位暴虐之迹斑斑的昏君，遭大夫褚师声子、司徒期、公孙弥牟、公文懿子、公孙拳弥等人联合工匠暴动，被迫出亡，被两面逶迤的公孙拳弥故意引导，到达靠近宋国的城鉏，再从那里出奔宋国；卫出公本想以祝史挥为内应打回卫国，遭公文懿子识破，遂派被暴动群臣遣送出都的祝史挥前往越国请兵。《左传·哀公二十五年》（前470年）夏五月载："卫侯出奔宋。卫侯为灵台于藉圃，与诸大夫饮酒焉，褚师声子袜而登席，公怒。辞曰：'臣有疾，异于人。若见之，君将殼（意"呕"）之，是以不敢。'公愈怒。大夫辞之，不可。褚师出，公戟其手曰：'必断而足。'闻之，褚师与司寇亥乘，曰：'今日幸而后亡。'公之入也，夺南氏邑，而夺司寇亥政。公使侍人纳公文懿子之车于池。初，卫人翦夏丁氏，以其帑赐彭封弥子。弥子饮公酒，纳夏戊之女，嬖，以为夫人。其弟期，大叔疾之从孙甥也，少畜于公，以为司徒。夫人宠衰，期得罪。公使三匠久。公使优狡盟拳弥，而甚近信之。故褚师比（杜注"袜登席者"）、公孙弥牟（杜注"丧邑者"）、公文要（杜注"失车者"）、司寇亥（杨伯峻注"被夺官者"）、司徒期，因三匠与拳弥以作乱，皆执利兵，无者执斤。使拳弥入于公宫，而自大（太）子疾之宫噪以攻公。……乃出。将适蒲，弥曰：'晋无信，不可。'将适鄄，弥曰：'齐、晋争我，不可。'将适泠，弥曰：'鲁不足与。请适城鉏，以钩越，越有君。'乃适城鉏。……公为支离之卒，因祝史挥以侵卫。卫人病之。懿子知之，见子之，请逐挥。文子曰：'无罪。'懿子曰：'彼好专利而妄。夫见君之入也，将先道焉。若逐之，必出于南门而适君所。夫越新得诸侯，将必请师焉。'挥在朝，使吏遣诸其室。挥出……遂有宠，使如越请师。"公孙拳弥劝卫出公"适城鉏，以钩越，越有君"，公文懿子看到"越新得诸侯，将必请师焉"的可能，说明当时卫国权力中枢都清醒意识到城鉏（在今河南滑县东）的战略重要性和越国作为新霸主的积极动向。

鉴于越国的强大和自己的动乱弱小，卫国权力中枢主动将城鉏割让给越国，从而既满足了越国扩展版图之欲，又实现了坚决将暴虐之君拒之门外的夙愿。

对于越国而言，鲁哀公"卒于有山氏"与卫出公"卒于越"，尽管结局与自己的两次帮扶初衷颇相背离,其实也是无可无不可的。毕竟不能为了一个年迈无能的鲁哀公,用自己的全部国力去与鲁国现政权对撞;卫国自己坚决不接受暴虐之君卫出公,又何必继续强人所难,何况卫国已经给予了可观的回报。

值得指出的是,正当越国北上称霸,纵横捭阖、折冲樽俎之时,以范蠡出走、计然佯狂、文种被诛为标志,其统治中枢和人才集团实际上经历了一次规模不小的"塌陷"。在这种情况下,句践仍然做出一系列重大决策并大多取得良好成效,使越国逐渐站稳北方,赢得中原诸侯国的拥戴,这是很不容易的。在内外交攻中,越王句践过早走到生命终点。

《史记·越王句践世家》索隐引古本《竹书纪年》:"晋出公十年十一月,於粤子句践卒,是为菼执。次鹿郢立。"晋、越都用夏历,但周历比夏历早两月,所以晋出公十年十一月,于周历已是翌年正月,也就是周贞定王五年(前464年)正月。据杜预《春秋释例》卷九排比史料,周敬王二十三年(前497年)"允常卒,子句践立",次年为句践元年。这样算来,句践年号用了三十三年。[①]

第三节 越国战国时期的霸业延续与衰亡

句践之后,越国经历越王鹿郢和越王不寿时期共十五年的过渡,迎来越王朱句与越王翳时期七十多年的越国中兴与霸业延续;在经历持续十五年的内乱之后,越王无彊时期希图再振霸业,但遭遇重大战略挫败,大半个国境丢失;此后国祚仍得以勉强维持八十多年,直到秦始皇一统天下。

一 越王鹿郢和越王不寿的过渡

句践去世之后,子孙似乎牢牢记住了"霸者之后难以久立,其慎

---

① 杨宽:《战国史料编年辑证》,上海人民出版社2001年版,第70、83页。

之哉"的告诫，经历了一段过渡时期。

句践之子鹿郢（此《竹书纪年》中名，《左传》作"適郢"，《史记》作"鼫与"，《越绝书》作"与夷"，《吴越春秋》作"兴夷"，出土青铜器铭文作"者旨於賜"）是一位过渡性，但很有作为的越王。宋人著作中曾收录一件具错钿紫金铭文的越王青铜甬钟，其摹本经专家隶定释读为："正月季春吉日丁亥，越王者旨於賜择厥吉金，自作龢钟，我以乐考、嫡祖、大夫、宾客，日以鼓之，夙暮不忒。顺余子孙，万世亡疆，用之勿丧。"① 根据内容，此青铜甬钟应该铸造于鹿郢即位不久，铭文目的在于强调越国王室与各界的和衷共济。这很有利于句践新丧之后越国的团结。无独有偶，《殷周金文集成》收录一件越国青铜句鑃，经专家考证，系句践时期越国五大夫之一的逢同之子姑冯所铸，铭文经隶定释读为："惟王正月初吉丁亥，姑冯——逢同之子，择厥吉金，自作商句鑃，以乐宾客，及我父兄，子子孙孙，永保用之。"② 这件青铜句鑃表明，一班越国老臣亲属，也很乐于帮助越王鹿郢营造和谐轻松的局面。

根据曹锦炎的著录，迄今出土越王兵器中，越王句践青铜剑共有3件，越王鹿郢则有青铜剑19件、戈3件、矛6件、石剑1件，一共29件③，足见越王鹿郢尚武之风不逊乃父。其中一些出土文物还证明，虽然在位时间仅六年，但他曾做过一些军政大事。

例如，1959年从战国初蔡国墓出土的两件形制相同的越王鹿郢青铜戈，均有两行十二字错金铭文，经董楚平释读为："癸亥，徐侯之皇、戉王者旨於賜。"④ 这反映作为中原霸主之国的国君继任者，越王鹿郢曾很注意经营淮河流域，封徐人为"侯"，帮助徐人复国，被他们

---

① 曹锦炎：《吴越历史与考古论集》，文物出版社2007年版，第52—59页。
② 李家浩：《关于姑冯句鑃的作者是谁的问题》，《传统中国研究集刊》第七辑，上海人民出版社2010年版，第1—7页。
③ 曹锦炎：《鸟虫书通考》（增订版），上海辞书出版社2014年版，第71—93、165页。
④ 董楚平：《吴越徐舒金文集释》，浙江古籍出版社1992年版，第222—227页。又，两戈铭文曹锦炎释读为"越王者旨於賜，癸亥徐州致王"，系鹿郢效仿句践"以兵北渡淮，与齐、晋诸侯会于徐州，致贡于周"之举。参见曹锦炎《鸟虫书通考》（增订版），上海辞书出版社2014年版，第84—89页。

感激拥戴,以"皇"尊之。足见越王鹿郢不愧为一代霸主和贤君之后。

越王不寿(此《竹书纪年》等名,《越绝书》作"子翁",《吴越春秋》作"翁")自周贞定王十二年(前457年)即位,至二十一年被杀,在位十年。出土文物中有一件青铜矛,矛身正、背两面中脊两侧铸有铭文十六字:"於越嗣王,旨於之大(太)子不寿自作元用矛。"另有一件青铜剑,剑格凸铸铭文十二字:"越王不寿不寿,自作用剑用剑。"① 可见他在做太子时,就继承了乃祖乃父的尚武之风,即位后依然如此。但没有材料证明在位期间有什么显著作为。或许不寿个性比较内敛,走了一条着意守成而不向外拓展之路。

今本《竹书纪年》载"於越子不寿见杀",未能寿终正寝于位。不寿的个性与过于守成治国方略,也可能是他招致不满以致被害的原因之一。

二 越王朱句与越王翳的中兴与霸业延续

(一)越王朱句

句践的曾孙朱句(此《竹书纪年》名,《史记》作"翁",《越绝书》《吴越春秋》作"不扬",出土青铜剑矛均作"州句"),是战国前期最为能干、在位时间最长的越王。宋罗泌《路史》卷二十三引诸史载:"朱句立,是为王翳(翁),三十七年卒。"根据战国史专家的考证,朱句于周贞定王二十一年(前448年)即位,次年为朱句元年(前447年),至朱句三十七年(前411年)殁②,朱句年号用了37年,实际上统治中原38年。

朱句还在做王子时就有尚武爱好,并勇于长途跋涉,去做一些大事。台北古越阁与澳门珍秦斋旧各藏一件越国铜格铁剑,铜格铭文为"越州句,越州句,自作用剑,自作用剑"③,从铭文未称"越王"和材质主要是铁等因素来看,应该铸造于其继承王位之前。偶然露世的

---

① 曹锦炎:《鸟虫书通考》(增订版),上海辞书出版社2014年版,第97—104页。
② 杨宽:《战国史料编年辑证》,上海人民出版社2001年版,第116、163页。
③ 曹锦炎:《鸟虫书通考》(增订版),上海辞书出版社2014年版,第118页。

这两把剑，无疑折射出王子时期的朱句趣味。根据专家的研究，历代相传、神秘莫测的《岣嵝碑》，其实也是朱句以太子身份代表越王，远登今湖南衡山祭祀南岳山神，刻石岣嵝峰（又称祝融峰、密云峰）留下的碑文，碑文称："唯王二年六月丁酉，承嗣越臣、宪亘朱句，凡以慭顺，厥日登。余盟于此，曰：虔主山麓，汝粥益福，利朕四行，王姓和攸，俾师长黍……"①祭主朱句自称"承嗣越臣"，自是已被确认为越国太子。从黄海之滨的琅琊，远赴西南衡山，在炎炎六月到达，又攀至高峻的密云峰祈祷、刻石，足见其希望国家和平吉祥愿望之迫切和意志之坚确。

越王朱句即位不久，越国还时常与楚军交战，并被打败。楚国在越国北上经营霸业，无暇顾及南方之时，积极向东扩张。《史记·楚世家》载："是时越已灭吴而不能正江、淮北，楚东侵，广地至泗上。"楚、越两国在江淮地区经常发生战争。《墨子·鲁问》记载："昔者楚人与越人舟战于江，楚人顺流而进，迎流而退；见利而进，见不利则其退难。越人迎流而进，顺流而退；见利进，见不利则其退速。越人因此若执，函（亟）败楚人。公输子自鲁南游楚焉，始为舟战之器，作为钩强（《太平御览》引作"钩拒"）之备，退者钩之，进者强之，量其钩强之长，而制为兵。楚之兵节，越之兵不节。楚人因此若执，函（亟）败越人。"越在楚的下游，作战的时候，楚国顺流而下，攻击越国，非常便利。楚国来的时候容易，顺流而下，士气高涨，但失败之后又是逆流而上，很容易成为越军的战利品。而越国的情形恰好相反，越国逆流迎战，不如楚国顺畅。但这时军队士气正旺，逆流而上就相对容易。一旦形势不利，则掉转船头，顺流而下。因此，越国常常战胜。但是后来楚国从鲁国请公输般为楚军制造舟战的器具"钩拒"，当敌船作战不利而撤退时，用"钩"将敌船钩住；当我方作战不利，又用"拒"让敌船无法接近。因此，楚军得以获胜。

越王朱句时期，越国曾两次联合晋国伐齐。据清华简《系年》第二十章记载："越公句践克吴，越人因袭吴之与晋为好。晋敬公立十

---

① 曹锦炎：《吴越历史与考古论集》，文物出版社2007年版，第120—137页。

又一年，赵桓子会诸侯之大夫，以与越令尹宋盟于巩，遂以伐齐，齐人焉始为长城于济，自南山属之北海。晋幽公立四年，赵狗率师与越公朱句伐齐，晋师围长城句俞之门。越公、宋公败齐师于襄平。至今晋、越以为好。"① 越国继承了当年吴国与晋国的友好关系。晋、越第一次联合伐齐，是在晋敬公十一年即越王朱句七年亦即齐宣公十五年（前441年），赵桓子会诸侯大夫，与越国令尹宋会盟于巩地，起师伐齐。为抵抗晋、越联军的攻伐，齐人开始在济水边修建长城。晋、越第二次联合伐齐，是在晋幽公四年即朱句十八年（前430年），赵狗率领军队与越王朱句联兵伐齐，三晋之师攻破了齐长城的句俞之门，越师与宋军在襄平大败齐军。从《系年》所见，越王朱句几度与三晋联手会师伐齐，战功赫赫。

朱句三十四年（前414年）、三十五年（前413年），越国先后攻灭滕国、郯国。古滕国是一个姬姓小国，为周文王之子叔绣所封，在今山东滕县西南。《孟子·滕文公上》说，"今滕，绝长补短，将五十里也"，又说"夫滕壤地褊小"。自泰山以南至泗水一带，曾经有许多附庸小国，滕国是泗上小国之一。郯国，在今山东郯城西南，也是泗上小国。朱句晚年，越国势力向北发展，用兵泗上，滕国、郯国均被攻灭。《史记·越王句践世家》索隐引古本《竹书纪年》云："於粤子朱句三十四年灭滕。""於粤子朱句三十五年灭郯。"今本《竹书纪年》还载，"於越子朱句伐郯，以郯子鸪归"。台湾王振华古越阁藏一件斜从厚格式青铜剑，格、首部以错金纹样装饰，为越剑中仅见，剑身近格处有两行错金鸟篆铭文："戉（越）王白（伯）侯，自作用剑"。根据董楚平的研究，"白侯"即"伯侯"，也就是中原典籍的"侯伯"；器主自夸为诸侯之长，当为越王朱句"灭滕灭郯以后的得意之作"②。

此外，越国还和东方大国齐国一起"夹削"处于越、齐之间的莒

---

① 李学勤主编：《清华大学藏战国竹简（贰）》下册，中西书局2011年版，第186页。
② 董楚平：《新见"越王伯侯剑"考释》，林华东主编《瓯文化论集》，浙江人民出版社2009年版，第26—28页。

国的国土，最终使莒国灭亡于越、齐之间。《墨子·非攻中》载："东方有莒之国者，其为国甚小，间于大国之间，不敬事于大，大国亦弗之从而爱利。是以东者越人夹削其壤地，西者齐人兼而有之。计莒之所以亡于齐、越之间者，以是攻战也。"——当然，越国进行的是持续的"夹削"即蚕食。直接灭掉莒国的，还是楚国。根据《史记·六国年表》《战国策·齐策五》等，周考王十年、越王朱句十七年（前431年），楚惠王伐莒，"莒恃越而灭"。董珊曾考论，旧所谓3件"先自"剑，一般均认为是越王剑，剑首均环列12字阳文铭文，可试读为："戉（越）自蕾（茅），越自艿（吴），越自以（琊），越自艿（莒）"，表示越国据茅山（会稽山旧称）而取了吴地，据琅琊而取了莒地。"剑铭是夸耀武功并纪念领土的扩张"，"铭文是'越国自茅山开始扩张、越国自吴开始扩张、越国自琅琊开始扩张、越国自莒地开始扩张'的意思"，并认为"其年代似应属于越王翳"[①]。马晓稳认为铭文中的"自"，可读为"揿"，取也，同样认为，"铭文当记录了越国对不断开疆拓土的矜耀"[②]。因为，在越王翳即位前20多年，莒国乃是在越王朱句与齐国的"夹削"中走向灭亡的，所以，越国配合军事胜利进行的这次铸剑铭功，还应出于越王朱句之所为。

越王朱句几乎征战一生。殁前不久，一位比较钟爱的王孙在一场战役中阵亡，因而产生了想将国都迁回江南故土的念头。宋代薛尚功《历代钟鼎彝器款识法帖》著录一件宋代出土的越国青铜钟，经专家最新的研究，乃是越王朱句钟，其铭文摹本经隶定释读乃是："惟王正月初吉乙巳，□朱句之孙□亘□丧，王欲复师，择吉金自作禾钟，以乐宾客，志劳赒诸侯。'往已！余之客，畲畲孔协，万世之后，亡疾自下，允位，同女（汝）之利。嗣孙皆永宝。'"曹锦炎以为："通过全铭可以看出，因越国王室之丧，越王朱句为答谢诸侯之赒铸造乐钟铭志。而铭文的真正目的，乃是通过'志劳赒诸侯'来显耀越国的

[①] 董珊：《吴越题铭研究》，科学出版社2014年版，第61—62页。
[②] 马晓稳：《吴越文字资料整理及相关问题研究》，博士学位论文，吉林大学古籍研究所，2017年，第310页。

霸主地位。很有可能，此钟作于朱句三十四年灭滕或三十五年灭郯之役时。"① 这是很有道理的，但出土文物中还有两批越国青铜剑，应该铸造于同时，略具先后，铭文都是"越王州句、州句之用剑。唯余土利邗"②，流露出迁都回吴之意，或许也是王孙之丧促成或加重了这种念头。

（二）越王翳

朱句之子翳（此《竹书纪年》名，《越绝书》《吴越春秋》均作"无彊"，误；出土剑矛铭文作"旨医""者旨不光""不光""不扬"等）也是越国后期一个有为之君。

越王翳七年（前404年），越国与三晋联合伐齐。据清华简《系年》第二十二章记载："楚声桓王即位，元年，晋公止会诸侯于任，宋悼公将会晋公，卒于鼬。韩虔、赵籍、魏击率师与越公翳伐齐，齐与越成，以建阳、邱陵之田，且男女服。越公与齐侯贷、鲁侯衍盟于鲁稷门之外。越公入飨于鲁，鲁侯御，齐侯参乘以入。晋魏文侯斯从晋师，晋师大败齐师，齐师北，晋师逐之，入至汧水，齐人且有陈疌子牛之祸，齐与晋成，齐侯盟于晋军。晋三子之大夫入齐，盟陈和与陈淏于溋门之外，曰：'毋修长城，毋伐廪丘。'晋公献齐俘馘于周王，遂以齐侯贷、鲁侯显、宋公田、卫侯虔、郑伯骀朝周王于周。"③ 楚声桓王元年，即公元前407年，越王翳四年。而三晋正式伐齐，则是公元前404年。先是晋烈公会盟诸侯于任地，宋悼公在前往任地参与会盟的路上逝世。由韩虔、赵籍、魏击统帅晋军，会合越王翳所率越军一起伐齐。齐国向越国请成，"以建阳、邱陵之田，且男女服"，即向越割让齐国建阳（今山东临沂北）、邱陵（与建阳邻近）等领土，且提供男女奴仆。齐国请成之后，越王翳与齐侯贷、鲁侯衍盟于鲁国的稷门（南城门）之外。盟礼结束，越王翳"入飨于鲁"，鲁侯为之驾车，齐侯则为骖乘，越王翳可谓尽享霸主的荣耀。正是在盟主越王

---

① 曹锦炎：《吴越历史与考古论集》，文物出版社2007年版，第61—64页。
② 曹锦炎：《吴越历史与考古论集》，文物出版社2007年版，第112—117页。
③ 李学勤主编：《清华大学藏战国竹简（贰）》下册，中西书局2011年版，第192页。

翳威力大显的影响之下，三晋之师大败齐军，逼迫齐国放弃长城和对此前一年叛齐入晋之地廪丘的侵犯，晋公还顺带裹挟"齐侯贷、鲁侯显、宋公田、卫侯虔、郑伯骀朝周王于周"。

香港和湖南文物部门藏有两种大致相同又略有差异的越国青铜剑，剑格、剑首错金铭文均为："越王越王，者旨不光，自作用剑。越王旨医，自作用剑。唯尸邦旨（稽）大。"曹锦炎释"尸邦"读为"夷邦"，"旨"读为"稽"，有考核之义，"唯夷邦稽大"，意思是说夷邦中数我为大。[1] 自居"夷邦"，又自许数我为大，应该正是为了纪念越王翳七年（前404年）这次前所未有的大胜利。

越王翳二十年（前391年），灭了缯国。缯国和滕国、郯国一样，也是越国国都琅琊西边的诸侯国。越国灭了郯国和滕国之后，缯国为了寻求庇护，成为齐国的附属国，并仗着齐国的势力挑衅越国。公元前391年，齐国发生内乱，齐康公"立十四年，淫于酒、妇人，不听政"，被田和"迁康公于海上，食一城"（《史记·田敬仲完世家》），缯国失去保护，越国乘机消灭了缯国。《战国策·魏策四》记载："缯恃齐以悍越，齐和子乱，而越人亡缯。"越灭缯以后，其国土面积又向西扩大了许多。

越王翳三十三年（前378年），将都城迁回姑苏。《史记·越王句践世家》索隐引古本《竹书纪年》载："於粤子翳三十三年迁于吴。"

朱句和翳统治时期，越国的力量发展到顶点。在越王朱句十五年（前433年）前后，墨子提到越国的强盛说，"今天下好战之国，齐、晋、楚、越，若使此四国者得意于天下，此皆十倍其国之众，而未能食其地也，是人不足而地有余也"，"昔者楚熊丽始讨此睢山之间，越王翳亏出自有遽，始邦於越，唐叔与吕尚邦齐、晋，此皆地方数百里，今以并国之故，四分天下而有之"（《墨子·非攻下》）；又说，"昔者圣王既没，天下失义，诸侯力征。南有楚、越之王，而北有齐、晋之君，此皆砥砺其卒伍，以攻伐并兼为政于天下"（《墨子·节葬下》）。足见越国是当时"四分天下"有其一的强国。《吕氏春秋·顺

---

[1] 曹锦炎：《鸟虫书通考》（增订版），上海辞书出版社2014年版，第129页。

民》还记载了应该发生在朱句去世不久的一次对话:"齐庄子请攻越,问于和子。和子曰:'先君有遗令曰:"无攻越。越,猛虎也。"'庄子曰:'虽猛虎也,而今已死矣。'和子曰:'以告鸮子。'鸮子曰:'已死矣,以为生。'"齐国的庄子与大夫田和子、齐相鸮子的对话,足见东方一些大国对越国"猛虎"的畏怯。

三　战国中期的内乱

战国中期,约当句践灭吴北上称霸后百年,国都迁回姑苏不久的越国,突然陷入一场持续时间长达十多年的剧烈内乱。

今本《竹书纪年》记载:"七月,於越太子诸咎弑其君翳。十月,越人杀诸咎。越滑(乱),吴人立孚错枝为君。……於越大夫寺区定越乱,立初无余,是为莽安。……於越寺区弟思弑其君莽安,次无颛立。"根据战国史专家的严密考证,"太子诸咎弑其君翳","越人杀诸咎,越滑(乱),吴人立孚错枝为君",越国乱中无主,原来的吴国贵族乘机立自己的代言人孚错枝为越王(次年为孚错枝元年),发生在周烈王元年、越王翳三十六年(前375年);"於越大夫寺区定越乱,立初无余",很可能原属句践君臣世代相传一系、资格最老的越国大夫寺区,再废吴国贵族旧人所立孚错枝,新立初无余为越王,发生在周烈王三年、孚错枝二年(前373年);后来寺区弟思弑杀初无余,另立无颛为越王,又发生在周显王八年、越王初无余十二年(前361年)。[①] 其中,诸咎,出土青铜器铭文又作"图寿""者汈"。初无余,《史记·越王句践世家》又作"之侯",《史记》索隐引古本《竹书纪年》作"初无余之"。如果把孚错枝是否被弑排除在外,15年间越国竟先后有翳、诸咎、初无余三位越王被弑,政权更迭四次,足可惊世骇俗。

这就形成《庄子》《吕氏春秋》等文献中"越人三世杀其君"的种种议论。《吕氏春秋·审己篇》载:"越王授有子四人。越王之弟曰豫,欲尽杀之,而为之后。恶其三人而杀之矣。国人不说,大非上。

[①] 杨宽:《战国史料编年辑证》,上海人民出版社2001年版,第251、254—255、284、286页。

又恶其一人而欲杀之，越王未之听。其子恐必死，因国人之欲逐豫，围王宫。越王太息曰：'余不听豫之言，以罹此难也。'"这里的越王授，诚如高诱注，"越王授即句践五世之孙"越王翳。《庄子·让王》又载："越人三世弑其君，王子搜（无颛）患之，逃乎丹穴。而越国无君，求王子搜不得，从之丹穴。王子搜不肯出，越人薰之以艾，乘以王舆。王子搜援绥登车，仰天而呼曰：'君乎！君乎！独不可以舍我乎？'"面对错综复杂、凶险万状的政治生态，惊惧不已的无颛竟然千方百计要逃离新一代越王王位。

这场大内乱有先例和前兆，也有持续不断的遗响。先例是，越王朱句的父亲越王不寿，当年就是被弑杀的。《史记·越王句践世家》索隐引古本《竹书纪年》："不寿立十年见杀，是为盲姑，次朱句立。"前兆是，上海博物馆藏一件战国越王青铜钟，为同时越王翳铸造的一批编钟（其中一件为镈钟）之单件，其鼓部和两面钲间共铸铭文近百字，核心字眼为："唯越十有九年，王曰：者刅，汝亦虔秉不汭泾德，以克总光朕躬……用偶烈壮。……勿有不义谋，之于不适。惟王命！"[1] 可见，越王翳在位第十九年，已发现太子诸咎的劣迹，所以特意花费相当心血与物力铸造一批编钟，予以公开警告和训诫。遗响持续不绝是指，这种"内乱"恶习几乎伴随了后来越国的始终。如《史记·越王句践世家》记载，后来楚国"大败越，杀王无疆，尽取故吴地至浙江"，"越以此散，诸族子争立，或为王，或为君"，覆巢之下，仍然争个不休。再往后，如《韩非子·喻老》所载："楚庄王欲伐越，杜子谏曰：'王之伐越，何也'。曰：'政乱兵弱'。"此"楚庄王"清顾广圻以为当指楚威王（前340—前329年在位）。总之，战国中期稍后，越国是出了名的"政乱兵弱"，这既造成国内政局动荡、国力虚耗，又招致强敌的觊觎，甚至被利用。

四　越王无疆的霸业再起与重大挫败

今本《竹书纪年》载："於越子无颛卒，是为菼蠋卯，次无疆

---

[1] 董楚平：《吴越徐舒金文集释》，浙江古籍出版社1992年版，第170—187页。

立。"越王无颛卒,无彊(此《竹书纪年》名,或以为即出土青铜剑铭文中的"丌北古")即位,在周显王二十六年(前343年)①,次年为无彊元年(前342年)。《史记·越王句践世家》载:"王无彊时,越兴师北伐齐,西伐楚,与中国争强。"可能是为了改变持续内乱留给世人的不良印象,越王无彊即位不久即摆出一个四出争强、霸业再起的姿态,从而迎来越国后期比较强盛的又一段时期。

如前所述,越国与楚国的矛盾由来已久。楚国曾经乘越王句践北上称霸,"不能正江、淮北,楚东侵,广地至泗上";朱句时期,又先后灭了越国的友邦杞国、莒国。至此,楚国东部疆土发展到今江苏西北泗水及山东沂水流域,与宋、鲁、齐、越各国边境犬牙交错。为了在越、楚矛盾中改变被动局面,越王无彊首先向淮北地区重新拓展,形成了与楚国的新对峙。根据《史记·六国年表》与《战国策·楚策三》,周慎靓王二年、越王无彊二十四年(前319年),楚国采取了"城广陵"的军政举措,这显然是因"东有越累",受到向北扩展的越国的压力,所以建筑军事要塞性城市,予以对抗。

越国与齐国也是久有冲突。一直以来,齐国面临着三晋的压力,只好选择向南发展。但越国在朱句晚年先后灭掉滕国、郯国,在越王翳时期又灭掉缯国,并多次直接打败齐国,导致越国与齐国在泗水上游地区也形成了尖锐的对抗。朱句的成功,与当时越国都城琅琊处在齐国的肘腋之地相关。失去这一有利条件的越王无彊(或许琅琊仍在越国手上),要重新赢得与齐国的对抗优势,只有拼命硬来、全力仰攻。这激起对方同样的一决生死意志。《说苑·立节》载:"越甲至齐,雍门子狄请死之。齐王曰:'鼓铎之声未闻,矢石未交,长兵未接,子何务死之?为人臣之礼邪?'雍门子狄对曰:'臣闻之,昔者王田于圃,左毂鸣,车右请死之,而王曰:"子何为死?"车右对曰:"为其鸣吾君也。"王曰:"左毂鸣者,工师之罪也。子何事之有焉?"车右曰:"臣不见工师之乘,而见其鸣吾君也。"遂刎颈而死,知有之乎?'齐王曰:'有之。'雍门子狄曰:'今越甲至,其鸣吾君也,岂

---

① 杨宽:《战国史料编年辑证》,上海人民出版社2001年版,第366、413页。

左毂之下哉！车右可以死左毂，而臣独不可以死越甲也？'遂刎颈而死。是日越人引甲而退七十里。曰：'齐王有臣钧（均）如雍门子狄，拟使越社稷不血食。'遂引甲而归。"此一场景，应即出现于越王无彊时期的越、齐对决战。

越王无彊争强中国，重振先祖句践、朱句时期霸业的具体事件，现在已经知道不多（这可能与他后来突然被杀，国都也被敌人占领，越国自己保存的史料几乎完全被毁有关），但仍给世人留下相当深刻的印象。战国中山王䑇所铸"中山三器"之一中山王鼎记载："唯十四年中山王䑇作鼎于铭曰：'呜呼，语不废哉！寡人闻之，与其溺于人斻，宁溺于渊。……呜呼，念之哉！后人其庸用之，毋忘尔邦！昔者吴人并越，越人修教备保，五年覆吴，克并之至于今。'"[①] 中山王䑇十四年，即周赧王元年、越王无彊二十九年（前314年）。该年远在今冀西、晋北的中山国国君重提句践灭吴之事，强调"克并之至于今"，凸显从那以来作为天下霸主的越国的历史延续性，无疑包含对现实越国兴霸动向的观察。

但越、齐、楚三方在江淮至泗水、沂水一线的持续对抗，终于酿成一场越国的压倒性挫败。

《史记·越王句践世家》记载：

> 王无彊时，越兴师北伐齐，西伐楚，与中国争强。当楚威王之时，越北伐齐，齐威王使人说越王曰："越不伐楚，大不王，小不伯。图越之所为不伐楚者，为不得晋也。韩、魏固不攻楚。韩之攻楚，覆其军，杀其将，则叶、阳翟危；魏亦覆其军，杀其将，则陈、上蔡不安。故二晋之事越也，不至于覆军杀将，马汗之力不效。所重于得晋者何也？"越王曰："所求于晋者，不至顿刃接兵，而况于攻城围邑乎？愿魏以聚大梁之下，愿齐之试兵南阳、莒地，以聚常、郯之境，则方城之外不南，淮、泗之间不

[①] 河北省文物管理处：《河北省平山县战国时期中山国墓葬发掘简报》，《文物》1979年第1期；李学勤等：《平山三器与中山国史的若干问题》，《考古学报》1979年第2期。

第一章 越国的兴衰

东、商、於、析、郦、宗胡之地，夏路以左，不足以备秦，江南、泗上不足以待越矣。则齐、秦、韩、魏得志于楚也，是二晋不战而分地，不耕而获之。不此之为，而顿刃于河山之间以为齐、秦用，所待者如此其失计，奈何其以此王也！"齐使者曰："幸也越之不亡也！吾不贵其用智之如目，见豪毛而不见其睫也。今王知晋之失计，而不自知越之过，是目论也。王所待于晋者，非其马汗之力也，又非可与合军连和也，将待之以分楚众也。今楚众已分，何待于晋？"越王曰："奈何？"曰："楚三大夫张九军，北围曲沃、於中，以至无假之关者三千七百里，景翠之军北聚鲁、齐、南阳，分有大此者乎？且王之所求者，斗晋、楚；晋、楚不斗，越兵不起。是知二五而不知十也。此时不攻楚，臣以是知越大不王，小不伯。复雠、庞、长沙，楚之粟也；竟泽陵，楚之材也。越窥兵通无假之关，此四邑者不上贡事于郢矣。臣闻之，图王不王，其敝可以伯。然而不伯者，王道失也。故愿大王之转攻楚也。"

于是越遂释齐而伐楚。楚威王兴兵而伐之，大败越，杀王无彊，尽取故吴地至浙江，北破齐于徐州。而越以此散，诸族子争立，或为王，或为君，滨于江南海上，服朝于楚。

这就是长期流行的公元前333年（周显王三十六年、楚威王七年）"楚威王灭越"说的由来。但第一，这里说的是楚"大败越，杀王无彊，尽取故吴地至浙江"，并没有说越国就此灭亡。第二，《史记》这里说的越王无彊欲攻齐，却被齐王使者鼓动如簧之舌诱之转而伐楚，被楚王兴兵反攻，无彊被杀，越国几乎遭到灭顶之灾（"尽取故吴地至浙江"当然包括了对彼时越国都城姑苏的占领），这些大的事件，大体属实；但从"越兴师北伐齐"至楚国"大败越，杀王无彊"，并非发生在公元前333年一年之内的一个一气呵成事件，而是自公元前312年开始的一个时间跨度达六年之久的复杂大事变。

清末史学家黄以周对越国兴衰史有很深入的研究。所撰《〈史·越世家〉补并辨》一文，针对上述记载，在感叹无彊"欲霸天下而速

· 53 ·

其亡""霸者之后难久立,句践已逆睹之矣"的同时,考证提出,"司马氏撰《史记》不能详越事","谓王无彊听齐威王言伐楚,为楚威王所杀","后人编年之史,修吴越之志,悉从其说","今参考诸书,而知其有大谬不然者"。他排比出的史料表明:越王无彊兴师伐齐,齐闵王而不是齐威王说以"越不伐楚,大不王,小不霸",令其释齐联魏伐楚,其间还有越王"使公师隅聘魏,且约伐楚,献舟三百、箭五百万于魏","越遂起兵伐楚,入无假之关"等过程,时在周赧王三年(前312年);次年周赧王四年(前311年),还有"楚怀王使召滑之越,以谋其国"的派遣间谍充当内应之举;最终的结果,"越用召滑,国内大乱,楚遂举兵袭之","楚之败越、杀王无彊当在周赧王八年,为楚怀王之二十二年(前307年),时秦攻宜阳,兵罢于韩,与楚和亲,而越适乱,楚遂乘而灭之";次年楚臣昭雎劝其君,有"王虽东取地于越,不足以刷耻,秦破宜阳,韩犹事秦"等语,"则楚之得故吴地在怀王二十三年(前306年)前当秦拔宜阳时可知矣"①。杨宽覆核黄氏所据,斑斑可考,又丰富、补充了其他一些史料,特别指出,"《越世家》所载齐使游说越王'释齐伐楚'的话,很明显谈的是楚怀王十六七年(前313年至前312年)的战争形势,决不是楚威王时所可能出现的局面"②,使黄氏所论更加断无可疑。

直言之,周赧王三年、楚怀王十七年、越王无彊三十一年(前312年),越国本欲大规模伐齐,却中齐国计转而联魏伐楚,在"越王使公师隅来(魏)献乘舟始罔及舟三百、箭五百万"(《水经注》引古本《竹书纪年》),魏军发兵呼应之后,"越窥兵通无假之关",越、楚展开一场大恶战。《战国策·楚策一》载:"张仪为秦破从连横,说楚王曰:'……大王尝与吴人五战三胜而亡之,陈卒尽矣。'"

---

① 黄以周:《〈史·越世家〉补并辨》,詹亚园、韩伟表主编:《黄以周全集》第十册《儆季杂著三·史说略》,上海古籍出版社2014年版,第363—367页。
② 杨宽:《战国史料编年辑证》,上海人民出版社2001年版,第413—415、609—612页;《杨宽古史论文选集》,上海人民出版社2003年版,第285—289页;唯杨宽文中一再称"今按黄氏以楚灭越在楚怀王二十二年,其说是""所说是",却又把楚败越、杀王无彊系于周赧王九年、楚怀王二十三年(前306年),令人费解。

张仪所说"吴人",显然是指此前60多年已将都城迁回故吴姑苏的越军;楚怀王时期对越人的"五战三胜",越人几乎全军覆亡,楚人自己也"陈卒尽矣",显然也就是越军进入无假之关(明李元吉《读书呓语》卷十称"此关盖楚都之要地",今人多以为即今湖北省武穴市田家镇要塞,直到近现代仍是吴楚之间长江上的重要关隘)后,越军与楚军的惨烈对决,让楚怀王见证到越国尚有相当大实力。在本年楚、越交锋之后不久至次年,楚怀王又因不愤被张仪诓骗,发兵攻打秦国,与秦军在丹阳、蓝田、召陵先后展开三场大战,楚国三战皆败。至此,由屈原改革所带来的比较强大的楚国国力被极大消耗。楚怀王一直是个有雄大抱负的国君,他不得不寻求用新的方略来转而解决东面越国的威胁。所以,在对秦战役失败后不久,也就是周赧王四年、楚怀王十八年、越王无疆三十二年(前311年),楚怀王集团物色了一个不可多得的人物邵滑(又作"召滑""昭滑""卓滑""悼滑""淖滑"等)——此时他正任楚国大司马①,但又出身越国;既是一个屡次领兵作战的将才,又以合纵抗秦的外交主张为世所重——派遣他去越国任职,以从内部瓦解、搞乱越国。邵滑果然仅用了五个年头的时间,就帮助楚怀王实现了彻底击垮宿敌越国,将疆土大规模向东扩展的夙愿。

这有楚怀王二十二年(前307年)前后的诸多史料为证。之后的史料,《史记·樗里子甘茂列传》载,"楚怀王新与秦合婚而欢"[《史记·楚世家》载在楚怀王二十四年(前305年)],准备把做过秦左丞相、齐上卿,现在出使在楚的甘茂送回秦国为相,大臣范蜎劝阻说:"夫秦之有贤相,非楚国之利也。且王前尝用召滑于越,而内行章义之难,越国乱,故楚南塞厉门而郡江东。计王之功所以能如此者,越国乱而楚治也。今王知用诸越而忘用诸秦,臣以王为钜过矣。"《韩非子·内储说下》也载:"楚王谓干象曰:'吾欲以楚扶甘茂而相

---

① 包山楚墓出土遣策简上,写有"大司马悼滑将楚邦之师徒以救郙之岁",根据李学勤的研究,这一年为公元前316年(另有公元前317年说);李学勤不同于黄以周、杨宽的研究也指出,"怀王使悼滑赴越,对楚的灭越起了重要作用","悼滑赴越乃在公元前311年"。见李学勤《包山楚简郙即巴国说》,《中国文化》第21期(2004年5月),第14—17页。

之秦，可乎？'干象对曰：'不可也……是茂贤也。'王曰：'相人敌国而相贤，其不可何也？'干象曰：'前时王使邵滑之越，五年而能亡越，所以然者，越乱而楚治也。日者知用之越，今亡之秦，不亦亟亡乎。'"《战国策·楚策一》记载相同，只是《甘茂列传》"内行章义之难""南塞厉门而郡江东"，又作"纳句章昧之难""南察濑胡而野江东"。这些记载清楚说明，在楚人看来，楚怀王出于替"敌国"安排奸相而非贤相的目的，把邵滑派到越国，这个计谋取得了巨大成功，是一个理应推广而不该马上就忘怀了的实现"敌乱我治"的样榜。之前的史料，《史记·楚世家》载，楚怀王二十年（前309年），齐王使使说楚弃秦，以与韩、魏等国合纵攻秦的前景利诱之曰："王率诸侯并伐，破秦必矣。王取武关、蜀、汉之地，私吴越之富而擅江、海之利，韩、魏割上党，西薄函谷，则楚之强百万也。"同传前文记载，楚怀王十六年（前313年），秦使张仪就是以"今使使者从仪西取故秦所分楚商、於之地方六百里""私商、於以为富"，成功诱骗楚怀王闭关绝齐的。可见，楚怀王决计二十二年破越，还受到齐国的利诱教唆，当作他充任合纵长向秦报仇图强大战略的一个组成部分。

总之，晚年的越王无彊争强好胜，不顾国力，不善筹谋，拼命与秦、齐、楚天下三大强中的齐、楚二强对撞，"胜令智昏"，一步步走向君亡国破。楚怀王经过五年的谋划和齐国的怂恿，"大败越，杀王无彊，尽取故吴地至浙江"而"郡江东"，把钱塘江以西广大越国领土，从越国先人世代居住的今杭嘉湖平原，到苦心经营了160多年的越国都城姑苏及其以北以西原句吴民族发祥地，变成了楚国治理下的一个小小江东郡。

不仅如此，只剩下钱塘江以东半壁江山的越国故土上的大大小小统治者，也必须向征服者楚国表示归顺臣服。1983年湖南常德夕阳坡2号楚墓出土两支竹简，上有一条记载："越涌君嬴将其众以归楚之岁，荆尸之月，己丑之日，王居于栽郢之游宫。"刘彬徽研究，这个"越涌君"就是《史记·越王句践世家》所载楚杀越王无彊后"'或为王，或为君'的越地某个小君长，在楚国威逼之下，只得归附楚国"①；李学勤研究，所说"涌"就是文献中的越地甬，今宁波的古称；"越涌君嬴将其众以归楚之岁"，即楚怀王二十二年（前307年）②。宁波一带越国君长将其众以归楚，是此时越国全境"服朝于楚"的一个缩影。

无彊被杀，彻底结束了越国的称霸历史。

五 楚设江东郡后钱塘江以东的越国国祚绵延

越王无彊之后，从其子"窃自立为君长"，其孙"子尊，时君长"，其曾孙"亲，失众，楚伐之，走南山"等记载来看，越国国祚仍然绵延，只是再也没有出现一位具有绝对权威性和号召力的一统之君，几乎陷入一盘散沙的状态；从楚国"尽取故吴地至浙江"来看，无彊之后越国的国土大幅收缩到主要只剩下今浙东及以南地区。

但句践以来越国历代君王的争强图霸个性，在越王无彊之后的越国"诸族子"也就是各君长身上仍有一定表现；对越国兴衰史紧密相关，先人已经经营了160多年的姑苏与本就是於越民族发祥地的今杭嘉湖平原，乃至更远的列国争强世界，都仍然表现出相当兴趣。

不少学者都据《史记》楚怀王"尽取故吴地至浙江"、楚"南塞厉门而郡江东"等记载，相信楚怀王兴师伐越，杀越王无彊后，在钱塘江以西地区设置了江东郡，杨宽《战国史》并载"辖境有今安徽东南部，江苏南部和浙江北部地区"③。但也有学者认为，楚怀王"夺取江东并设立江东郡之后，楚国在长达半个多世纪的整个战国晚期前段的时间里都没有对江东实行有效的统治，江东在这半个多世纪里陷入了混乱局面"，"甚至许多学者都认为楚国其实并没有设立过江东郡，《史记》中的'南塞厉门而郡江东'在《战国策》中作'南察濑胡而野江东'，是使江东荒芜而非设立郡县的完全相反

---

① 刘彬徽：《早期文明与楚文化研究》，岳麓书社2001年版，第215—218页。
② 李学勤：《越涌君嬴将其众以归楚之岁考》，《古文字研究》第二十五辑，中华书局2004年版，第311—313页。只是李学勤认为"这件事无疑是越国内乱以致灭亡的先声"，应是采信杨宽楚怀王"杀王无彊，尽取故吴地至浙江"在公元前306年说后的倒果为因。
③ 杨宽：《战国史》（增订本），上海人民出版社1998年版，第679页。

的意思"①。部分学者还固持楚国不曾设置江东郡说。例如,《史记·春申君列传》载:"考烈王元年,以黄歇为相,封为春申君,赐淮北地十二县。后十五岁,黄歇言之楚王曰:'淮北地边齐,其事急,请以为郡便。'因并献淮北十二县,请封于江东,考烈王许之。春申君因城故吴墟,以自为都邑。"有学者考定,这里春申君改封江东的时间有误,"春申君改封江东的真正时间是在楚王迁都寿春以后,即公元前241年"(考烈王二十二年),此前"楚怀王灭越设置江东郡,江东实际上已经纳入楚国的开发体系之中"②。有学者反而据以提出,"既然吴越故地为春申君的封邑所在,楚国在春申君改封吴地之前,吴越故地一带不可能有江东郡建置",秦始皇统一中国后设立的会稽郡才是"江东地区文献可考的最早的行政建置"③。实际上,看清楚国攻打越国的目的是"私吴越之富而擅江、海之利",看清战国时代的郡与后世州府有很大的不同,"战国时代的郡都设在边地,主要是为了巩固国防"④,对楚国"尽取故吴地至浙江"后在此设置江东郡,就断不会怀疑。春申君改封不能成为此前无郡的理由。

但楚怀王大败越后,楚国对江东郡的控制确实是比较薄弱的。

这主要是由楚国自身自此以后的快速败落决定的。楚怀王晚年和整个顷襄王时代,最高统治者毫无主见、定见,患得患失,反复摇摆于合纵与连横之间,也就反复背叛于合纵阵营伙伴和连横对象秦国;结果,不仅反复被秦、齐等国欺骗、玩弄于股掌之中,更在一系列恶战中付出败军割地的惨重代价。《史记·楚世家》即载,怀王二十六年(前303年),"齐、韩、魏为楚负其从亲而合于秦,三国共伐楚","二十八年,秦乃与齐、韩、魏共攻楚,杀楚将唐眜,取我重丘而去。二十九年,秦复攻楚,大破楚,楚军死者二万,杀我将军景缺","三

---

① 潘润:《战国时期越国的兴衰及其影响》,硕士学位论文,南京师范大学,2015年,第40页。
② 骆科强:《春申君迁吴及其对开发江东的贡献》,《喀什师范学院学报》2007年第5期。
③ 周书灿:《楚怀王灭越置江东郡说质疑》,《中国历史地理论丛》2010年第3期。
④ 杨宽:《战国史》(增订本),上海人民出版社1998年版,第228页。

第一章 越国的兴衰

十年,秦复伐楚,取八城";顷襄王元年,"秦昭王怒,发兵出武关攻楚,大败楚军,斩首五万,取析十五城而去","十九年,秦伐楚,楚军败,割上庸、汉北地予秦。二十年,秦将白起拔我西陵。二十一年,秦将白起遂拔我郢,烧先王墓夷陵。楚襄王兵散,遂不复战,东北保于陈城。二十二年,秦复拔我巫、黔中郡";"考烈王元年,纳州于秦以平,是时楚益弱"。此后,虽有"春申君相楚八年,为楚北伐灭鲁,以荀卿为兰陵令,当是时,楚复强"(《史记·春申君列传》),也只是强弩之末。

这就给了越国各君长像当年句践谋吴再起,甚至与列国再度争强的希望。从一些材料看,也确实逐渐重占了不少江东故土,并在楚、越以外国家产生影响。据《战国策·齐策五》,周赧王二十六年、楚顷襄王十年(前289年),苏秦说齐闵王,"天下遍用兵矣,齐、燕战而赵氏兼中山,秦、楚战韩、魏不休,而宋、越专用其兵",说明无彊之后越国各君长仍有相当实力。据《战国纵横家书·苏秦谓齐王章一》,周赧王二十七年、楚顷襄王十一年(前288年),苏秦说齐闵王,对齐不构成威胁的国家,"楚、越远,宋、鲁弱",说明遥远的越国仍受北方国家关注。据《战国纵横家书·谓起贾章》,周赧王三十年、楚顷襄王十四年(前285年),有无名氏说秦御史起贾,设想五国伐齐、肢解齐地的后果,"楚割淮北,以为下蔡启□,得虽近越,实必利郢",说明越国此前当已收复不少楚江东郡地。据《史记·楚世家》,周赧王三十四年、楚顷襄王十八年(前281年),有楚人以射猎为喻,劝顷襄王四出征伐天下,"北游目于燕之辽东,而南登望于越之会稽,此再发之乐也",说明越国当时的都城仍在今绍兴。《后汉书·郡国志·吴郡》安县条下刘昭注引《越绝书》佚文载,姑苏南"有西岑冢,越王孙开所立,以备春申君,使其子守之,子死,遂葬城中"。唐陆广微《吴地记》亦引《越绝书》佚文载,姑苏"蛇门南面,有陆无水,春申君造以御越军"。《嘉泰吴兴志·城池》引北宋《续图经》,"春申君黄歇于吴墟西南立菰城",或亦用以备越。《越绝书·越绝外传记吴地传》又载,姑苏"娄门外马亭溪上复城者,故越王余复君所治也,去县八十里。是时(楚考)烈王归于越","摇城

· 59 ·

者，吴王子居焉，后越摇王居之"。考烈王（前262年—前238年在位）"归于越"指从越地回到楚国寿春。可见战国末期，越国与楚国隔太湖甚至在姑苏附近再次出现对峙局面。

江东各地重新活跃的越国各君长势力，当然不利于楚国的统治。但有学者根据《越绝书·越绝外传记吴地传》"越王句践徙琅琊，凡二百四十年，楚考烈王并越于琅琊"、《越绝外传记地传》越王"亲失众，楚伐之，走南山。亲以上至句践凡八君，都琅琊二百二十四岁"等文字，再参考《史记·春申君列传》"春申君相楚八年，为楚北伐灭鲁，以荀卿为兰陵令，当是时，楚复强"记载提出，《越世家》所载楚大败越战争结局"越以此散"云云，实指此楚考烈王世最终灭越，具体时间即公元前473年句践灭吴称霸下推二百二十四年的公元前250年，"即楚考烈王十三年"①。此"楚考烈王灭越"说不可信。第一，细看文本可知，《春申君列传》所说的"楚复强"之"是时"，仅仅是指春申君相楚第八年"北伐灭鲁"前后极短暂的一段时间，观乎《楚世家》"考烈王元年，纳州于秦以平，是时楚益弱"可知，整个春申君相楚时期除灭了一个从来就是弱小的鲁国，没有任何其他史实证明楚国此时相当强大，可以在应付秦国和东方齐国裕如的同时，还有力量对兴霸了两百多年之久的越国一鼓而灭之，更不要说具体到考烈王十三年有灭越的实力和条件了；第二，考烈王在位二十五年，一切军政全仗春申君，春申君一生事迹清楚，没有任何文字可以证明他领导策划过此灭越大事；第三，如果楚考烈王十三年已经灭越，江东地区早成楚国境内，那又何来考烈王二十二年春申君自己的请求改封此"边"郡，并采取筑姑苏蛇门"以御越军"等多种举措了；第四，哪里有什么"亲以上至句践凡八君，都琅琊二百二十四岁"！

实际上，春申君及其后继者都没有力量——大概也没有太大的兴趣，在对江东郡的控制中把主要精力用在消灭越国势力的军事方面；相反，以春申君为主要代表，楚国在钱塘江以西地区的统治，主要精

---

① 陈伟：《关于楚、越战争的几个问题——与杨宽等先生商榷》，《江汉论坛》1993年第4期。

力用在了比"与敌人决一雌雄"意义更为深远的方面。这就是开塘拓田、筑道立宫,大力进行生产开发,同时利用战国晚期的养士之风,大量接收各种人才前来这里,"不断到来的华夏移民在长三角地区优秀的地理条件下,对这里原本荒芜的土地进行了大力开发,有力地促进了江东地区经济社会的全面发展"[①]。

钱塘江以西即江东地区,多数情况下处于楚国掌握下的自我开发状态,这自然有利钱塘江两岸越国各君长实力的保存甚至暗中生长。

也是因为这个原因,直到秦始皇一统天下前夕,越国君长还想参与楚、赵、燕与秦的最后搏击。《韩诗外传》卷八载:"吴、楚、燕、代谋为一举,而欲伐秦,姚贾……为秦往使之,遂绝其谋。"《战国策·秦策五》也载,"四国为一,将以攻秦",姚贾向秦王表示"愿出使四国,必绝其谋而安其兵";姚贾不辱使命归来,韩非却指责"贾以珍珠、重宝,南使荆、吴,北使燕、代之间三年,四国之交未必合也,而珍珠重宝尽于内"。姚贾出使归来在秦王政十四年、楚幽王五年(前233年)。这里的"代"指"赵","吴"则显然为"越"。

但越国的内乱也一直存在。如楚考烈王二十五年(前238年),春申君被杀,江东越国各君长即展开一轮自相戮并。《越绝书·越绝外传记吴地传》载:"巫门外糜湖西城,越宋王城也,时与摇城王周宋君战于语招,杀周宋君";"通江南陵,摇越所凿,以伐上舍君"。

越国的内乱不断消耗着越国的国力和各君长参与天下事的雄心壮志,直到秦王政"二十五年(前222年),王翦遂定荆江南地,降越君,置会稽郡"(《史记·秦始皇本纪》),越国彻底走入历史。

附录:越王世系

越国历代国君传承,《史记·越王句践世家》《越绝书·越绝外传记地传》《吴越春秋·越王无余外传》等都有基本记载,《竹书纪年》也有零碎而可靠的条目。

[①] 潘润:《战国时期越国的兴衰及其影响》,硕士学位论文,南京师范大学,2015年,第44—45页。

以这些文献为基础，历代有不少学者都对越王世系做出多方面的探索。清代史家黄以周、当代史家杨宽等的有关具体年代考证，尤为精彩。越国故地的当代学者刘亦冰、孟文镛等，也对越王世系有比较系统的探讨。①

综合前人的研究成果，我们认为，越王世系应为：

1. 句践父亲允常以前

无余—（缺二三十代）—无壬—无瞫—夫谭（夫镡）

2. 句践父亲允常及以后

允常（元常），（约前539至前496年），在位44年。金文作"得居"。

句践（菼执）（前496至前464年），在位33年。金文作"鸠浅"。

鹿郢（前463至前458年），在位6年。《左传》作"適郢"，《史记》作"鼫与"，《越绝书》作"与夷"，《吴越春秋》作"兴夷"，金文多作"者旨於賜"。

不寿（盲姑）（前457至前448年），在位10年。《越绝书》作"子翁"，《吴越春秋》作"翁"。或以为即金文"丌北古"。

朱句（前447至前411年），在位37年。《史记》作"翁"，《越绝书》《吴越春秋》均作"不扬"，出土剑、矛铭文均作"州句"。

翳（前410至前375年），在位36年。《越绝书》《吴越春秋》均作"无彊"，误；出土剑、矛铭文作"旨医""者旨不光""不光""不扬"等。

诸咎（前375年）。金文作"图寿""者汈"。

孚错枝（前374至前373年）。

初无余（莽安）（前372至前361年），在位12年。《史记》作"之侯"，《史记》索隐引古本《竹书纪年》作"初无余之"。

无颛（菼蠋卯）（前360至前343年），在位18年。《庄子》《吕氏春秋》均作"子搜"。

---

① 刘亦冰：《越王世系考辨》，《绍兴文理学院学报》2001年第6期；孟文镛：《越国史稿》，中国社会科学出版社2010年版，第199—200、287—288页。

无彊（前342年至前307年），在位36年。或以为即金文中的"丌北古"。

故允常以后传承世系为：

允常—句践—鹿郢—不寿—朱句—翳—诸咎—孚错枝—初无余—无颛—无彊

3. 无彊以下

无彊以下三代，《越绝书》作"之侯""尊""亲"，《吴越春秋》称"玉""尊""亲"。

故无彊以下的传承世系为：

之侯（玉）—尊—亲……闽君摇

但古文字学家董珊以为诸咎、初无余、无颛都是越王翳之子，无颛又是王之侯，王之侯又是王玉，吴人所立孚错枝为吴君，非越君，而定越王翳以下的世系为：

翳—诸咎—初无余—无颛（王之侯、玉）—无彊—尊—亲……闽君摇[①]

[①] 董珊：《吴越题铭研究》，科学出版社2014年版，第42—43页。

第二章　越国的社会政治制度

越国地处中国东南沿海，与中原地区交流受到诸多限制，传统史籍中往往称之为"荒服之地"和"蛮夷之国"。但文献记载和考古成果同时也表明，有侯国之称的越国，夏商周时期，其社会结构、政治制度、军事制度及外交思想，与中原王朝的国体和政体基本保持一致，体现了华夏民族的多元与一统。

第一节　社会结构

越国社会，是於越人生活的共同体，是人们互相交往的产物，也是各种社会关系的总和。以共同的物质生产活动为基础而相互联系的人们组成的社会结构，是与社会生产力发展水平相一致的。由史前时期的氏族、部落和部落联盟，发展到春秋战国时期的宗室贵族、国人与自耕农、新兴地主与奴隶以及日常生活中的制度文化等，形成了较为完整的社会结构体系。

一　宗室贵族

无余创建越国时，越部族主要活动于会稽山区，部落酋长驻地也在会稽山区腹地。经过夏、商时期的初步发展，到春秋战国时，宗室贵族在国家治理中成为统治中枢，吸收士族、官僚、缙绅等贵族阶层参与治理，贵族人数增加，队伍不断扩大。这些不同等级的贵族，由于长期依附于国王及其统治集团，不仅拥有各种特权，而且还有宗法制给予保障。

这种不同等级，在已经考古发现的越国贵族墓中，有明显反映。春秋战国时期的越国贵族墓，以今绍兴为中心，浙江中北部的东阳前山、安吉龙山、长兴便山、绍兴漓渚蟥山、城东香山、平水小岙、水竹庵桥头、庙前山、宋家山、祝家山、小家山，嵊州小黄山和上虞凤凰山等地均有分布。据贵族墓的形制和规模，大致有三种类型与墓主的贵族身份高低有关：①石室土墩墓。自西周至战国各代均有，发掘数量最多。土墩规模一般长8—15米，宽3—10米，高1—5米。出土物以原始瓷、印纹硬陶为多，偶有玉器或青铜器等。表明墓主的贵族身份并不高，很可能是"士"级贵族墓葬。②土坑木椁墓。从西周到战国都有，但发现数量较少。今绍兴漓渚、福全、马鞍、上灶、皋埠的土坑木椁墓，规模一般大于石室土墩墓，最大的墓坑长25米，宽7—8米，墓底有枕木沟，椁外填木炭与膏泥。出土物除印纹硬陶、黑陶外，像绍兴坡塘306号墓出土的1238件随葬品中，不仅有大量绿松石、玉、水晶、玛瑙质装饰品，还有金饼等贵重物品。从墓葬规模和陪葬品质地看，墓主身份明显高于"士"级贵族，很可能是"大夫"级贵族墓葬。③长方形覆斗状墓。这种形制特别的巨型墓葬，发现数量更少，除太湖南岸外，经考古专家调查与勘探，至今共发现陶山、水竹庵桥头等不下11处，而且主要集中在今柯桥区平水镇。陶山墓规模巨大，封土呈长方形覆斗状，长70米、宽37米，而此前发现的印山越国王陵封土72米、宽36米，两墓相差无几，说明至少是一座高等级贵族墓。另一座水竹庵桥头墓，外观也呈长方形覆斗状，从盗洞翻出的白膏泥、木炭等迹象判断，为深坑木椁墓，墓室呈"中"字形。在11处覆斗状巨墓中，有"中"字形墓6处，按墓的规模与形制，"中"字形墓应属"王侯"一级墓葬。

这些墓主都在国家政权中担任一定的官职，只是官职大小不同而已。对他们来说，所谓"官有世功，则有官族"（《左传·隐公八年》），"弃官，则族无所庇"（《左传·文公十六年》）。这既是当时贵族形成的前提，又是贵族存在的条件。其中最重要的，一是赐姓，二是分封。《左传·隐公八年》（前715年）说，公问族于众仲，众仲对曰："天子建德，因生以赐姓，胙之土而命之氏。诸侯以字为谥，因以为族。"春秋战国时期，越国频繁地以赐姓与分封，来维持和加强宗室贵族的地位与特权。如越王句践后裔中的一支封于乌程欧阳亭，故有欧阳氏；另有一支封于顾余，以邑为氏称顾氏。又如越王无疆后裔中，封于乌程欧余山者称欧氏，位于瓯水者称瓯氏，散居闽中者称闽氏，此外还有称彊氏的。在严密的宗法制度下，通过姓与氏来确定彼此在宗室中形成的亲疏、服从、世袭等关系。

分封制是将原始的血缘传承关系或统治集团中的利益关系，以制度形式固定并传承下去。越王句践及其继承者实行的分封对象，主要有宗室子弟和大夫中的有功之臣。封宗室子弟为王为君的，据《越绝书·越绝外传记吴地传》记载有：越宋王、越摇王、越干王、越荆王、越鸿王和宋君、余复君、上舍君等，并一一载明封邑，如"巫门外糜湖西城，越宋王城"；"娄门外鸿城者，故越王城"；"吴东徐亭东西南北通溪者，越荆王所置"；"马安溪上干城者，越干王之城也"；"摇城者……越摇王居之"；"娄门外马亭溪上复城者，故越王余复君所治也"。句践对范蠡、文种等大夫也以"里"相封，如《越绝书·越绝外传记地传》云："阳城里者，范蠡城也"，"北阳里城，大夫种城也"，"苦竹城者，句践伐吴还，封范蠡子也"。此处所谓的"里"，是有城墙的居住单元，规模较大，阳城里有"水门一，陆门二"，北阳里城"径百九十四步"，苦竹城"径六十步"。

二 国人与自耕农

春秋战国时代的"国人"，相当部分指贵族中的下层，与后世一般的民众不同，其中又有广狭义之分。狭义所谓的"国人"，指居住在大邑的人；广义的国人，是指国内之人，即居住在本国疆域内的人。"国人"的构成，一般包括士、农、工、商四民。《国语·齐语》记载管仲治齐，实行四民分居定业，四民即士、农、工、商。《榖梁传·成公元年》（前590年）也有四民之说："古者有四民：有士民，有商民，有农民，有工民。"

春秋晚期是越国经济社会迅速发展的重要历史阶段，经济大发展需要有更多的四民投身其中，特别是物质生产第一线对于工匠和农夫的需求量更大。农业、手工业的高度发展和繁荣，不仅为越人的生产、生活提供了丰富的物质财富，也为越国灭吴雪耻、称霸中原提供了有力的物质保障。

当时越国的手工业部门发展比较完善，举凡经济社会不可或缺的生产部门，如纺织、制陶、采掘、冶炼、铸造、造船、酿酒、制盐等，都有大量的工匠从事生产劳动。以越国向吴国进献的物品为例：为满足吴王贪欲，句践派文种送去葛布十万匹、蜂蜜九桶、竹器七件、狐皮五双、箭竹十船（《吴越春秋·句践归国外传》），仅此5种物品，就涉及纺织、养蜂、竹编、狩猎、兵器制造5个行业，而且一次输送十万布匹和十船箭竹，为此需要付出多少个手工劳动日，是不难想见的。虽然各手工业部门有多少从业人员无系统的文字记载，但仅仅伐木工和造船工人数，已足可使人惊讶。《吴越春秋·句践阴谋外传》：越王句践为迎合吴王夫差"起宫室"之好，"乃使木工三千余人入山伐木一年"，以献吴王。《越绝书·越绝外传记地传》：越将迁都琅琊，越王句践："使楼船卒二千八百人，伐松柏以为桴。"其他手工业部门的从业工匠，像纺织、兵器等，很可能超过伐木工匠。为加强对手工业生产和工匠的管理，越国还特别设置了相应的管理机构。据《越绝书·越绝外传记地传》载：句践在离城十里的官渎设"工官"，监管纺织、制陶、木材加工等日常生活用品的生产和供应；在离城五十里的舟室设"船宫"，监管造船业，督造战船，建立舟师基地；在离城二十五里的姑中山设"铜官"（亦称"冶官"），监管采矿、冶炼和兵器制造；在离城三十五里的朱余设"盐官"，监管沿海盐业生产和供应。同时也说明，由这些机构监管的手工业部门，都是政府直接控制和组织生产的。《国语·晋语》所谓"工商食官"，即由官府禀赐谷食，也同样说明工商多数隶属于官府。

农民是四民中人数最多的社会阶层，是社会生产的主要承担者。

农民，或称农夫、农人，究其来源，大部分为古代住在野中从事农业的庶人或郊人。居住在野中的於越庶民的突出贡献在于，对水稻作物的栽培和利用。《吴越春秋·越王无余外传》：大禹死后，"天美禹德而劳其功，使百鸟还为民田，大小有差，进退有行，一盛一衰，往来有常。"《水经注·浙江水》："（禹）崩于会稽，因而葬之，有鸟来为之耘，春拔草根，秋啄其秽。"两书所谓"鸟田"的神话故事都在说明水稻耕种实践：①"大小有差，进退有行"意谓插秧；②"一盛一衰，往来有常"，指水稻轮作；③"春拔草根，秋啄其秽"，言清除杂草。耕作制度、播种季节、田间管理等各个生产环节，都借助这个神话表达出来了。到了春秋中晚期，原来的井田制破坏以后，出现国家土地所有制与私人土地所有制两种基本形式。在这种情况下，庶民阶级开始分化，除部分人仍作为贵族依附民外，部分庶民开始成为私人地主的佃农，少数庶民成为出卖劳动力的佣耕农民，还有部分变成了自耕农。范蠡曾劝导农夫，除种田以外，"子欲速富，当畜五牸"（孔鲋《孔丛子》）。所谓"五牸"，指牛、马、猪、羊、驴五种母畜，这无疑是畜牧繁殖的捷径，是在引导自耕农拓展经营范围。

三 新兴地主与奴隶

春秋中晚期，统治阶级中的卿大夫和部分诸侯在与世族贵族的斗争中占据上风，他们痛感分封制和世族政治的危害，开始在所辖地推行新的政治和经济制度，以扼制新的贵族的产生，为新兴地主的崛起开辟了新的经济和社会空间。这些新兴地主与旧式领主的最大不同在于，土地的获得不再依靠分封世袭，而是通过任官或事功获得。

一是禄田，因任官而获得。范蠡是越国大夫，贵为相国，"于是句践表会稽山以为范蠡奉邑"（《史记·越王句践世家》）。"奉邑"也就是禄田，多少面积？《国语·越语下》："环会稽三百里者以为范蠡地。"从范蠡可知，春秋中晚期的士，通过出任各种大小官职而获得土地，进入新兴地主阶级，是普遍现象。当时越国士的禄田，大多集中于麻林山下。如《越绝书·越绝外传记地传》载："麻林山，一名多山……以山下田封功臣。"职田按原先规定不能世袭,职去田归,占有者只能收取地租而没有治土临民的权利。但句践对范蠡优待有加,下令"后世子孙,有敢侵蠡之地者,使无终没于越国,皇天后土、四乡地主正之"(《国语·越语下》),以此确立了范蠡私人地主的地位。

二是赏田,因军功或事功而获得。越国虽然土田不多,但句践仍十分重视发挥赏田的作用。《越绝书·越绝外传记地传》:"苦竹城者,句践伐吴还,封范蠡子也。其僻居,径六十步。因为民治田,塘长千五百三十三步。其冢名土山。范蠡苦勤功笃,故封其子于是。"范蠡因军功赏田,荫及子孙。即使在范蠡离越泛五湖而去之后,句践仍然收留了他的妻子儿女。《吴越春秋·句践伐吴外传》说,"王乃收其妻子,封百里之地,'有敢侵之者,上天所殃'"。表明范蠡一家既有禄田,又有赏田;赏田又有军功田和事功田两部分,总数为地百里加苦竹城。据此可以认为,范蠡是当时越国最大的新兴地主。

当然,到战国初期,特别是越灭吴后,越国疆域扩大,土地增加,相应的禄田和赏田的面积也在增加。越王邀请子墨子为谋士,愿以"方五百里"之地为禄田。《墨子·鲁问》:"子墨子游公尚过于越,公尚过说越王,越王大悦。谓公尚过曰:'先生苟能使子墨子于越而教寡人,请裂故吴之地,方五百里,以封子墨子。'"同一件事,《吕氏春秋·高义》则谓:"子墨子游公上过于越。公上过语墨子之义,越王说之,谓公上过曰:'子之师苟肯至越,请以故吴之地,阴江之浦,书社三百以封夫子。'"对子墨子来说,虽然同为官僚(谋士),前说给予的是禄田,"方五百里";后说给予的谷禄,"书社三百",按一社二十五家计,三百社当为七千五百家,即食七千五百家田租。

三是土地买卖。在分封制和世族政治条件下推行的"公田""私田"制,随着生产力的提高,两者的区别陆续被取消,开始出现按田亩征收赋税的"履亩而税"(《公羊传·宣公十五年》)制度。而"履亩而税"的前提,必须使"私田"固定化,将原来"三年一换主易居"(《公羊传·宣公十五年》何休注),变为永久占有,从而推动了土地的自由买卖。句践对范蠡的禄田和范蠡妻子的赏田，也都采取了允许其永久私有化的政策，以鼓励和推动那些食谷禄的官吏和处于下层的士，参与土地买卖而成为新兴地主。

与新兴地主相比，奴隶不仅出现时间早、人数众多，而且由于奴役范围广，种类亦很多。仅《左传·昭公七年》载，士以下就有皂、舆、隶、僚、仆、台、圉、牧等，"以待百事"，许多事都需奴隶去干。此外，还有竖（《左传·僖公二十四年》）、奴（《论语·微子》）、婢子（《左传·僖公二十二年》）、徒人（《左传·庄公八年》）、阍（《左传·昭公五年》）等。实际上不同称呼的奴隶，承受的是不同类型的奴役。如"圉"是养马的奴隶，"牧"是放牛的奴隶，"竖"是未成年供使唤的奴隶，"徒人"是罪人充当奴隶，"阍"是受过刑罚的守门人。

各色名目的官私奴隶数量很多，来源主要有俘虏、罪人、买卖以及贡奉赠送等。《周礼·地官·质人》载，"质人掌成市之货贿、人民、牛马、兵器、珍异"，"人民"被与货物、牲畜等一起来买卖，自然指奴隶或农奴。《战国策·秦策三》说齐国"富擅越隶"，即大量占有越国的奴隶，而这些奴隶许多是从越人那里买来的。罪犯也是春秋战国时奴隶的来源之一。《韩非子·六反》："刑盗，非治所刑也；治所刑也者，是治胥靡也。"此处所谓"胥靡"，系指轻罪而使为苦役，被用绳索牵连着强制劳动的奴隶。对于重罪，不仅要斩首，还会祸及家人。《国语·吴语》载，在出兵伐吴时，越王句践向全军宣传："归而不归，处而不处，进而不进，退而不退，左而不左，右而不右，身斩，妻子鬻。"战场上违反军令者斩首，妻子、儿女也将作为奴隶被卖掉。

战争中掠民为奴也很常见。吴、越两国毗邻而居，刚开始强盛起来的吴国，经常到越国边境掳掠百姓，以为奴隶，而且施以酷刑，断其手足，罚他们看管船只。此事《左传·襄公二十九年》（前544年）有如下记载："吴人伐越，获俘焉，以为阍，使守舟。"后来越国强大起来，北上中原，战争中同样获俘为奴，让他们从事艰苦的生产性劳动。《越绝书·越绝外传记地传》记载了越国利用吴国战俘兴修水利：

"句践已灭吴，使吴人筑吴塘，东西千步，名辟首。后因以为名曰塘。"同卷又云："麻林山，一名多山，句践欲伐吴，种麻以为弓弦，使齐人守之，越谓齐人'多'，故曰'麻林多'。"这里的齐人亦为奴隶，说明越国的奴隶中也有齐人，而且出现在句践伐吴之前。而更多的奴隶，似乎在从事手工业生产。《越绝书·越绝外传记吴地传》记载欧冶子铸剑，称"欧冶僮女三百人"。《吴越春秋·阖闾内传》称铸剑时有三百童女童男为之鼓风和添加木炭："使童女童男三百人鼓橐装炭，金铁乃濡，遂以成剑。"除去铸剑，当时越国的纺织业也很发达，女奴从事养蚕、纺织的人数更多。这里女奴在齐国称"蚕妾"（《国语·晋语四》），在郑国称"女工妾"（《国语·晋语七》）。

春秋时期的奴隶多为官府所有。《左传·隐公五年》："若夫山林川泽之实、器用之资，皂隶之事，官司之守。"《国语·晋语四》所谓"皂隶食职"，韦昭注曰"各以其职大小食禄"，可见，皂隶是一种官府奴隶。越国从事冶炼、纺织、水利等奴隶，其"食职"或与皂隶相类，为官府所有。当然，春秋战国时期，地主、商人占有和使用奴隶也是合法的。如为地主守门的"阍"、作陪嫁的"媵"、守馆的"馆人"，以及"妾""竖""寺人"等，都属于私家的奴隶。《史记·越王句践世家》载：范蠡与句践告别，"乃装其轻宝珠玉，自与其私徒属乘舟浮海以行，终不反"。这里的"私徒属"，便是范蠡的私家奴隶，亦称"私徒"或"私属"。

第二节　政治制度

在夏、商、西周及春秋中期以前，越国经济社会与政治制度落后于中原王朝统治的广大地区，到春秋晚期的越王允常时越国才"拓土始大"。句践即位前后，正处在奴隶制社会制度向封建制社会制度转变的重要历史时期。这时的政体组织形式、社会结构形式和国家治理形式，还处在变旧为新、由简到繁的发展过程中，在某些方面也陆续形成了越国自己的特色。除了君位世袭，国王仍有最高权力，与当时其他各国相同外，值得注意的是以下几点。

一 官僚制度

在历代的国王或皇帝下面分设各种机构，形成从中央到地方的一整套行政系统和官僚体系，以管理国家和地方的各种事务。这种行政机构和官僚体系的设置、撤并、裁减或调整、改造等，经历了漫长的发展变化过程。春秋战国时期，越国官僚制度的形成和发展过程中，同样贯穿了上述精神，所不同的是在官职名称和运行机制方面，体现了越国自身的格局和特点。如吴国的中央政府大致有太宰、将军、行人、神巫等成员构成，越国则有相国、令尹、大夫、将军、神巫等成员组成，可以称之为"内阁"。"内阁"以下还设有事务类职官，如"冶官""工官"等，不同名称的官员职责也不相同。

（一）相国、令尹

相国又称宰相，为百官之长。《荀子·王霸》："相者，论列百官之长，要百事之听，以饰朝廷臣下百吏之分，度其功劳，论其庆赏，岁终奉其成功，以效于君。"有关越国宰相的记述很多。《吴越春秋·句践归国外传》："越王乃召相国范蠡、大夫种、大夫郢曰：'孤欲以今日上明堂……'"同书《句践阴谋外传》："越王句践……乃登渐台，望观其群臣有忧与否。相国范蠡、大夫种、句如之属俨然列坐。"同书《句践伐吴外传》："二十五年丙午平旦，越王召相国大夫种而问之：'吾闻："知人易，自知难。"其知相国何如人也？'"越国灭吴雪耻之后，范蠡辞去宰相职务，离开越国，泛五湖而去，文种也提出辞职。《吴越春秋·句践伐吴外传》："大夫种内忧不朝，人或谗之于王曰：'文种弃宰相之位，而令君王霸于诸侯。今官不加增，位不益封，乃怀怨望之心，愤发于内，色变于外，故不朝耳。'"这当然是一种"谗言"。其实范蠡、文种不仅是越国宰相，而且是一代名相，在各自的职责范围内尽责尽力，应该是振兴越国的大功臣。两人的职能分工，大体上文种相当于左丞相，主管国内政务；范蠡相当于右丞相，为上将军，主管军事与外交。正如越王句践入吴为奴前各自所表白的那样：大夫种曰："夫内修封疆之役，外修耕战之备；荒无遗土，百姓亲附：臣之事也。"大夫范蠡曰："辅危主，存亡国；不耻屈厄之难，安守被辱之地；往而必反，与君复雠者：臣之事也。"（《吴越春秋·句践入臣外传》）

清华简《系年》第二十章记载："晋敬公立十又一年，赵桓子会[诸]侯之大夫，以与越令尹宋盟于巩，遂以伐齐，齐人焉始为长城于济，自南山属之北海。"[1]晋敬公十一年即越王朱句七年（前441年），赵桓子会诸侯大夫，与越国令尹宋会盟于巩地，起师伐齐，为抵抗晋越联军的攻伐，齐人开始在济水边修建长城。这是文献和出土材料中第一次提到句践之后，越国官僚的首长人物变成令尹。《说文》："令尹：令，发号也；尹，治也；令尹，握事者也。"令尹本是楚国的最高官衔，是掌握政治事务、发号施令的最高官。其执掌一国之国柄，上统百僚，下御民人，对内主持国事，对外主持战争，总揽军政大权于一身。令尹和宰相职能相似，但出身及与君王的关系跟宰相有很大不同。宰相差不多是后世商业上的"职业经理人"，一般可以聘任有才能的人担任，任期没有保障，也有主动离去的自由；从楚国的情况来看，令尹则由本国贵族当中的贤能来担任，与楚王往往还有血缘上的近亲关系，所以与国君的关系比宰相更为紧密。越国在句践之后由相国制改采令尹制，可能与句践晚年范蠡、文种这些"外人"自动从越国政治中疏远，影响了越国政局运作有关。但这毕竟是越国政治制度中的一个倒退。

（二）大夫

越国政权机构中的大夫，是越王以下包括国相在内的内阁成员，辅佐国王治国理政和对外征战等事项。

越王允常时期的越国大夫，文献记载的有：常寿过，《左传·昭公十三年》（前529年）："越大夫常寿过作乱，围固城，克息舟，城而居之。"胥犴，《左传·昭公二十四年》："越大夫胥犴劳王于豫章

---

[1] 李学勤主编：《清华大学藏战国竹简（贰）》下册，中西书局2011年版，第186页。

之汭。"又据清陈厚耀《春秋世族谱》所列越大夫名单中，允常时尚有灵姑浮大夫。《左传·定公十四年》载：在越王句践元年（前496年）的槜李之战中，"灵姑浮以戈击阖庐（闾）"致伤。句践即位早期有石买。《越绝书·越绝外传记范伯》："大夫石买，居国有权……使将兵于外，遂为军士所杀。"

越王句践时期越大夫不仅人数多，而且多异名。《吴越春秋》记载的除文种、范蠡外，有扶同（《史记》作"逢同"、《越绝书》作"佚同"），苦成（《越绝书》作"若成"），计倪（《史记》作"计然"），皋如（一作"句如"），曳庸（《左传》作"后庸"、《国语》作"舌庸"），皓进（一作"浩"），诸稽郢（《左传》作"诸暨鄅"、《史记》作"柘稽"、《春秋世族谱》作"诸鞅"）。此外《左传·哀公十三年》载，"越子伐吴，为二隧，畴无余、讴阳自南方，先及郊"，孔颖达疏以畴无余、讴阳为越大夫。《春秋世族谱》也将畴无余、讴阳列入越大夫名单之中，说明句践时有记载的越大夫应为12人。句践以后的越大夫，仅见于《竹书纪年》的记载："於越大夫寺区定越乱，立初无余，是为莽安。"足见大夫的设置，在越国政治架构中是一贯的。

从《吴越春秋·句践入臣外传》的记载看，以范蠡、文种为首的越国内阁大夫，是各有所司、职责比较明确的。在句践入吴为奴临行之前的内阁会议上，计倪提议，大夫"各陈其情，举其能者，议其宜也"。实际上这是一次内阁职司分工会议。大夫苦成相当于内务部长，他的具体职司是："发君之令，明君之德；穷与俱厄，进与俱霸；统烦理乱，使民知分：臣之事也。"大夫曳庸的职责似外交部长，自陈的职司是："奉令受使，结和诸侯；通命达旨，赂往遗来；解忧释患，使无所疑；出不忘命，入不被尤：臣之事也。"大夫皓进相当于刑部尚书似今司法部长，其职司是："一心齐志，上与等之；下不违令，动从君命；修德履义，守信温故；临非决疑，君误臣谏；直心不挠，举过列平；不阿亲戚，不私于外；推身致君，终始一分：臣之事也。"大夫诸稽郢相当于兵部尚书似今国防部长，其职司是："望敌设阵，飞矢扬兵；履腹涉尸，血流滂滂；贪进不退，二师相当；破敌攻众，威凌百邦：臣之事也。"大夫皋如相当于今之民政部长，其职司是："修德行惠，抚慰百姓；身临忧劳，动辄躬亲；吊死存疾，救活民命；蓄陈储新，食不二味；国富民实，为君养器：臣之事也。"大夫计倪是监天官，相当于今天文台、气象台台长，其职司是："候天察地，纪历阴阳；观变参灾，分别妖祥；日月含色，五精错行；福见知吉，妖出知凶：臣之事也。"听完诸大夫的陈述，越王句践对各位大夫的能力和分工感到很满意，说："诸大夫怀德抱术，各守一分以保社稷，孤何忧焉？"

（三）治事官

越国手工业繁荣发达，不仅部门众多，从业者甚众，仅采伐工就多达三千人。国家为此专设"工官""冶官""船官""盐官"等官吏，实行专业管理。《越绝书·越绝外传记地传》载："姑中山者，越铜官之山也，越人谓之铜姑渎。"越国有铜姑山、赤堇山、若耶溪等多处采矿、冶炼、铸造基地，制造的铁制农具和青铜兵器，特别是青铜剑在当时就颇具名声，因此设立"冶官"是理所当然的。同书又云："官渎者，句践工官也，去县十四里。"官渎或为掌管工务的官员。据《史记·平准书》："召工官治车诸器"，汉代仍置工官，主管制造武器、日用金属器及各种工艺品。《越绝书·越绝外传记地传》还说："舟室者，句践船宫也，去县五十里。""船宫"很可能是"船官"之误。越国拥有强大的水师，造船业也很发达，当时建造船只，便"使楼船卒二千八百人，伐松柏以为桴"，后来徙都琅琊就有"戈船三百艘"。这些都说明造船业需要有"船官"。同书又云："朱余者，越盐官也。越人谓盐曰'余'，去县三十五里。"朱余在越都城以北三十余里，今称朱储，历史上素为盐业管理中心，在此设立"盐官"，对食盐晒制、营销是必不可少的。

（四）巫觋

《越绝书·越绝外传记地传》曰："巫里，句践所徙巫为一里，去县二十五里。"又曰："巫山者，越魌，神巫之官也，死葬其上。去县十三里许。"两段记载说明，越国多巫觋，不仅有巫觋集中居住的

· 75 ·

"巫里",离越都城才二十五里,而且专门设有"神巫之官",死后葬于巫山。

神鬼信仰是於越民族的传统,专门敬神事鬼的被称为"巫觋"。古人认为他们具有控制超自然神秘力量的能力,能沟通人与神鬼的联系,将神的意志通过卜筮、龟策等术数传达于人,又能将人们的祈祷的愿望转告给神鬼。从事这种职业的人,《汉书·郊祀志》说:"在男曰觋,在女曰巫",习惯连称为"巫觋"。越王句践在向吴国发起夫椒之战前,不顾范蠡、文种反对,却按照《周礼·筮人》所谓"凡国之大事,先筮而后卜"的古训,请巫觋拿来一块龟壳,预卜战争胜负。结果预卜没有成功,夫椒之战以越国大败而告终,句践一气之下,将龟壳狠狠掷之荒野。后来《韩非子·饰邪》记述此事:"越王句践恃大朋之龟,与吴战而不胜,身臣入宦于吴;反国弃龟,明法亲民以报吴,则夫差为擒。故恃鬼神者慢于法,恃诸侯者危其国。"

句践请巫觋龟卜是国家大事,仪式十分隆重。负责龟卜的官员,据《周礼》所载就有大卜、卜师、龟人、占人等,即《越绝书》所谓的"神巫之官",其下属职司人员更多。所以句践让巫觋集中居住,形成越国的巫觋活动中心,设"神巫之官",说明越国对巫觋的重视。直到汉代,南方"越巫"与北方"胡巫"受到朝廷延聘,汉武帝还"令越巫立越祝祠,安台无坛,亦祠天神上帝百鬼"(《史记·封禅书》)。

在越国官僚机构中任职的各级官吏,其来源一般应该有世官、举荐和学校培养三种途径。句践即位后,越国处于非常时期,大量需要各类人才,世官人数有限,学校培养条件不允许,所以,选贤和举能成了当时各级官吏的主要来源。

二 地方行政管理制度

越国在都城以下,采取的是里闾(聚落)——封邑/城市、边县之两级分类行政管理制度。

(一)里闾(聚落)制

春秋时期,各国的地方行政组织通常分为两个系统:一是国中

（指王城之内）居民组织，二是野中（指王城之外）居民组织，对城乡进行分别管理，或可称之为城乡二元的组织结构。管仲在齐国实行"参国伍鄙"制：将国中分为齐国君臣三人分别统领的士乡15和工商乡6共21乡，乡的行政建制是：轨（5家）、里（10轨）、连（4里）、乡（10连，2000家），所设官职是：轨长、里有司、连长、乡良人四级。野鄙中行政建制是：邑（30家）、卒（300家）、乡（3000家）、县（9000家）、属（9万家），全国分为五属。而春秋末年的越国地方最基层行政组织，从文献记载看，是设置里闾（聚落）。

越国设置里闾时间很早。《吴越春秋·越王无余外传》载，大禹治水成功后，在会稽召集诸侯，计功行赏，并希望跟随他治水的民众留在越地。他说："吾获覆釜之书，得以除天下之灾，令民归于里闾，其德彰彰若斯，岂可忘乎？"这自然是传说，也可见"里闾"极早就是国人居住的地方。在吴王夫差发动的吴越战争中，越国的都城和里闾都遭到严重破坏。《吴越春秋·句践归国外传》载，句践入质吴国回来后，便对范蠡说："寡人之计未有决定，欲筑城立郭，分设里闾，欲委属于相国。"范蠡按照越王的旨意，不仅重建越国都城，而且分设城乡里闾。当时建有多少里闾，虽无完整记录，但有文字可查的，就有17处。其中《越绝书》记载的有：东武里、南里、北坛利里、阳城里、北阳里、高平里、安城里、淮阳里、富中里、练塘里、富阳里、巫里等12处；《水经注》记载的有：东明里、苦竹里、康乐里、兰上里等4处；《嘉泰会稽志》记载的有吴王里。通过对文献资料、历史地名和古今对照分析，设在越都城内的里有：东武里、东明里、南里、北坛利里等，其余基本上均设在城外。

应该指出的是，这些里闾都是有城郭的。从名称看，有称"里"的，也有称"城"的，有"里""城"互用的。如康乐里亦称"越王城""古城"；苦竹里亦称"苦竹城"；阳城里亦称"范蠡城"；北阳里亦称"文种城"；北坛利里亦称"土城"；安城里则"城"与"里"在同一名称中。此外，《越绝书》所谓的"南小城"，名称中有"城"而无"里"，类似的还有"会稽山上城""会稽山北城""北郭外路南溪北城"等，其实也是范蠡分设的里闾。在这里，"里"即是"城"，

"城"即是"里"。据《越绝书·越绝外传记地传》记载，北坛利里，系"美人宫，周五百九十步，陆门二，水门一，今北坛利里丘土城"。阳城里，"范蠡城也。西至水路，水门一，陆门二"。北阳里，"大夫种城也。取土西山以济之，径百九十四步。"此外，高平里"周六百步"，苦竹里"径六十步"，安城里"周六百步"，淮阳里"周五百六十步"。记载中的周长、径长、水门、陆门，正是记录古代城池的基本要素。日本学者宫崎市定研究认为，这种春秋时期里间设城郭的形制，一直被保存到汉代。中国学者张继海以《水经注》所载的山阴苦竹里为例，也得出了"里是城"的结论。[1]

里间，亦称闾里。在"里""闾"分别使用时，"里"是古代居民聚居之地，在配备"里宰"并行使管理职能时，"里"便成了地方行政组织。"闾"的本意是指里巷的大门。自周代起，里的平面一般呈方形或矩形，围以墙，设里门供出入，里内为居民住宅。而"里""闾"连用时，其义相同。至于里内住有多少户人家，先秦文献记载各异。《周礼·地官·遂人》以"五家为邻，五邻为里"，一里共25家；《管子·小匡》以"五家为轨"，"十轨为里"，一里实有50家；《尚书大传·洛诰》以"八家而为邻，三邻而为朋，三朋而为里，五里而为邑，十邑而为都"，一里为72家。此外尚有一里30家、80家、100家等多种说法，可能由于记载的时间不同、地点不同而导致差异。范蠡究竟分设了多少里间，每里多少户人家，无法确知，但如果以每里100户、每户5口人计算，在越国30万总人口的前提下，城乡需要设600个左右的里间。

通常情况下，里设有里宰、门监各一人，100家共一门出入。《周礼·里宰》云：里宰的职责是"掌比其邑之众寡与其六畜兵器，治其政令。以岁时合耦于锄，以治稼穑，趋其耕耨，行其秩叙，以待有司之政令，而征敛其财赋"。简言之就是传达政令，戒禁宣示，教治稼穑，征敛财赋及维持社会秩序。而门监的职责是司启闭，稽奸邪，使莠民无所容纳；如果邻里发生土地争讼，则"听闾里以版图"，让争

---

[1] 张继海：《汉代城市社会》，社会科学文献出版社2006年版，第68页。

讼双方随带户籍与地图,"以版图决之"(《周礼·小宰》郑玄注)。这些都是地方行政管理的基本内容。

清华简《越公其事》载,越王句践厉行"五政"的"征人"新政时:"王乃趣使人察省城市、边县小大远迩之匀、落,王则比视,唯匀、落是察省,问之于左右。……其匀者,王见其执事人则怡豫憙也。……其落者,王见其执事人,则忧戚不豫,弗予饮食。……是以劝民,是以收宾,是以匀邑。王则惟匀、落是趣,及于左右。"①"匀",整理者释为"聚"。"匀"、"落",有研究者体认亦聚落之义,并认为以"小大远迩"修饰"匀""落",说明了聚、落是越国最基层的聚落形态;从"其匀者,王见其执事人""其落者,王见其执事人"云云,可见句践的"征人"之政,实在是深入了越国的地方基层。②

综合来看,里间是越国在腹地地区最基层的聚落形态,聚、落应是在越国边远地区最基层的聚落形态。

(二)封邑/城市、边县制

在里间(聚落)制之上,是对国家政权的组织形态更为紧要的分封制和城市、边县制。

越国从一开始就实行了分封制,其基本的行政单位应该是邑或封邑。

在《越绝书·越绝外传记地传》等古籍的记载里,阳城里为范蠡封地,北阳里为文种封地,高平里为诸稽郢封地,富阳里为外越封地,巫里为巫师封地,苦竹里为范蠡之子的封地,等等。按《尚书大传·洛诰》所说"五里而为邑",越大夫封邑面积或有多少之别,从一里到五里都有可能,甚至更多。《国语·越语下》载,越灭吴后,句践以"环会稽三百里者为范蠡地",已经远远不是五里的封邑面积了。

对越国来说,封邑既是地方行政管理制度建设的基本内容,又在王国与基层里间之间发挥着承上启下的作用。大夫和功臣受封后,虽

---

① 李学勤主编:《清华大学藏战国竹简(柒)》下册,中西书局2017年版,第137页。
② 黄爱梅:《〈越公其事〉的叙事立场及越国史事》,《社会科学战线》2020年第8期。

然本人往往住在都城里，但在处理封邑与中央政府关系时，仍担负着诸如上缴粮食、财物及其他生活用品，在封邑内设置邑兵和兵器以便随时奉命出征等职责。所有这些，又都通过里宰、门监去落实，所以里宰、门监实际上就是管理封邑的代理人。分封制有利于发挥政权中"关键少数"的作用，调动其积极性，有其存在必要性。

春秋战国时期，楚、晋、韩、赵、魏、燕、秦等各诸侯国，为加强中央集权统治，纷纷探索实行了更为先进的郡县制。根据权威的看法，县"原是国君直接统治的领邑，它和国君分赏给卿大夫的封邑不同。春秋初期，秦、晋、楚等大国为了加强中央集权，加强边地防守力量，往往把新兼并得来的小国改建为县，不用作为卿大夫的封邑"；"郡本来设在新得到的边地，因为边地荒僻，地广人稀，面积虽远较县为大，但是地位要比县为低"；"等到战国时代，边地逐渐繁荣，也就在郡下分设若干县，产生了郡、县两级制的地方组织"[①]。"终春秋之世，天下已有一半以上的地方设置郡县"[②]。越国的邻国，吴国早在吴王诸樊十六年（前545年）之前就已经存在县制，吴王阖闾（前514年至前496年）在位就已经实行郡制，而且郡制迅速发展。"吴国出现的郡制不仅具有军事意义，而且它还是不同于采邑制的广泛的新型地方组织，极大地加强了中央集权"[③]。楚国，春秋中期就有"九县"之说，战国时期更先后设有黔中郡、宛郡、巫郡、汉中郡、新城郡等六郡。[④]

春秋战国时代越国是否实行郡县制，由于史料不足，过去估计不高。《吕氏春秋·高义篇》《墨子·鲁墨篇》都载，越王曾经想划出"故吴之地，方五百里，以封子墨子"。根据梁涛《墨子行年考》的研究，这一年在周考王三年，即越王朱句十年（前438年）。可见，越王朱句时期，分封制在越国仍很盛行。由此有学者提出，"分封制的实行在越国内部形成了分裂割据的局面，不但限制了地区之间经济

---

① 杨宽：《战国史》（增订本），上海人民出版社1998年版，第227—228页。
② 杨生民：《中国春秋战国经济史》，人民出版社1994年版，第47页。
③ 张晓芳：《春秋吴国郡县制考论》，《边疆经济与文化》2008年第9期。
④ 杨宽：《战国史》（增订本），上海人民出版社1998年版，第678—679页。

文化的交流与发展，而且也为以后越国的内乱和四分五裂埋下了祸端"，"在其他诸侯各国纷纷实行郡县制、加强中央集权以壮大国力的同时，越国却实行落后的分封制，这是其走向衰败的根本原因"①。

近年公布的清华简《越公其事》明载，"举越庶民，乃夫妇皆耕，至于边县小大远迩"，"凡边县之民及有官师之人或告于王廷"，"王乃趣使人察省城市、边县小大远迩之勾、落"，"王乃亲使人请问群大臣及边县、城市之多兵、无兵者"，"举越邦至于边县、城市乃皆好兵甲"②，"边县"一词反复出现，且多次与"城市"对举而言。王进锋据此分析指出，"边县和城市是越国地方管理体系中两个非常重要的单元"。春秋时期越国的县被设置在边境地区，故称"边县"；与"边县"相对，"城市"作为商业汇集的地方，都设立在各区域的核心位置；越国就是通过设立"城市"和"边县"来管理整个国家的。"春秋时期越国在县内设置了'司事''官师之人''执事人'之类的职官来管理相关的事务。越王通过视察县、让县的长官向自己汇报治理状况、根据政绩对县的职官进行升降奖惩、掌控县的最终狱讼权力等方式牢固控制着县"③。黄爱梅也注意到《越公其事》中"城市"与"边县"的对举并列关系，指出，《越公其事》或言"城市边县"或言"边县城市"，将"城市"与"边县"并言，两者规模和级别应相当，或有国家腹地称"城市"、而边地称"县"的细微区别；《越公其事》记载越王句践整饬"城市边县"以及"边县之民"，其意显在加强国君对这些边县城邑的控制，对比同样实行边县制的吴国，吴国边县长官具有相当"便宜行事"的应变权力，越国"君主集权的强度要更甚"④。

由此可见，越国绝非一直未实行郡县制，一直自外于春秋战国时

---

① 张志鹏：《吴越史新探》，博士学位论文，河南大学，2012年，第199—200页。
② 李学勤主编：《清华大学藏战国竹简（柒）》下册，中西书局2017年版，第130—140页。
③ 王进锋：《清华简〈越公其事〉与春秋时期越国的县制》，《历史地理》2018年第2期。
④ 黄爱梅：《〈越公其事〉的叙事立场及越国史事》，《社会科学战线》2020年第8期。

代较为普遍的地方行政管理制度改革潮流。实际上，越国在某些腹地地区继续实行封邑制，以巩固贵族阶层对国家的效忠，同时，在更广泛的范围和边境地区，实行了县制和城市制，以强化对外事权和中央集权，并十分注意对它们的直接控制。这是越国在地方行政管理方面的一个渐进改革，无疑也可视为战国结束以后秦朝那样的绝对中央集权制建立的历史基础之一。

实际上，如《越绝书·越绝内传陈成恒》所载："吴王果兴九郡之兵，而与齐大战于艾陵，大败齐师。"《吴越春秋·夫差内传》亦载："吴王果兴九郡之兵，将与齐战，道出胥门，因过姑胥之台。"春秋末吴国国内已有"九郡"之多。越国灭吴后，必将自己灭吴前采取的城市、边县制与吴国相当发达的郡县制结合。

三 法律制度

越国早期的法律制度，未见有文字记载。但到春秋时期，特别是春秋晚期的越王句践时，已确立了比较完备的法律制度。作为一个国家，不可一日无法，当时列国统治者都很重视对法的制定。楚国先后有"仆区之法""茅门之法"（《左传·昭公七年》《韩非子·外储说右上》），鲁国有"周公之典"（《左传·哀公十一年》）。越国制定的法典名称记述不详，但在越大夫计倪与越王句践讨论治国之道时，主张国王应该以法令的方式为百姓谋利，同时引导诸侯"守法度"（《越绝书·越绝计倪内经》）。计倪所说的"法度"，实际上就是当时越国的法律制度。

句践重视法律制度建设，他身边的大夫们发挥了重要作用。他们都主张依法治理国家，还为法律建设提出许多有益建议。如文种在开始制定谋吴策略时，总结吴国"刑繁法逆"（《越绝书·越绝请籴内传》）即刑罚繁多，法令混乱的教训，建议越王对老百姓要"省刑去罚"（《吴越春秋·句践归国外传》），以确保民生。计倪则主张赏罚之权应牢牢掌握在国王手中，他说："爵赏刑罚，一由君出，则臣下不敢毁誉以言，无功者不敢干治。"（《越绝书·越绝外传计倪》）而范蠡决定泛舟五湖、告别越王时，仍不忘提醒曾经患难与共的句践说："君行制，臣行意"（《国语·越语下》），要坚持法制，依法治国。

春秋时期，各国有专门的执掌刑罚的官吏，一般称为司寇。由于越国的职官制度与各国有区别，整个由越王统领的内阁成员均称大夫，不设司职名称，但内阁成员中是有明确分工的。从《吴越春秋·句践入臣外传》记载看，大夫范蠡、文种、苦成、曳庸、计倪等各有自己的职责，执掌刑罚的是大夫皓进。他的主要职责，用他自己的话说就是："一心齐志，上与等之；下不违令，动从君命；修德履义，守信温故；临非决疑，君误臣谏；直心不挠，举过列平；不阿亲戚，不私于外；推身致君，终始一分。"所谓依从君主命令，不违背法令，执法公正无私，不偏袒任何亲友，这正是执法官吏必须具备的良好素养。

越国法度的内容，综合《国语》《越绝书》《吴越春秋》等文献记载，主要有刑法、军法以及婚姻法规等。刑法以"斩"为常见刑罚。《国语·吴语》："（越）王乃命有司大徇于军曰：'谓二三子归而不归，处而不处，进而不进，退而不退，左而不左，右而不右，身斩，妻子鬻。'"越国振兴时期刑法从制定到执行，有以下三个特点。一是去繁刑。计倪认为："刑繁，则群臣多空恭之礼、淫佚之行矣。夫谀者反有德，忠者反有刑，去刑就德，人之情也；邦贫兵弱致乱，虽有圣臣，亦不谏也，务在谀主而已。"因此，君主必须去繁刑，"明其法术，以任贤子"（《越绝书·越绝计倪内经》）。二是令宽刑。句践认识到欲报仇雪耻，必须善待百姓，实行宽刑。他说："越国之中，吾宽民以子之，忠惠以善之。吾修令宽刑，施民所欲，去民所恶，称其善，掩其恶。"（《国语·吴语》）这是修令宽刑的出发点。三是施薄刑。大夫文种认为治国之道"爱民而已"，主张为政"无夺民所好，则利也；民不失其时，则成之；省刑去罚，则生之；薄其赋敛，则与之；无多台游，则乐之；静而无苛，则喜之。"根据文种建议，"越王乃缓刑薄罚，省其赋敛。于是人民殷富，皆有带甲之勇"（《吴越春秋·句践归国外传》）。

法律制度是掌握国家政权的统治阶级意志的体现，是统治阶级巩固统治地位、维护一个国家、一个朝代政治制度的重要手段。因此，春秋战国时期许多国家虽有法律制度，但执法不严与滥用刑法是常见现象。句践为了取信于民，采纳大夫建议，按照"君行制"的主张，以法制为准则，做到赏罚分明。《吴越春秋·句践伐吴外传》记录了句践当时的明确态度："吾爱士也，虽吾子不能过也。及其犯诛，自吾子亦不能脱也。"亲自为公正执法作出示范。

除刑法外，军法和婚姻法规都是越国"法度"的重要内容，其中婚姻法规在春秋列国中是极为少见的，尤其值得关注。越王句践为婚姻、生育立法，并列入十年生聚、十年教训的强国计划，根本目的就是要在人口数量上为灭吴称霸做好准备。《吴越春秋·句践归国外传》载，当句践从吴国回到越国，想尽快医治战争创伤，但深感"人民不足，其功不可以兴"。还对国人说：过去"寡人不知其力之不足以大国报雠"（《吴越春秋·句践伐吴外传》），使得百姓无辜疆场抛尸。因此，为婚姻立法，为生育奖励，是句践的必然选择。《吴越春秋·句践伐吴外传》记录了法规的具体条文："令壮者无娶老妻，老者无娶壮妇。女子十七未嫁，其父母有罪；丈夫二十不娶，其父母有罪。将免（娩）者以告于孤，令医守之。生男二，贶之以壶酒、一犬；生女二，赐以壶酒、一豚。生子三人，孤以乳母；生子二人，孤与一养。长子死，三年释吾政；季子死，三月释吾政；必哭泣葬埋之，如吾子也。令孤子、寡妇、疾疹、贫病者，纳官其子。"《国语·越语上》同样有记载。通过这些法规的制定和实施，经过二十年生聚教训，促使越国人口规模大幅度增长。到句践准备兴兵伐吴前夕，他已建立起一支包括"习流二千，教士四万人，君子六千人，诸御千人"（《史记·越王句践世家》），总数达到近五万人的军队。灭吴前夕越国总人口，根据陈桥驿的估算有三十万左右[1]，根据周自强等的估算有81.5万[2]。这两个都是不小的数字。人口激增的现实表明，越国实施的婚姻法规和生育政策，是十分有效的。

---

[1] 陈桥驿：《古代於越研究》，陈桥驿：《吴越文化论丛》，中华书局1999年版，第3页。

[2] 周自强：《中国经济通史·先秦》下册，经济日报出版社2007年版，第986—987页

第三节　军事制度

春秋战国是群雄争霸、战争频发的时代，也是军事思想、军事战略和军事制度蓬勃发展的时代。在诸侯兼并、霸主迭现的数百年间，齐桓公、晋文公、楚庄王、吴王阖闾、越王句践等相继称霸。越国从偏远小国、弱国和吴越战争中的败国，经过卧薪尝胆、发愤图强，十年生聚、十年教训，终于以弱克强，反败为胜，成为华夏历史上以弱胜强的典型。其成功的原因，除越王句践为振兴越国而实行的一系列政治制度、经济制度外，还应归功于越国军事制度的改革与实施。

一　兵役制度

春秋时期列国政区仍沿袭西周旧制，实行国野制，或谓之乡遂制。所谓"国""乡"是指国都及其附近地区，其外便是"野"。《周礼·秋官·县士》郑玄注曰："地距王城二百里以外至三百里曰野，三百里以外至四百里曰县，四百里以外至五百里曰都。都、县、野之地，其邑非王子弟、公卿大夫之采地，则皆公邑也。"不同政区，均有各自的武装力量，一般以国中的武装力量为国家的主力军队，以边境山区的县、邑中的武装力量为地方部队，以封邑的武装力量为贵族的私人武装。当然，在非常时期，野中之人也得应征从军，所以《周礼·小司徒》孔颖达疏云："凡出军之法，先六乡。赋不止，次出六遂。赋犹不止，征兵于公邑及三等采。"就是说，先征王城以外百里以内（六乡）的兵；不足，再征远郊（六遂）的兵；还不足，便征国君直辖地（公邑）和大夫封地（采邑）的兵。这种由近及远征集兵员是春秋列国的通行办法。

越国的兵役制度是否与《周礼》记载一致，由于文献阙如，不得其详。但有一点是可以肯定的，即无论是"国中"之人还是"鄙野"之人，只要适宜于上战场，都是越国的征兵对象。《国语·吴语》载：

越王句践十九年（前478年），越国与吴国决战前夕整编军队，有司向全国发布命令："苟任戎者，皆造于国门之外。"说凡是能参军打仗的人，全部到城门外集中报到，这里所谓的"苟任戎者"，就包括城里与乡间的兵源。《吴越春秋·句践伐吴外传》也有类似记载："令国人各送其子弟于郊境之上，军士各与父兄昆弟取诀。"

在越国的地方行政制度中，最基层的行政组织是"里闾"和"聚落"，里设"里宰"和"门监"等司职，聚、落设"执事人"。据《周礼·里宰》载，其中，里宰具有基层政权赋予的多种职责，掌管人口与兵器便是其中之一。里有兵器，反过来也证明了里有兵役，即野中之人亦得为兵，负有保卫里闾的使命，一般不事征戍。吕思勉认为乡中人服兵役，野之外人亦得为兵，"惟仅使保卫闾里，不事征戍，如后世之乡兵然"①。这些里闾服役人员，平时散居村社为农，兼有保卫里闾使命；战时则临时应征为兵，具有"兵农合一"的特征。平日散居为农时，兵器收归"里宰"统一保管，临时应征为兵时，又统一发给兵器，形成临战征戍的体制。

春秋晚期，战争频繁，用兵规模很大，一家数人从军的现象也不少见。《国语·吴语》载：越王句践伐吴前宣布，除"有父母耆老而无昆弟者""有眩瞀之疾者"外，其余"有兄弟四五人皆在此者，以告。王亲命之曰：'我有大事，子有昆弟四五人皆在此，事若不捷，则是尽也。择子之所欲归者一人。'"一家兄弟四五人中，只允许一人留守在家，其余均应从军入伍。

越国兵源中还有一种罪人从军的。《左传·定公十四年》（前496年）："吴伐越，越子句践御之，陈于檇李。句践患吴之整也，使死士再禽焉，不动。使罪人三行，属剑于颈，而辞曰：'二君有治，臣奸旗鼓。不敏于君之行前，不敢逃刑，敢归死。'遂自刭也。师属之目，越子因而伐之，大败之。"战斗中越国敢死勇士撼动不了吴军的严整军容，越军便由本国罪囚组成新的敢死队，冲锋在前，建立奇功。罪人及其家属，或因战功而获得赦免，可谓将功赎罪之举。

----

① 吕思勉：《先秦史》，上海古籍出版社1982年版，第413页。

服兵役的年龄,《通志》卷一百十八下:"年六十不服戎",说的是人到60岁不必再去从军。《五经异义》引《韩诗说》云:"年二十而行役,三十受兵,六十还兵。"所谓"行役",即从事服役,古代男子应服两种役,劳役和兵役。劳役如筑城、修路等,兵役则三十应征,六十免役。越国是否实行《韩诗说》所言的兵役年龄,未见文字记载。

二 军事编制和兵种

《周礼·夏官·司马》对西周的军事编制有如下记载:"凡军制,万有二千五百人为军,王六军,大国三军,次国二军,小国一军,军将皆命卿。"《左传·襄公十四年》也说:"周为六军,诸侯之大者,三军可也。"东周时期,诸侯各国基本延续了西周之制。如郑国在春秋初期建立了"三军"(《左传·隐公五年》),齐国在齐桓公时也建立了"三军"(《国语·齐语》),晋国在文公时也有"三军"(《左传·僖公二十七年》)。有的甚至超过"三军"。

按西周军制,越国既不是诸侯大国,次国也不一定排得上,或许只能算一小国,可设一军而已。但到春秋末年,无论是兵员数量,还是实际编制,都已超过"三军"。《周礼》规定,以"万有二千五百人为军",可在越王句践发起的那场灭吴之战中,一次就出兵4.9万人(据《史记·越王句践世家》),实际已超过四军的编制。《国语·吴语》在记述笠泽之战的布局时说:"越王乃中分其师以为左、右军,以其私卒君子六千人为中军。明日,将舟战于江,及昏,乃令左军衔枚溯江五里以须,亦令右军衔枚逾江五里以须……越王乃令其中军衔枚潜涉,不鼓不噪以袭攻之,吴师大北。越之左军、右军乃遂涉而从之。"《左传·哀公十七年》(前478年)亦载:"越子以三军潜涉,当吴中军而鼓之,吴师大乱,遂败之。"《吴越春秋·句践伐吴外传》也说:"吴悉兵屯于江北,越军于江南。越王中分其师以为左、右军……躬率君子之军六千人以为中阵……越王阴使左、右军与吴望战,以大鼓相闻;潜伏其私卒六千人,衔枚不鼓攻吴,吴师大败。"以上记载说明，当时越国不仅有左、中、右三军，还可能有后勤和留守的军队，兵力超过五万人。

军以下的编制，西周时分师、旅、卒、两、伍五级。《周礼·夏官·司马》载："二千有五百人为师，师帅皆中大夫；五百人为旅，旅帅皆下大夫；百人为卒，卒长皆上士；二十五人为两，两司马皆中士；五人为伍，伍皆有长。"春秋时的兵力编制与西周相似，越国由于文献记载阙如，不知其详，但在越军出征之前，越王句践在征求诸大夫意见时说："惟是车马、兵甲、卒伍既具"（《国语·吴语》），表明武器、兵员、编制都已准备完毕，"卒伍既具"或含整编之意。

越国军队也有自己的指挥系统，统帅或领军的有上将军、将军和支队长等，此外还有专门训练军士的"教习"。《史记·越王句践世家》称范蠡为"上将军"，其他文献记载的尚有五名"将军"，分别是石买、灵姑浮、诸稽郢、畴无余、讴阳。上将军、将军均为越国大夫，属于上大夫级别。在已知的十二名越国大夫中，上将军、将军就占有六名，军事在越国国体中的重要性于此可见一斑。

上将军、将军有着各自的职责。范蠡作为上将军，是最高军事统帅，其责任如《吴越春秋·句践入臣外传》中范蠡自己所说："辅危主，存亡国；不耻屈厄之难，安守被辱之地；往而必反，与君复雠者：臣之事也。"将军的责任，诸稽郢向越王句践表白的一番话就颇有代表性，他说："望敌设阵，飞矢扬兵；履腹涉尸，血流滂滂；贪进不退，二师相当；破敌攻众，威凌百邦：臣之事也。"从两人的表白中可见，范蠡肩负着保卫国家安全、统领三军灭吴雪耻战略全局的重任。在具体战役上，则由将军带领着各军奋勇杀敌、夺取胜利。如越王句践十九年（前478年）的那场伐吴战争中，句践"分其师以为左、右军"，这左、右军的统领便是畴无余、讴阳将军。《左传纪事本末·句践灭吴》载："越子伐吴为二队，畴无余、讴阳自南方先及郊"，由他们二人率领的左、右军首先发起进攻。

此外，在越国军队组织系统中，按范蠡所说，用兵之时尚有"行阵、队伍、军鼓之事"（《吴越春秋·句践阴谋外传》），即军队的行列队形、军队的组织编制和军中的战鼓等事宜。为了提高军队的战斗力，越王句践还专门请来善长剑术的越女和善长射击的陈音为"教习"，进行军事训练，传授"剑戟之术"和"弓弩之巧"。并命令"五校之队长、高才习之，以教军士"，意思是让各支部队的队长以及接受能力较强的人去学习，然后把剑术和弓巧教给战士，收到了"一人当百，百人当万"（《吴越春秋·句践阴谋外传》）的效果。

春秋时期的兵种，一般有战车甲士、步卒徒兵以及水师等。越国由于地处东南，"大越海滨之民"的习性，如越王句践对孔子所说："水行而山处，以船为车，以楫为马；往若飘风，去则难从。"（《越绝书·越绝外传记地传》）这种独特的人文地理环境，直接影响了越国兵种的构成。《史记·越王句践世家》载，越王句践十五年（前482年）伐吴时，越国出动的兵力有"习流二千人，教士四万人，君子六千人，诸御千人"。据此，越国兵种主要有以下几种。

（一）习流

亦称水军或舟师。《史记·越王句践世家》所谓"习流"，《索隐》解释为："流放之罪人，使之习战，任为卒伍，故有二千人。"《正义》："谓先惯习流利战阵死者二千人也。"但《吴越春秋·句践伐吴外传》徐天祜注不同意这种说法，认为："笠泽之战，越以三军潜涉，盖以舟师胜。此所谓'习流'，是即习水战之兵。若曰使罪人习战，越一小国，流放者何至二千人哉？"笠泽之战的胜利，说是由流放罪人取得的，显然不太可能。

其实吴越争霸的几次大规模战役中，越国水军都发挥了重要作用。越王句践十五年（前482年），越国趁夫差北上黄池会盟、国内空虚的有利时机，向吴发起进攻，其中水军受命"沿海溯淮以绝吴路"（《国语·吴语》），切断夫差归路，为突袭姑苏之役增加了胜算。"沿海溯淮"则表明，越国水军已经具备出海航行能力，是一支实质上的海军。到越王句践十九年（前478年），越国再度进攻吴国，为分散吴军主力，句践命屯兵江南的水军与步兵配合，分左、右两路过江牵制吴军，为句践率领的中军战胜吴军奠定了基础。水军在伐吴战争中一再建功，表明这是越国的一支精锐兵种。

越国水军的规模颇为可观，散见于各种文献的记载，足可说明。《史记·越王句践世家》所说"乃发习流二千人"，或仅为越国水军的一部分。《越绝书·越绝外传记地传》载："句践伐吴，霸关东，从琅琊起观台。台周七里，以望东海。死士八千人，戈船三百艘。"这里说的"戈船"应为战船，可见句践在琅琊的水军至少有战士"八千人"、战船"三百艘"。同书又载："徙琅琊，使楼船卒二千八百人，伐松柏以为桴。""种山者，句践所葬大夫种也。楼船卒二千人，钩足羡，葬之三蓬下"。楼船是大船，配备的船卒较多，所以文种下葬，木客伐木，动辄就动用楼船卒数千人。于此可见，越国的水军总数当在万人以上。

与水军规模相适应的是，越国还设有船宫、军港和水师训练营地。《越绝书·越绝外传记地传》："舟室者，句践船宫也，去县五十里。""舟室"一作船坞解，"船宫"或作"船官"解，除了前面所言可能指造船官员，也可能意为造船和停泊船只的地方。同书又载："防坞者，越所以遏吴军也，去县四十里。""浙江南路西城者，范蠡敦兵城也。其陵固可守，故谓之固陵，所以然者，以其大船军所置也。""防坞"，在今绍兴，"固陵"在今萧山，都是越国军港。《越绝书·越绝外传记地传》还载："中指台马丘，周六百步，今高平里丘。"中指台旧称越营山（在今皋埠镇），附近有大片江湖水面，或为越国水军训练营地。

需要指出的是，据蒙文通考证，越国还有自己的水军兵法。由于《越绝书》原有的《兵法》篇，宋以后已佚，因此，后来学者误以为《兵法》所述的水军兵法为"吴制"。而唐徐坚辑《初学记》则引《越绝书》曰："越为大翼、小翼、中翼，为船军战。"宋吴淑撰《事类赋注》亦引为："越为大翼、中翼、小翼船以战。"两书皆以为越制，当有所本，说明战船兵法为越首创，而非吴制。越制水军兵法按战船大小配备兵员和武器，如："大翼一艘，广丈六尺，长十二丈，容战士二十六人，棹五十人，舳舻三人，操长钩矛斧者四，吏仆射长各一人，凡九十一人。当用长钩矛、长斧各四，弩各三十二，矢三千三百，甲、兜鍪各三十二。"（《太平御览》卷三百一十五引《越绝书》逸文）组织如此完整严密，显然是越国水军成为精锐部队的重要原因之一。

（二）教士

亦作"俊士"，古代步兵。《史记·越王句践世家》载，越国伐吴所发兵力中有"教士四万人"。《索隐》称"教士"即"常所教练之兵也"。《管子·小匡》载管仲对齐桓公说："君有此教士三万人，以横行于天下。"这里的"教士"，亦即"谓先教习之士"。可见，所谓"教士"，是指经过严格训练的、富有战斗力的士兵。

"教士"就是后世所谓的步兵。早期的步兵称"徒兵"，如《左传·隐公四年》："诸侯之师败郑徒兵，取其禾而还。"《史记·晋世家》："献楚俘于周，驷介百乘，徒兵千。"对徒兵有两种理解，一种是附属于战车的徒卒。春秋时一辆战车有25—30人，车下的徒兵就更多。战车也称"乘"，《越绝书·越绝内传陈成恒》用"万乘之齐""千乘之鲁"来形齐、鲁两国军队的庞大。另一种是单独的徒兵队伍，即单纯的步兵。步兵出现较早的是晋国，晋的步兵称"行"，献公时有左行、右行（《左传·僖公十年》），后晋文公又"作三行以御狄"（《左传·僖公二十八年》）。

越国的步兵与北方的徒卒不同，是单独的徒兵，其原因有二：一是《吴越春秋·句践阴谋外传》虽有"水战则乘舟，陆行则乘舆，舆舟之利，顿于兵弩"和《国语·吴语》载"唯是车马、兵甲、卒伍既具"之说，但在越国经历的历次战争中，鲜见有使用战车的记载。所谓"舆舟之利"可能是泛指，更何况越地水网泽国的地理环境，使用战车本来就有诸多局限。二是发挥了步兵的作用，即以"三行"取胜。所谓"三行"，源自晋国，指在上、中、下三军之外增设三支步兵，称"三行"，即中行、左行、右行，以配合三军作战。越国军队使用"三行"作战的记载颇多。如《史记·吴世家》："吴伐越，越王句践迎击之槜李。越使死士挑战，三行造吴师，呼，自刭。吴师观之，越因伐吴，败之姑苏，伤吴王阖庐（间）指。"在这里，造吴师的"三行"都是由步兵组成的敢死队。

（三）君子

即禁卫军。周代天子的禁卫军称"虎贲"。《周礼·夏官·虎贲氏》："虎贲氏掌先后王而趋以卒伍，军旅会同亦如之，舍则守王。闲王在国，则守王宫。国有大故，则守王门。大丧，亦如之。"《孟子·尽心下》："虎贲三千人。"而诸侯的禁卫军称"旅贲"，如《国语·鲁语下》记载，鲁大夫叔孙豹说："天子有虎贲，习武训也；诸侯有旅贲，御灾害也。"可见，春秋时继续保持着周代的禁卫军制度。

但春秋列国诸侯的禁卫军不再称"虎贲"，称谓也各不相同。如楚国国君的禁卫军叫"乘广"，如《礼书纲目·兵制·军礼》："楚子为乘广三十余乘，分为左、右广。"越王句践的禁卫军叫"君子"，如《国语·吴语》越王"以其私卒君子六千人为中军"，韦昭注："私卒君子，王所亲近有志行者，犹吴所谓贤良，齐所谓士也。"私卒犹家兵。

禁卫军由公族或卿大夫子弟组成，即《国语·越语上》中句践所说的，"凡我父母、昆弟及国子姓"，可以"与之共知越国之政"的人。公族和卿大夫弟子称为"国子"，如《周礼·地官·师氏》："以三德教国子。"郑玄注曰："国子，公卿大夫之子弟。"《汉书·礼乐志》："国子者，卿大夫之子弟也。"

虽然禁卫军也是兵种之一，但与一般的"师旅"有着明显差别。一般的师旅，兵员来自民间即所谓的"国人"，他们平时为农，战时为军，"兵农合一"。禁卫军是公族和卿大夫子弟，他们脱离生产劳动，平时警卫王宫，战时守卫国君左右，而且待遇优厚。这些人可以世袭父兄爵禄，一旦入选禁卫军行列，便成了食禄的职官，位居于士。

（四）诸御

即后勤部队。《史记·越王句践世家》记载越王句践十五年（前482年）出兵伐吴的兵力中，有"诸御千人"，"诸御"为军中理事官员。《索隐》："诸御，谓诸理事之官，在军有职掌者。"应当为军中专门负责供应装备与给养的后勤部队。如战船、车乘、弓箭、铠甲、军粮等，分别由后勤部队的官员，各司职掌，故谓之"诸御"。

三　后勤保障

如上所述，越国设有专职管理军事装备与给养的后勤部队，即所谓"诸御"。后勤保障做得如何，直接影响到战争成败，所以越王句践十分重视军事后勤保障。既有像战船、剑戈等武器的制造生产基地，又有专门收藏兵器的军库。如《越绝书·越绝外传记地传》："安城里高库者，句践伐吴，禽夫差，以为胜兵，筑库高阁之。"尤其是在战争前夜，通常都要进行严格的备战检查，最有代表性的是越王句践十九年（前478年）的伐吴之战。据《吴越春秋·句践伐吴外传》载，出兵之前，句践慎重其事，召集八大夫（《国语·吴语》作五大夫），对后勤准备情况进行"五审"，即审赏、审罚、审物、审备、审声，五审的内容大致反映了越军后勤保障的各个方面。句践问，"战奚以而可"，"无阿孤，孤将以举大事"（《国语·吴语》），大家都要说真话，不要屈从。于是，大夫曳庸说："审其赏，明其信，无功不及，有功必加，则士卒不怠。"大夫苦成说："审罚，则士卒望而畏之，不敢违命。"大夫文种说："审物，则别是非，是非明察，人莫能惑。"大夫范蠡说："审备慎守，以待不虞。备设守固，必可应难。"大夫皋如说："审于声音，以别清浊。清浊者，谓吾国君名闻于周室，令诸侯不怨于外。"（《吴越春秋·句践伐吴外传》）内容包括赏罚制度、物资准备、后勤留守和舆情宣传。接着大夫扶同从战士的职份和心理准备，大夫计倪从观测天象、考察地理和适应天气变化等方面又作了强调。八大夫从天时、地理、人和、物资、时机各方面做好充分准备，使那场战争取得重大胜利。

根据不同兵种的战斗需要，制造、保管、供给不同武器，无论如何是后勤保障的重中之重。从文献记载到考古证明，越国的军事装备和常用武器主要分运输工具、防卫性武器和进攻性武器等不同种类。

春秋战国时期用于战争的运输工具，中原地区以马匹、战车为多。《越绝书·越绝内传陈成恒》以"万乘之齐"和"千乘之鲁"来形容北方齐、鲁兵力之众。关于越国的军用马车情况，记载阙如，无从知道，但前已述及，越国不仅战船的数量多，名目也多，有戈船、楼船、大翼、中翼、小翼等，都是参加水战的军用船。

用于武装水军的武器主要是弓弩，这是一种远射武器，为戈、矛、戟等长兵器所不能及，能在较远距离杀伤敌人，是越国主要兵器之一。《尔雅》曰："东南之美者，有会稽之竹箭焉。"竹箭是越国的传统武器，既有丰富的箭竹资源，还有人工培植用于制作弓箭的麻。《越绝书·越绝外传记地传》："麻林山，一名多山，句践欲伐吴，种麻以为弓弦。"弓弩之弦通过人工培植来满足要求，足见竹箭数量之巨。越王句践从吴国回到越国后，为答谢吴王给予的百里封地，便以葛布、甘蜜、文笥、狐皮、竹箭等大批物资"以复封礼"（《吴越春秋·句践归国外传》），其中竹箭多达十船。句践为了充分发挥弓弩在战争中的作用，特别请来楚国的善射高手陈音传授"正射之道"。即："身若戴板，头若激卵；左蹉，右足横；左手若附枝，右手若抱儿；举弩望敌，翕心咽烟；与气俱发，得其和平；神定思去，去止分离；右手发机，左手不知；一身异教，岂况雄雌！"经过严格训练，越国水军、步兵等"皆能用弓弩之巧"（《吴越春秋·句践阴谋外传》）。

如果说，越国兵器中数量最多的是弓弩，那么，越国兵器中最有名的当数越剑。由于越国兵种结构中大量配置步兵，这就要求积极发展近身击搏的短兵器青铜剑。越国铸剑技术当时就已名驰海内。《庄子·刻意篇》："夫有干越之剑者，柙而藏之，不敢用也，宝之至也。"《周礼·考工记》究其原因说："吴粤（越）之剑，迁乎其地而弗能为良，地气然也。"《越绝书》也为越国的铸剑术特立《越绝外传记宝剑》专篇。楚王听说吴有干将、越有欧冶子善铸剑，派风胡子"见欧冶子、干将，使人作铁剑"。越国青铜剑出土甚多，被曹锦炎《鸟虫书通考》（增订本）著录的就数以百计。这些青铜剑铸造都十分精美，出土时大多完整如新，锋刃锐利，剑身有错金鸟书铭文，显示了高超的工艺水平。

此外，越国青铜兵器中还有戈、矛、戟等长柄武器。戈是一种可勾可啄装有长柄的武器。《左传·定公十四年》：吴越檇李之战中，"（越大夫）灵姑浮以戈击阖庐（闾），阖庐（闾）伤将指，取其一屦"，被戈击伤致死。矛也是一种长柄刺杀武器。据《考工记》，矛分酋矛和夷矛两种，酋矛柄长二丈，为步卒使用；夷矛柄长二丈四尺，在兵车上使用。《吴越春秋·夫差内传》载越国有"屈卢之矛"，今绍兴文物部门收藏的矛达二十件，见诸董楚平《吴越文化新探》、曹锦炎《吴越历史与考古论丛》著录的有"越王者旨於赐矛""越王州句矛""越王大子矛"和"越王不光矛"等。以上都是进攻性武器。越国当然也有防卫性装备，如盔甲等。《吴越春秋·句践伐吴外传》载句践伐吴，"越王中分其师以为左、右军，皆被兕甲"。所谓"兕"系指雌性犀牛。《尔雅》："兕似牛。"注："一角，青色，皮坚厚可制铠。"说明越军是用皮革制成的甲来防卫自己的。

第四节　越王句践的改革

春秋晚期，一直到战国整个阶段，越国都是一个非常重要且有影响力的国家。但历史记载的重大政治改革只有发生在越王句践时期的一次。句践即位之初，国内经济落后，人口稀少，国力微弱，国外又长期受到强吴欺凌，战事不断，甚至自己也成了阶下囚。面对国内困境和"国际"险恶形势，句践结合自身遭遇，总结经验教训，深知要振兴越国，报仇雪耻，只能改弦易辙，进行改革。他从心底里发出"寡人请更"（《国语·越语上》"更"，韦昭注"改也"）的决心。这是雪耻之需，是崛起之路，所以必须是全方位的"请更"。他对范蠡说："欲行一切之变，以复吴仇。"（《越绝书·越绝外传枕中》）其具体举措，包括了厉行"五政"，但又不限于"五政"。

一　政治改革

"一切之变"涉及很多方面，政治方面最主要的是以下四点。

（一）三朝议政，改进决策

"朝议"是春秋战国政治运行机制的核心制度，它是讨论国家大事，发布政令，执行赏罚的决策中心。春秋时代特别是越王句践时期，越国很好地实行了三朝议政，特别是外朝、治朝议政的制度。

1. 朝议地点

朝议一般有三种形式，也就是所谓"三朝"，有特定的地点，这就是天子五门、诸侯三门。

《尔雅·释宫》邢昺《疏》："天子、诸侯皆有三朝，外朝一，内朝二。其天子外朝一者，在皋门之内、库门之外，大询众庶之朝也，朝士掌之。内朝二者，正朝在路门外，司士掌之；燕朝在路门内，太仆掌之。"郑玄《周礼疏》："王有五门，外曰皋门，二曰雉门，三曰库门，四曰应门，五曰路门。"所谓"路门"，也就是君主"路寝"（《毛传》"路寝，正寝也"）之门。这样从君主所住居围城之内最外层的皋门，经雉门、库门、应门，到最里面君主的寝宫之间，就分别有外朝、正朝、燕朝三朝。但这是宗周天子的情况。郑玄《礼记疏》："天子五门：皋、库、雉、应、路；鲁有库、雉、路，则诸侯三门。"

"诸侯三门"，是春秋列国国君的一般情况，越国没有这样的称呼，但实际也是这样。《吴越春秋·句践伐吴外传》载，句践咨询过八大夫，决策伐吴之前夕：

> 乃入命于夫人。王背屏，夫人向屏而立。……王出宫，夫人送王不过屏。王因反阖其门，填之以土。……王出则复背垣而立，大夫向垣而敬。王乃令大夫曰："食士不均，地壤不修，使孤有辱于国，是子之罪；临敌不战，军士不死，有辱于诸侯，功隳于天下，是孤之责。自今以往，内政无出，外政无入。吾固诫子。"大夫："敬受命矣。"王乃出，大夫送出垣，反阖外宫之门，填之以土。大夫侧席而坐，不御五味，不答所劝。

后面大半所写已经是一次朝议。其中，第一处"王出宫"的"宫"，就是"路门"；"王出则复背垣而立，大夫向垣而敬""大夫送出垣"的"垣"处，是一道"垣门"；"外宫之门"，就是最外面的"库门"，又称"国门"。

《吴越春秋·句践归国外传》又载，句践归来部署筑城立郭后不久：

> 越王乃召相国范蠡、大夫种、大夫郢问曰："孤欲以今日上明堂，临国政，专恩致令，以抚百姓，何日可矣？惟三圣纪纲维持。"范蠡曰……大夫种曰……范蠡曰："夫子故不一二见也。吾王今以丙午复初临政，解救其本，是一宜；夫金制始，而火救其终，是二宜；蓄金之忧，转而及水，是三宜；君臣有差，不失其理，是四宜；王相俱起，天下立矣，是五宜。臣愿急升明堂临政。"越王是日立政。

由此可见越国王宫的垣门、国门之间，又称"明堂"。

外朝、正朝、燕朝又称外朝、中朝和内朝，各有功用。清吕飞鹏《周礼补注》卷五称："周礼，天子、诸侯皆有三朝，一曰外朝，二曰中朝，三曰内朝。……三朝之最外为外朝，是决狱听讼之朝也；中朝者，人君旦夕视政见卿大夫之朝也，所谓辨色而入者在此朝也；内朝者，路寝也，人君视政退而居于此，待诸侯之复逆也，视卿大夫退然后适燕寝，所谓大夫夙退无使君劳，在此朝也。"其中，中朝因为是治理国政的核心环节，所以又称治朝。

2. 外朝

《周礼·秋官·小司寇之职》云："掌外朝之政，以致万民而询焉。一曰询国危，二曰询国迁，三曰询立君。"政治史家据以提出，"外朝主要是朝国人的群众场面"，"外朝的作用大致是咨询时政，审理诉讼，宣布对外和战等事的场所"，"朝国人在春秋时多是在国家危难之际"[①]。这些描述非常贴切句践时期的越国。

《国语·越语上》载，越国被吴国战败，句践去吴为臣隶前，"句践说于国人曰：'寡人不知其力之不足也，而又与大国执雠，以暴露

---

① 王宇信、杨升南：《中国政治制度通史》第二卷《先秦》，人民出版社1996年版，第415页。

百姓之骨于中原，此则寡人之罪也，寡人请更'"；自吴返国后，句践"乃致其父母昆弟而誓之曰：'寡人闻，古之贤君，四方之民归之，若水之归下也。今寡人不能，将帅二三子夫妇以蕃'"；多年生聚教训下来，"国之父兄请曰：'昔者夫差耻吾君于诸侯之国，今越国亦节矣，请报之。'句践辞曰……父兄又请曰：'越四封之内，亲吾君也，犹父母也。子而思报父母之仇，臣而思报君之雠，其有敢不尽力者乎？请复战。'句践既许之，乃致其众而誓之曰：'寡人闻古之贤君，不患其众之不足也，而患其志行之少耻也。……吾不欲匹夫之勇也，欲其旅进旅退也。进则思赏，退则思刑，如此则有常赏。进不用命，退则无耻，如此则有常刑'"。《国语·吴语》又载，已定伐吴前夕，句践"乃命有司大令于国曰：'苟任戎者，皆造于国门之外。'王乃令于国曰：'国人欲告者来告，告孤不审，将为戮不利，过及五日必审之，过五日，道将不行'"。显然，以上句践"说于国人曰""致其父母昆弟而誓之曰""致其众而誓之曰""令于国曰"，都是在朝国人时越王作为君主对国人的表态，包含了自责、发誓和训诫；"国之父兄请曰""父兄又请曰"，则是国人在外朝中表达对国家方略的积极建议。

从句践向国人认错，到接受国人请战，并反过来动员和严格要求国人，可以说，外朝很好地实现了国家意志从基层到高层的统一，这对越国从逆境中崛起，无疑发挥了非常重要的作用。

3. 治朝

实现国家统治阶层意志统一的主要制度安排，是议决国家大事的治朝。

治朝参加者是国君和官员。《周礼·天官·宰夫之职》："掌治朝之法，以正王及三公、六卿、大夫、群吏之位。"可见，天子（王）与三公、六卿、大夫、群吏都可以参加治朝。这说的是宗周天子的情况。越国的治朝参加者没有这样复杂，主要就是越王、相国和大夫。但和北方的宗周及诸侯一样，"国君和群臣皆站着议事"[①]。有限的文

[①] 王宇信、杨升南：《中国政治制度通史》第二卷《先秦》，人民出版社1996年版，第417页。

献表明，春秋晚期的越国很好地实行了这个制度。

《吴越春秋·句践伐吴外传》载，在发动讨伐吴国的关键性战役前夕，在咨询过楚使申包胥后：

> 越王乃请八大夫曰："昔吴为不道，残我宗庙，夷我社稷以为平原，使不血食。吾欲徼天之中，兵革既具，无所以行之。吾问于申包胥，即已命孤矣。敢告诸大夫，如何？"大夫曳庸曰："审赏则可战也。审其赏，明其信，无功不及，有功必加，则士卒不怠。"王曰："圣哉！"大夫苦成曰："审罚则可战。审罚则士卒望而畏之，不敢违命。"王曰："勇哉！"大夫文种曰："审物则可战。审物则别是非，是非明察，人莫能惑。"王曰："辨哉！"大夫范蠡曰："审备则可战。审备慎守，以待不虞；备设守固，必可应难。"王曰："慎哉！"大夫皋如曰："审声则可战。审于声音，以别清浊。清浊者，谓吾国君名闻于周室，令诸侯不怨于外。"王曰："得哉！"大夫扶同曰："广恩知分则可战。广恩以博施，知分而不外。"王曰："神哉！"大夫计倪曰："候天察地，参应其变则可战。天变、地应、人道便利，三者前见，则可。"王曰："明哉！"于是句践乃退斋，而命国人曰："吾将有不虞之议，自近及远，无不闻者。"乃复命有司与国人曰……

《国语·吴语》载此事作"越王句践乃召五大夫"，实质内容大体相同。八大夫决议，各从自己负责的角度对战争的各项准备工作进行检点。正是经过这样的集体会商、审核，越王才下定决心，做出了伐吴决策，并立即将治朝之议获得的共识，转到外朝场所进行公布。

句践越国治朝制度的特色在于，参与朝议的官员既可以完全赞同国王的决策，也可以向国王提出深化决策思考的建议，就像上引的"八大夫议政"；还有权完全否决越王的提议，如《国语·越语下》载句践自吴返国后：

> 四年，王召范蠡而问焉，曰："先人就世，不谷即位。吾年

既少，未有恒常，出则禽荒，入则酒荒。吾百姓之不图，唯舟与车。上天降祸于越，委制于吴。吴人之那不谷，亦又甚焉。吾欲与子谋之，其可乎？"对曰："未可也。蠡闻之，上帝不考，时反是守，强索者不祥，得时不成，反受其殃。失德灭名，流走死亡。有夺，有予，有不予，王无蚤图。夫吴，君王之吴也，王若蚤图之，其事又将未可知也。"王曰："诺。"又一年，王召范蠡而问焉，曰："吾与子谋吴，子曰'未可也'。今吴王淫于乐而忘其百姓，乱民功，逆天时；信谗喜优，憎辅远弼，圣人不出，忠臣解骨；皆曲相御，莫适相非，上下相偷。其可乎？"对曰："人事至矣，天应未也。王姑待之。"王曰："诺。"又一年，王召范蠡而问焉，曰："吾与子谋吴，子曰'未可也'。今申胥骤谏其王，王怒而杀之，其可乎？"对曰："逆节萌生，天地未形，而先为之征，其事是以不成，杂受其刑。王姑待之。"王曰："诺。"又一年，王召范蠡而问焉，曰："吾与子谋吴，子曰'未可也'。今其稻蟹不遗种，其可乎？"对曰："天应至矣，人事未尽也。王姑待之。"王怒曰："道固然乎？妄其欺不谷邪？吾与子言人事，子应我以天时；今天应至矣，子应我以人事，何也？"范蠡对曰："王姑勿怪。夫人事必将与天地相参，然后乃可以成功。今其祸新民恐，其君臣上下皆知其资财之不足以支长久也，彼将同其力，致其死，犹尚殆。王其且驰骋弋猎，无至禽荒；宫中之乐，无至酒荒；肆与大夫觞饮，无忘国常。彼其上将薄其德，民将尽其力，又使之望而不得食，乃可以致天地之殛。王姑待之。"

越王一年年提议，一年年被否决，以致说出"妄其欺不谷耶？吾与子言人事，子应我以天时；今天应至矣，子应我以人事"，恼羞成怒到快撕破脸；可是面对臣下的据理反驳，还是老老实实说"好吧"。文献虽然只说了"王召范蠡"，实际应该是在每次治朝集体讨论后又征询作为大夫之首的范蠡意见；换言之，范蠡对越王的否决，也代表了治朝群臣集体对越王旨意的否决。这就是说，越国的决策方式是集体会商，治朝群臣可以听从越王，也可以否决越王，越王很多时候都不是一个人说了算。这种决策方式很像后世清朝的军机大臣制。

越国崛起时期，举凡发展越国经济，推动生聚教训，谋求灭吴策略，部署军事设施，确定伐吴时机等治国理政和军事活动，都是在越王句践主持的治朝也就是"明堂临政"中，经过同意、否决、建议深化等集体讨论后作出决定，这就最大限度地将统治集团的智慧、民意吸收到治国理念中。

越王句践愿意采取这种决策方式，这是血的教训换来的。句践继位第三年即公元前494年，他得知"吴王夫差日夜勒兵，且以报越"（《史记·越王句践世家》），就想在吴军未发之前先发制人，抢在敌人前面主动出击。殊不知先发制人的前提是必须事先做好充分准备，深入了解敌情，否则就是草率行事，自取其祸。范蠡从"天道""守时""人事"三个角度力谏"不可"。但句践凭着年轻气盛，被此前的槜李大捷冲昏头脑，对范蠡的苦谏十分不满说："无是贰言也，吾已断之矣！"（《国语·越语下》）句践草率、鲁莽的决定，险些将越国葬送，自己也成了吴国的阶下囚。

句践的成功以及句践之后越国霸业还能延续相当长时间，与越国拥有这些相当完善的朝议制度有关。

（二）广求人才，任用贤能

诚如元吴莱《渊颖集》卷十一《范氏莛篿卜法序》所言："越王句践之阴谋谲术，苟他无所征，纤毫琐末，类出于阴阳时日之占而后用事，吾犹恐其未必致霸。必也五谷蓄、金银实、府库满、兵甲利，然后用是以定王心之疑、动越民之所欲、报雠而威敌者，则庶几焉。"《吴越春秋·句践阴谋外传》正是这样一篇包含越国"必也五谷蓄、金银实、府库满、兵甲利"，"定王心之疑、动越民之所欲、报雠而威敌"等法宝（《吴越春秋》篇名"阴谋"即秘宝的意思，中性）的文献。而实现这一系列重大改变的首要条件，就在于得到人才。所以，《句践阴谋外传》开头就载：

反（返）越五年，未闻敢死之友；或谓诸大夫爱其身，惜其躯者。乃登渐台，望观其群臣有忧与否。相国范蠡、大夫种、句如之属，俨然列坐，虽怀忧患，不形颜色。越王即鸣钟惊橄而召群臣，与之盟曰："寡人获辱受耻，上愧周王，下惭晋、楚。幸蒙诸大夫之策，得返国修政，富民养士。而五年未闻敢死之士、雪仇之臣，奈何而有功乎？"群臣默然莫对者。越王仰天叹曰："孤闻主忧臣辱，主辱臣死。今孤亲被奴虏之厄，受囚破之耻，不能自辅，须贤任仁，然后讨吴。重负诸臣大夫，何易见而难使也？"于是计砚年少官卑，列坐于后，乃举手而趋，蹈席而前，进曰："谬哉，君王之言也！非大夫易见而难使，君王之不能使也。"越王曰："何谓？"计砚曰："夫官位、财币、金赏者，君之所轻也；操锋履刃、艾命投死者，士之所重也。今王易财之所轻，而责士之所重，何其殆哉？"于是越王默然不悦，面有愧色，即辞群臣，进计砚而问曰："孤之所得士心者何等？"计砚对曰："夫君人，尊其仁义者，治之门也。士民者，君之根也。开门固根，莫如正身。正身之道，谨左右。左右者，君之所以盛衰者也。愿王明选左右，得贤而已。昔太公，九声而足，磻溪之饿人也，西伯任之而王；管仲，鲁之亡囚，有贪分之毁，齐桓得之而霸。故传曰：'失士者亡，得士者昌。'"

句践在面临重重困难、灭吴大业进展缓慢、"默然不悦"的时候，与计倪（"计砚"）一起回顾了"失士者亡，得士者昌"的古训，并且从"太公饿人""管仲亡囚"等的故事中深受启发，认识到重用人才与国家兴亡的关系。句践对人才的认识由此有了质的飞跃，并落实到国家治理的各个方面。

句践做到了对人才最大限度的尊重和优礼。这首先体现在"关键少数"身上。上引文字显示，句践把相国范蠡、大夫文种、大夫诸稽郢称为"三圣"，希望治理国家得到"三圣纪纲维持"；对"八大夫议政"提出的意见建议，他的评价是"圣哉""勇哉""辨哉""慎哉""得哉""神哉""明哉"，溢扬赞美，可称无以复加。这不仅有利于提高这些核心大臣对国人的权威，从而提高国政的运转效率，也有利在国际交往中张扬越国大臣的威望。《句践阴谋外传》就提到，伍子胥在吴国朝廷上说，"越有圣臣范蠡，勇以善谋"。句践对关键人才的尊重和优礼更主要体现在所给予的待遇上。《越绝书·越绝外传记地传》云："阳城里者，范蠡城也"，"北阳里城，大夫种城也"，"苦竹城者，句践伐吴还，封范蠡子也"。即使在范蠡出走以后，《史记·越王句践世家》说，"句践表会稽山以为范蠡奉邑"，《国语·越语》也说，句践将"环会稽三百里者以为范蠡地"。根据《吴越春秋·句践伐吴外传》里范蠡的观察，句践是有"爱壤土"的本性的。他能这样裂地以待大臣，堪称极为难得。

句践还最大限度地做到招揽各种层次的人才，均给予很好的待遇。《国语·越语上》载，早在兵败栖于会稽山之时，句践就表示："凡我父兄昆弟及国子姓，有能助寡人谋而退吴者，吾与之共知越国之政。"这是对全国人才，不分贵族还是平民的第一次大动员。自吴归来后，他又对全国进行考察，"令孤子、寡妇、疾疹、贫病者，纳宦其子。其达士，洁其居，美其服，饱其食，而摩厉之于义。四方之士来者，必庙礼之"。所谓"纳宦其子"，实际上就是从寒窘之家中选拔人才；"其达士"，当然也就是这批人才中的更优秀者，对他们给予"洁其居，美其服，饱其食"等优越待遇；同时更注意对他们进行思想情操的培养，"摩厉之于义"也就是让他们深明大义，明确对国家民族承担的责任。正是这样的全境过滤式而又周到细致的第二次全国人才大动员，才吸引了境外四方人才的加盟，对他们的到来，句践均在庄重的庙堂上予以亲自接待。

句践还最大限度地做到不拘一格任用人才，重其所长，全面信赖激发人才。不拘一格任用人才，从计倪的用人建议（《越绝书·越绝外传计倪》）和句践的用人实践看，主要贯彻了以下几条原则。①用人"不由所从"。选拔人才，不受地域限制，不问他从哪里来。如范蠡是楚国宛地三户（今河南淅川县南）人，文种是楚平王时的宛县（今河南南阳市）令，计倪是葵丘濮上（今河南兰考、渭县一带）人，扶同是楚国人。②用人"不问其先"。即不考虑先来后到，也不论资排辈。计倪初至越国，"官卑年少，其居在后"，居于诸大夫之后。但计倪批评大王不会用人,说到要害,越王深以为然,便向计倪拱手行礼。③用人应"公选于众"。句践号令国中,"凡我父兄昆弟及国子姓,有能助寡人谋而退吴者,吾与之共知越国之政",显然有一个公开、公平的认定机制。

　　重其所长发挥人才作用,也就是句践说的"任贤使能",根据各人的长处和短处,合理加以任用,做到扬长避短,人尽其才。即如《墨子·尚贤》所说:"可使治国者,使治国;可使长官者,使长官;可使治邑者,使治邑。凡所使治国家、官府、邑里,此皆国之贤者也。"同样是"贤者",擅长不同,能力不一,关键在于发现他的长处,然后用其所长。范蠡擅长兵甲之事,句践任命其为大将军,统领三军;文种善于镇抚国家,句践以国政相属,管理内政;计倪以擅长财经著称,句践尊其言而用其计。如《越绝书·越绝外传纪策考》所言:"种躬正内,蠡出治外,内不烦浊,外无不得,臣主同心,遂霸越邦。种善图始,蠡能虑终,越承二贤,邦以安宁。"

　　为人才问题而制定和实施的改革政策,使越国很快聚集一大批杰出有用人才,有"聚死臣数万"(《越绝书·越绝内经九术》)之说;其中一些关键人物如"八大夫",个个都有自己的特长和能力,与句践形成亦臣亦友亦师的关系。这对于句践推动改革,最终实现振兴越国、灭吴雪耻、称霸中原的目标发挥了重大作用。《吴越春秋·句践归国外传》即载:"越王遂师八臣与其四友,时问政焉。""八臣"亦即八大夫,是句践治国理政和军队建设的智囊人物,经常为他出主意。如越国都城选址,是范蠡提出的建议;伐吴称霸九术,是文种出的主意;"选贤实士""使贤任能",是计倪提出的观点;等等。

　　《越绝书·越绝外传本事》总结吴、越兴亡历史说:"吴亡而越兴,在天与?在人乎?皆人也。""夫越王句践,东垂海滨,夷狄文身;躬而自苦,任用贤臣;转死为生,以败为成……终能以霸。"《史记·货殖列传》也说:"昔者越王句践困于会稽之上,乃用范蠡、计倪……修之十年,国富,厚赂战士,士赴矢石,如渴得饮,遂报强吴,观兵中国,称号'五霸'。"

（三）发展经济，裕国惠民

政治是经济的高度集中，政治改革必然伴随了经济改革。经济活动是一切活动的基础，古今任何改革的成败，归根到底在于是否发展经济，是否在壮大国家实力的同时让民众得到实惠。句践时期，越国改革最终取得很大成功，关键就在于把发展经济摆在十分重要的位置，同时兼顾国家壮大的需要和民众生存的需要。

越国很好地处理了国家壮大和民众生存的关系。在国家生存遭遇重大危机之时，句践首先想到的是给民众喘息的机会。战国竹书《越公其事》记载：

> 吴人既袭越邦，越王句践将甚复吴。既建宗庙，修祟位，乃大荐攻，以祈民之宁。王作安邦，乃因司袭常。王乃不咎不惎，不戮不罚，蔑弃怨罪，不称民恶；纵轻游民，不称贷役泑涂沟塘之功；王并无好修于民三工之堵，使民暇自相，农功得时，邦乃暇安，民乃蕃滋。至于三年，越王句践焉始作纪五政之律。
>
> 王思邦游民，三年，乃作五政。五政之初，王好农功……①

越国大败之后，厉行"五政"改革之前，句践用三年时间，采取与民休养生息政策。"攻"是《周礼·大祝》"六祈"之一，"大荐攻，以祈民之宁"，可以从精神上安顿、抚慰覆国之后的民心民魂，给民众吃定心丸；"不咎不惎，不戮不罚，蔑弃怨罪，不称民恶"，指对民众既往罪错采取最大的宽容政策，从道德上感染、感召民众，营造民众放弃内部种种纠葛，一心一意生存发展的氛围；"纵轻游民，不称贷役泑涂沟塘之功"，即必要但耗费大量人力的各种水利工程也放弃兴建，从而把民众从各种繁重劳役中解放出来，给民众最大的自我发展机会；"王并无好修于民三工之堵"，指臣民应该为国君承担的最起码的劳役、税负甚至也一并放弃，"使民暇自相，农

---

① 李学勤主编：《清华大学藏战国竹简（柒）》下册，中西书局2017年版，第127—129页。

功得时"①。这一系列举措取得极好成效,"邦乃暇安,民乃蕃滋"。

在这样的基础上,越国才启动"五政"改革。改革第一"政",就是发展农业经济。

在农耕文明时代,最重要的生产要素就是土地和人口,因此,发展经济的第一要义就是同时进行土地开发和人口开发。句践君臣对此有比较清醒的认识。《国语·越语下》载,句践从吴国回来,问计于范蠡,改革的重点应放在哪里?范蠡回答应重视土地开发,他说:"唯地能包万物以为一,其事不失。生万物,容畜禽兽,然后受其名而兼其利,美恶皆成,以养其生。……田野开辟,府仓实,民众殷。无旷其众,以为乱梯。时将有反,事将有间。"大地能包容万物,能生长万物,能养育万物。改革首先就要大规模开发土地,只要经济发展,国家粮仓充实,民众殷富了,民众的心事、精力都放在生产方面,一切危难都会过去,就有条件等待崛起的机会。这样,在君臣的一起推动下,会稽山麓的大片冲积扇平原迅速得到开发,耕地面积不断增加,造就了一批良田沃壤。《越绝书·越绝外传记地传》记载的就有富阳里的"练塘田",多林山下的功臣封田,富中大塘的"义田",以及由范蠡之子开发的苦竹田等。田地都很肥沃,如"富中大塘者,句践治以为义田,为肥饶,谓之富中"。而且这种开垦,不是孤立的个体行为,而是一种国家意旨。同书载:"苦竹城者,句践伐吴还,封范蠡子也。其僻居,径六十步。因为民治田,塘长千五百三十三步。……范蠡苦勤功笃,故封其子于是。"可见,范蠡之子田的开垦,是回报范蠡功笃而封其子的进一步举措,是代表国家在"为民治田"。与此同时,句践还积极实施全民农桑政策。为此,一方面,句践夫妇亲自参加农业生产劳动,"身自耕作,夫人自织","与百姓同其劳"(《史记·越王句践世家》);另一方面,引导农民"春种八

---

① 这是《越公其事》整理者李学勤等的解释。有学者另解释为,句践勒令家庭经济条件较好因而游手好闲、好吃懒做的人,去修筑湖、涂、沟、塘;句践大规模地聚集没有专长但有体力的人去修治"三工之堵",从而让真正的农民把全部时间放在农耕生产上。见季旭昇《〈清华柒·越公其事〉第四章"不称贷"、"无好"句考释》,《饶宗颐国学院院刊》2019年第6期。

谷，夏长而养，秋成而聚，冬畜而藏"（《吴越春秋·句践阴谋外传》），对全年的农业生产做周到安排。同时，越王句践还采取了"舍其愆令，轻其征赋"（《国语·吴语》）的政策，全面减轻农民的负担。《吴越春秋·句践归国外传》载："越王乃缓刑薄罚，省其赋敛，于是人民殷富，皆有带甲之勇。"在人口开发方面，实施了众所周知的奖励生育政策，这是中国历史上第一次由国家政权来指导人口也就是农业劳动生产力的再生产。

在发展农业的同时，越国还大力发展了手工业和商业，卓越地组织实施了不少水利工程，促使越国经济有了全面、高速发展。这为越国最终打败吴国奠定了坚实的物质基础。

在整个改革事业中，"爱民"一直处在十分重要的政策出发点。《国语·越语下》记载，句践自吴返国后，向范蠡做出的第一个反省就是"吾百姓之不图"。在越国政治改革进程中，越王句践问政于文种："大夫种曰：'爱民而已。'越王曰：'奈何？'种曰：'利之无害，成之无败，生之无杀，与之无夺。'越王曰：'愿闻。'种曰：'无夺民所好，则利也；民不失其时，则成之；省刑去罚，则生之；薄其赋敛，则与之；无多台游，则乐之；静而无苛，则喜之。民失所好，则害之；农失其时，则败之；有罪不赦，则杀之；重赋厚敛，则夺之；多作台游以罢民，则苦之；劳扰民力，则怒之。臣闻善为国者，遇民如父母之爱其子，如兄之爱其弟；闻有饥寒为之哀，见其劳苦为之悲。'"（《吴越春秋·句践归国外传》）强调"爱民"首先要有如父母对子女、兄对弟妹那样的亲情，保护老百姓的利益，要"利之无害，成之无败，生之无杀，与之无夺"。《国语·吴语》载，句践采纳文种建议，宣布："越国之中，吾宽民以子之，忠惠以善之。吾修令宽刑，施民所欲，去民所恶。"句践的实际行动证明他很好地执行了这些教导。所以，"四方之民归之若水"（《吴越春秋·句践伐吴外传》）。

（四）改善治理，官民并饬

《越公其事》记载句践厉行"五政"之第二"政"：

越邦服农多食，王乃好信，乃修市政。凡群度之不度，群采物之不对，佯偷谅人则刑也。……而價贾焉，则诘诛之。凡市贾争讼，反背欺诒，察之而孚，则诘诛之。因其过以为之罚。凡边县之民及有官师之人或告于王廷，曰："初日政勿若某，今政重，弗果。"凡此类也，王必亲见而听之，察之而信，其在邑司事及官师之人则废也。凡城邑之司事及官师之人，乃无敢增益其政以为献于王。凡有狱讼至于王廷，曰："昔日与己言云，今不若其言。"凡此类也，王必亲听之，稽之而信，乃毋有贵贱，刑也。凡越庶民交接、言语、货资、市贾乃无敢反背欺诒。越则无狱，王则闲闲，唯信是趣，及于左右，举越邦乃皆好信。①

第二政"修市政"以"好信"，即抓住所有民众无不涉及的"市政"即市场贸易这一最有效机制，对全体臣民进行诚信、守法教育。对"市政"的整顿，包括整顿"群度"即不合法度的各种度量衡器具，整顿"群采物"即有悖于常典的旌旗、衣物等标明身份等级的礼制之物，打击"佯偷谅人"即欺侮诚信之人或者偷盗抢夺行为；对"價贾"即欺诈买卖者，还要在彻底查清案实的基础上，加以诛戮；对"市贾争讼，反背欺诒"，贸易纠纷中言语不实、颠倒欺诈的一方，查明确有其事，同样予以诛罚。总的原则，根据违背诚信的过错大小，给予相应处罚。另外，只要"边县之民"即边远地区的普通"野人"，与"有官师之人"即受官师统辖管理的都邑"国人"，也就是远近城乡普通交易民众向朝廷报告，说最初的税收规定不过是以往那种情况（据《国语·越语上》句践"十年不收于国，民俱有三年之食"，越国改革初期规定市政无征，即市场贸易不征收赋税），如今有人违反原有规定，增加涉嫌盘剥民众的市政管理内容，民众无法承担，遇到类似情况，越王一定亲自接见听取详情汇报，发现有擅自加税、盘剥民众的行为，市场管理者和有关主管官员都要撤职；这样一

---

① 李学勤主编：《清华大学藏战国竹简（柒）》下册，中西书局2017年版，第133—136页。

来,也就没有哪位市政管理者敢于"增益其政",改易初政或增加新政,从中榨取利益以讨好越王了。如果从市场贸易的一般"争讼"发展到"狱讼","至于王廷",当事一方述说,过去对我曾经如此说,现在不像那时说的那样,意在责其不信,越王也一定亲自审理、调查;一但查实,无论贵贱,都要处以刑罚。以市场为抓手整顿全社会,结果,"越庶民交接、言语、货资、市贾乃无敢反背欺诒",越国民众交往、言语、货来资往、交易买卖,再无背离实际、违反诚信的欺诈之举,越国被塑造成一个诚信社会;"越则无狱,王则闲闲,唯信是趣,及于左右",社会安定与民众诚信形成一个良性循环。

《越公其事》又记载句践厉行"五政"之第三"政":

> 越邦服信,王乃好征人。王乃趣使人察省城市、边县小大远迩之勾、落,王则比视,唯勾、落是察省,问之于左右。王既察知之,乃命上会,王必亲听之。其勾者,王见其执事人,则怡豫憙也……笑笑也,则必饮食赐予之。其落者,王见其执事人,则忧戚不豫,弗予饮食。王既比听之,乃品野会。三品交于王府,三品佞诗扑殴,由贤由毁。有矍岁,有赏罚,善人则由,谮民则背。是以劝民,是以收宾,是以勾邑。王则唯勾、落是趣,及于左右。举越邦乃皆好征人,方和于其地。东夷、西夷、古蔑、句吴四方之民,乃皆闻越地之多食、政薄而好信,乃波往归之,越地乃大多人。①

第三政"征人",采取了奖惩各"勾""落""野"官员,对之采取六品考核,"三品交于王府,三品佞诗扑殴",从而上以化下,全力改善全境城乡社会的内部治理,从而吸引邻国人民,迅速壮大越国人口。文中写到的"勾",《说文》"聚也","读若鸠",有鸠聚、鸠集之意,这里指人口稠密的聚落;"落",本意零落,这里指人口稀少的

---

① 李学勤主编:《清华大学藏战国竹简(柒)》下册,中西书局2017年版,第137—139页。

聚落。"其夸者""其落者"云云，是说越王见到夸的首领就发自内心地高兴、欢笑，赐予他们王宫饮食，见到落的首领内心就不高兴。"野会"之"野"，指与都、县相对应的边远地区行政区划；"上会"、"野会"之"会"即"计"，上会即地方行政长官定期向朝廷报告治理状况的上计制度，明清时代犹行之；"爨岁"，应是"算会"，即集中汇报；"三品交于王府，三品佞诛扑殴"，指对被考察官员分出六个等级，前"三品"加以提拔，后"三品"予以惩处；"由贤由毁"，即奖惩系根据各自的成绩或所造成损失来定；"善人则由"，即君子加以任用，"谮民则背"，即《诗经·小雅·巷伯》"取彼谮人，投畀豺虎"之意。可见，越王句践接见官员，对待人口集聚比较稠密地方和人口稀少地方官员态度截然不同，绝不含含糊糊；对待全境城乡大小远近各级官员的治理绩效有十分明确的奖惩标准，并按章而行，一一兑现。

《越公其事》又记载句践厉行"五政"之第五"政"：

> 越邦多兵，王乃敕民、修令、审刑。乃出恭敬，王讯之，等以授大夫种，则赏谷之；乃出不恭不敬，王讯之，等以授范蠡，则戮杀之。乃趣徇于王官，亦趣取戮。王乃大徇命于邦，时徇是命，及群禁御，及凡庶姓、凡民司事。唯位之次尻、服饰、群物品采之愆于故常，及风音诵诗歌谣之非越常律，夷訏（鄙）蛮吴，乃趣取戮。王乃趣至于沟塘之功，乃趣取戮于后至后成；王乃趣设戍于东夷、西夷，乃趣取戮于后至不恭。王有失命，可复弗复，不使命疑，王则自罚；小失饮食，大失绩墨，以励万民。越邦庶民则皆震动，荒畏句践，无敢不敬，徇命若命，禁御莫躐，民乃敕（整）齐。①

根据整理者和多数研究者的识读，"出""等"分别即"表现"

---

① 李学勤主编：《清华大学藏战国竹简（柒）》下册，中西书局2017年版，第141—144页。

"区别"之意,因此,"乃出恭敬"云云,也就是接受越王整饬的臣民,只要显露出恭敬职事的本分,越王就要在详加考察的基础上,区别情况,将他们交付文种,加以赏赐奉养;否则,就交付范蠡,加以惩罚甚至诛杀。"趣徇于王宫""大徇命于邦"云云,就是说,首先在王宫中反复宣布这些赏罚政令,对宫廷中表现不恭不敬者迅速予以诛罚,大力整刷王宫;又在全境广泛宣布政令,及时告知赏罚政策,俾使从身边亲近的侍从,到普通各姓民众,以及位处朝廷与民众之间的各级官员,人人都受到严厉的风纪约束,接受整顿。风纪整顿的重点,既打击种种乖伦乱常行为,又打击种种怠政、慢政和不作为。"唯位之次尻、服饰、群物品采之愆于故常"几句是说,只要各级官员的办公场所、服饰、日常礼仪用品违背定制,民间日常吹奏、吟诵抛弃越国既有的音乐传统和民族特色,却张扬周边其他民族的歌谣风俗,都要迅速予以诛罚。"王乃趣至于沟塘之功"云云,乃谓有了一定的物质基础和条件,越王大力组织水利工程建设和边塞城堡建设,对于怠慢政令、拖延慢到的臣民,亦均予以诛罚。这就是令行禁止,令出必行,行之必果。如果越王自己有过错,包括颁布无效政令,或者可以践行却无法践行,或者本可不使臣民困惑却让臣民困惑难行,所谓"有失命,可复弗复,不使命疑",越王都要自我惩罚;过错小,减少饮食,过错大,就用墨刑对待自己,借以激励全国民众。这样一来,"越邦庶民则皆震动,荒畏句践,无敢不敬,徇命若命,禁御莫躐,民乃敕(整)齐",越国民众都极为敬畏越王,越王发布命令,都如令而行;越王为某些行为划下禁止线,无人敢于逾越。这样,越国就在越王政令整饬下,实现言行举止的高度整齐划一。

整顿市场,对全体臣民进行诚信教育;整顿吏治,对各地官员业绩考核;不分尊卑行业,对各色人员进行令行禁止的法纪教育。这三大环环相扣的改革,极大地振刷了越国的政治空气,形成越国崛起的强大"制度生产力"。

二 军事改革

越王句践实施的"民富国强"方略中,包括了加强国防建设的军事改革。

战国竹书《越公其事》，载越国实施改革"五政"之第四"政"：

> 越邦皆服征人，多人，王乃好兵。凡五兵之利，王日玩之，居诸左右；凡金革之攻，王日论省其事，以问五兵之利。王乃亲使人请问群大臣及边县、城市之多兵、无兵者，王则比视。唯多兵、无兵者是察，问于左右。举越邦至于边县、城市乃皆好兵甲，越邦乃大多兵。①

足见，军事改革是越国反败为胜综合改革——"五政"的极重要组成部分，而军事改革本身也是个牵涉面很广、覆盖全境的系统工程。越王句践不仅十分重视权衡、利用各兵种的长处，日夜操心研析，所谓"凡五兵之利，王日玩之，居诸左右"是也；不仅全面斟酌、利用各种武器装备的优点，几乎每天都要从正面反面与臣下展开研讨，以实现武器装备与兵种的最佳组合，帮助各兵种发挥最大威力，所谓"凡金革之攻，王日论省其事，以问五兵之利"是也。而且，"王乃亲使人请问群大臣"云云，越王还要与国防一线各地时刻保持紧密联系，亲自选派身边侍卫向各大臣详细了解从都城到边境各地区的兵力部署情况，对兵力布置过多或不足的，立即在综合各种因素的基础上加以治理；更进一步，对兵力布置过多或不足的城市和军事要塞，越王还要莅临视察，向左右了解情况。这既是战备的深化，更是对臣民做出的姿态。"举越邦至于边县、城市乃皆好兵甲，越邦乃大多兵"意味着，通过这样的改革，越国成了一个大军营，每个国民都成为钟情国防、讲究军事本领的战士。

"厚赏严罚"是句践巩固军事改革成果、壮大越国军力的一大保障。越国原先也有奖惩制度，但赏罚不明，甚至放任自流。句践不顾大家反对任用为将的石买，"人与为怨""贪而好利"，在军中"峻法隆刑"，"斩杀无罚"，以至于"政令不行""越师溃坠"（《越绝书·

---

① 李学勤主编：《清华大学藏战国竹简（柒）》下册，中西书局2017年版，第140页。

越绝外传记地传》)。血的教训使句践清醒过来,不得不杀掉石买,并接受大臣建议,实行"常赏""常刑"之制。《国语·越语上》载句践对军民训话:"寡人闻古之贤君,不患其众之不足也,而患其志行之少耻也。今夫差衣水犀之甲者亿有三千,不患其志行之少耻也,而患其众之不足也。今寡人将助天灭之。吾不欲匹夫之勇也,欲其旅进旅退。进则思赏,退则思刑,如此则有常赏。进不用命,退则无耻,如此则有常刑。""果行,国人皆劝。父勉其子,兄勉其弟,妇勉其夫"。这个出征前的誓师严令迅速取得成效,应该是较长一段时间的军训和军纪要求的结果。

句践曾经"行赏罚于救火,以验人之用命"(《四部丛刊》影宋钞校本《韩非子·内储说上·必罚》古注)。《韩非子·内储说上·倒言》对此记载:"越王问于大夫文种曰:'吾欲伐吴,可乎?'对曰:'可矣。吾赏厚而信,罚严而必。君欲知之,何不试焚宫室?'于是遂焚宫室,人莫救之。乃下令曰:'人之救火者死,比死敌之赏。救火而不死者,比胜敌之赏。不救火者,比降北之罪。'人涂其体被濡衣而走火者,左三千人,右三千人。此知必胜之势也。"从中可见越国的赏罚制度是十分严明的,军队中规定了"死敌""胜敌""降北"等不同情况的赏罚办法,堪称是越国必胜的一大武器。

句践规定,对犯有以下罪行者,一律斩首:"不从吾令者"、"淫心匿行不当敌者"(《吴越春秋·句践伐吴外传》)、"以环琪通相问"者、"不从其伍之令"者、"志行不果"者(《国语·吴语》)。

除了"常赏""常刑"的赏罚制度,对于士卒及其家属还采取优抚、照顾政策。句践在出师伐吴前明确宣布,几种人可以留下不上战场,包括"筋力不足以胜甲兵,志行不足以听命者"(《国语·吴语》)。他还宣布:"子在军寇之中,父母昆弟有在疾病之地,吾视之如吾父母昆弟之疾病也;其有死亡者,吾葬埋殡送之如吾父母昆弟之有死亡葬埋之矣。""士有疾病不能随军从兵者,吾予其医药,给其糜粥,与之同食。"(《吴越春秋·句践伐吴外传》)对于因疾病不能上战场者的后方生存和上战场者后方家属亲人的病亡,均做了周到安排。这些也当是军事改革中善待士卒惯性政策的延续。

三 外交改革

在对政治、经济、军事实行全面改革的同时，越王句践根据当时面临的国内外复杂形势，及时调整对外政策，进行外交改革。句践即位之前，越国在整个国际大格局中，一直奉行尊周、敌齐、亲楚、仇吴的对外政策，而与中原其他国家的往来相对较少。夫椒之战失败，越国被吴国彻底征服，成了吴国的附属国，这对越国君臣和国人来说，是无法忍受的。当时错综复杂的环境中，越国面临着来自各方的沉重压力，但报吴仇的决心并没有因此动摇。正如句践对楚大夫申包胥所说的那样："越国南则楚，西则晋，北则齐，春秋皮币、玉帛、子女以宾服焉，未尝敢绝，求以报吴。"（《国语·吴语》）

但如何"报吴"，句践"未知策谋"，于是专门召集由五大夫参加的外交会议。据《吴越春秋·句践归国外传》载，范蠡分析当时吴国面临的有利形势说："方今吴、楚结仇，构怨不解。齐虽不亲，外为其救；晋虽不附，犹效其义。夫内臣谋而决雠其策，邻国通而不绝其援，斯正吴之兴霸、诸侯之上尊。"负责外交的扶同则揭示吴国强大背后的实质处境和对策说："臣闻吴王兵强于齐、晋，而怨结于楚。大王宜亲于齐，深结于晋，阴固于楚，而厚事于吴。夫吴之志，猛骄而自矜，必轻诸侯而凌邻国。三国决权，还为敌国，必角势交争。越承其弊，因而伐之，可克也。"《史记·越王句践世家》亦载其言："今夫吴兵加齐、晋，怨深于楚、越，名高天下，实害周室，德少而功多，必淫自矜。为越计，莫若结齐，亲楚，附晋，以厚吴。"范蠡还建议，"愿大王匿声，无见其动，以观其静"；苦成也建议："愿王虚心自匿，无示谋计，则吴可灭矣。"（《吴越春秋·句践归国外传》）都希望句践不要声张，不要暴露自己的意图，装成安静无为样子。

越国是如何按照既定的"结齐，亲楚，附晋"外交方针，展开外交活动的，所知有限。这或许因为所有这些活动，都是按照范蠡、苦成建议，在秘密状态下进行的，很少被发现或记录下来。但有一点是可以肯定的，即从越国准备伐吴到最终灭吴的过程中，没有受到来自齐、楚、晋的干扰或阻力，互相间基本相安无事。倒是越王句践准备向吴国发起进攻的时候，楚大夫申包胥出使越国，受越王之聘，对各种伐吴准备作了一一审视，并语重心长地对句践说："夫战，智为始，仁次之，勇次之。不智，则不知民之极，无以铨度天下之众寡；不仁，则不能与三军共饥劳之殃；不勇，则不能断疑以发大计。"（《国语·吴语》）显然申包胥认为越国发起的是一场正义战争，表达了代表楚国予以支持的态度。这对越国来说，当然是外交上的成功。

至于何以"厚吴"，《史记·越王句践世家》《国语·越语》《越绝书》《吴越春秋》等文献均有大量记载。在文种献上的灭吴九术中，有六术都是针对吴国君臣贪得无厌、腐败好色而送去的"厚礼"。如针对"吴王好起宫室"，越国"遗之巧工良材，使之起宫室以尽其财。"吴王因"起姑苏之台"，"三年聚材，五年乃成……民疲士苦，人不聊生。"针对"吴王好服之离体"，句践"乃使国中男女入山采葛，以作黄丝之布"，派文种一次送去"葛布十万"。针对吴王亲信谀臣，便以美女、财币"遗其谀臣，使之易伐"，使他在佞臣的谄媚拍马中骄矜自毁，等等。

越王句践二十四年（前473年）灭吴之战的结束，标志着国际形势已经发生重大变化。越王句践根据称霸中原的需要，迅速调整外交策略，乘胜渡兵淮水，与齐、晋等诸侯会盟徐州。他为了取得周天子的褒奖，向周王室贡献宝器；又派使者到齐、楚、秦、晋等国，号令共辅周朝王室，歃血订立盟约。为了抚慰各国，处理好邻国关系，在诸侯国中建立威信，越王句践把吴国原来侵占楚、宋、鲁等国的部分土地，主动归还给原主人。

总起来看，春秋末越国的改革是一场比较深刻的自强图新运动，它为越国转弱为强，灭吴兴霸，成为四分天下有其一的"猛虎"之国奠定了坚实的基础；越国在句践之后霸业还能延续约百年之久，很可能也得益于这场改革。

但进入战国时代，中国南北各地发生了以封建制确立为核心的更加深刻的社会政治经济变化，以天下大一统为终极目标的诸侯各国的兼并战争也更加激烈。为了在新的竞争中立于不败之地，很多春秋时期进行过改革的国家,纷纷出台一系列变法举措,形成新一轮改革运动,从而加速了整个社会前进的步伐。但遗憾的是,战国两百五十多年,越国虽有不少惊天动地的表演,却似乎缺席了这场运动,导致不能有更大的作为。

第三章 越国的思想

春秋战国时期，越国稻作农业成熟，各种工商业繁荣，这一时期的思想也得到极大的发展，出现了句践、范蠡、文种、计然等思想家。他们的思想是春秋战国时期思想的重要组成部分，也成为秦汉以后中国学术思想包括浙学发展的丰沛资源之一。

第一节 句践思想

越国原本是东夷的一个弱小国家，经过句践等人的努力，一跃成为争霸中原的军事强国。越王句践不仅具有丰富的政治思想，而且具有先进的军事思想，在这些思想的指导下，越国从而一次次战胜吴国，以至消灭吴国，继而横兵江淮之上，称霸中原。

一 句践生平

句践，1965年出土越王句践剑铭文本名作"鸠浅"。晋杜预《春秋释例》卷九："允常卒，子句践立，是为越王。（次年）越王元年，鲁定公之十四年也。"《史记·越王句践世家》"句践卒"，《索隐》引古本《竹书纪年》云："晋出公十年十一月，於粤子句践卒，是为菼执。"根据研究，晋出公十年十一月，周正已到次年周贞定王五年（前464年）正月。宋刘恕《通鉴外纪》卷十即载，贞定王五年："越王句践薨。"据此，越王句践即位于周敬王二十三年、鲁定公十三年（前497年），卒于周贞定王五年（前464年），在位33年，"鸠浅"是汉字记音的越语本名，"菼执"亦当为汉音越语庙号或谥号。

句践即位前属年老国王之年少太子，因此，即位初期比较孟浪放荡，于国政不甚萦心。句践之父允常在位时间甚长。《吴越春秋·越王无余外传》云："常立，当吴王寿梦、诸樊、阖闾之时。"孟文镛提出，自吴王寿梦至阖闾，历六世：寿梦（前585—前561年）、诸樊（前560—前548年）、余祭（前547—前531年）、余眛（前530—前527年）、僚（前526—前515年）、阖闾（前514—前496年），如果从吴王寿梦的最后一年（前561年）算起，到允常逝世（前497年），允常在位也有60余年。① 如此高年国王，对年幼太子自然极为钟爱；即位之初，也就未能及时完成从养尊处优太子向奋发有为新君的角色转变。所以《国语·越语下》载句践曾向范蠡云："先人就世，不谷即位。吾年既少，未有恒常，出则禽荒，入则酒荒。吾百姓之不图，唯舟与车。"有学者根据他的即位时间和即位不久能独立指挥对吴作战，推测他生于公元前520年前后。②

因年少即位，缺乏治国经验、斗争指挥和沉稳个性，所以在即位后第三年（前494年），夫差为报越国杀父之仇，大举伐越战争中，越军大败于夫椒，吴军直入越境，句践率残兵退守会稽山上，演成越王夫妇、君臣入吴为奴的奇耻大辱。《越绝书·越绝内传陈成恒》载句践对此曾一直深自反省，志在隐忍报仇，堪称刻骨铭心：

子贡东见越王……越王句践稽首再拜，曰："昔者，孤不幸少失先人，内不自量，与吴人战，军败身辱，遗先人耻。遁逃出走，上栖会稽山，下守溟海，唯鱼鳖是见。……"子贡曰……越王句践稽首再拜曰："昔者，吴王分其人民之众，以残伐吾邦，杀败吾民，屠吾百姓，夷吾宗庙，邦为空棘，身为鱼鳖饵。今孤

---

① 孟文镛：《越国史稿》，中国社会科学出版社2010年版，第190—191页。
② 杨善群：《越王句践新传》，上海人民出版社1988年版，第24页。

之怨吴王，深于骨髓！而孤之事吴王，如子之畏父，弟之敬兄，此孤之外言也。……孤身不安床席，口不甘厚味，目不视好色，耳不听钟鼓者，已三年矣。焦唇干嗌，苦心劳力，上事群臣，下养百姓。愿一与吴交天下之兵于中原之野，与吴王整襟交臂而奋；吴越之士，继迹连死，士民流离，肝脑涂地，此孤之大愿也！如此不可得也，今内自量吾国不足以伤吴，外事诸侯不能也。……"子贡……报吴王曰："敬以下吏之言告越王，越王大恐，乃惧曰：'昔孤不幸，少失先人。内不自量，抵罪于县。军败身辱，遁逃出走，栖于会稽，邦为空棘，身为鱼鳖饵。赖大王之赐，使得奉俎豆而修祭祀。大王之赐，死且不忘，何谋敢虑？'其志甚恐，似将使使者来。"子贡至五日，越使果至，曰："东海役臣孤句践，使使臣种，敢修下吏，问于左右：昔孤不幸，少失先人，内不自量，抵罪于县。军败身辱，遁逃出走，栖于会稽。邦为空棘，身为鱼鳖饵。赖大王之赐，使得奉俎豆而修祭祀。大王之赐，死且不忘！"

子贡见句践，可能并无其事；但句践对失败之耻的痛加警省，则无可置疑。这在《史记·越王句践世家》中的另外一种表述就是："越王句践反国，乃苦身焦思，置胆于坐，坐卧即仰胆，饮食亦尝胆也。"

正是出于这种深刻的"耻感"，越王句践信任诸臣，厉行改革，最终灭吴崛起，称霸中原，创造了一个将爱国情操、远大理想、超常毅力和谋国智慧等完美结合在一起的中华政治文化典范。句践卒前遗言太子兴夷曰："吾自禹之后，承元（允）常之德，蒙天灵之祐、神祇之福，从穷越之地，籍楚之前锋，以摧吴王之干戈；跨江涉淮，从晋、齐之地，功德巍巍，自致于斯，其可不诫乎？夫霸者之后，难以久立，其慎之哉！"（《吴越春秋·句践伐吴外传》）"其可不诫"，"其慎之哉"，道出句践大半生在行动上的慎重决策和思想上的缜密周到。

二 句践治国思想

句践是越国史上伟大的君主，在他手上，越国从一东夷小国一跃

· 119 ·

成为争霸中原的大国,越国的飞跃发展与其杰出的治国思想与治国策略密切相关。治国,归根到底就是临民驭众;如何临民,如何驭众用贤,实乃治国思想的要义。

(一)仁政惠民,克己节俭

"兴衰在天,存亡系于人"(《吴越春秋·句践入臣外传》)。历经会稽之败之后,大臣文种、计然等皆力谏句践多施仁义,以仁义治国。句践听从计然和文种等人建议,减刑法、省赋税,大力发展农业,积极储备物资。

如文献记载越王句践采取大量惠民举措:

> 句践说于国人曰……于是葬死者,问伤者,养生者,吊有忧,贺有喜,送往者,迎来者,去民之所恶,补民之不足。(《国语·越语上》)

> 当室者死,三年释其政;支子死,三月释其政。必哭泣埋葬之,如其子。令孤子、寡妇、疾疹、贫病者,纳宦其子。……国之孺子之游者,无不餔也,无不歠也,必问其名。(《国语·越语上》)

> "长子死,三年释吾政;季子死,三月释吾政。必哭泣葬埋之,如吾子也。令孤子、寡妇、疾疹、贫病者,纳官其子。欲仕,量其居,好其衣,饱其食,而简锐之。""在孤之侧者,饮酒食肉,未尝不分。""越国之中,吾博爱以子之,忠惠以养之。吾今修宽刑,施民所欲,去民所恶,称其善,掩其恶。""越国之中,富者吾安之,贫者吾予之,救其不足,损其有余,使贫富不失其利。"(《吴越春秋·句践伐吴外传》)

再如,《吴越春秋·句践阴谋外传》载,句践使文种从吴贷得粟万石,"大夫种归越,越国群臣皆称万岁,即以粟赏赐群臣,及于万民"。在其与申包胥对话中,句践爱民举措得到较为集中的表现。《国语·吴语》:

（越）王固问焉，（申包胥）乃对曰："夫吴，良国也，能博取于诸侯。敢问君王之所以与之战者？"王曰："在孤之侧者，觞酒、豆肉、箪食，未尝敢不分也。饮食不致味，听乐不尽声……越国之中，疾者吾问之，死者吾葬之，老其老，慈其幼，长其孤，问其病……越国之中，吾宽民以子之，忠惠以善之。吾修令宽刑，施民所欲，去民所恶，称其善，掩其恶……越国之中，富者吾安之，贫者吾与之，救其不足，裁其有余，使贫富皆利之。"

这些措施取得了巨大的成功，使得越国国泰民安，由弱变强。《国语·越语上》："十年不收于国，民俱有三年之食。"《史记·货殖列传》："修之十年，国富，厚赂战士，士赴矢石，如渴得饮，遂报强吴，观兵中国，称号'五霸'。"复如文献所载：

越王乃缓刑薄罚，省其赋敛。于是人民殷富，皆有带甲之勇。（《吴越春秋·句践归国外传》）

于是，越王内修其德，外布其道，君不名教，臣不名谋，民不名使，官不名事。国中荡荡，无有政令。越王内实府库，垦其田畴，民富国强，众安道泰。（《吴越春秋·句践归国外传》）

越王大愧，乃坏池填堑，开仓谷，贷贫乏。乃使群臣身问疾病，躬视死丧；不厄穷僻，尊有德；与民同苦乐，激河泉井，示不独食。行之六年，士民一心，不谋同辞，不呼自来，皆欲伐吴。（《越绝书·越绝外传计倪》）

句践的这些仁政之举给他带来了巨大的效益。《国语·越语上》载国之父兄请战曰："昔者夫差耻吾君于诸侯之国，今越国亦节矣。请报之。"临战，国人皆劝，父勉其子，兄勉其弟，妇勉其夫，曰："孰是吾君也，而可无死乎？"《吴越春秋·句践伐吴外传》亦载句践语："今国之父兄日请于孤曰：'昔夫差辱吾君于诸侯，长为天下所耻。今越国富饶，君王节俭，请可报耻。'……父兄又复请曰：'诚四封之内，尽吾君子。子报父仇，臣复君隙，岂敢有不尽力者乎？'……国

· 121 ·

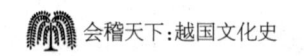

人请战者三年矣,吾不得不从民人之欲。"越国父老兄弟积极请战,为君复仇,实乃是句践多年实行爱民、仁政政策的必然结果。

战国末思想家在文章中高度赞赏地记载了句践伐吴时通告吴国臣民的一段檄文:"我闻吴王筑如皇之台,掘深池,罢苦百姓,煎靡财货,以尽民力。余为民诛之。"(《韩非子·外储说》)西汉大学问家刘向也肯定句践灭吴是顺应民心之举,赢得吴国百姓心悦诚服的拥戴:"得民心者民往之,有贤佐者士归之。文王请除炮烙之刑,而殷民从;汤去张网者之三面,而夏民从;越王不隳旧冢,而吴人服。以其所为之顺于民心也。"(《说苑》卷八)句践的爱民仁政,赢得了本是敌国的民众拥戴。

句践对民众多实行恩惠之举,而自己则厉行节俭。如文献载:

非其身之所种则不食,非其夫人之所织则不衣。(《国语·越语上》)

越王是日立政,翼翼小心,出不敢奢,入不敢侈。……越王尽心自守,食不重味,衣不重彩,虽有五台之游,未尝一日登玩。(《吴越春秋·句践归国外传》)

(越王曰)孤身不安床席,口不甘厚味,目不视好色,耳不听钟鼓者,已三年矣。焦唇干嗌,苦心劳力;上事群臣,下养百姓。(《越绝书·越绝内传陈成恒》)

吴既赦越,越王句践反国,乃苦身焦思,置胆于坐,坐卧即仰胆,饮食亦尝胆也。……身自耕作,夫人自织,食不加肉,衣不重采。……与百姓同其劳。(《史记·越王句践世家》)

结果,"非孤饭不食,非夫人事不衣,七年不收国,民家有三年之畜,男即歌乐,女即会笑"(《吴越春秋·句践伐吴外传》),越王的节俭换来民众的富足和欢乐。

(二)重才尚贤,隐忍能断

句践即位后,贪于享乐,好大喜功,不听文种等人劝谏,贸然发动伐吴战争。兵败退守会稽之后，句践判若两人。为了退敌，他主动向群臣求策。文种进言虽不乏批判意味，但他还是虚心地接受了文种建议。"'苟得闻子大夫之言，何后之有？'执其手与之谋。"(《国语·越语上》)入吴为奴时，句践认真听从范蠡的劝谏，低声下气，并极力讨好于吴王夫差。为了获得赦免，甚至听从范蠡建议，不惜尝夫差之粪便为其诊病。归来之后，句践多次听政于诸大夫，听从文种等人建议，施仁政、减刑罚、用贤才、重节士。如文献载：

> 越王遂师八臣与其四友，时问政焉。文种曰："爱民而已。"越王曰："奈何？"种曰……越王乃缓刑薄罚，省其赋敛。……九年正月，越王召五大夫而告之曰……(《吴越春秋·句践归国外传》)
>
> 群臣教诲，各画一策，辞合意同，句践敬从。……于是越王默然不悦，面有愧色，即辞群臣，进计倪而问曰……计倪对曰："选贤实士，各有一等。……范蠡明而知内，文种远以见外。愿王请大夫种与深议，则霸王之术在矣。"越王乃请文种而问曰……越王曰："善。"(《吴越春秋·句践阴谋外传》)

经过几年发展，越国变得强大了，于是句践急于起兵伐吴。虽然他很心急，但还是一次次听从了范蠡不起兵的建议。文献载：

> 四年，王召范蠡而问焉……对曰："未可也。……"王曰："诺。"又一年，王召范蠡而问焉……对曰："人事至矣，天应未也。王姑待之。"王曰："诺。"又一年，王召范蠡而问焉……对曰："……王姑待之。"王曰："诺。"又一年，王召范蠡而问焉……对曰："……王姑待之。"王怒曰……范蠡对曰……(《国语·越语下》)

发动伐吴战争之前，句践先问计于申包胥，后问策于诸大夫。文献载：

楚申包胥使于越，越王句践问焉……越王曰："诺。"越王句践乃召五大夫，曰："……敢访诸大夫，问战奚以而可？"（《国语·吴语》）

二十一年七月，越王复悉国中士卒伐吴。会楚使申包胥聘于越，越王乃问包胥曰……于是，越王曰："敬从命矣。"冬十月，越王乃请八大夫曰："……吾欲徼天之中，兵革既具，无所以行之。吾问于申包胥，即已命孤矣。敢告诸大夫，如何？"（《吴越春秋·句践伐吴外传》）

正是因为句践从善如流，认真听取范蠡、文种、计倪等人的良策，方使得越国逐渐强大起来，最终不仅一举打败吴国，而且称霸于中原。正如《越绝书·越绝外传记地传》所云："句践喟然用种、蠡计，转死为霸。一人之身，吉凶更至；盛衰存亡，在于用臣；治道万端，要在得贤。"

但文献也留下越王句践"长颈鸟喙，可与共患难，不可与共荣乐"的恶谥。

宋人黄震以为被《越绝书》"大抵祖袭"（《黄氏日钞》卷五十二《读杂史·越绝书》），今人乔治忠亦以为系《越绝书》祖本的越国史经典文献《吴越春秋》[1]，对有关越王句践"晚节不保""大节有亏"一事有如下详尽记载：

句践已灭吴，乃以兵北渡江、淮，与齐、晋诸侯会于徐州，致贡于周。……越王还于吴，……置酒文台，群臣为乐。……大夫种曰："我王贤仁，怀道抱德。灭雠破吴，不忘返国。赏无所吝，群邪杜塞。君臣同和，福祐千亿。觞酒二升，万岁难极！"台上群臣大悦而笑，越王面无喜色。

范蠡知句践爱壤土，不惜群臣之死，以其谋成国定，必复不

---

[1] 乔治忠：《〈越绝书〉成书年代与作者问题的重新考辨》，《学术月刊》2013年第11期。

须功而返国也,故面有忧色而不悦也。范蠡从吴欲去,恐句践未返,失人臣之义,乃从入越。行谓文种曰:"子来去矣!越王必将诛子。"种不然言。蠡复为书遗种曰:"吾闻天有四时,春生冬伐;人有盛衰,泰终必否。知进退存亡而不失其正,惟贤人乎?蠡虽不才,明知进退。高鸟已散,良弓将藏;狡兔已尽,良犬就烹。夫越王为人,长颈鸟啄,鹰视狼步,可与共患难,而不可共处乐,可与履危,不可与安。子若不去,将害于子,明矣。"文种不信其言。……

二十四年九月丁未,范蠡辞于王曰:"臣闻主忧臣劳,主辱臣死,义一也。今臣事大王,前则无灭未萌之端,后则无救已倾之祸。虽然,臣终欲成君霸国,故不辞一死一生。臣窃自惟,乃使于吴。……幸赖宗庙之神灵,大王之威德,以败为成,斯汤、武克夏、商而成王业者。定功雪耻,臣所以当席日久。臣请从斯辞矣。"越王恻然,泣下沾衣,言曰:"国之士大夫是子,国之人民是子,使孤寄身托号以俟命矣。今子云去,欲将逝矣,是天之弃越而丧孤也,亦无所恃者矣。孤窃有言:公位乎?分国共之;去乎?妻子受戮。"范蠡曰:"臣闻君子俟时,计不数谋,死不被疑,内不自欺。臣既逝矣,妻子何法乎?王其勉之,臣从此辞。"乃乘扁舟,出三江,入五湖,人莫知其所适。

范蠡既去,越王愀然变色,召大夫种曰:"蠡可追乎?"种曰:"不及也。"王曰:"奈何?"种曰:"蠡去时,阴画六,阳画三,日前之神,莫能制者。……臣愿大王勿复追也,蠡终不还矣。"越王乃收其妻子,封百里之地:"有敢侵之者,上天所殃。"于是越王乃使良工铸金象范蠡之形,置之坐侧,朝夕论政。

自是之后,计倪佯狂,大夫、曳庸、扶同、皋如之徒,日益疏远,不亲于朝。大夫种内忧不朝,人或谗之于王曰:"文种弃宰相之位,而令君王霸于诸侯。今官不加增,位不益封,乃怀怨望之心,愤发于内,色变于外,故不朝耳。"异日,种谏曰:"臣所以在朝而晏罢,若身疾作者,但为吴耳。今已灭之,王何忧乎?"越王默然。时鲁哀公患三桓,欲因诸侯以伐之;三桓亦患哀公之怒，以故君臣作难。哀公奔陉，三桓攻哀公。公奔卫，又奔越。鲁国空虚，国人悲之，来迎哀公，与之俱归。句践忧文种之不图，故不为哀公伐三桓也。

二十五年，丙午平旦，越王召相国大夫种而问之："吾闻知人易，自知难。其知相国何如人也？"种曰："哀哉！大王知臣勇也，不知臣仁也；知臣忠也，不知臣信也。臣诚数以损声色、灭淫乐，奇说怪论，尽言竭忠，以犯大王，逆心咈耳，必以获罪。臣非敢爱死不言，言而后死。昔子胥于吴矣，夫差之诛也，谓臣曰：'狡兔死，良犬烹。敌国灭，谋臣亡。'范蠡亦有斯言。……臣见王志也。"越王默然不应，大夫亦罢。……

其妻曰："君贱一国之相，少王禄乎？……妻子在侧，匹夫之能，自致相国，尚何望哉？无乃为贪乎？何其志忽忽若斯？"种曰："悲哉！子不知也。吾王既免于患难，雪耻于吴。我悉徙宅自投死亡之地，尽九术之谋，于彼为佞，在君为忠，王不察也。乃曰：'知人易，自知难。'吾答之，又无他语，是凶妖之证也。吾将复入，恐不再还，与子长诀，相求于玄冥之下。"……

越王复召相国，谓曰："子有阴谋兵法，倾敌取国。九术之策，今用三已破强吴，其六尚在子所，愿幸以余术为孤前王于地下，谋吴之前人。"于是种仰天叹曰："嗟乎！吾闻大恩不报，大功不还，其谓斯乎？吾悔不随范蠡之谋，乃为越王所戮。吾不食善言，故哺以人恶。"越王遂赐文种属卢之剑。种得剑，又叹曰："南阳之宰而为越王之擒！"自笑曰："后百世之末，忠臣必以吾为喻矣。"遂伏剑而死。（《吴越春秋·句践伐吴外传》）

汉代唯物主义哲学家王充在一篇大谈看相算命有理的论文中，曾很"严谨"地写道："人命禀于天，则有表候见于体。察表候以知命，犹察斗斛以知容矣。表候者，骨法之谓也。……案骨节之法，察皮肤之理，以审人之性命，无不应者。……范蠡去越，自齐遗大夫种书曰：'飞鸟尽，良弓藏，狡兔死，走犬烹。越王为人长颈鸟喙，可与共患难，不可与共荣乐。子何不去？'大夫种不能去，称疾不朝，赐剑而死。"(《论衡·骨相篇》)王充从生理到心理的"科学论断",使句践恶谥得以定谳,几成不可移易的历史共识。

实际上,后世学者对此颇有不同评价。如唐代大学者、思想家韩愈青年时代即写有一篇《范蠡招大夫种议》指出:"蠡既辞越到齐,乃移书文种,亦令亡去,以逃其长颈之难,遂使种假疾不朝,竟承赐剑之诛。悲夫,为人谋而不忠者,范蠡其近之矣!……句践奋鸟栖之势,申鼠窜之息,竟能焚姑苏,虏夫差,方行淮泗之上,以受东诸侯之盟者,范蠡、文种有其力也。既有其力,则宜闭雷霆,藏风云,截断三江,叱开四方,高提霸王之器,大宏夏禹之烈,使天下徘徊,知越有人矣。奈何反(返)未及国,则背君而去?既行之于身,又移之于人,人臣之节,合如是耶?……君以长颈之状,难以同乐,则举吴之后,还越之日,泛轻身、游五湖者,岂惟范子乎?静而言之,则知范子有匡君之智,而无事君之义,明矣。其所以移文种之书,亦犹投句践之剑也。句践何过哉?"(《全唐文》卷五百五十)这是批评范蠡替越国谋事不终,不愿帮助句践"高提霸王之器,大宏夏禹之烈",自己半途而废,还诱使文种也这样,文种之伏剑而亡乃出于二人自取,不能怪句践;范蠡"还越之日,泛轻身、游五湖"的事实,也证明句践不是"长颈之状,难以同乐"之人。金代学者王若虚说:"退之论范蠡招文种事……世亦无称道者,独宋孙汉公谓其意出千古,予以为然。蠡虽功成,然句践之眷方隆,而所期望者未艾也。盍亦为之勉留,而徐以礼请,则终始之义,庶几两全;而决意不回,若弃仇雠者。王以诛赏动之,则曰:'君行令,臣行义。'卒潜遁去。揆以人情,王既不能堪矣。乃又移书同志,诵王之短,而示己之见几。种也不智,亦因谢病不朝。王未尝负二子,而二子负王,安得不怒而杀之乎?以史考之,句践无不道之事,惟种受诛,而实其自取。则长颈之相,盖亦无验也。"(《滹南遗老集》卷二十七《臣事实辨》)"宋孙汉公",即北宋初著名学者孙何。可见,宋、金权威学者孙何、王若虚等,也认为在"句践之眷方隆,而所期望者未艾"之际,范蠡隐遁,"决意不回,若弃仇雠者",与文种称病不朝,属"二子负王","长颈之相,盖亦无验"。实际上,北宋著名学者苏轼也曾思考过这个问题,对范蠡的为人提出批评说,"范蠡独知相其君而已,以吾相蠡,蠡亦鸟喙也"(《苏文忠公全集》内《东坡续集》卷八《论范蠡、伍子胥、大夫种》)。

近年我们重检这些前贤议论,对比《吴越春秋·句践伐吴外传》的记载发现:在文种借故不朝之后,句践隐忍长达一年,最终才将其赐死,是多种因素作用的结果,绝非所谓"长颈鸟喙"劣根性的表现。句践在庆功宴上的面无喜色,出于对越国面临新形势新挑战的忧心忡忡,却被范蠡看成"句践爱壤土",因要裂土以封功臣而闷闷不乐;句践其时在治国方略上已对范蠡产生强烈的依赖,在越国事业方兴未艾时范蠡挥袖而去,无异于把句践放在一个被无情抛弃的位置;句践善于隐忍,在范蠡"自动删除"后,仍封其妻子百里之地,使良工铸范蠡金像;但一个左膀刚走,一个右臂又要"罢工",特别是由于文种的不理朝政,在鲁哀公与三桓矛盾激化,各方都希望越国出来替鲁国主持公道,还一个正常的"国际"秩序时,越国错失一个履行中原霸主职责的良机,终使句践的忍耐突破极限;过去结盟抗吴的友邦楚国不可避免地将成为竞争对手,越、楚矛盾势必上升为区域内的首要矛盾,需要越国全力以赴、小心对待,且春秋以来楚人向以快意恩仇、动辄覆灭母邦闻名天下,这种情况下,一个过去将整个越国经营数十年,对越国内外资源、人情世态等都了如指掌,如今又心怀不满的楚国人文种,如果长期留在身边,无论如何,也都是危及越国前途的一个严重隐患。①

三 句践军事思想

句践可谓春秋战国之交的卓越军事家,许多重要战争都是他自己指挥的。军事斗争,关键在于强我摧敌;如何强我摧敌,是军事思想的核心。句践丰富的军事思想主要表现在以下几个方面。

(一)质量并举,增强战力

句践十分注意从质量和数量两个方面,全面增强越国军队的战

---

① 潘承玉:《句践"长颈鸟喙"别论》,《浙江师范大学学报》(社会科学版)2008年第2期。

力。为此，句践对各种兵器的长处和各种军事行动中诸兵器的使用要领，进行了深入的研究；还风尘仆仆考察了全境的军队部署情况，进行了相应调整。《越公其事》载越国实施"五政"改革之一的"好兵"改革云："王乃好兵。凡五兵之利，王日玩之，居诸左右；凡金革之攻，王日论省其事，以问五兵之利。王乃亲使人请问群大臣及边县、城市之多兵、无兵者，王则比视。唯多兵、无兵者是察，问于左右。举越邦至于边县、城市乃皆好兵甲，越邦乃大多兵。"①

越国军队兵员大大增加，越王句践自己也成了兵器使用的专家。这还不够。

士兵作战技能技巧是决定战争成败的又一关键所在。范蠡曰："臣闻古之圣君莫不习战用兵，然行阵、队伍、军鼓之事，吉凶决在其工。"（《吴越春秋·句践阴谋外传》）为了提升越兵的剑术，范蠡向句践推荐了越一处女，"处女出于南林，国人称善"（《吴越春秋·句践阴谋外传》）。在与白猿的比剑中，越女高超剑术得到很好的展现。文献载：

> 处女将北见于王，道逢一翁，自称曰袁公。问于处女："吾闻子善剑，愿一见之。"女曰："妾不敢有所隐，惟公试之。"于是袁公即杖箖箊竹，竹枝上颉，桥末堕地，女即捷末。袁公操其本而刺处女。处女应，即入之；三入，因举杖击袁公。袁公则飞上树，变为白猿。（《吴越春秋·句践阴谋外传》并据《艺文类聚》卷九十五引）

此足见越女剑术之高超了。越王聘之，"乃命五校之队长、高才习之，以教军士。当此之时，皆称越女之剑"（《吴越春秋·句践阴谋外传》）。

后范蠡复进善射者陈音。陈音，楚之善射者，其射术超群，"敌为百死，不得骇也。鸟不及飞，兽不暇走，弩之所向，无不死也"。

---

① 李学勤主编：《清华大学藏战国竹简（柒）》下册，中西书局2017年版，第140页。

越王闻之大悦，曰："善。尽子之道，愿子悉以教吾国人。""于是，乃使陈音教士习射于北郊之外。三月，军士皆能用弓弩之巧。"(《吴越春秋·句践阴谋外传》)

有了高超兵器使用和作战技巧还不行，还需要有高昂的斗志。伐吴之前，句践不惜轼蛙以鼓舞士兵斗志。文献载：

> 恐军士畏法不使，自谓未能得士之死力。道见蛙张腹而怒，将有战争之气，即为之轼。其士卒有问于王曰："君何为敬蛙虫，而为之轼?"句践曰："吾思士卒之怒久矣，而未有称吾意者。今蛙虫无知之物，见敌而有怒气，故为之轼。"于是，军士闻之，莫不怀心乐死，人致其命。(《吴越春秋·句践伐吴外传》)

句践此举获得很好的效果，士气大振，勇气和战力倍增。

(二) 赏罚并施，严明军纪

军纪如何，对于战争成败具有极其重要的作用，越王句践深晓此理。在发动伐吴战争之前，为了强化军纪训练，句践四徙军，五斩罪者以作警示，并再三通告士卒，要严从军令。

如文献载：

> 王乃之坛列，鼓而行之，至于军，斩有罪者以徇，曰："莫如此以环瑱通相问也。"明日徙舍，斩有罪者以徇，曰："莫如此不从其伍之令。"明日徙舍，斩有罪者以徇，曰："莫如此不用王命。"明日徙舍，至于御儿，斩有罪者以徇，曰："莫如此淫逸不可禁也。"……明日，迁军接和，斩有罪者以徇，曰："莫如此志行不果。"于是人有致死之心。王乃命有司大徇于军，曰："谓二三子归而不归，处而不处，进而不进，退而不退，左而不左，右而不右，身斩，妻子鬻。"(《国语·吴语》)
>
> 父兄又请……句践既许之，乃致其众而誓之曰："……今寡人将助天灭之。吾不欲匹夫之勇也，欲其旅进旅退。进则思赏，

退则思刑，如此则有常赏；进不用命，退则无耻，如此则有常刑。"（《国语·越语上》）

乃坐露坛之上，列鼓而鸣之，军行成阵，即斩有罪者三人，以徇于军，令曰："不从吾令者，如斯矣。"明日，徙军于郊，斩有罪者三人，徇之于军，令曰："不从吾令者，如斯矣。"……明日，复徙军于境上，斩有罪者三人，徇之于军，曰："有不从令者，如此。"后三日，复徙军于檇李，斩有罪者三人，以徇于军，曰："其淫心匿行，不当敌者，如斯矣。"……明日，旋军于江南，更陈严法，复诛有罪者五人，徇曰："吾爱士也，虽吾子不能过也；及其犯诛，自吾子亦不能脱也。"……有司、将军大徇军中曰："队各自令其部，部各令其士，归而不归，处而不处，进而不进，退而不退，左而不左，右而不右，不如令者斩！"（《吴越春秋·句践伐吴外传》）

战国竹书《越公其事》亦载："越邦多兵，王乃敕民、修令、审刑。乃出恭敬，王讯之，等以授大夫种，则赏谷之；乃出不恭不敬，王讯之，等以授范蠡，则戮杀之。王乃趣设戍于东夷、西夷，乃趣取戮于后至不恭。……越邦庶民则皆震动，荒畏句践，无敢不敬，徇命若命，禁御莫躐，民乃敕（整）齐。"①《论衡·率性》："句践亦试其士于寝宫之庭，赴火死者，不可胜数。"经过这样严格军纪训练的军队，具有极强的战斗力，就算前有刀山火海，也会勇往直前。

（三）卑辞怂恿，消耗敌国

句践不仅接受文种、范蠡等的策略，让吴国大兴土木，消耗吴国财力，还卑辞怂恿，诱使吴国北上争霸，让吴国大量生力军消耗于北方战场，以渔其利。

如文献载：

---

① 李学勤主编：《清华大学藏战国竹简（柒）》下册，中西书局2017年版，第141—144页。

越使果至，曰："东海役臣孤句践……今窃闻大王将兴大义，诛强救弱，困暴齐而抚周室，故使越贱臣种，以先人之藏器：甲二十领、屈卢之矛、步光之剑，以贺军吏。大王将遂大义，则弊邑虽小，悉择四疆之中，出卒三千，以从下吏；孤请自被坚执锐，以受矢石。"吴王大悦。……吴王果兴九郡之兵，而与齐大战于艾陵，大败齐师，获七将。陈兵不归，果与晋人相遇黄池之上。吴、晋争强，晋人击之，大败吴师。越王闻之，涉江袭吴。（《越绝书·越绝内传陈成恒》）

子贡馆五日，越使果来，曰："……今窃闻大王兴大义，诛强救弱，困暴齐而抚周室，故使贱臣以奉前王所藏甲二十领、屈卢之矛、步光之剑，以贺军吏。若将遂大义，弊邑虽小，请悉四方之内士卒三千人，以从下吏；请躬被坚执锐，以前受矢石，君臣死无所恨矣。"（《吴越春秋·夫差内传》）

《史记·越王句践世家》载："其（黄池之会）后四年，越复伐吴。吴士民罢弊，轻锐尽死于齐、晋。"可见，吴国大量精锐消耗于北方战争，这必然会导致在与越国军队对抗时走向覆亡。

（四）审时度势，出奇制胜

孙子曰："善战者，致人而不致于人。"（《孙子兵法·虚实篇》）句践作战善出奇制胜，这在多次重大战役中得到很好的表现。

句践刚即位，吴王阖闾乘越丧来伐。当时吴兵强大，句践却以奇兵胜之。文献载：

吴伐越，越子句践御之，陈于槜李。句践患吴之整也，使死士再禽焉，不动。使罪人三行，属剑于颈，而辞曰："二君有治，臣奸旗鼓，不敏于君之行前，不敢逃刑，敢归死。"遂自刭也。师属之目，越子因而伐之，大败。灵姑浮以戈击阖庐（闾），阖庐（闾）伤将指，取其一屦。还，卒于陉，去槜李七里。（《左传·定公十四年》）

第三章　越国的思想

当时吴军强大，队列整齐，难以突破其防御。句践以死士自刭来吸引吴军注意力，从而发动奇袭，大败吴军，吴王阖闾伤指而亡。这是句践即位以来第一次大战，在这次战斗中，其卓越的军事才能得到了很好表现。

句践十五年（前482年），"吴王北会诸侯于黄池，吴国精兵从王，惟独老弱与太子留守"（《史记·越王句践世家》），于是越王乘机对吴国发动袭击，结果，"大败吴师，获大（太）子友、王孙弥庸、寿于姚。丁亥，入吴"（《左传·哀公十三年》）。《吴越春秋·句践伐吴外传》对此有更为详细的记载：

> 越民父勉其子，兄劝其弟，曰："吴可伐也。"……范蠡曰："未可，须明年之春，然后可耳。"……范蠡曰："臣观吴王北会诸侯于黄池，精兵从王，国中空虚，老弱在后，太子留守，兵始出境未远，闻越掩其空虚，兵还不难也。不如来春。"其夏六月丙子，句践复问，范蠡曰："可伐矣。"乃发习流二千人、俊士四万、诸御千人，以乙酉与吴战。丙戌，遂虏杀太子。丁亥入吴，焚姑胥台。

这便是一次典型的伺机而动、乘势出击的奇袭战争。

句践十九年（前478年），句践发动笠泽之战，亦以奇以取。文献载：

> 吴王起师，军于江北，越王军于江南。越王乃中分其师，以为左、右军，以其私卒君子六千人为中军。明日，将舟战于江，及昏，乃令左军衔枚溯江五里以须，亦令右军衔枚逾江五里以须。夜中，乃命左军、右军涉江鸣鼓中水以须。吴师闻之，大骇，曰："越人分为二师，将以使攻我师。"乃不待旦，亦中分其师，将以御越。越王乃令其中军衔枚潜涉，不鼓不噪以袭攻之，吴师大败。越之左军、右军乃遂涉而从之，又大败之于没，又郊败之。三战三北，乃至于吴。越师遂入吴国，围王宫。（《国语·吴语》）

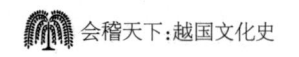

更详细的记载：

> 吴悉兵屯于江北，越军于江南。越王中分其师以为左、右军，皆被兕甲，又令安广之人佩石碣之矢，张卢生之弩，躬率君子之军六千人以为中阵。明日将战于江，乃以黄昏令于左军，衔枚溯江而上五里，以须吴兵；复令于右军，衔枚逾江十里，复须吴兵。于夜半，使左军涉江，鸣鼓中水，以待吴发。吴师闻之，中大骇，相谓曰："今越军分为二师，将以使攻我众。"亦即以夜暗中分其师，以围越。越王阴使左、右军与吴望战，以大鼓相闻；潜伏其私卒六千人，衔枚不鼓攻吴，吴师大败。越之左、右军乃遂伐之，大败之于囿。又败之于郊，又败之于津。如是三战三北，径至吴，围吴于西城。（《吴越春秋·句践伐吴外传》）

最终，经过长达3年的围困，"吴国困不战，士卒分散，城门不守，遂屠吴"（《吴越春秋·夫差内传》）。

史家以为，吴越之战"是我国上古史上一段最富于戏剧性的复仇的故事，同时也是春秋末叶一次划时代的斗争"[1]，足见句践军事思想的力量。

总之，越国的崛起和强盛离不开句践的智慧。今人《易中天中华史》用"卑鄙是卑鄙者的通行证，高尚是高尚者的墓志铭"[2]来责难越国灭吴系玩弄阴谋诡计的结果，堪称对越国崛起内在原因和句践思想的浅薄污蔑。

第二节 范蠡思想

与句践主要是一位政治家、军事家，明确的思想表述不多相比，

---

[1] 陈致平：《中华通史》第1册，贵州教育出版社2016年版，第300页。
[2] 易中天：《易中天中华史》，浙江出版联合集团、浙江文艺出版社2013年版，第100页。

范蠡则是一位在多方面富有创见且思想表述较丰的哲人。

一　范蠡生平

范蠡，楚国宛县三户（今河南南阳淅川县南）人。早年佯狂多才，与文种的知交细节与入越过程，皆富传奇色彩。

《史记·越王句践世家》"越王乃以余兵五千人保栖于会稽"，"越王谓范蠡"云云，张守节《正义》引《会稽典录》载：

> 范蠡字少伯，越之上将军也。本是楚宛三户人，佯狂倜傥负俗。文种为宛令，遣吏谒奉。吏还曰："范蠡本国狂人，生有此病。"种笑曰："吾闻士有贤俊之姿，必有佯狂之讥；内怀独见之明，外有不知之毁。此固非二三子之所知也。"驾车而往，蠡避之。后知种之必来谒，谓兄嫂曰："今日有客，愿假衣冠。"有顷种至，抵掌而谈，旁人观者耸听之矣。

文献又载：

> 范蠡，其始居楚也，生于宛橐，或伍户之虚。其为结僮之时，一痴一醒，时人尽以为狂。然独有圣贤之明，人莫可与语，以内视若盲，反听若聋。大夫种入其县，知有贤者，未睹所在，求邑中不得其邑人；以为狂夫多贤士，众贱有君子，泛求之焉。得蠡而悦，乃从官属，问治之术。蠡修衣冠，有顷而出，进退揖让，君子之容。终日而语，疾陈霸王之道；志合意同，胡越相从。俱见霸兆出于东南，捐其官位，相要而往臣。小有所亏，大有所成。捐止于吴。或任子胥，二人以为胥在，无所关其辞。种曰："今将安之？"蠡曰："彼为[彼，我为]我，何邦不可乎？"去吴之越，句践贤之。种躬正内，蠡治出外；内浊不烦，外无不得。臣主同心，遂霸越邦。种善图始，蠡能虑终，越承二贤，邦以安宁。始有灾变，蠡专其明，可谓贤焉，能屈能申。（《越绝书·

越绝外传纪策考》)

> 昔者，范蠡其始居楚，曰范伯。自谓衰贱，未尝世禄，故自菲薄。饮食则甘天下之无味，居则安天下之贱位。复被发佯狂，不与于世。谓大夫种曰："三王则三皇之苗裔也，五伯乃五帝之末世也。天运历纪，千岁一至。黄帝之元，执辰破巳；霸王之气，见于地户。子胥以是挟弓干吴王。"于是要大夫种入吴。此时冯同相与，共戒之：伍子胥在，自与不能关其辞。蠡曰："吴、越二邦，同气共俗；地户之位，非吴则越。"乃入越，越王常与言尽日。(《越绝书·越绝外传记范伯》)

《越绝书·越绝外传记范伯》记载，入越之后，由于受到越国大夫石买的反对，不得重用，于是游于楚、越之间。经文种进谏，范蠡复得以任用。

句践三年（前494年），句践欲起兵伐吴，范蠡劝谏，不听。句践伐吴兵败，退保会稽山。句践用范蠡和文种计，向吴求和，得以保全。句践五年（前492年），范蠡随其君句践入吴为奴3年。3年间，范蠡朝夕陪侍句践身旁，不失君臣之礼。经范蠡多方周旋与用计，句践七年（前490年），句践得以归国。归国后，范蠡与文种等贤臣协助句践富国强兵。经过"十年生聚，十年教训"，终于在句践二十四年（前473年），越国灭吴。

可能在句践三年（前494年）之前，范蠡受到越国任用，越、吴对抗尚未全面展开，或者在句践七年（前490年）之后，越国正式开始"十年生聚，十年教训"不久，需要全力壮大国家物力之时，范蠡有过一段卓有成效的经商经历。如南北朝王嘉《拾遗记》卷三载："范蠡相越，日致千金，家童闲（娴）算术者万人，收四海难得之货，盈积于越都以为器。"

灭吴之后，范蠡无意再在越国政坛有所作为，而选择了一条自我生存、自我发展之道（可能兼有回避即将到来的越、楚冲突之意）。返至五湖，范蠡辞于越王曰："君王勉之！臣不复入于越国矣"，"遂乘轻舟以浮于五湖，莫知其所终极"（《国语·越语下》）。《史记·越王句践世家》对范蠡离开越国之后在齐、陶等地的居留、经商行迹作了记载。

有学者根据这些文献记载考证提出,范蠡约生于公元前538年,卒于公元前451年或公元前447年,享年88岁或92岁左右①,以当中计之,享年约90岁。这是春秋战国历史大变动时代,士人有极大作为,在历史舞台大显身手,又自主决定命运,毅然飘出权力中枢,寿至耄耋的罕见典型。

《汉书·艺文志》著录《范蠡》二卷,注云:"越王句践臣也。"《旧唐书·经籍志》著录《范子问计然》,注云:"范蠡问,计然答。"《新唐书·艺文志》著录《范子计然》,所注亦同。可见《范子计然》乃《范子问计然》之简称。此书早佚,仅有辑佚本存世。据后世文献记载,范蠡著有《养鱼经》,又名《范蠡养鱼经》《范蠡养鱼法》《范蠡养鱼方》《陶朱公养鱼经》等。北魏贾思勰《齐民要术》中大量引用《陶朱公养鱼经》。

二 范蠡哲学思想

范蠡是哲学家、思想家,但并无思想著作传世,其各类思想主要体现在言语和行动之中。范蠡哲学思想内容丰富,创见颇多,形成了较为完备的体系。

(一) 本体论

最早从哲学层面探讨世界起源的当数老子。老子提出了"道"论,认为世界源于"道"。范蠡原为楚人,故其在本体论方面多受老子"道"论影响。文献载:

> 昔者,越王句践问范子曰:"古之贤主、圣王之治,何左何右?何去何取?"范子对曰:"臣闻圣主之治,左道右术,去末取

---

① 吴云贵:《范蠡年龄考》,吴云贵、严君国:《范子研究》,中国广播电视出版社2006年版,第9—10页。

实。"越王曰："何谓道？何谓术？……"范子对曰："道者，天地先生，不知老；曲成万物，不名巧，故谓之道。道生气，气生阴，阴生阳，阳生天地。天地立，然后有寒暑、燥湿、日月、星辰、四时，而万物备。术者，天意也。盛夏之时，万物遂长。圣人缘天心，助天喜，乐万物之长。故舜弹五弦之琴，歌《南风》之诗，而天下治。言其乐与天下同也。当是之时，颂声作。"（《越绝书·越绝外传枕中》）

在回答越王提出的治国之道时，范蠡详细阐释了"道"与"术"以及"末"与"实"之间的辩证关系。范蠡认为"道"是万物之本，其先天地而生，不老不朽；"道"生气，气生阴，阴生阳，阳生世间万物。可见，范蠡"道"论是对老子"道"论的继承与发展。在继承的基础之上，范蠡将"气"论与"道"论结合，使其本体论更具有朴素唯物主义气息。

不仅如此，范蠡还深刻论述了"道"与"术"之间的辩证关系。范蠡认为"术"乃治世之术，圣人应顺天道来治世，应"左道右术"。古人以左为尊，即在"道"与"术"之间，范蠡更重视"道"。

范蠡认为"道"为万物之本源，"气"则为万物之母，"道"藉"气"而生万物："气生阴，阴生阳，阳生天地。"故范蠡认为万物皆有"气"。范蠡认为阴阳之气支配万物生长。文献载：

越王问于范子曰："寡人闻阴阳之治，不同力而功成，不同气而物生，可得而知乎？愿闻其说。"范子曰："臣闻阴阳气不同处，万物生焉。冬三月之时，草木既死，万物各异藏，故阳气避之下藏，伏壮于内，使阴阳气得成功于外。夏三月盛暑之时，万物遂长，阴气避之下藏，伏壮于内，然而万物亲而信之，是所谓也。阳者主生，万物方夏三月之时，大热不至，则万物不能成。阴气主杀，方冬三月之时，地不内藏，则根荄不成，即春无生。故一时失度，即四序为不行。"……范子曰："阳者主贵，阴者主贱。故当寒而不寒者，谷为之暴贵；当温而不温者，谷为之暴贱。譬犹形影、声响相闻，岂得不复哉！故曰秋冬贵阳气施于阴，阴极而复贵；春夏贱阴气施于阳，阳极而不复。"（《越绝书·越绝外传枕中》）

总而言之，范蠡将"气"论融于"道"论之中，有力地促进了当时本体论的发展，使"气"论被广泛运用于自然与社会等诸多领域，呈现出泛化趋势，为后来"气"论体系的完善打下了良好的理论基础。

（二）认知论

在长期的斗争与探索之中，人类不断加深对自然与社会的认知，从而形成较为系统的认识论。范蠡在继承前贤学说的基础上形成了自己的认知论思想。

1. 天道循环

所谓天道，指的是天体运行和时序变化的规律。天道思想在越国得到广泛传播，越国君臣多肯定天道，认为天道支配着世间万物。这在范蠡身上表现得最为明显。文献载：

范蠡曰："天道皇皇，日月以为常。明者以为法，微者则是行。阳至而阴，阴至而阳。日困而还，月盈而匡。"（《国语·越语下》）

范子曰："阴阳进退者，固天道自然，不足怪也。"（《越绝书·越绝外传枕中》）

范蠡认为，天道是周而复始的。文献载：

范子曰："天道三千五百岁，一治一乱，终而复始，如环之无端，此天之常道也。"……范子曰："夫阴阳错缪，即为恶岁；人生失治，即为乱世。夫一乱一治，天道自然。"（《越绝书·越绝外传枕中》）

不仅如此，范蠡认为，人生如同天道，有盛衰、泰否之规律。句践灭吴之后，范蠡功成身退。身退之后，他还多次劝文种离开越国。《吴越春秋·句践伐吴外传》："范蠡复为书遗种，曰：'吾闻天有四时，春生冬伐；人有盛衰，泰终必否。知进退存亡，而不失其正，惟贤人乎？'"

"天道"原本与"天命"有着密切的关联，有时"天道"意又略近于"天命"。《吴越春秋·句践入臣外传》："于是大夫种、范蠡曰：'……（周文王）三守暴困之辱，不离三狱之囚。泣涕而受冤，行哭而为隶，演《易》作卦，天道祐之。时过于期，否终则泰。'"此处"天道"颇近于"天命"。

"天道"又常称为"恒"、"恒制"或"常"等。文献载：

（范蠡）对曰："……时将有反，事将有间，必有以知天地之恒制，乃可以有天下之成利。事无间，时无反，则抚民保教以须之。"王曰："不谷之国家，蠡之国家也，蠡其图之！"对曰："……四封之外，敌国之制，立断之事，因阴阳之恒，顺天地之常，柔而不屈，强而不刚，德虐之行，因以为常。"（《国语·越语下》）

此处的"恒"、"恒制"和"常"与"天道"相近，指的都是事物发展变化的规律。

2. 天人相应

《国语·越语下》记载，越王臣吴归来、重商国事时，范蠡提醒句践要依循天道，顺应天时而为，其重点考虑是："天因人，圣人因天；人自生之，天地形之，圣人因而成之。"

《越绝书·越绝外传枕中》记载，范蠡向句践解释如何根据天地阴阳之气的转变，来把握八谷的贵贱，考察的角度是：

谨司八谷，初见出于天者，是谓天门开、地户闭，阳气不得下入地户；故气转动，而上下、阴阳俱绝，八谷不成，大贵必应其岁而起。此天变见符也。谨司八谷，初见入于地者，是谓地户闭；阴阳俱会，八谷大成，其岁大贱，来年大饥。此地变见瑞也。谨司八谷，初见半于人者，籴平，熟，无灾害。故天倡而见符，地应而见瑞。

所谓"天因人，圣人因天"，"故天倡而见符，地应而见瑞"，表现出浓厚的天人感应思想。

范蠡筑大城、小城，很好地体现了天人相应思想。文献载：

于是范蠡乃观天文，拟法于紫宫，筑作小城。周千一百二十二步，一圆三方。西北立龙飞翼之楼，以象天门；为两螺绕栋，以象龙角。东南伏漏石窦，以象地户。陵门四达，以象八风。外郭筑城而缺西北，示服事吴也，不敢雍塞；内以取吴，故缺西北，而吴不知也。北向称臣，委命吴国，左右易处，不得其位，明臣属也。……范蠡曰："臣之筑城也，其应天矣，昆仑之象存焉。"……范蠡曰："……臣乃承天门制城，合气于后土，岳象已设，昆仑故出，越之霸也。"（《吴越春秋·句践归国外传》）

（三）朴素辩证法

或许是受到老子等人影响，范蠡思想亦充满了丰富的朴素辩证法。

1. 持盈、定倾、节事合一

句践为了复仇，多次急于起兵伐吴，范蠡多次强谏，反复强调"持盈""定倾""节事"三者之间的辩证关系。这在《国语》和《越绝书》中皆有详细记载：

越王句践即位三年，而欲伐吴，范蠡进谏曰："夫国家之事有持盈，有定倾，有节事。……持盈者与天，定倾者与人，节事者与地。……天道盈而不溢，盛而不骄，劳而不矜其功。夫圣人随时以行，是谓守时。天时不作，弗为人客；人事不起，弗为之始。今君王未盈而溢，未盛而骄，不劳而矜其功；天时不作而先为人客，人事不起而创为之始，此逆于天而不和于人。王若行之，将妨于国家，靡王躬身。"王弗听。……果兴师而伐吴，战于五湖，不胜，栖于会稽。王召范蠡而问焉。……范蠡对曰："君王其忘之乎？持盈者与天，定倾者与人，节事者与地。"王曰："与人奈何？"对曰："卑辞尊礼，玩好女乐，尊之以名。如此不已，又身与之市。"王曰："诺。"……三年，而吴人遣之归。及至于国，王问于范蠡曰："节事奈何？"对曰："节事者与地。唯地能包万物以为一，其事不失。生万物，容畜禽兽，然后受其名而兼其利。美恶皆成，以养其生。时不至，不可强生；事不究，不可强成。自若以处，以度天下，待其来者而正之，因时之所宜而定之。……时将有反，事将有间，必有以知天地之恒制，乃可以有天下之成利。事无间，时无反，则抚民保教以须之。"（《国语·越语下》）

越王句践欲伐吴王阖庐（闾），范蠡谏曰："不可。臣闻之，天贵持盈，持盈者，言不失阴阳、日月、星辰之纲纪；地贵定倾，定倾者，言地之长生，丘陵平均，无不得宜，故曰地贵定倾；人贵节事，节事者，言王者已下，公卿大夫，当调阴阳，和顺天下，事来应之，物来知之，天下莫不尽其忠信，从其政教，谓之节事。节事者，至事之要也。天道盈而不溢、盛而不骄者，言天生万物，以养天下，蝡飞蠕动，各得其性；春生夏长，秋收冬藏，不失其常，故曰天道盈而不溢、盛而不骄者也。地道施而不德、劳而不矜其功者也，言地生长五谷，持养万物，功盈德博，是所施而不德、劳而不矜其功者矣。言天地之施，大而不有功者也。人道不逆四时者，言王者以下，至于庶人，皆当和阴阳四时之变，顺之者有福，逆之者有殃，故曰人道不逆四时之谓也。因悎视动者，言存亡吉凶之应，善恶之叙，必有渐也。天道未作，不先为客者。"（《越绝书·越绝吴内传》）

范蠡认为天道"持盈"，盈而不溢；地道"定倾"，均生万物，无不得宜；人道"节事",当调阴阳,和顺天下,天下从之。王者应"守时"以行,勿骄勿躁,不自伐其功；应"春生夏长,秋收冬藏,不失其常",做到"田野开辟,府仓实,民众殷；无旷其众,以为乱梯"(《国语·越语下》)。只有这样,"然后受其名而兼其利",国富民殷,天下影从。

范蠡一直认为,治国当天事与人事相结合,人事应天,天助人事,方可大获成功。文献载:

> (范蠡)对曰："四封之内,百姓之事,时节三乐,不乱民功,不逆天时,五谷睦熟,民乃蕃滋,君臣上下交得其志。……四封之外,敌国之制,立断之事,因阴阳之恒,顺天地之常,柔而不屈,强而不刚,德虐之行,因以为常。死生因天地之刑,天因人,圣人因天；人自生之,天地形之,圣人因而成之。是故战胜而不报,取地而不反,兵胜于外,福生于内,用力甚少,而名声章明。"(《国语·越语下》)
>
> 越王问范子曰："春肃、夏寒、秋荣、冬泄,人治使然乎?将道也?"范子曰："天道三千五百岁,一治一乱,终而复始,如环之无端,此天之常道也。四时易次,寒暑失常,治民然也。故天生万物之时,圣人命之曰春。春不生遂者,故天不重为春。春者,夏之父也,故春生之,夏长之,秋成而杀之,冬受而藏之。春肃而不生者,王德不究也；夏寒而不长者,臣下不奉主命也；秋顺而复荣者,百官刑不断也；冬温而泄者,发府库赏无功也。此所谓四时者,邦之禁也。"(《越绝书·越绝外传枕中》)

范蠡认为,对内"不逆天时","不乱民功",则"君臣上下交得其志"；对外"因阴阳之恒,顺天地之常","天因人,圣人因天",方可"战胜而不报,取地而不反,兵胜于外,福生于内,用力甚少,而名声章明"。

显然,在范蠡看来,人类社会活动要在全面把握整个世界的基础上进行,自然界和人类社会有自己的运行趋势和发展规律；治理国家要注意三件事，国家强盛时要设法保持，国家将要倾覆时要设法转危为安，平时须遵循客观规律办事，懂得节制和适度。这是一种认为世界是发展的，发展是有规律的，人类活动应该顺应客观规律的朴素辩证法。

2. 阴阳交替，治乱复始

范蠡认为世界是由阴阳组合而成的，阴阳消长交替，社会则治乱周而复始。文献载：

> 范蠡曰："臣闻峻高者隤，叶茂者摧；日中则移，月满则亏。四时不并盛，五行不俱驰；阴阳更唱，气有盛衰。故溢堤之水，不淹其量；燋干之火，不复其炽。水静则无洇潒之怒，火消则无熏毛之热。"（《吴越春秋·句践归国外传》）

> 范子曰："夫阴阳错缪，即为恶岁；人生失治，即为乱世。夫一乱一治，天道自然。八谷亦一贱一贵，极而复反。"（《越绝书·越绝外传枕中》）

> 范蠡进谏曰："臣闻之，圣人之功，时为之庸。得时弗成，天有还形。天节不远，五年复反。小凶则近，大凶则远。先人有言曰：'伐柯者其则不远。'"（《国语·越语下》）

> 于是大夫种、范蠡曰："闻古人曰：'居不幽，志不广；形不愁，思不远。'圣王贤主，皆遇困厄之难，蒙不赦之耻，身拘而名尊，躯辱而声荣，处卑而不以为恶，居危而不以为薄。……时过于期，否终则泰。"（《吴越春秋·句践入臣外传》）

范蠡实际上提出了朴素的矛盾转化观点，认为阴阳、存亡、得失、成败均为矛盾的统一。

三 范蠡政治思想

作为风云一时的政坛人物，范蠡还具有丰富的政治思想。除前所述左道右术、治从天道亦属政治思想范畴外，主要有以下两点。

(一) 执其中和

贵和尚中是中国文化的基本精神之一。《说文解字》："和，相应也。"意含在和谐中实现和平、安宁。所谓"中"，指事物的"度"，即不偏不倚，既不过度，也不要不及[①]，意含中正、中庸、正道等。《尚书·大禹谟》记载十六个字的中华心法："人心惟危，道心惟微；惟精惟一，允执厥中。""允执厥中"是关键落脚点。孔子总结三代圣人的治国经验，是"执其两端，用其中于民"（《中庸》），提出了"执中"命题。《老子》第五章谓："天地之间，其犹橐籥乎！虚而不屈，动而愈出。多言数穷，不如守中。"老子从思想方法上提出了"守中"的命题。

受儒道两家影响，范蠡多次论及"中和"思想。文献载：

> 越王曰："寡人躬行节俭，下士求贤，不使名过实，此寡人所能行也。多贮谷，富百姓，此乃天时水旱，宁在一人耶？何以备之？"范子曰："百里之神，千里之君。汤执其中和，举伊尹，收天下雄隽之士，练卒兵，率诸侯兵伐桀，为天下除残去贼，万民皆歌而归之。是所谓执其中和者。"越王曰："善哉，中和所致也。寡人虽不及贤主、圣王，欲执其中和而行之。今诸侯之地，或多或少，强弱不相当，兵革暴起，何以应之？"范子曰："知保人之身者，可以王天下；不知保人之身，失天下者也。"越王曰："何谓保人之身？"范子曰："天生万物而教之而生。人得谷即不死，谷能生人，能杀人，故谓人身。"（《越绝书·越绝外传枕中》）

范蠡认为商汤"执其中和"，举贤人、练卒兵，伐桀除贼，因而获得民众拥护，"皆歌而归之"。可见范蠡所谓"中和"，就是为政的正道，自然中正的必行之路。这从消极方面来说，就是"为天下除残去贼"，解决"强弱不相当，兵革暴起"的问题，防止弱肉强食、暴

[①] 参见张岱年、方克立主编《中国文化概论》，北京师范大学出版社2004年版，第295页。

行肆虐，救民于倒悬；从积极来说，就是"保人之身"即保障民众生存，让民众有食粮得以和平生存。

文献又载：

> 越王问范子曰："何执而昌，何行而亡？"范子曰："执其中则昌，行奢侈则亡。"越王曰："寡人欲闻其说。"范子曰："臣闻古之贤主、圣君，执中和而原其终始，即位安而万物定矣；不执其中和，不原其终始，即尊位倾，万物散。文武之业，桀纣之迹，可知矣。古者天子及至诸侯，自灭至亡，渐渍乎滋味之费，没溺于声色之类，牵挛于珍怪贵重之器，故其邦空虚。困其士民，以为须臾之乐，百姓皆有悲心，瓦解而倍畔者，桀纣是也。身死邦亡，为天下笑。此谓行奢侈而亡也。"（《越绝书·越绝外传枕中》）

范蠡指出，统治者为政"执其中则昌，行奢侈则亡"，"执中"和"奢侈"相对，强调统治者"渐渍乎滋味之费，没溺于声色之类"，会"困其士民"，导致"百姓皆有悲心，瓦解而倍畔"，最终使统治者自己"身死邦亡，为天下笑"。可见，范蠡所谓"中和"，即为政正道的又一内涵，是统治者要克己行俭，以和民众。

范蠡的"执其中和"思想是对前人的一个发展，不仅具有理论价值，在春秋战国之交还具有重要现实意义。

（二）积谷重本

在治国方面，范蠡非常重视物质基础，极端强调粮谷积贮的重要性。文献载：

> 越王曰："……何谓末？何谓实？"范子对曰："……所谓末者，名也。故名过实，则百姓不附亲，贤士不为用，而外□［傲］诸侯，圣主不为也。所谓实者，谷、□［帛］也，得人心、任贤士也。凡此四者，邦之宝也。"……范子曰："知保人

之身者，可以王天下；不知保人之身，失天下者也。"越王曰："何谓保人之身？"范子曰："天生万物而教之而生。人得谷即不死，谷能生人，能杀人，故谓人身。"越王曰："善哉。今寡人欲保谷，为之奈何？"范子曰："欲保，必亲于野，睹诸所多少为备。"……范子曰："……天地之间，人最为贵；物之生，谷为贵。"……范子曰："……且夫广天下、尊万乘之主，使百姓安其居、乐其业者，唯兵。兵之要在于人，人之要在于谷。故民众，则主安；谷多，则兵强。王而备此二者，然后可以图之也。"（《越绝书·越绝外传枕中》）

  王问于范蠡……范蠡对曰："……田野开辟，府仓实，民众殷，无旷其众以为乱梯。……事无间，时无反，则抚民保教而须之。"（《国语·越语下》）

  范蠡把粮谷积贮摆在国家治理的第一要务上，认为谷位列四大"邦之宝"的第一个，"谷能生人，能杀人，故谓人身"，"天地之间，人最为贵；物之生，谷为贵"，所谓"人身"也就是粮食是百姓的"命根子"；还认为"谷多，则兵强"，只有粮谷积贮充足，军事实力的强大才有可靠基础。中国古代社会一直是农业社会，粮谷堪称农业社会第一物质财富，粮谷积贮因而也成为国力建设的第一任务，范蠡的积谷论堪称抓住了农业社会国力建设的关键。而粮谷积贮的最主要途径，还在"田野开辟，府仓实，民众殷"，在开源节流中更重视开源，即在注意统治者不奢靡和虚耗民众财富的同时，强调领导开展大规模的农业生产，向土地要财富，通过农业丰收来充盈国库，富裕民众。越王"五政"以"好农功"为首，应该正是范蠡这一思想影响、推动的结果。值得注意的是，范蠡在阐述积贮粮食、壮大农业生产极端重要的同时，提出了"天地之间，人最为贵"的鲜明命题。

四 范蠡军事思想

范蠡擅长军事，具有丰富的军事思想。

范蠡接受《老子》"兵者，凶器也"的观点，主张不要轻易发动战争。《国语·越语下》载范蠡向句践进谏曰："夫勇者，逆德也。兵者，凶器也。争者，事之末也。阴谋逆德，好用凶器，始于人者，人之所卒也。淫佚之事，上帝之禁也。先行此者，不利。"

在军事行动时，范蠡主张不应鲁莽从事，而应及时把握敌我双方的形势变化，张弛有致，伺机而动。文献载：

> 范蠡曰："臣闻古之善用兵者，赢缩以为常，四时以为纪，无过天极，究数而止。……古之善用兵者，因天地之常，与之俱行。后则用阴，先则用阳；近则用柔，远则用刚。后无阴蔽，先无阳察，用人无艺，往从其所。刚强以御，阳节不尽，不死其野。彼来从我，固守勿与；若将与之，必因天地之灾，又观其民之饥饱劳逸以参之，尽其阳节，盈吾阴节而夺之。宜为人客，刚彊而力疾；阳节不尽，轻而不可取。宜为人主，安徐而重固；阴节不尽，柔而不可迫。凡陈之道，设右以为牝，益左以为牡，蚤晏无失，必顺天道，周旋无究。"（《国语·越语下》）

范蠡提出，善于用兵的人，要效法星辰出没和四时转换的规律和节奏，不越过天道极限，到了一定的限度就停止，即遵循天道运行的常规来行事。具体而言，被动防守时多采用阴道（即暗的手法），主动进攻时采用阳道（即大张旗鼓的策略）；敌人逼近时采用柔道，敌人远离时采用刚道；但被动防守时不能过于隐蔽，主动进攻时也不能过于显露。行军用人之道没有一定的格式，需要随时根据敌情和形势来作决定：如果敌方顽强抵抗，说明他们的阳气（即有生力量）还没有耗尽，就不同他们死战；当敌方来寻我交战时，我们就坚守不战；如果准备出战，一定要利用敌方遭到灾祸的机会，还要参考其民众饥饱劳逸的状况是否有利于我。直到敌方的阳气耗尽，我方的阴气积蓄饱满（即各种暗的手法已绵密、周详），然后才可夺取胜利。采取攻势的时候，应该勇猛顽强而行动迅速；敌方阳气若没有耗尽，不要轻易攻取。采取守势的时候，应该从容不迫而稳重坚定；我方阴气没有耗尽前，虽然柔弱也不可自陷困迫。范蠡还讲究战场布阵的艺术，指出这也要依循天道，即要顺应和利用敌我力量在对抗中消长的规律。

依循天道，这在理论上说说很容易，更难也更重要的是及时精准分析形势，既大胆放弃假的时机，又敢于抓住真正的时机。句践三年（前494年），年轻气盛的句践陶醉于两年前的胜利，想贸然发动伐吴战争时，范蠡苦苦力谏，曰："夫圣人随时以行，是谓守时。天时不作，弗为人客；人事弗起，弗为之始。"（《国语·越语下》）句践不听，果致兵败，退守会稽山。文献又载：

（句践）九年正月，越王召五大夫而告之曰："昔者越国遁弃宗庙，身为穷虏，耻闻天下，辱流诸侯。今寡人念吴，犹瞽者不忘走，盲者不忘视。孤未知策谋，惟大夫诲之。"……范蠡曰："……今吴乘诸侯之威，以号令于天下，不知德薄而恩浅，道狭而怨广，权悬而智衰，力竭而威折，兵挫而军退，士散而众解。臣请按师整兵，待其坏败，随而袭之。兵不血刃，士不旋踵，吴之君臣为虏矣。臣愿大王匿声，无见其动，以观其静。"（《吴越春秋·句践归国外传》）

句践九年（前488年）是越王臣吴归来的第三年，当年的奇耻大辱时刻萦绕在句践脑际；同时，吴国争夺天下霸主的野心日益高涨，正倾力北拓，吴都姑苏出现一定空虚。当此之际，句践有心伐吴报仇，可以理解。但范蠡对吴国的形势和国力做出冷静分析，认为吴国衰象已露，但还未到最坏境地，依其"阳节不尽，轻而不可取"的理念，提出了"按师整兵，待其坏败"的建议。

时机到来之时，范蠡则劝句践及时行动，勿得迟疑；战争进行到一定时候，范蠡仍建议要适机而动，勿得急躁。文献载：

至于玄月，王召范蠡而问焉，曰："谚有之曰：'觥饭不及壶飧。'今岁晚矣，子将奈何？"范蠡对曰："微君王之言，臣故将谒之。臣闻从时者，犹救火、追亡人也，蹶而趋之，唯恐弗及。"

王曰："诺。"遂兴师伐吴，至于五湖。吴人闻之，出挑战，一日五反。王弗忍，欲许之。范蠡进谏曰："夫谋之廊庙，失之中原，其可乎？王姑勿许也。臣闻之，得时无怠，时不再来，天予不取，反为之灾。嬴缩转化，后将悔之。天节固然，唯谋不迁。"范蠡曰："……今其来也，刚彊而力疾，王姑待之。"王曰："诺。"弗与战。居军三年，吴师自溃。（《国语·越语下》）

可见，自公元前475—公元前473年，越国打败吴国的最后一次战争，其发动初始之战和长达3年之久围而不攻的困毙战，整个都是在范蠡军事思想指导下进行和取得彻底胜利的。这足见范蠡军事思想的智慧和威力。

五 范蠡经商思想

范蠡还以聚集财富的超凡本领和对待财富的超然态度，被看作当时罕见的大商人，享有"千古商祖"之誉。范蠡的经商思想十分丰富和超前。

范蠡有长期经商经验。南北朝王嘉《拾遗记》卷四载："范蠡相越，日致千金。家童闲（娴）算术者万人，收四海难得之货，盈积于越都以为器。铜铁之类，积如山阜，或藏之井堑，谓之'宝井'。……历古以来，未之有也。"离开越国以后，范蠡的经商活动更为广泛。《史记》不止一处记载：

范蠡浮海出齐，变姓名，自谓鸱夷子皮，耕于海畔，苦身戮力，父子治产。居无几何，致产数十万。齐人闻其贤，以为相。范蠡喟然叹曰："居家则致千金，居官则至卿相，此布衣之极也。久受尊名，不祥。"……怀其重宝，间行以去，止于陶。以为此天下之中，交易有无之路通，为生可以致富矣，于是自谓陶朱公。复约要父子耕畜，废居，候时转物，逐什一之利。居无何，则致赀累巨万，天下称陶朱公。（《史记·越王句践世家》）

乃乘扁舟浮于江湖，变名易姓，适齐为鸱夷子皮，之陶为朱公。朱公以为陶天下之中，诸侯四通，货物所交易也。乃治产积居，与时逐而不责于人。故善治生者，能择人而任时。十九年之中三致千金，再分散与贫交疏昆弟，此所谓富好行其德者也。后年衰老而听子孙，子孙修业而息之，遂至巨万，故言富者皆称陶朱公。(《史记·货殖列传》)

文献还载：

范子曰："……岁大败，八谷皆贵。……岁大美，八谷皆贱。……夫八谷之贱也，如宿谷之登，其明也。谛审察阴阳消息，观市之反覆，雌雄之相逐。……八谷亦一贱一贵，极而复反。……八谷贵贱更相胜。……当寒而不寒者，谷为之暴贵；当温而不[疑衍]温者，谷为之暴贱，譬犹形影、声响相闻。……夫阳动于上，以成天文；阴动于下，以成地理。审察开置之要，可以为富。"(《越绝书·越绝外传枕中》)

由上可见，范蠡的经商思想包括以下五点。第一，经商要有地理交通优势。根据《拾遗记》所载，范蠡在任句践相国时兼营商业，而且规模极大，这显然利用了"处平易之都，据四达之地"(《吴越春秋·句践归国外传》)的山阴大城地理交通优势，只有这样才能"收四海难得之货"，展开买卖。范蠡晚年经商"止于陶"，固定在今山东菏泽定陶经商。这里地处黄河中下游冲积平原中间位置和今河南、山东、安徽三大农业场区的交界范围，是西周到春秋末曹国的都城；根据史念海的研究，陶地因居于交通枢纽和富裕地区的中心，春秋战国之交繁荣发展成为当时首屈一指的经济都会。[1] 范蠡旅齐之后来此，以"此天下之中，交易有无之路通"，"陶天下之中，诸侯四通，货物

---

[1] 史念海：《释〈史记·货殖列传〉所说的"陶为天下之中"兼论战国时代的经济都会》，《河山集》，生活·读书·新知三联书店1963年版，第110—130页。

所交易也",可说是广泛比较考察后的精心选择。

第二,经商要精于物价贵贱变化之道,紧密追踪天象变迁等信息,与时逐利。经商者要明确物价总是变化的,而且变化的趋势跟一般人的感观总是相反,即"岁大败,八谷皆贵","岁大美,八谷皆贱","八谷之贱也,如宿谷之登,其明也",越是农业大丰收,主要农产品越是卖不出好价,上一年的粮食大丰收,来年初的粮食明显就会很便宜;要随时掌握市场物价涨落的变化,如同动物牝牡互相追逐一样,主要的粮食一上涨,其他物价也会跟着涨,所谓"观市之反覆,雌雄之相逐";要预知物价的贵贱起落会影响供求,供求变化又反过来逆推物价的贵贱起落,特别是粮价,"八谷亦一贱一贵,极而复反","八谷贵贱更相胜";还要判断四时气候变化对物价的影响,冬天应该冷的时候气候却不寒冷,粮价就会暴涨,春夏气温应该温暖时果然非常温暖,产量高,粮价就会暴跌。只有懂得这些规律,紧抓时机,并观察天地阴阳和天候气象的变化,从而预作准备,"候时转物","与时逐""任时","谛审察阴阳消息","审察开置之要",才能最大限度赚取利润,减少损失。

第三,经商既要货源充沛,设法组织尽可能多的商品,"收四海难得之货",还要充分借助他人帮助,大胆雇请伙伴,调动伙伴的积极性,把东家的商业活动主导角色和伙伴的辅助执行角色配合好,在同心合力中获得财富的快速增殖。尽管"家童闲(娴)算术者万人"的表述有些夸张,但从中可以想见,范蠡在越国都城经商时,一定聘请了相当大数量的助手和伙伴。在陶地经商时,范蠡亦"不责于人","能择人",据《史记》索隐,"谓择人而与人不负之",也就是善于选择经商助手,放手发挥他们的才干,并给予一定回报。范蠡经商能"居无何,则致赀累巨万","十九年之中三致千金",与其善择经商助手和伙伴紧密相关。

第四,经商者要以农业为基础或兼顾农业,保持勤劳实干的作风。《史记·越王句践世家》载范蠡经商,先言其"耕于海畔,苦身戮力,父子治产",再言其"复约要父子耕畜,废居,候时转物,逐什一之利","耕畜""废居"并列,"废居"古今注家皆以为即卖出货物和囤积货物。很明显，范蠡父子是先全力业农，积累下可观财富，后来又一边业农一边经商的。范蠡最初的财富和商业资本来源于其农耕劳作，其后来的业农与经商亦必相辅相成；无论业农还是经商，贯穿其中的还有戮力而为的吃苦精神。

第五，经商者要做财富的主人，要"富好行其德"。范蠡自己"十九年之中三致千金，再分散与贫交疏昆弟"，一再把钱财接济给穷朋友和困难兄弟；他的子孙"修业而息之，遂至巨万"，同样一边行德一边经商，也积累下巨额钱财。在范蠡和其后代看来，行德不仅不会亏富，还会使经商之路走得更坚实、宽广，因而增殖起更大、更长久和可靠的财富。

第三节　文种思想

范蠡的挚友文种，既是越国重要谋臣，也是当时著名的战略家、思想家，其丰富的政治思想是越国思想不可缺少的重要组成部分。

一　文种生平

文种，楚国都城郢（今湖北江陵）人。《史记·伍子胥列传》"越王句践乃以余兵五千人栖于会稽之上，使大夫种厚币遗吴太宰嚭以请和"，张守节《正义》引高诱注："大夫种，姓文氏，字子禽，楚之郢人。"

文种早年担任楚国北疆、距秦晋不远的宛县令，有容人之量、识人之明，对范蠡有知遇荐拔之恩。除前引《史记·越王句践世家》张守节《正义》引《会稽典录》的记载，《越王句践世家》同篇后文"令大夫种行成于吴"，《正义》又引别本《吴越春秋》载："大夫种，姓文，名种，字子禽，荆平王时为宛令。之三户之里，范蠡从犬窦蹲而吠之。从吏恐文种惭，令人引衣而鄣之。文种曰：'无鄣也。吾闻犬之所吠者人。今吾至此，有圣人之气，行而求之，来至于此；且人

· 153 ·

身而犬吠者，谓我是人也。'乃下车拜，蠡不为礼。"

"荆平王"即楚平王，他在公元前528年即位，卒于公元前516年；以其在位之中年公元前522年文种已任或将任宛令时必有25—30岁计，当生于公元前546年或公元前551年，亦即公元前548年前后。

《越绝书·越绝外传记范伯》载，二人辗转经吴入越后：

> 大夫石买，居国有权，辩口，进曰："衒女不贞，衒士不信。客历诸侯，渡河津，无因自致，殆非真贤。夫和氏之璧，求者不争贾；骐骥之才，不难阻险之路。□□□之邦，历诸侯无所售，道听之徒，唯大王察之。"于是范蠡退而不言，游于楚、越之间。大夫种进曰："昔者市偷自衒于晋，晋用之而胜楚；伊尹负鼎入殷，遂佐汤取天下。有智之士，不在远近取也；谓之帝王，求备者亡。《易》曰：'有高世之材，必有负俗之累；有至智之明者，必破庶众之议。'成大功者不拘于俗，论大道者不合于众。唯大王察之。"于是石买益疏。

范蠡遂得与文种一起受到重用。

像范蠡一样，文种对越国也有再造之功。如《越绝书·越绝外传记范伯》在上引之后所续载："其后使（石买）将兵于外，遂为军士所杀。是时句践失众，栖于会稽之山，更用种、蠡之策，得以存。……王曰：'石买知往而不知来，其使寡人弃贤。'后遂师二人，竟以禽吴。"亦如战国间燕国策士蔡泽所言："大夫种为越王深谋远计，免会稽之危，以亡为存，因辱为荣，垦草入邑，辟地殖谷，率四方之士，专上下之力，辅句践之贤，报夫差之雠，卒擒劲吴，令越成霸。"（《史记·范雎蔡泽列传》）

句践伐吴兵败，退保会稽山，是文种受命成功向吴行成，使越国得以保全。越国至吴的求和使者，除《国语·吴语》记载是诸稽郢外，《左传·哀公元年》《国语·越语上》《史记·越王句践世家》和新出清华简《越公其事》，都记载是文种。后者云：

（吴王夫差起师伐越，越王句践起师逆之。）赶登于会稽之山，乃使大夫种行成于吴师，曰："寡……不天，上帝降（祸于）越邦，不在前后，当孤之世。吾君天王，以身被甲胄，敦力毁枪，挟弪秉枹，振鸣（钟鼓以）亲辱于寡人之敝邑。寡人不忍君之武励兵甲之威，播弃宗庙，赶在会稽，寡人有带甲八千，有旬之粮。君如为惠，徼天地之福，毋绝越邦之命于天下，亦使句践继纂于越邦，孤其率越庶姓，齐滕同心，以臣事吴，男女服。四方诸侯其或敢不宾于吴邦？君如曰：'余其必灭绝越邦之命于天下，勿使句践继纂于越邦矣。'君乃陈吴甲（兵），（建钲鼓）旆旌，王亲鼓之，以观句践之以此八千人者死也。"[1]

行成之辞刚柔相济，软硬并用：如果接受求和，越国将向吴国贡献财物，并且越君率人服事于吴；如果拒绝求和，则越国将拼死抵抗。在越国生死存亡之际，文种表现出非凡的胆略与不辱使命的高超外交艺术。

在范蠡随同句践臣吴三年时，是文种独掌越国国政，为越国度过风雨飘摇时期，发挥中流砥柱的作用；在句践归来矢志复仇，苦无良策时，又是文种提出极端重要的伐吴"九术"，逐一实施"九术"，大多也是文种想出具体方案并冲在第一线。如文种献计，"吴王好起宫室，用工不辍，王选名山神材，奉而献之"，越王"乃使大夫种献之于吴"；句践十三年（前484年），文种献计，"君王自陈越国微鄙，年谷不登，愿王请籴"，"越乃使大夫种使吴"，"吴王乃与越粟万石"；次年，"越王粟稔，拣择精粟而蒸还于吴，复还斗斛之数，亦使大夫种归之吴"（《吴越春秋·句践阴谋外传》）。

在越、吴对决的最后一刻，文种亦发挥彻底致敌于死地的关键作用。《吴越春秋·夫差内传》载，越军攻破姑苏，文种历数夫差六大罪状，使其意图逃死的内心崩溃；夫差不愿自尽，"大夫种曰：'君被

---

[1] 李学勤主编：《清华大学藏战国竹简（柒）》下册，中西书局2017年版，第114—117页。

五胜之衣，带步光之剑，仗屈卢之矛，瞋目大言以执之。'越王曰：'诺！'乃如大夫种辞吴王曰：'诚以今日闻命。'言有顷，吴王不自杀。越王复使谓曰：'何王之忍辱厚耻也？世无万岁之君，死生一也。今子尚有遗荣，何必使吾师众加刃于王？'吴王仍未肯自杀"，"越王复瞋目怒曰：'死者，人之所恶。恶者，无罪于天，不负于人。今君抱六过之罪，不知愧辱而欲求生，岂不鄙哉？'吴王乃太息，四顾而望，言曰：'诺！'乃引剑而伏之死"。

惜文种晚年听从范蠡之言，身为相国，长时间不理朝政，终于在句践三十年（前467年）被赐死[①]，享年约82岁。

但文种毕竟有大恩大功于越国，故越王葬文种于国之西山（即今绍兴市区卧龙山，又叫府山）。后来人们为了怀念他，将此山改叫种山（今浙江绍兴城内），民间还形成了文种魂魄化为怒涛之说。《吴越春秋·句践伐吴外传》载："（文种）葬一年，伍子胥从海上穿山胁而持种去，与之俱浮于海。故前潮水潘侯者，伍子胥也；后重水者，大夫种也。"

二 文种政治思想

（一）爱民重贤

在政治活动的"为了谁""依靠谁"问题上，文种主张一方面要爱民亲民，另一方面要重贤择士。

句践继位之初，不爱其民，唯乐是图，又仓促伐吴，兵败入吴为奴。侥幸归来后，句践复仇心切，文种劝谏其大力爱民，以获得民众的广泛支持和拥护。文献载：

> 越王遂师八臣与其四友，时问政焉。大夫种曰："爱民而已。"越王曰："奈何？"种曰："利之无害，成之无败，生之无

[①] 《吴越春秋·句践伐吴外传》载文种被赐死的时间在句践二十五年，这与该篇载越王句践二十七年卒，均误。

杀，与之无夺。"越王曰："愿闻。"种曰："无夺民所好，则利也；民不失其时，则成之；省刑去罚，则生之；薄其赋敛，则与之；无多台游，则乐之；静而无苛，则喜之。民失所好，则害之；农失其时，则败之；有罪不赦，则杀之；重赋厚敛，则夺之；多作台游以罢民，则苦之；劳扰民力，则怒之。臣闻善为国者，遇民如父母之爱其子，如兄之爱其弟，闻有饥寒为之哀，见其劳苦为之悲。"(《吴越春秋·句践归国外传》)

文种不仅旗帜鲜明提出"爱民"主张，强调"遇民如父母之爱其子，如兄之爱其弟，闻有饥寒为之哀，见其劳苦为之悲"，把民众的温饱、辛劳挂在心上，还提出"利""成""生""与""乐""喜"等六要，以及"害""败""杀""夺""苦""怒"等六不要，总共十二条行动纲领，涵盖了民众生活的主要方面和核心诉求。

可以说，爱民亲民是文种一以贯之的主张，文种也因此赢得很好口碑。句践入吴前，欲托付国事于诸臣时，文献载：

大夫皋如曰："臣闻大夫种忠而善虑，民亲其知，士乐为用。今委国一人，其道必守。……"大夫曳庸曰："大夫文种者，国之梁栋，君之爪牙。夫骥不可与匹驰，日月不可并照，君王委国于种，则万纲千纪无不举者。"……大夫种曰："夫内修封疆之役，外修耕战之备；荒无遗土，百姓亲附：臣之事也。"(《吴越春秋·句践入臣外传》)

王曰："蠡为我守于国。"对曰："四封之内，百姓之事，蠡不如种也。四封之外，敌国之制，立断之事，种亦不如蠡也。"王曰："诺。"令大夫种守于国，与范蠡入宦于吴。(《国语·越语下》)

大夫皋如推崇文种"民亲其知（智）"，范蠡赞许文种善理"四封之内，百姓之事"，文种自己亦将"百姓亲附"视为自己的职责。

重要的是，文种的爱民亲民"六要六不要"行动纲领，以"无夺

· 157 ·

民所好""民不失其时""薄其赋敛""静而无苛"为重点,强调使民众自我发展,国家不伤害,不干扰,不折腾,这些都是从国家无为而为的角度而言的,还比较消极;文种还从积极角度提出,要组织开展大规模的农耕生产,大规模开垦荒地,向大地要产出和财富,使"荒无遗土",让荒野没有遗弃的土地。可见文种的爱民亲民主张并非空洞口号,而有一系列系统工程为之支撑。

文种的这些爱民亲民主张,为越国反败为胜奠定了内在坚实基础。《吴越春秋·句践归国外传》即在上引文种提出十二条爱民纲领后续载:"越王乃缓刑薄罚,省其赋敛。于是人民殷富,皆有带甲之勇。"

皋如建议句践将国事委任于文种一人时,推崇其三大优点之一是"士乐为用",这与《会稽典录》载文种曾笑评狂士范蠡,"吾闻士有贤俊之姿,必有佯狂之讥;内怀独见之明,外有不知之毁",显示出文种早年即有善识贤才的眼光和宽待贤才的胸怀,紧密相关。

文种主张,日常治国就要高度重视人才的培养与任用。在句践兵败图存之初,他即上谏养贤择士,谋求为越国复兴造就大量"谋臣与爪牙之士"。文献载:

> 越王句践栖于会稽之上,乃号令于三军曰:"凡我父兄昆弟及国子姓,有能助寡人谋而退吴者,吾与之共知越国之政。"大夫种进对曰:"臣闻之贾人,夏则资皮,冬则资絺,旱则资舟,水则资车,以待乏也。夫虽无四方之忧,然谋臣与爪牙之士,不可不养而择也。譬如蓑笠,时雨既至必求之。今君王既栖于会稽之上,然后乃求谋臣,无乃后乎?"句践曰:"苟得闻子大夫之言,何后之有?"执其手而与之谋。(《国语·越语上》)

爱民亲民,解决的是政治活动的出发点问题;重贤养士,解决的是设法扩大政治活动主体和提高政治活动效率的问题,两者解决的都是政治活动中"人"的问题。

(二)顺天抱术

在面临重大政治抉择、谋划重要政治进程的"怎么办""以何办"问题上，文种主张一方面要顺应"天命"，遵从天道；另一方面要善谋"术策"，倾敌取国，欲王欲霸，都离不开妙术。

文种认为，天命决定一切，人应顺从天命，依天命而行事；国家兴衰、人事变化亦是如此，盛极衰至，否极泰来。这主要指处在重大历史节点之时。

吴王夫差伐越，文种建议越王句践顺从天命，忍辱求和；越王兵败去国时十分绝望，文种又以天将佑助、其后无殃加以劝慰，建议且去吴国。文献载：

> 吴王夫差起师伐越，越王句践起师逆之。大夫种乃献谋曰："夫吴之与越，唯天所授，王其无庸战。……王不如设戎，约辞行成，以喜其民，以广侈吴王之心。吾以卜之于天，天若弃吴，必许吾成而不吾足也，将必宽然有伯诸侯之心焉。既罢弊其民，而天夺之食，安受其烬，乃无有命矣。"(《国语·吴语》)

> 越王句践五年五月……入臣于吴，群臣皆送至浙江之上。……大夫文种前为祝其词曰："皇天祐助，前沉后扬。祸为德根，忧为福堂。威人者灭，服从者昌。王虽牵致，其后无殃。……"越王仰天太息，举杯垂涕，默无所言。种复前祝曰："……乾坤受（授）灵，神祇辅翼。……去彼吴庭，来归越国。"(《吴越春秋·句践入臣外传》)

文种将吴、越兴衰视为天命运转，认为越国只要顺从天命即可。现在吴伐越乃是天将弃之，必先予之，将来吴国贪心不足，"必宽然有伯诸侯之心"，从而"罢弊其民"；那时上苍将会惩罚吴国，让吴国变成一堆灰烬，而越国会重获天命眷顾，越国国运将是"前沉后扬"。

当伐吴时机到来之时，文种则劝句践及时行动，勿得迟疑；在围困吴都最后时刻，文种更认为吴天命已尽，建议越王句践对夫差实行"天杀"。文献载：

> 吴王夫差还自黄池，息民不戒，越大夫种乃唱谋曰："吾谓

吴王将遂涉吾地，今罢师而不戒以忘我。我不可以怠也。日臣尝卜于天，今吴民既罢，而大荒荐饥，市无赤米，而囷鹿空虚，其民必移就蒲蠃于东海之滨。天占既兆，人事又见，我蔑卜筮矣。王若今起师以会，夺之利，无使夫悛。……'越王曰：'善哉！'乃大戒师，将伐吴。"（《国语·吴语》）

须臾，越兵至，围吴三重。……大夫种书矢射之，曰："上天苍苍，若存若亡。越君句践下臣种敢言之：昔天以越赐吴，吴不肯受，是天所反。句践敬天而功，既得返国。今上天报越之功，敬而受之，不敢忘也。且吴有大过六，以至于亡，王知之乎？……昔越亲戕吴之前王，罪莫大焉，而幸伐之，不从天命而弃其仇，后为大患，大过六也。越王谨上刻青天，敢不如命？"大夫种谓越君曰："中冬气定，天将杀戮。不行天杀，反受其殃。"（《吴越春秋·夫差内传》）

文种认为当年"天以越赐吴，吴不肯受，是天所反"，"不从天命而弃其仇"，夫差违背天意，不从天命，故受其患；今句践当从天命，一举灭了吴国。

"顺从天命"毕竟只是一种很抽象的政治行动理念。处在重大历史节点之时，如何顺从天命，更有效地遵从天道；或者如何谋划一个较长远的历史进程，以创造一个新的重大历史节点，更有赖于一定政治智慧。这就是谋国之术。文种认为，治国理政、迎接挑战，最重要的还是要有基于深思熟虑的顶层术策、系统方略。文献载：

越王曰："吾以谋士效实、人尽其智，而士有未尽进辞，有益寡人也。"计然曰："范蠡明而知内，文种远以见外。愿王请大夫种与深议，则霸王之术在矣。"越王乃请大夫种而问曰："吾昔日受夫子之言，自免于穷厄之地。今欲奉不羁之计，以雪吾之宿雠，何行而功乎？"……大夫种曰："夫欲报怨复雠、破吴灭敌者，有九术，君王察焉。"……大夫种曰："夫九术者，汤、文得之以王，桓、穆得之以霸，其攻城取邑，易于脱屣。愿大王览之。"种曰:"一曰尊天事鬼,以求其福。二曰重财币以遗其君,多货赂以喜其臣。三曰贵籴粟槁以虚其国,利所欲以疲其民。四曰遗美女以惑其心而乱其谋。五曰遗之巧工良材,使之起宫室以尽其财。六曰遗之谀臣,使之易伐。七曰强其谏臣,使之自杀。八曰君王国富而备利器。九曰利甲兵以承其弊。凡此九术,君王闭口无传,守之以神,取天下不难,而况于吴乎?"(《吴越春秋·句践阴谋外传》)

从计然的话可以知道,文种差不多是越国群臣中善谋"霸王之术"之第一人。文种本人也自信以为,"九术者,汤、文得之以王,桓、穆得之以霸,其攻城取邑,易于脱屣"。细按九术内容,中心就是强我弱敌。强我,以精神心理层面为发端(第一术,大败之后,非常重要),以扎实壮大越国物力和战力为中心和根本保证(第八、第九术);弱敌,既以绵密常规手段解决其君其臣,惑其心志,乱其关系(第二、第四、第六、第七术),又穿插以非常办法根本消耗吴国国力,釜底抽薪(第三、第五术)。这是文种自越国大败以来全面考虑各种因素之后,为积极推动敌我双方力量对比发生根本转折,而提出的系统方略。

句践赐死文种时曾说,"子有阴谋兵法,倾敌取国。九术之策,今用三已破强吴"(《吴越春秋·句践伐吴外传》),足见越国上下对"九术"的折服;但"九术之策,今用三"一说,不合事实。实际上,越破强吴,文种九术均发挥了重要作用。

综合来看,顺应天命与善谋术策,两者都要求有长远眼光和大局观。不同的是,前者实际强调的是顺应一个大的形势,在业已形成的历史趋势面前不可贸然行动或迟滞不动;后者强调的是要有非常谋略,即句践所说的"不羁之计",来积极创造一种新的历史局面。两者都是解决政治活动中"事"的问题。

总之,如何解决好政治活动中"人"的问题和"事"的问题,文种为后人留下了丰富历史经验。

第四节　计然思想

计然是越王句践手下除范蠡、文种之外的另一重臣，堪称越国第一财经专家，提出了一系列财经理论，有力促进越国经济的发展，也是越国重要政治家、思想家。

一　计然生平

与文种一样，计然也是范蠡的师长辈人物，也是因历史的风云际会辗转入越，从而建功立业、彪炳史册的移民。

计然，《史记·货殖列传》作"计然"，《越绝书》《吴越春秋》作"计倪"（《吴越春秋》后世传本又作"计砚"），生卒年未详，早年事迹比较模糊。《史记·货殖列传》"昔者越王句践困于会稽之上，乃用范蠡、计然"，裴骃《集解》引徐广曰："计然者，范蠡之师也，名研。"又引《范子》云："计然者，葵丘濮上人，姓辛氏，字文子，其先晋国亡公子也。尝南游于越，范蠡师事之。"司马贞《索隐》引韦昭云："计然，范蠡师也。"又引蔡谟云："《吴越春秋》谓之计倪，《汉书·古今人表》计然列在第四，则'倪'之与'研'，是一人声相近而相乱耳。"《汉书·货殖传》颜师古注亦云："计然者，濮上人也。博学无所不通，尤善计算。尝南游越，范蠡卑身事之。其书则有《万物录》，著五方所出，皆直述之事，见《皇览》及《晋中经簿》。《吴越春秋》及《越绝书》并作计倪，此则'倪''研'及'然'声皆相近，实一人耳。"唐马总《意林》卷一著录《范子》十二卷云："计然者，葵丘濮上人，姓辛，名文子，其先晋国公子也。为人有内无外，形状似不及人；少而明，学阴阳，见微而知著。其行浩浩，其志沈沈，不肯自显诸侯，阴所利者七国，天下莫知，故称曰'计然'。时遨游海泽，号曰'渔夫'。"

由上可见，计然，因同名声近相乱的缘故，又名计研、计倪，是春秋时期宋国葵丘濮上（今河南商丘兰考、民权一带）人，先人为晋国流亡公子。或许受到家学和家风影响，计然"少而明，学阴阳，见微而知著"，颇富才学；又"有内无外，形状似不及人"，"其行浩浩，其志沈沈，不肯自显诸侯"，"时遨游海泽"，与早年的山中狂士范蠡颇相伯仲，故被后者引为同调而师事之。但《吴越春秋·句践阴谋外传》明载，句践十年责问群臣何以没有可用之人，"于是计砚年少官卑，列坐于后，乃举手而趋"，抗声予以反驳。次年，句践又向计然讨教后惊叹："何子之年少于物之长也！"计然也坦然回答："有美之士，不拘长少。"显然，计然是越国群臣中最年轻官卑的一位，年龄自然比范蠡要小不少。这样看来，范蠡之师事计然，全在其所掌握的"道"。

计然的"道"，即他的知识、思想、理论及谋国策略，深刻地影响了越国复兴的进程。《史记·货殖列传》即载："范蠡既雪会稽之耻，乃喟然而叹曰：'计然之策七，越用其五而得意。既已施于国，吾欲用之家。'"现存主要记载越国救亡图存、灭吴崛起历史经验的《越绝书》，为范蠡、文种设立的专篇分别只有《越绝外传记范伯》、《越绝内经九术》各一篇，为计然设立的专篇却有《越绝计倪内经》、《越绝外传计倪》等二篇。计然作为越国智囊的突出地位，由此可见一斑。

计然的"道"，来自他对先进思想的学习，也来自他在广泛游历中对诸侯各国兴衰利弊形势的冷静洞察，如所谓"遨游海泽"，"阴所利者七国"，还与他有一定政治、经济实践活动相关。《越绝书·越绝计倪内经》即载，计然在回复句践的咨询时曾说："尝言息货，王不听臣，故退而不言，处于吴、楚、越之间，以鱼三邦之利。"

遗憾的是，在越国灭吴，北上成为中原霸主之后，范蠡放出越王"长颈鸟喙"舆论，并执意远隐而去。"自是之后，计砚佯狂"（《吴越春秋·句践伐吴外传》），不知所终。计然的佯狂隐没，显然受到范蠡言行的影响，也可能与越国统治中枢北移，大幅逼近其出身之国宋国和先人之国晋国相关。

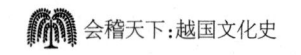

二 计然哲学思想

计然思想十分丰富、驳杂,含哲学思想、政治思想、经济思想等多方面。

根据哲学史家的研究,战国之前中国哲人的气论、阴阳论、五行论,有一个各自发展又逐渐融合,形成为解释宇宙万物构造和发展变化规律,影响中国传统文化至大至深的阴阳五行说的过程,其中阴阳思想和五行思想合流时间的上限,当在战国中期,最早亦不过春秋晚期。① 计然兼具气论、阴阳论、五行论,对照这一哲学思想演进逻辑,显然处在中国气论、阴阳论、五行论合流的发端时期。

如计然之论"气"与"阴阳":

> 计砚对曰:"……必察天地之气,原于阴阳,明于孤虚,审于存亡,乃可量敌。"越王曰:"天地存亡,其要奈何?"计砚曰:"天地之气,物有死生。原阴阳者,物贵贱也;明孤虚者,知会际也;审存亡者,别真伪也。"(《吴越春秋·句践阴谋外传》)

计然认为,天地之中有气,气生万物,万物有阴阳,阴阳有对立。这就是气本论和阴阳对立论,是朴素唯物论和辩证法。

又如其专论"阴阳",兼及五行:

> 越王曰:"善!论事若是其审也。物有妖祥乎?"计倪对曰:"有。阴阳万物,各有纪纲。日月、星辰、刑德,变为吉凶;金木水火土更胜,月朔更建。莫主其常,顺之有德,逆之有殃。是故圣人能明其刑而处其乡,从其德而避其衡。凡举百事,必顺天地四时,参以阴阳;用之不审,举事有殃。人生不如卧之顷也,欲变天地之常,数发无道,故贫而命不长。是圣人并苞而阴行

---

① 彭华:《阴阳五行研究·先秦篇》上册,吉林人民出版社2011年版,第203—206页。

之，以感愚夫。众人容容，尽欲富贵，莫知其乡。"越王曰："善。请问其方。"计倪对曰："从寅至未，阳也。太阴在阳，岁德在阴，岁美在是。圣人动而应之，制其收发。"(《越绝书·越绝计倪内经》)

所谓"阴阳万物，各有纪纲"云云，指天地阴阳万物都有其法则。这个法则就是不断处在矛盾运动中，日月、星辰、刑德都在运动变化中走向凶或吉；金、木、水、火、土五行之间亦相生相克，旧月结束，新月开始。所谓"莫主其常"云云，即没有人能改变天地万物的自然规律；人类做任何事情，都必须顺应天地四时的运行规律，对阴阳变化作详细考察。圣人能了解这种变化的规律，始终处在正确的行动方向上，利用天地变化的规律受益，而不致遭到规律的惩罚；人生不像小睡一会儿可以胡思乱想一样，想改变天地阴阳万物运行的常道，总是做出违背规律的举动，只会使自己陷入绝境。至于如何考察天地阴阳变化和对应之道，计然举例指出，太岁运行从寅位到未位的六年属于阳；太岁运行在阳，那么岁星运行在阴，这几年年景就会好；圣人于是采取行动来应对阴阳的变化，作出取舍进退。诚如冯友兰所言，计然的这些思想"包含有唯物主义因素"，"计然不说'天'而说'天地'，这是很可注意的"，"'天地之常'就是自然界的规律。'阴阳万物'、'日月星辰'、'五行'都有规律。人能遵循这些规律，做事就可成功；反背这些规律，就必定要失败。遵循规律叫做'有道'，违反规律叫做'无道'"，计然"强调自然界的客观规律，不谈有意志的'天'，这是他的唯物主义思想的表现"[①]。就五行与阴阳的关系而言，计然把"金木水火土更胜"，看作"阴阳万物，各有纪纲"的表现之一，五行亦即天地万物阴阳变化中最具代表性的五种元素，这是朴素唯物论的细化表达。

又如其论五行：

[①] 冯友兰：《冯友兰文集》第8卷《中国哲学史新编》第1册（修订版），长春出版社2017年版，第138页。

计倪对曰："……臣闻炎帝有天下，以传黄帝。黄帝于是上事天，下治地。故少昊治西方，蚩尤佐之，使主金；玄冥治北方，白辨佐之，使主水；太皞治东方，袁何佐之，使主木；祝融治南方，仆程佐之，使主火；后土治中央，后稷佐之，使主土。并有五方，以为纲纪。"……计倪对曰："太阴三岁处金则穰，三岁处水则毁，三岁处木则康，三岁处火则旱。"（《越绝书·越绝计倪内经》）

计然曰："……故岁在金，穰；水，毁；木，饥；火，旱。"（《史记·货殖列传》）

计然不仅用五行配年，还用五行配方位；五行配方位中主宰是少昊、玄冥、太皞、祝融、后土等五位天帝，因而形成实际上的五行配帝说。这就为战国中期邹衍以五德配朝代，土德配黄帝、木德配大禹、金德配商汤、火德配周文王、水德旺的朝代将取代周，提出土、金、木、火、水五德终始说，认为改朝换代就是五德的相生相克和终始循环，开启了认知法门。

就此而言，计然是把五行说从世界观、本体论推向历史逻辑、认识论的早期发轫者之一，发展了他的朴素唯物论和辩证法，在一定程度上又陷入历史循环论和宿命论。但直到宋代以后，五德终始说才逐渐退出思想圈，由此可见计然五行配帝说的深刻影响。

当然，计然提出这些哲学思想，提出这些"天地之常"，是有目的的，是要"圣人动而应之"，即顺应天道而在政治上积极有为。

三 计然政治思想

计然政治思想亦十分丰富，与范蠡、文种政治思想有相通之处，但提出角度、论述重点、鲜明程度，又具自己特色。

（一）行仁用贤

计然提出统治国家的根本路径有三：行仁政，用贤士，正君身；正君身是个关键的促进因素，目的也在行仁政，用贤士；而行仁政能否落到实处，归根到底还在于能否用贤士。所以，用贤士是治国理政根本中的根本，关系全局，最为重要。

文种在这方面的一次集中言论，《越绝书·越绝外传计倪》《吴越春秋·句践阴谋外传》均进行了比较详尽的记载。前者载，句践臣吴归来不久，意图询策伐吴，但群臣默然无对：

> 王曰："夫主忧臣辱，主辱臣死，何大夫易见而难使也？"计倪官卑年少，其居在后，举首而起，曰："殆哉！非大夫易见难使，是大王不能使臣也。"王曰："何谓也？"计倪对曰："夫官位财币，王之所轻；死者，是士之所重也。王爱所轻，责士所重，岂不艰哉？"王自揖，进计倪而问焉。
>
> 计倪对曰："夫仁义者，治之门；士民者，君之根本也。阖门固根，莫如正身。正身之道，谨选左右。左右选，则孔主日益上；不选，则孔主日益下。二者贵质浸之渐也。愿君王公选于众，精炼左右，非君子至诚之士无与居家，使邪僻之气无渐以生。仁义之行有阶，人知其能，官知其治。……故明主用人，不由所从，不问其先，说取一焉。是故周文、齐桓，躬于任贤；太公、管仲，明于知人。今则不然，臣故曰殆哉。"
>
> 越王勃然曰："孤闻齐威（桓）淫泆，九合诸侯，一匡天下，盖管仲之力也。寡人虽愚，唯在大夫。"计倪对曰："齐威（桓）除管仲罪，大责任之，至易。……太公九十而不伐，磻溪之饿人也，圣主不计其辱，以为贤者。一乎仲，二乎仲，斯可致王，但霸何足道！桓称仲父，文称太公，计此二人，曾无跬步之劳、大呼之功，乃忘弓矢之怨，授以上卿。……今置臣而不尊，使贤而不用，譬如门户像设，倚而相欺，盖智士所耻，贤者所羞。君王察之。"

《越绝书·越绝外传计倪》又载计然进言后的成效："越王大愧，乃坏池填堑，开仓谷，贷贫乏；乃使群臣身问疾病，躬视死丧"，这是大行仁政；"不厄穷僻，尊有德"，这是用贤士；"与民同苦乐，激河泉井，示不独食"，这是正君身。结果，"行之六年，士民一心，不谋同辞，不呼自来，皆欲伐吴，遂有大功而霸诸侯"。

计然两次使用"殆哉"的严峻措辞，直言批评越国大败以来的内外困境，症结在于"大王不能使臣"。第一次使用这一严峻措辞，揭示"大夫易见而难使"的原因，在于"王爱所轻，责士所重"，提出君身不正，导致"大王不能使臣"的现实。第二次使用这一严峻措辞，则全面摆出自己关于国家治理的系统思考，即"夫仁义者，治之门；士民者，君之根本也；阖门固根，莫如正身"。仁义的重要不言而喻，故计然未多着墨，只附带提到，"仁义之行有阶，人知其能，官知其治"，即施行仁义要讲步骤和阶段，要让众多人、众多官员在施行仁政中发挥作用，这就把行仁政与用贤士联系起来，指出施行仁义有赖于用贤士。计然强调正君身的重要，认为是"阖门固根"的关键。正君身之道在轻财，更在远离小人，所以要"谨选左右，左右选，则孔主日益上；不选，则孔主日益下。二者贵质浸之渐也"。选择得当，君王的精神境界就会一天比一天高尚，否则会一天比一天下降，高尚还是下降都是思想精神逐渐变化的结果。将"谨选左右"扩大提升，就是"公选于众，精炼左右"，这就从正君身走向用贤士，即正君身的必然走向是用贤士；反过来，"非君子至诚之士无与居家，使邪僻之气无渐以生"，用贤士可以进一步强化正君身。计然对如何用贤士进行了深入思考，总结了历史的经验，也尖锐指出句践用贤的要害。计然提出，"明主用人，不由所从，不问其先，说取一焉"，用贤要不问出身，不管原来是谁的关系，不管先来后到，喜欢、择取的标准是一样的，即是不是真正贤者，有没有真正才能，就像周文王任用九十岁还是磻溪饿夫的姜太公，齐桓公任用曾有一箭之怨的管仲，这是其一。其二，因为贤人"明于知人"，贤人还会任用其他贤人，所以，"大责任之，至易"，给贤人重责重权，国事处理一切就将极为容易，就像姜太公、管仲在被重用前不曾对君主有半点奔走呼号的功劳，可是一当重用，就被君主全权托付，齐桓公任用管仲后遇到大事，总是说"找仲父吧""找仲父吧"，管仲果真发挥了一匡天下作用一样。句践用贤的毛病，在"置臣而不尊，使贤而不用"，没有做到以上第二点，使所用之贤如同门口虚设的画像无声无息，没有任何生机和权利，还任由别人倚靠侮辱。

《越绝书·越绝外传计倪》专为记载这次对话而设，《吴越春秋·句践阴谋外传》亦将计然对句践所说的这番理论当作句践复国之首谋；按计然的进一步提议，句践才从文种那里找到伐吴"九术"。凡此足见计然用贤士政治思想对越国兴衰的影响。

(二) 蓄积劝农

物力是国力的基础，是国家生存和发展的基本保障；物力中最基本的又是衣食之资，只有拥有足够的粮食等生存物资，国家才能展开重大军政活动，否则，一切都是空话。因此，计然提出，国家蓄积衣食之资极端重要，这是发动战争的前提，也是防备民众灾荒的需要；国家蓄积衣食之资的主要途径，一是薄敛于民，二是发展农业生产。

《越绝书》十分重视计然这一政治思想，其《越绝计倪内经》开篇即专记计然在这方面与越王句践的一次对话：

> 昔者，越王句践既得反国，欲阴图吴，乃召计倪而问焉，曰："吾欲伐吴，恐弗能取。……以敌攻敌，未知谁负。大邦既已备，小邑既已保，五谷既已收，野无积庾，廪粮则不属，无所安取？……吾闻先生明于时交，察于道理，恐动而无功，故问其道。"计倪对曰："是固不可。兴师者必先蓄积食、钱、布、帛。不先蓄积，士卒数饥，饥则易伤，重迟不可战；战则耳目不聪明，耳不能听，视不能见，什部之不能使，退之不能解，进之不能行。饥馑不可以动，神气去而万里，伏弩而乳，郅头而皇皇，强弩不毂，发不能当。旁军见弱，走之如犬逐羊；靡从部分，伏地而死，前顿后僵。……王兴师以年数，恐一旦而亡，失邦无明，筋骨为野。"
>
> 越王曰："善！请问其方。吾闻先生明于治岁，万物尽长。欲闻其治术，可以为教常。子明以告我，寡人弗敢忘。"计倪对曰："人之生无几，必先忧积蓄，以备妖祥。凡人生或老或弱，或疆或怯，不早备生，不能相葬。王其审之。必先省赋敛，劝

农桑,饥馑在问,或水或塘,因熟积以备四方。师出无时,未知所当,应变而动,随物常羊。卒然有师,彼日以弱,我日以强。……慎无如会稽之饥,不可再更。王其审之。"

《吴越春秋·句践阴谋外传》亦载:

越王深念永思,惟欲伐吴,乃请计砚问曰:"吾欲伐吴,恐不能破,早欲兴师,惟问于子。"计砚对曰:"夫兴师举兵,必且内蓄五谷,实其金银,满其府库,励其甲兵。……乃可量敌。"……计砚曰:"春种八谷,夏长而养,秋成而聚,冬畜而藏。夫天时有生而不敷种,是一死也;夏长无苗,二死也;秋成无聚,三死也;冬藏无畜,四死也。虽有尧、舜之德,无如之何。夫天时有生,劝者老,作者少,反气应数,不失厥理,一生也;留意省察,谨除苗秽,秽除苗盛,二生也;前时设备,物至则收,国无逋税,民无失穗,三生也;仓已封涂,除陈入新,君乐臣欢,男女及信,四生也。"

句践因野外找不到堆积的粮食,仓库的军粮供应不上,担忧仓促伐吴不会取胜,引发计然关于蓄积粮食等生存物资与战争及和平关系,以及如何蓄积粮食等生存物资的系统思考。计然提出,"兴师者必先蓄积食、钱、布、帛",不蓄积粮食等生存物资,本来就不该发动战争;不蓄积粮食等生存物资,士兵就会经常挨饿,挨饿无力冲杀、反抗就会容易受伤,或行动迟缓无法作战;即使勉强作战,战士耳朵不灵敏,眼睛看不见,指挥官指挥不了部下,退却时摆脱不了敌人的追击,进攻时又不能有效前进。饥荒之年更不可发动战争,战士长期饿着肚子没有精神,若勉强驱使他们远赴万里作战,只能俯伏在弩机上像吃奶的小孩一动也不敢动,连抬头也惶惶不安,强弩拉不满,射出去的箭抵挡不了敌人的进攻;敌军看到我军孱弱无力,会像猎犬追逐羊羔一样追击过来,跑得不快的士兵只能伏地而死,一批接一批倒下。这是强调没有蓄积足够的粮食等生存物资,以及饥荒之年，不可以发动战争；越王想兴师伐吴已有好几年时间，如果准备不充分，蓄积军粮不足，恐怕一个早上就把国家断送了，那时丢掉江山、越国前途渺茫不说，句践的尸骨也将永远抛弃在荒野无人收拾。总之，计然分析了不蓄积粮食等生存物资不利发动战争的种种情形，这是就蓄积与战争的关系而言。

就蓄积与和平的关系而言，计然指出，在国家层面，荒年难以避免，"必先忧积蓄，以备妖祥"，一定要为灾荒之年的到来预作准备，趁早蓄积粮食等生存物资；在个体层面，人生有限，并不总是平平安安，而有生老病死的艰难，也要预作准备，"不早备生，不能相葬"。计然提出，蓄积之道，在于国家少敛于民，"必先省赋敛"；更在于"劝农桑"，大力发展农业，"饥馑在问，或水或塘，因熟积以备四方"，乘饥荒的苗头已露但还没有真正到来，及时疏浚河道或筑起堤坝，在兴修水利的基础上争取农业丰收，蓄积尽可能多的粮食以防备四方有事，千万不要再出现会稽山大败缺粮的情况；"内蓄五谷"是第一等重要之事，秘诀在于把握好农业生产的四大环节，确保"春种八谷，夏长而养，秋成而聚，冬畜而藏"，逆之者有四死，顺之者有四生。

四　计然经济思想

如前所引，《越绝书·越绝计倪内经》载句践自吴归国，向计然咨询复国大略，计然说道："尝言息货，王不听臣，故退而不言，处于吴、楚、越之间，以鱼〔渔〕三邦之利。"可见入越初期的计然曾建议通过发展商业来增殖越国财货，壮大越国对抗吴国的物力；但越王句践并未采纳，计然只好弃官，自行在越、楚、吴三国之间做了一段时间的"国际贸易"。

计然未获越国重用时，"处于吴、楚、越之间，以鱼〔渔〕三邦之利"的获利成效，史无明言。但越王句践在复兴越国过程中，以及后来范蠡退出越国政坛去中原经商，是深切体会到计然经济思想的威力的。《吴越春秋·句践阴谋外传》载句践按计然画策而行，大力蓄积粮食等生存物资，并辅以商业手段，从而使国家物力不断壮大的主要策略和成效:"虚设八仓,从阴收著,望阳出粜,策其极计,三年五倍,越国炽富。句践叹曰:'吾之霸矣。善!计砚之谋也。'"可见计然经济思想给越国的国家商业行为带来了"三年五倍"的"炽富",即暴富收益。《史记·货殖列传》又载:"范蠡既雪会稽之耻,乃喟然而叹曰:'计然之策七,越用其五而得意。既已施于国,吾欲用之家。'……乃治产积居,与时逐而不责于人。……十九年之中三致千金。"既往论者皆认为这段话的要义在于,范蠡把老师计然的治国方略运用到个人的经商致富上,由此取得巨大成功。其实,这段话还包含着更基本的含义,即范蠡在齐、陶的经商很可能还发挥了计然的经济思想,借鉴了计然的经商经验。

丰富的经济和商业实践经验,晋国流亡公子的家学渊源,以及南北诸国游历的洞察所见,这些因素使计然形成了当时比较深刻、系统的经济和商业思想。如根据《越绝书·越绝计倪内经》的记载,计然曾凭五行来考察天地兴衰,提出:"太阴三岁处金则穰,三岁处水则毁,三岁处木则康,三岁处火则旱。……天下六岁一穰,六岁一康,凡十二岁一饥。"从其所处的时代背景来说,所言实际上就是农业丰歉循环论。因上古经济的主体是农业,故农业丰歉循环论又可看作当时总体的经济循环论。经济循环论,有学者认为,"此为计然最伟大之贡献,又即计然经济思想最重要之部分";近代西洋经济学家始集中关注经济循环现象,"吾国有人焉,于二千年前,导其先河者,则计然也"[1]。

我们认为,范蠡最重要的经济思想还是他的商业思想——"息货"说。

计然早期的"尝言息货",史料一笔带过,内容不知其详;在越国隐忍沉潜、勠力报仇崛起过程中的"息货"理论,文献可谓一再言之。这是计然的商业思想,也是整个越国的商业指导思想。分析文献,有以下两大要点。

---

[1] 唐庆增:《中国经济思想史》("中华现代学术名著丛书"),商务印书馆2017年版,第409页。

（一）"重商论"

国家治理以财富增殖为根本前提，故农业重要，商业也重要，必须农末兼营，农末俱利，其中关键抓手就是做好价格管控，做好市场。《越绝书·越绝计倪内经》载其言曰："籴，石二十则伤农，九十则病末。农伤则草木不辟，末病则货不出。故籴，高不过八十，下不过三十，农末俱利矣。故古之治邦者，本之货物，官市开而至。……甲货之户曰粢，为上物，贾七十。乙货之户曰黍，为中物，石六十。丙货之户曰赤豆，为下物，石五十。丁货之户曰稻粟，令为上种，石四十。戊货之户曰麦，为中物，石三十。己货之户曰大豆，为下物，石二十。庚货之户曰穱，比疏（蔬）食，故无贾。辛货之户曰果，比疏（蔬）食，无贾。壬、癸无货。"《史记·货殖列传》载计然之论，亦有："夫粜，二十病农，九十病末。末病则财不出，农病则草不辟矣。上不过八十，下不减三十，则农末俱利。平粜齐物，关市不乏，治国之道也。"

两处记载，包含以下四个要点。

1. "古之治邦者，本之货物。"国家治理以物质财富为根本，也就是以物质财富的经营、增殖为前提为基础。"货物"即处于交易状态、面临增殖前景的财富；没有财富的不断积累、增殖，就没有强大的国家物力，国家治理的一切举措都将失去凭借。

2. "农末俱利。"国家物质财富的不断积累、增殖，仰赖农业和农民，"农伤则草木不辟"，需要鼓励农民不断开垦荒地，扩大生产，向社会源源不断提供各种农产品，农产品是国家物质财富的基础；也仰赖商业和商人，"末病则货不出"，"末病则财不出"，需要鼓励商人积极投身货物的流通，鼓励商人拿出钱财来广泛收购，只有这样才能把农民的单一农产品变成以货币为标记，有广泛用途的现实财富。总之，物质财富的经营、增殖，需要兼顾农末双方，农末双方既存在利益矛盾，更存在共同利益。

3. "平粜齐物。"国家要通过改善市场供求关系，在丰收多产时把粮食收购储藏起来，在歉收减产时再把粮食平价粜出的手段，把价格波动控制在比较合理的范围内，石"高不过八十，下不过三十"，对主要农产品还要实行官方指导价，如"甲货之户曰粱，为上物，贾七十。乙货之户曰黍，为中物，石六十。丙货之户曰赤豆，为下物，石五十"，等等；合理与否的平衡点，在于力求农末双赢，不能因片面强调保护农业和农民利益而伤害商业和商人，反之亦然。

4."货物，官市开而至"，"关市不乏，治国之道也"。国家物质财富不断增殖的途径，农民手上农产品这一基础性物质财富变现成以货币为标记的相对高级物质财富的途径，就是市场；"货物，官市开而至"，市场一开，万货骈集，农末的劳动积极性都将得到兑现，国家物质财富的不断增殖亦将变成现实。因此，确保"官市"健康运转，确保"关市不乏"，为满足农末便利而广泛开设"关市"，大力建设市场，是国家治理的根本基础所在。

总而言之，国家要重视物质财富增殖，要同等重视商业和农业，关键抓手是合理调控市场价格，高度重视市场和市场建设，不抓好市场，一切都将落空。总括以上各点，可以统称为商业价值论上的"重商论"。

（二）"活商论"

国家组织商业贸易，要有顾后瞻前意识，要善于把握随自然界阴阳变化而来的水旱丰歉变化和货物需求变化，要善于逆向思维，预先囤积居奇，这既有利于减轻灾害，确保天下太平，又可获得双倍、五倍甚至十倍的高额利润，实现国家财富最快速度的增长；要把逆向思维、反向操作的意图完全实现，还必须透彻把握天下各种货物的来源及流通走向，还要懂得任贤用能；除了要特别注意在防灾和反向操作上做大文章，在化解坏事中获取最大利益，常平时期还要注意随时随地让货物商品和钱币都流动起来。《越绝书·越绝计倪内经》载其言曰："太阴三岁处金则穰，三岁处水则毁，三岁处木则康，三岁处火则旱。故散有时积，敛有时领（颁），则决万物不过三岁而发矣。以智论之，以决断之，以道佐之。断长续短，一岁再倍，其次一倍，其次而反。水则资车，旱则资舟，物之理也。天下六岁一穰，六岁一康，凡十二岁一饥，是以民相离也。故圣人早知天地之反，为之预备。故汤之时，比七年旱而民不饥；禹之时，比九年水而民不流。其主能通习源流，以任贤使能，则转毂乎千里外，货可来也。不习，则百里之内，不可致也。人主所求，其价十倍，其所择者，则无价矣。夫人主利源流，非必身为之也。视民所不足及其有余，为之命以利之，而来诸侯，守法度，任贤使能，偿其成事，传其验而已。如此，则邦富兵强而不衰矣。……不习源流，又不任贤使能，谏者则诛，则邦贫兵弱。……父母利源流，明其法术，以任贤子，徼成其事而已，则家富而不衰矣。……太阴在阳，岁德在阴，岁美在是。圣人动而应之，制其收发。常以太阴在阴而发，阴且尽之岁，亟卖六畜货财，以益收五谷，以应阳之至也；阳且尽之岁，亟发籴以收田宅、牛马，积敛货财，聚棺木，以应阴之至也。此皆十倍者也，其次五倍。天有时而散，是故圣人反其刑，顺其衡，收聚而不散。"《史记·货殖列传》载计然之论，亦有："知斗则修备，时用则知物，二者形则万货之情可得而观已。故岁在金，穰；水，毁；木，饥；火，旱。旱则资舟，水则资车，物之理也。六岁穰，六岁旱，十二岁一大饥。……积著之理，务完物，无息币。……论其有余不足，则知贵贱。贵上极则反贱，贱下极则反贵。贵出如粪土，贱取如珠玉。财币欲其行如流水。"关于"旱则资舟，水则资车"，《史记》索隐又称，"《国语》大夫种曰：'贾人旱则资舟，水则资车以待'也"，显然是把此论提出者由计然误成文种，或者文种也接受了计然的看法。

这些记载，包含这样几个要点：

1. 明"时用"，观"万货"。所谓"知斗则修备，时用则知物，二者形则万货之情可得而观已"，如同知道打仗就须做好战备一样，买卖货物必须清楚了解货物何时为人需求购用，只有这样才算真正懂得货物；只有将"时"与"用"二者相对照，天下各种货物的供需行情才能看得很清楚，才能进行最好的货物贸易。这就意味着，不能肤浅、僵化、狭隘、单一地看待货物，必须将货物的使命价值和使用时效紧密结合起来，必须综合考虑天下各种货物的供需行情变化，在知万货的基础上买卖某一种或某几种货物。

2. "断长续短，一岁再倍。"因为"太阴三岁处金则穰，三岁处水则毁，三岁处木则康，三岁处火则旱"，"天下六岁一穰，六岁一康，凡十二岁一饥"，自然界的水旱、农业收成的丰歉一直是波动变化的，并呈现出一定的规律性，这就意味着，天下各种货物的供需行情也一直是波动变化的，其变化也是有规律的，"决万物不过三岁而发"，可以断定一切农产品的价钱在三年的时间内必有一次大的起落。所以，"散有时积，籴有时领（颁）"，"旱则资舟，水则资车以待"，在丰收年景粮食散在各处时，就应及时用低价把它储积起来，到荒年再及时把买进的粮食卖出去，在大旱之年把大家都不要的舟船储积起来，在洪涝成灾之年把大家都不要的车舆储积起来，以备大旱又变成大水而大家又都没有舟船、大水又变成大旱而大家又都没车舆时可以卖个好价钱；这既可以避免粮食在丰年时的低价浪费，又可减少在荒年缺粮时的饥馑之灾，既避免舟、车在暂时无用时的被弃毁浪费，又可满足在舟、车大规模急需时的救急，"断长续短，一岁再倍，其次一倍"，截存丰年的余粮以补荒年的不足，截存旱、水无用时的舟、车应水、旱爆发时的急需，操作得好的话，一年可得两倍的利润，差一点也可利润翻一番。这是说，国家商业经营要有顾后意识，要善于逆向思维。

3. "知天地之反，为之预备"，"人主所求，其价十倍"。"凡十二岁一饥，是以民相离也"，每十二年有一次大饥荒，老百姓往往因为饥荒而流离失所；但圣人能够不让人民流离失所，在于"圣人早知天地之反，为之预备"，"圣人动而应之，制其收发"，"圣人反其刑"，圣人在风调雨顺时就预计到天地常有反复，事先做好准备，圣人的行动总是针对天地阴阳的变化而来，提前做好货物的储积或流通规划，圣人总是敢于反其道而行之，"故汤之时，比七年旱而民不饥；禹之时，比九年水而民不流"。圣人能如此，今天的国君也可仿效为之，敢于反向操作。其要领在于，"其主能通习源流，以任贤使能，则转毂乎千里外，货可来也"，国君要全面掌握货物的来源、流通情况，放手任命贤能大臣去执行流通的政策，千里以外的货物都可以提前运来；"阴且尽之岁，亟卖六畜货财，以益收五谷，以应阳之至也；

阳且尽之岁,亟发籴,以收田宅、牛马,积敛货财,聚棺木,以应阴之至也"。这样一来,"人主所求,其价十倍,其所择者,则无价矣","此皆十倍者也,其次五倍",国君能获取的利润,也许能十倍于原价,其次也能五倍于原价;国君所选择的这一战策,归根结底还可像圣人一样不让人民流离失所,应该是无价之宝。这是说,国家商业经营要有前瞻意识,要有更深刻的逆向思维和更大力度的反向操作,这是治国要道,也是赚取最高利润的途径。

4. "利源流""习源流"而"任贤",邦、家"富而不衰"。在国家层面,"人主利源流","视民所不足及其有余,为之命以利之","任贤使能,偿其成事,传其验而已","则邦富兵强而不衰矣","不习源流,又不任贤使能","则邦贫兵弱";在家庭层面亦即私商层面,"父母利源流,明其法术,以任贤子,徼成其事而已,则家富而不衰矣"。"利源流""习源流",即懂得利用货物的来源与流通去向,通晓货物的来源与流通去向。仅仅懂得逆向思维、反向操作,而不知道从哪儿去组织货物,怎么样去组织货物流通,所谓重建圣人之治,并获取高额利润,仍然只是空话和幻想。国君能通晓货物的来源与流通去向,再根据百姓有什么不足,以及有什么多余,制定出反向应对的贸易措施,并任命贤能之人去执行,奖励他们的成功,推广他们好的经验,就一定能国富兵强,永不衰败。父母若能通晓货物的来源与流通去向,又能任用贤能的子女去组织贸易,要求他努力办成事情而不问其他,那么家庭也一定能长富不衰。这是阐述实现逆向思维、反向操作意图的具体途径。

5. "务完物,无息币","财币欲其行如流水"。"务完物",即拥有尽可能多的可贸易货物,即要不断扩充货物储备;"无息币",《史记索隐》释为"久停息货物则无利",即要让货物处在不断的交易中,要彻底抛弃把货物价格高低看死,从而惜售或弃收的陈旧观念,"论其有余不足,则知贵贱。贵上极则反贱,贱下极则反贵。贵出如粪土,贱取如珠玉",必须明白货物价格高低是随市场供求关系波动而不断变化的,所以货物贵到极点时,要及时卖出,视同粪土,货物贱到极点时,要及时购进,视同珠宝;"财币欲其行如流水",钱财和货物要一直像流水一样处在不动的流通和交易中,既要不断地购进货物,又要不断地卖出货物,财富总是在交易中不断增殖。

这五点,可以概括为商业方法论上的"活商论"。

计然的"息货"说,高度重视商业活动在国家物力建设中的基础地位,特别注意超前谋划、逆周期干预和平衡保护农业劳动者和手工业者的利益,极大激发农民、手工业者和商人的劳动积极性和创造力,提升越国商业管理和商业经营的成效。"正是在计然'息货'说的指导之下,越国商业空前繁荣、发达,取得了巨大成功",形成一系列重要历史经验。[①] 而就整个中国经济思想史而言,计然的理论也"对后世产生了很大影响"[②]。

---

① 潘承玉:《浙商之祖越国商业文化精义新探》,《浙江社会科学》2021 年第 4 期。
② 陈勇勤:《中国经济思想史》,河南人民出版社 2008 年版,第 70 页。

第四章　越国的语言与文学

语言既是文化的载体，语言本身也是一种文化。先秦越国文化的独特个性，也表现在越国语言区别于中原华夏族的独特个性。语言的艺术化形成文学。文学经历了从口耳相传到著于竹帛、铭于金石的传播演变。口耳相传的，含神话传说和歌谣；载在后代文献（当时竹帛未能保存下来）和当世青铜器等金石上的，有诗歌和散文。这是先秦时代中国语言文学的一笔重要遗产。

第一节　越语与鸟篆

一　古越语遗存

（一）词语

越语是一种古老的语言，但是很早就消失了。幸运的是有一些古籍中还保留了个别的词汇。如《越绝书·越绝吴内传》和《越绝外传记地传》辑录的越语：

> 修内矛，"赤鸡稽繇"者也，越人谓"人铩"也。
> 方舟航，"买仪尘"者，越人"往如江"也。
> 治"须虑"者，越人谓船为"须虑"。
> 亟怒"纷纷"者，怒貌也，怒至。

士"击高文"者,跃勇士也。

习之于"夷","夷",海也。

宿之于"莱","莱",野也。

致之于"单","单"者,堵也。

麻林山,一名"多山"。句践欲伐吴,种麻以为弓弦,使齐人守之,越谓齐人"多",故曰"麻林多"。

姑中山者,越铜官之山也,越人谓之"铜姑渎"。

朱余者,越盐官也,越人谓盐曰"余"。

近年新发现一件越王丌北古剑,铭文剑格正面有 10 字,作:"戉(越)王丌艮居,公子鐈饣墨";反面有 20 字,作:"亥盗饣罢疋矩昜疋疋金,乍昜卯乍旨君乍亥昏柏"。根据董珊的研究,越王"丌艮居",即越王"丌北古",也就是《竹书纪年》的"盲姑";但"剑格反面文字若依字面来读,完全不能通读","怀疑这是用汉字之字音,来记越语之发音"。结合其他材料,他进一步指出,"这柄越王剑反面剑格铭文的性质,也许是记正面文字之越语读音,即背面每两个汉字记音表示一个越语读音,对应一个正面的汉字的意义"①。

(二)地名、人名

越地的地名、人名中保留了古越语,这是很多学者都注意到的。清代李慈铭《越缦堂日记》同治八年(1869)七月十三日中说:"盖余姚如余暨、余杭之比,皆越之方言,犹称於越、句吴也。姚、暨、虞、剡,亦不过以方言名县,其义无得而详。"陈桥驿指出:在浙江境内,越语地名甚多,加上大量越语地名的派生地名,这已成为浙江省地名的重要特色。在秦朝,今浙江省境内第一批出现的县名之中,除极少数如山阴、海盐等有案可查的由越语改为汉语的地名外,其余均是秦代沿用的越语地名。②

不少学者对地名、人名进行了相关研究,主要在与侗台语的比较

---

① 董珊:《吴越题铭研究》,科学出版社 2014 年版,第 52—53 页。
② 陈桥驿:《杭州地名考》,陈桥驿:《吴越文化论丛》,中华书局 1999 年版。

中解释词义。郑张尚芳《古越语地名人名解义》一文认为，吴越地区一些在吴国、越国时代就已产生的地名正表现了古越语的特色，现在还可通过亲属语言比较，了解它们的本义。他指出："过去认为发语辞或无义词头的'夫''余''句'等，经研究却都有实义，而且是中心词（古越语中心词在前）。"① 董楚平等著《吴越文化志》对保留古越语特色的地名、人名，根据文献记载，利用侗台语的比较进行了译解。② 以下内容主要根据郑张尚芳、董楚平等人的研究。

1. 夫椒

越语"夫"是"山"的意思。《左传·哀公元年》："吴王夫差败越于夫椒。"杜预注："夫椒，吴郡吴县西南太湖中椒山。""夫椒"对"椒山"，"夫"可能是"山"的译音字。"夫"古音 * pa，音如今"巴"。广西壮语地名有"峝石山、峝关岭"，"峝"壮语读 pja¹，义为石山（泰文读 pha¹，义为岩石）。所以"夫椒"相当于"峝椒"古译，正是古越语属侗台语的明证。汉晋南朝时曾设置以"夫"冠首的地名，如"夫夷"侯国在湘桂边境，"夫宁""夫阮""夫罗"等县在今广东，那时都是越人住的地方。写"夫"写"峝"不过异代的异译。其后"夫"变轻唇逐渐向 fu 发展，才不用来译 pa/pja，而改译"峝"了。

2. 余暨、余姚、余杭、余干

越语"余"是"地、田地"的意思。《汉书·地理志》"余暨"，应劭注："吴王阖闾弟夫槩之所邑。"夫槩（暨）的封地叫余暨，可见这里"余"有"地"的意思。又"余姚"，《史记·五帝本纪》正义引《括地志》曰："顾野王云舜后支庶所封之地，舜姚姓，故云余姚。"因是姚姓氏族居地而叫"余姚"，这里"余"也是"地"的意思。又"余杭"，《太平寰宇记》说是，"夏禹东去，舍舟航登陆于此，乃名余杭"。则其地是搁置舟航之地，其"余"也是地的意思。又"余干"，在赣东北，原属越地。《汉书·严助传》载淮南王刘安

---

① 郑张尚芳：《古越语地名人名解义》，《温州师范学院学报》1996 年第 4 期。
② 董楚平、金永平等：《吴越文化志》，上海人民出版社 1998 年版，第 267—277 页。

上书:"越人欲为变,必先田余干界中,积食粮。"可见"余干"正是一片粮田所在。《谈苑》:"饶州余干县有干越亭。"当原为干越一支所居,故称"余干",意思是"干越人的田地"。"余"古音*la→ja,今侗水语称地或田近于此音。周振鹤、游汝杰曾指出,"江浙一带以'余'字冠首的地名还有余不、余罨、余渔、余英、余支等"①。

3. 姑苏、姑蔑、大末

苏州被称为"姑苏",是得名于姑苏山。《史记·河渠书》司马迁自道"上姑苏,望五湖",即登此山。而它的得名则是因为这里建有"姑胥之台"。《越绝书·越绝外传记吴地传》:"胥门外有九曲路,阖庐(闾)造以游姑胥之台,以望太湖。""胥"上古拟音 sa,泰文 sa 义为"满意";"姑"*kaa 一般认为是词缀,泰文今 traʔ 头字中有古本作 kraʔ 的,今 traʔ 作单词用有"地块"义,"姑"也许是对 traʔ "地块"的古代形式 kraʔ。则"姑苏"即含有"令人称心的地块"之意。又"姑蔑",《国语·越语上》:"句践之地南至于句无,北至于御儿,东至于鄞,西至于姑蔑。"《吴越春秋·句践归国外传》作"姑末",《越绝书·越绝外传记地传》:"姑末,今大末。"《左传·哀公十三年》"姑蔑之旗"杜预注:"姑蔑,越地。今东阳大末县。""末"*maad 与"蔑"*meed 古音相近,而泰文 hmod "终了"跟汉语"末"的音义都相近。"大"*daaih 则与泰文 daaix "末尾"音合,"大末"应为末尾义,指边境。故"姑蔑""大末"即"末尾的地块"之意。

4. 会稽

会稽原为山名,后为郡县名。《越绝书·越绝外传记地传》:"(禹)到大越,上茅山,大会计,爵有德,封有功,更名茅山曰会稽。"茅山即矛山,即"会稽"的译意,而"会稽"则是越语的译音。《水经注·浙江水》:"又有会稽之山,古防山也,亦谓之茅山。""昔越王为吴所败,以五千余众,栖于稽山。"称"会稽之山"与

---

① 周振鹤、游汝杰:《古越语地名初探——兼与周生春同志商榷》,《复旦学报》1980年第4期。

"稽山",而不称"会稽山",说明"会稽"等于"稽山"。"会"古音 *koods,相当于泰文 khood "阜,岭","会"本有"山"义。"稽"古音 *klii,相当于泰文 crii "刀,矛"。那么"会稽"即相当于泰文 khood-crii "矛山"。

5. 盱眙、缓伊

越语"缓伊"是"善道"的意思。《左传·襄公五年》经文:"仲孙蔑、卫孙林父会吴于善道。""善道",《穀梁传》作"善稻",并称:"吴谓善'伊',谓稻'缓',号从中国,名从主人。"据上应指"谓道'缓'"。善道即今江苏盱眙县,《南兖州记》:"盱眙本吴善道地。""缓"字古音 *gwoon→ɦwaan 与侗台语"道路"、仫佬 khwən¹、普标 qhuan¹、侗语 khwən¹、泰文 hon¹、壮语 hon¹ 相近;"伊"字古音 *ʔli→ʔi 与侗台语"善,好"、仫佬 ʔi¹、普标 ʔai¹、侗语 lai¹、泰文 ʔdi¹、壮语 li¹ 相近。照侗台语语法,名词的修饰成分后置,故"善道"的越语为"缓伊",秦时又"名从主人"改译为"盱眙"。大概"善道"这个译意地名在当地行不开,结果有"缓伊"与"盱眙"两种越语记音译法。"缓伊"是鲁译,"盱眙"是秦译,鲁人、秦人因听感不同而有差异,但可看出原来是同一词语。

6. 无余、无颛、无彊

越王名以"无"打头的有好几位。始祖无余,显然只能是个酋长。句践称王以后四代传承较正常,自越王翳太子诸咎弑翳而被杀后,先后拥立的越王,初无余、无颛都是临时找的,并非王储,无彊才是王储。因此,"无"似非对君王而是对一般贵族公子、酋长、头人的称谓。"无"古音 *ma,正对泰文 maʔ,是较老的一个对男人的尊称。

7. 允常

《史记·越王句践世家》正义引《舆地志》:"周敬(景)王时,有越侯夫谭,子曰允常,拓土始大,称王。"《吴越春秋·越王无余外传》:"越之兴霸,自允常矣。"允常可以说是越国发展大业的奠基人。"允" *lunʔ,可对泰文 luŋ "公,老伯","常" *djaŋ 对泰文 caŋ(taŋ 的古词)"创立、建基"。则允常原当为给"创业伯公"的尊号。

8. 句践、菼执

句践在金文中作"鸠（九）浅"，可见此"句"又与地名"句"不一样。"句""九"音近泰文 kuux"兴复，保救"，"践""浅"音近泰文 zeenh"祭祀"。古代以宗庙社稷的祭祀是否正常表示国家兴亡，"国之大事，惟祀与戎"，故句践可能以"兴祀"为名表达保家卫国之义。又句践谥号菼执，《史记·越王句践世家》索隐引《纪年》："晋出公十年十一月，於粤子句践卒，是为菼执。""菼"音可对泰文 ʔdamx"祖宗神"，"执"可对泰文 cab"初始"，则"菼执"之义即为"初始之宗神"，犹如汉族给开国之君的庙号通常叫"太祖""太宗"那样。

9. 诸稽、诸咎、诸樊

《国语·吴语》记越王"令诸稽郢行成于吴"，《史记·越王句践世家》作"使范蠡与大夫柘稽行成，为质于吴"。为质一般为世子，则"大夫"可能是"大子"之误。金文有越王"者旨於赐"（今又写作"者旨於睗"）器，"者旨"即"诸稽"，"於赐"即"郢"。《竹书纪年》句践太子为鹿郢，"鹿"相当泰文"儿子"luuk，为常见的表子爱称词头。《史记》则作"鼫与"，"鼫"音常支切 *djag，相当"柘"*tjag、"诸"*tja 的另一译法，"与"lɑʔ 则是"郢"*leŋʔ 的别译。《左传·哀公二十四年》又作"適郢"，"適"音之石切 *tjeg，也是"诸，柘"等别译。"诸，柘"等音都近于泰文 cah"首长"，而"稽"*klii 音近于泰文"枪矛刀剑"，"诸稽"之义相当于"首长·兵器"，则鹿郢可能曾担任相当司马之类的职务，故称诸稽郢。诸咎是越王翳的太子，后弑父自立，"咎"古音近泰文 khaaux"米粮"，"诸咎"之义相当于"首长·粮食"，则诸咎可能曾担任相当司徒之类的职务。诸樊是吴王寿梦太子，"樊"音近于泰文 ʔbaan"房屋"，则诸樊可能担任相当司空之职。

10. 盲姑、莽安

《史记》索隐引《纪年》："不寿立十年见杀，是为盲姑。""大夫寺区定粤乱，初立无余之，十二年，寿区弟思弑其君莽安。"不寿在金文是"丌北古"，死后谥号为"盲姑"，"姑，古"同名。初无余之

《史记》作"之侯",死后谥号为"莽安"。"盲""莽"音基本相同,应对泰文 mlaaŋx "杀害",都是对被杀害之君的谥号。

11. 茭蠋卯

越王无颛谥号,《史记》索隐引《纪年》:"无颛八年薨,是为茭蠋卯。"这是句践之后另一位被谥为宗神的越王。"蠋"*tjog 音可对泰文 cook "首领","卯"*mruuʔ 可对泰文 hmɔʔ "适当的、合格的",则知"蠋卯"原是"合适的领袖"之意。

除上述古越地名、人名之外,董楚平提出,山东也有大量南方古越语地名、人名,如:

> 句绎（省称为绎）,句阳,须句,须朐,临朐,朐山（在连云港市）,朐县（在连云港市）。
> 姑蔑（省称蔑、眛）,姑幕,姑水,离姑,薄姑,薄格水,薄梁。
> 无娄（省称娄）,无盐,无棣,无忌,无亏（人名）。
> 夫于,夫重,夫钟。
> 不夜,不其,华不注山（越王里有名叫"不寿",夏王里有名叫"不降"）。
> 濮水,濮阳（濮越同源,濮阳在豫东,地近山东）。
> 五梧,五父衢,鄏,浯水,钟吾（在苏北,地近山东）,武水,武城。
> 于余丘,余丘,留舒（古无舒字,其本字为"余"。留舒即留余）,于陵,乌河。
> 诸冯,诸城,淳于（省称淳,或州。"淳于"是"诸"的拼音）。
> 夷仪,夷维,夷吾（人名）,夷父颜（人名）。

上列名词,基本可以肯定是越人、越地。董楚平认为南方越裔因乡音难改,把古越语带到了山东。[①]

[①] 董楚平:《吴越文化新探》,浙江人民出版社 1988 年版,第 57—58 页。

(三) 古越语文献

1.《越人歌》

刘向《说苑·善说》载：

> 襄成君始封之日，衣翠衣，带玉剑，履缟舄，立于游水之上。大夫拥钟锤，县令执桴号令，呼："谁能渡王者于是也？"楚大夫庄辛过而说之，遂造托而拜谒，起立曰："臣愿把君之手，其可乎？"襄成君忿作色而不言。
>
> 庄辛迁延沓手而称曰："君独不闻夫鄂君子皙之泛舟于新波之中也？乘青翰之舟，极䓣芘，张翠盖而擒犀尾，班丽袿衽。会钟鼓之音毕，榜枻越人拥楫而歌，歌辞曰：
>
> '滥兮抃草滥予昌枑泽予昌州州鍖州焉乎秦胥胥缦予乎昭澶秦踰渗惿随河湖。'
>
> 鄂君子皙曰：'吾不知越歌，子试为我楚说之。'于是乃召越译，乃楚说之曰：
>
> '今夕何夕兮，搴舟中流。今日何日兮，得与王子同舟。蒙羞被好兮，不訾诟耻，心几烦而不绝兮，知得王子。山有木兮木有枝，心说君兮君不知。'
>
> 于是鄂君子皙乃擒修袂，行而拥之，举绣被而覆之。鄂君子皙，亲楚王母弟也。官为令尹，爵为执珪，一榜枻越人犹得交欢尽意焉。今君何以逾于鄂君子皙？臣何以独不若榜枻之人？愿把君之手，其不可何也？"
>
> 襄成君乃奉手而进之，曰："吾少之时，亦尝以色称于长者矣。未尝遇僇如此之卒也。自今以后，愿以壮少之礼谨受命。"

这段记载中的《越人歌》，是唯一保存完整、用地道越语吟唱的歌谣，不仅有越人翻译成楚语（汉文）的歌词，而且保存了用汉字记越音的原词。

2.《维甲令》

《越绝书·越绝吴内传》记载，越王句践反国六年（前484年），向越国人民发布了备战动员口号《维甲令》：

> 越王句践反国六年，皆得士民之众，而欲伐吴。于是乃使之维甲。维甲者，治甲系断。修内矛，"赤鸡稽繇"者也，越人谓"人铩"也。方舟航，"买仪尘"者，越人"往如江"也。治"须虑"者，越人谓船为"须虑"。亟怒"纷纷"者，怒貌也，怒至。士"击高文"者，跃勇士也。习之于"夷"，"夷"，海也；宿之于"莱"，"莱"，野也；致之于"单"，"单"者，堵也。

《维甲令》也是以汉字记音的古越语材料，发布时间是"句践反国六年"。据《国语·越语下》三国吴人韦昭的注解，越王"反国六年"即返国后第六年为鲁哀公十一年（前484年）。如果韦注可信，这个"维甲令"所记的原语距今已2508年。

但这一动员令混杂了汉语译文、附注的越语原文对音及义解，今天已难以卒读。经董楚平等整理分出正文与注解，可看出原来主要是四句口号（黑体），其余为注解（加括号表示），注中—表示"者"前所省略的正文被注语句，[ ]号内为对前一字的校字[1]：

(1) **维甲**（—者，治甲系断），**修内**［纳］**矛**（"赤鸡稽繇"者也，越人谓"人［入］铩"也）。

(2) **方舟航**（"买仪尘"者，越人"往如江"也），**治"须虑"**（—者，越人谓船为"须虑"）。

(3) **亟怒"纷纷"**（—者，怒貌也，怒至），**士"击高文"**（—者，跃勇士也）。

(4) **习之于"夷"**（夷，海也）；**宿之于"莱"**（"莱"，野也）；**致之于"单"**（"单"者，堵也）。

---

[1] 董楚平、金永平等：《吴越文化志》，上海人民出版社1998年版，第260—265页；傅国通、郑张尚芳等：《浙江省语言志》上册，浙江人民出版社2015年版，第17—22页。

解此四句：第一句，"维甲"是借用汉语。"赤鸡稽繇"则是越语，译"修、纳矛"或"入铩"；"入"为"内"（献纳的"纳"）本字，铩即长矛，"赤鸡稽繇"就是修矛纳铩之意。"赤"对应古越语是"要、将要"，"鸡"则是"修理、修整"之意，"稽"是"枪矛、刀剑"之意，"繇"是"战斗、快"的意思。

第二句，"方舟航，治'须虑'"。"方舟航"的"方"本义为并船，这里是用为动词，即航行；用越语来表达，就是"买仪尘"，"买仪尘"意指越人意欲去吴国的长江航行。"买"是"打算、决意"之意，"仪"是"昂首、扬眉吐气"之意，"尘"是"行进、航行"之意。治"须虑"就是治船。则此句原意为"要决意扬眉吐气航行（于江），就要整治战船"。

第三句，"亟怒'纷纷'，士'击高文'"。"纷纷"是"怒气冲冲、怒火中烧"之意，"士"是"男人、猛士"之意，"击"是"振奋、激昂的"之意，"高"是"步伐、迈步"之意，"文"是"坚定的"之意。故原文意思为"激起冲天怒火，激昂的勇士们坚定地迈步（赴战）"。

第四句，"夷、莱、单"。原文已注明三语的汉义，这是说军事训练演习在海上、在田野、在城垣进行。"夷"为"海"，"莱"指"田野、荒野"，"单"原译为"堵"，指城门、关隘。

这四句动员口号，通译如下：

维甲，修内矛（赤鸡稽繇）	连结好犀甲，快整修好枪矛刀剑！
方舟航（买仪尘），治须虑	要想昂首航行长江，快整治战船！
亟怒纷纷，士击高文	激起冲天怒火，勇士们坚定地迈步向前！
习之于夷	让勇士们在海上苦练，
宿之于莱	让勇士们在野地宿营，
致之于单	让勇士们去致胜攻关！

二 古越语特点

古越族有其独特的语言，与汉语不同，古代文献多有记载。《孟子·滕文公上》："南蛮鴃舌"。鴃舌，比喻语音难懂，如鴃鸟的叫声一样。《吕氏春秋·功名篇》："蛮夷反舌，殊俗异习。"高诱注："言语与中国相反，因谓'反舌'。"《后汉书·度尚传》称山越之民为"鸟语之人"，唐李贤注"语声似鸟也"。那么，古越语到底是一种怎样的语言呢？

关于古越语的特点，研究者已有不少总结。

1. 胶着语

林惠祥 1958 年发表论文认为，古越语是一种胶着语。"越语在古时确是大异于北方诸族语言，而性质也确实不像一字一音的孤立语，而像是多音拼合的胶着语，因此以北方语言译它每须二三字译一字，且译得很不妥切。如《左传》记越国人名大夫种（俗称文种），只一字，在《国语》却记作诸稽郢三字，可见越语有些语音很特别，用华语一字不足，三字又太多。这应是由于越语是胶着语，胶着语一个字是合多音胶着而成，不像华语是孤立语，一字只一音。"[①]

什么是胶着语？赵日和《闽语辨踪》一文解释：语言形态以词的结构为主要标准来划分，可分为孤立语、屈折语、黏着语和综合语四种类型。黏着语又叫胶着语，它是处于孤立语和屈折语之间的语言形态，它有时兼备两者的若干共同特征。它区别于孤立语的地方是，具有词的形态变化，词与词之间的关系以及其他语法作用是靠词的形态变化来表示；它不同于屈折语的地方是它的每一个构形形态只表示一种语法意义，每一种语法意义总是用一个构形形态来表示。一个词如果要表示多种语法意义，就要用多种构形形态。同时，词根和构形形态的结合也不像屈折语那么紧密，不论词根或构形形态都具有各自的独立性。构形形态仿佛是黏附、胶着在词根上似的，所以叫黏着语。[②]

---

① 林惠祥：《南洋马来族与华南古民族的关系》，《厦门大学学报》1958 年第 1 期。
② 赵日和：《闽语辨踪》，《福建文博》1984 年第 2 期。

2. 属侗台语

董楚平、金永平等《吴越文化志》认为古越语是一种古侗台语，是今日的侗语、水语、壮语、傣语、泰语、黎语、越南京语、缅甸掸语等共同祖语的兄弟语。在研读越语遗存文献、人名地名等的基础上，概括出古越语有如下语言特点[①]：

（1）是一种汉藏语族语言，含有很多与汉语同源而意义略有区别的词，如以"州"（舟）表摇船，作动词用；以"鬲"表金属锅等；使用语气助词"乎、兮"等也同汉语。

（2）是一种侗台语，许多基本词汇与今泰傣壮侗语相同，也有一些跟京语相同。动宾词序同于汉语，但定语后置于名词，这是最重要的特征。如椒山称"夫椒"（岜椒），善道称"盱眙"（道善）。又如《越绝书·越绝外传记地传》："朱余者，越盐官也。越人谓盐曰'余'。"越语称盐为"余"，称盐官为"朱余"。官在越语为"朱"，按汉语构词规律，盐官应译为"余朱"，但越语却称"朱余"。这就是说，古汉语的盐官，越语说作官盐。

（3）称人不加姓，而以职位尊称置于其前，如"无余""诸稽""州句"等，有如古汉语"巫咸"之例。其中"无"字，即王或首领的意思；无余、无壬、无疆、无颛如直译为汉语，就是王余、王壬，等等。

董楚平认为，上古汉语中出现的"帝尧""帝舜"之类词序倒置现象，应是古越语的遗存或影响。他在致何炳棣《关于〈吴越文化新探〉的通信》中说："夏王朝作为一个统一的国家政权，可能规定黄河中游的单音缀语为官用语言，即规范语言，也即夏代的'雅言'（'正言'）。越裔的粘（黏）着语只是中原地区的一种方言。但由于南方籍人在夏王朝中占有很大势力，古越语对当时的'雅言'竟也造成一定的影响。上古汉语中的一些特殊现象可能导源于此。例如'帝尧'、'帝舜'之类的语序，把职称置于人名之前，好似不称'王主

---

① 董楚平、金永平等：《吴越文化志》，上海人民出版社1998年版，第280—281页。

席'，而称'主席王'；不称'张老师'，而称'老师张'，显然不符合古汉语规律，而与古越语相一致。"①

罗漫在董楚平的研究基础上，对于越语词序倒置问题进行了深入研究，揭示了古越语的演变过程。其《夏、越、汉：语言与文化简论》一文，把先称职位身份后称具体人名如"帝尧"之类者，称为"越式称谓"；反之，先称具体人名后称职位身份如"黄帝"之类者，则称之为"汉式称谓"。并且根据古籍对帝王世系的两种不同称谓形式，指出远古及先秦时代"越式称谓"占主导地位，在殷末周初开始"汉式称谓"逐渐与"越式称谓"并用，到秦汉之际终于由"汉式称谓"一统天下。②

（4）有一些重叠形式，表示摹状修辞，如"秦胥胥"表示高兴、喜欢，"州餽州焉"表摇船态势，以词形变化表情状，这也跟今汉台语相同。

（5）语音发展阶段近泰文及汉语上古晚期，与两者可建立有规则的语音对应关系。韵尾 – b – d – g – m – n – ŋ 齐全，而 – s 等似已开始向声调转化。还有复声母。因此"诸、姑"还可同译寿梦之名末字，说明还有 klja 之类复声母的音节。

三　鸟篆遗存及其结构形式

（一）青铜器上的鸟书

古代越族有没有文字，是什么样的文字，文献缺乏记载。后来在越国青铜器上发现一种被称为"鸟书"的特殊文字，被认为是春秋战国时代越族使用的文字。

"鸟书"又叫"鸟虫书""虫书""鸟篆"，是主要流行于先秦吴越地区的汉字美术字，为东周六系文字之一。诚如李学勤所言："上世纪五十年代，我学习王国维先生西土秦文字为'籀文'，东土六国

---

① 董楚平：《关于〈吴越文化新探〉的通信》，《浙江学刊》1990年第1期。
② 罗漫：《夏、越、汉：语言与文化简论》，《东南文化》1992年第4期。

文字属'古文'之说，进一步试分六国文字为齐、燕、三晋两周、楚等，与秦共成五系。当时没有专列吴越，原因是觉得吴已先亡，而战国越器所见尚少，其特点还不清楚。现在知道吴越文字也自成一系，这样春秋战国之际开始，就应有秦、齐、燕、三晋两周、楚和吴越六系了。"① 吴越鸟书，又以越国鸟书最为丰富和发达。

现代学者中第一个研究鸟书的古文字学家容庚，在积30年研究基础上，于1964年发表《鸟书考》一文，著录春秋、战国时代鸟书青铜器40件，其中国名可知的鸟书青铜器27件，包括越国15件，吴国4件，楚国2件，蔡国4件，宋国2件。② 改革开放以来学者中，董楚平、施谢捷、曹锦炎、董珊等对吴越鸟书，均有比较精深的研究。董楚平在《吴越文化新探·吴越青铜器铭文集录简释》（浙江人民出版社1988年版）、《吴越徐舒金文集释》（浙江古籍出版社1992年版）等基础上，于《吴越文化志》第四章"吴国金文"、第五章"越国金文"中进一步考辑吴、越两国青铜器铭文，著录吴国具铭铜器共81件，其中，兵器32件，铭文属鸟书体者9件；礼乐器49件，没有一件属鸟书体；总比例，鸟书体件数占吴国具铭青铜器件数的九分之一。同时著录越国具铭铜器72件，其中兵器50件，全部鸟书体，无一例外；礼乐器22件，鸟书体6件，礼乐器铭鸟书，仅见于越国；总比例，鸟书体占越国具铭青铜器的九分之七。董楚平还根据当时的统计指出，"国属可考的铭有鸟篆书铜器，共103件，其中，越国56件，蔡国24件，吴国9件，楚国8件，曾国3件，宋国2件，徐国1件。越国占总数的54%。蔡国本无鸟篆传统，由于受越国影响，到蔡侯产时期（前471—前457年）大兴鸟篆。"③ 曹锦炎对春秋战国鸟书进行了多年的调查研究，从长江流域扩大到中原地区，从青铜器扩大到玉石器领域。所著《鸟虫书通考》（增订版），根据统计，著录吴国鸟书青铜器9件，蔡国24件（全部为兵器），楚国55件，

---

① 萧春源：《珍秦斋藏金·吴越三晋篇》，澳门基金会2008年版，李学勤序言第1页。
② 容庚：《鸟书考》，《中山大学学报》1964年第1期。
③ 楚平、金永平等：《吴越文化志》，上海人民出版社1998年版，第90、124页。

曾国9件，宋国7件，晋国3件，许国3件，陈国1件，应国1件，郳国（小邾国）1件，齐国1件，徐国2件；越国鸟书青铜兵器105件，鸟书玉石兵器86件，鸟书玉石、原始瓷礼乐器11件，鸟书青铜礼乐器8件，总计鸟书越国文物多达210件，分别约为吴国、蔡国、楚国鸟书文物件数的23倍、9倍、4倍，占所有东周国名可知的鸟书文物的64.4%。①吉林大学著名古文字学家吴振武指导研究生马晓稳，在广泛吸收施谢捷《吴越文字汇编》、董珊《吴越题铭研究》以及李家浩、何琳仪等研究成果基础上，完成博士学位论文《吴越文字资料整理及相关问题研究》，实现对具铭吴国和越国青铜器及玉石器的最新最全著录，根据统计，所录吴国青铜器91件，其中鸟书青铜器13件；越国青铜器140件，其中鸟书青铜器124件；越国玉石器100件，全部鸟书；总计越国鸟书文物224件，为吴国鸟书的17倍。②

（二）鸟书的结构与流传

关于"鸟书"的文字性质、流行时间、使用范围、结构形式，以及集录和释读，学者们进行了大量的研究，取得了丰硕的成果。

1. 鸟书的结构

"鸟书""鸟虫书"，这两种名称最早均出现在许慎的《说文解字叙》。他在叙述"秦书八体"时提出了"虫书"："自尔秦书有八体：一曰大篆，二曰小篆，三曰刻符，四曰虫书，五曰摹印，六曰署书，七曰殳书，八曰隶书。"他在叙述"新莽六书"时又提出了"鸟虫书"："及亡新居摄，使大司空甄丰等校文书之部，自以为应制作，颇改定古文，时有六书：一曰古文，孔子壁中书也。二曰奇字，即古文而异者也。三曰篆书，即小篆，秦始皇帝使下杜人程邈所作也。四曰佐书，即秦隶书也。五曰缪篆，所以摹印也。六曰鸟虫书，所以书幡信也。"段玉裁为《说文解字叙》的"鸟虫书"作注时说："上文四

---

① 曹锦炎：《鸟虫书通考》（增订版），上海辞书出版社2014年版。
② 马晓稳：《吴越文字资料整理及相关问题研究》，博士学位论文，吉林大学古籍研究所，2017年。其中著录吴国之鸟书青铜器编号：15—19、21、24、25、78—81、83，越国非鸟书青铜器编号：37、110—124。

曰虫书，此曰鸟虫书，谓其像鸟或像虫，鸟亦称羽虫也。"所谓"羽虫"，就是有翅膀的动物，即指鸟类。如《孔子家语·执辔》中就有"羽虫三百六十，而凤为之长"的说法。《大戴礼记·曾子·天圆》说："毛虫之精者曰麟，羽虫之精者曰凤，介虫之精者曰龟，鳞虫之精者曰龙，倮虫之精者曰圣人"。连人也称为倮虫，虫的含义已扩展到一切动物。《说文解字》解说"虫"字："虫，一名蝮，博三寸，首大如擘指，象其卧形。物之微细，或行或毛，或蠃或介或鳞。"范围也相当广泛。"鸟书"也叫"鸟篆"。《后汉书·灵帝纪》云："光和元年……二月……始置鸿都门学生。"李贤注："鸿都，门名也，于内置学。时其中诸生，皆敕州、郡、三公举召能为尺牍、辞赋及工书鸟篆者相课试，至千人焉"。

越王州句矛铭文拓片与摹本①

所谓鸟书，指的是以篆书为基础，仿照鸟的形状施以笔画而写成

---

① 吴镇烽：《商周青铜器铭文暨图像集成》第33卷，上海古籍出版社2012年版，第99页。

的美术化字体。鸟书既以鸟形为特点，不管是寓鸟形于笔画之中，或附鸟形于笔画之外，只要有鸟的形状，都称为鸟书。例如现藏大英博物馆《越王州句矛》铭文："戉王州句，自乍用矛"。

这里"戉""王""州""自""乍""用""矛"七字，鸟形都是附于笔画之外的，去掉鸟形仍然可以成字。除"州""矛"二字的鸟形比较相近外，彼此形状简繁都不一样，"戉"字左上为小鸟，"王"字上左、右各一小鸟，"自"字下双大鸟，"乍""用"二字鸟在字下，形状不同。"句"上的勹则以鸟足成之，笔画与鸟形已浑然一体。可见鸟的配搭往往有很大的不同。①

马国权《鸟虫书论稿》把鸟书的结构形式概括为 13 种：寓鸟形于笔画者、寓双鸟形于笔画者、附鸟形于字上者、附鸟形于字下者、附鸟形于字左者、附鸟形于字右者、附双鸟形于字上者、附双鸟形于字之下者、附双鸟形于字之上下者、附双鸟形于字之左右者、寓双钩鸟形于笔画者、附双钩鸟形于字旁者、附鸟形于二字之间者。② 曹锦炎《鸟虫书通考》，把鸟虫书构形重新归纳，简化分为六类：一、增一鸟形；二、增双鸟形；三、寓鸟形于笔画中；四、增简化之鸟、虫形；五、增虫、爪形；六、增其他纹饰。他比较考察东周各国鸟书指出，越国鸟虫书构形的重要特色：一是以尖嘴的、写实性的鸟为饰笔，早期的如越王之子句践剑，晚期的如越王州句剑、不光剑，一直沿用长达一个世纪之久；二是以几何线条化的饰笔（或者说简化的鸟、虫形饰笔）来取代写实的鸟饰，最早的可追溯到作于允常时期的越王之子句践剑，而以丌北古剑达到顶峰。饰笔的普遍线条化，把越国的鸟虫书带到另一番境地，而成为越国晚期鸟虫书构形的主流。③

2. 鸟书的流传

关于鸟书流行的时间，容庚《鸟书考》对 40 件鸟书铭文青铜器

---

① 马晓稳：《吴越文字资料整理及相关问题研究》，博士学位论文，吉林大学古籍研究所，2017 年，第 238—239 页。
② 马国权：《鸟虫书论稿》，《古文字研究》第十辑，中华书局 1983 年版，第 149—152 页。
③ 曹锦炎：《鸟虫书通考》（增订版），上海辞书出版社 2014 年版，第 16—18 页。

进行研究后说："从上列各器观之，其有人名可考者，始于吴王子于（即位于前526年）、楚王孙渔（卒于前525年），其次则宋公栾（前514—前451年）、楚王鲁璋（前488—前435年）、蔡侯产（前471—前457年）、越王者旨於睗（前464—前459年）、越王丌北古（前458—前449年）、宋公得（前450—前404年），终于越王州句（前448—前412年）。假定王子于及王孙渔作器于公元前554年，至宋公得之卒于公元前404年，则鸟书之流行不过一百五十年，其有国名可考者，为越、吴、楚、蔡、宋五国，而以越国所作器为最多。"①

曹锦炎《鸟虫书通考》（增订版）认为："鸟虫书主要流行于长江中下游地区，影响波及中原一带。以先秦国别而言，见于越、吴、蔡、楚、曾、宋、晋、许、陈、邿、齐、徐等国；就年代可考者，最早的应属楚王子午鼎（前558年），最晚的为越王不光剑（越王不光即越王翳，前411—前376年在位），流行时间已接近二百年。"②

以上是有关鸟书出现及其盛行年代和地区比较可信的研究。这段时间也大体上是越国的兴起和强盛时期。

3. 鸟书出现的原因

关于鸟书出现的原因，除与越族流行的鸟崇拜有关外，主要还有两个方面。

（1）装饰效果的需要

郭沫若《古代文字之辩证的发展》指出："到了春秋末年，特别是在南方的吴、越、蔡、楚诸国，竟出现了与绘画同样的字体，或在笔画上加些圆点，或者故作波折，或者在应有的字画之外附加以鸟形之类以为装饰。"③他认为这与春秋以后铜器铭文由书史性质，逐步转变为文饰作用的整个大的变革有关。其《周代彝铭进化观》又指出："有周而后，书史之性质变而为文饰，如钟镈多韵语，以规整之款式镂刻于器表，其字体亦多作波磔而有意求工。……凡此均于审美

---

① 容庚：《鸟书考》，《中山大学学报》1964年第1期。
② 曹锦炎：《鸟虫书通考》（增订版），上海辞书出版社2014年版，第5—6页。
③ 郭沫若：《古代文字之辩证的发展》，《考古学报》1972年第1期。

意识之下所施之文饰也,其效用与花纹同。中国以文字为艺术品之习尚当自此始。"① 曹锦炎在《再论"能原"镈》一文中说:"所谓鸟虫书,实际上是美术字,主要流行于南方越、楚、蔡、吴等国,徐、宋等国偶亦有之。春秋晚期到战国时期是其盛行的阶段。这类文字有一个特点,即装饰性很强,不仅有装饰笔画,而且还有赘增的装饰偏旁。"②

(2) 出于"书幡信"的需要

鸟虫书的产生,其初原为装饰,但后来发现它的盘曲的笔道,难于作伪,于是把用途扩大到"书幡信"方面去。《说文解字叙》谈"新莽六书"曰:"六曰鸟虫书,所以书幡信也。"什么是幡信?段玉裁注:"书幡谓书旗帜,书信谓书符节"。可见是古代传达命令或门关出入的凭证。由于鸟虫书这一字体特别繁复于常体,不易伪造,故而一定程度上发挥了权威凭证的作用。

第二节　神话传说

一　大禹会稽神话传说

(一) 禹得金简

《吴越春秋·越王无余外传》:"(禹),闻乐不听,过门不入,冠挂不顾,履遗不蹑,功未及成,愁然沉思。乃案《黄帝中经历》,盖圣人所记曰:'在于九山,东南天柱,号曰宛委。赤帝在阙,其岩之巅,承以丈(文)玉,覆以磐石。其书金简,青玉为字,编以白银,皆琢其文。'禹乃东巡,登衡岳,血白马以祭,不幸所求。禹乃登山,仰天而啸。因梦见赤绣衣男子,自称玄夷苍水使者:'闻帝使文命于斯,故来候之。非厥岁月,将告以期,无为戏吟。故倚歌覆釜之山。'东顾谓禹曰:'欲得我山神书者,斋于黄帝岩岳之下。三月庚子,登

---

① 郭沫若:《周代彝铭进化观》,《青铜时代》,科学出版社1965年版。
② 曹锦炎:《再论"能原"镈》,《故宫博物院院刊》1999年第3期。

山发石，金简之书存矣。'禹退，又斋。三月庚子，登宛委山，发金简之书，案金简玉字，得通水之理。"

（二）禹娶涂山

《越绝书·越绝外传记地传》："涂山者，禹所取妻之山也，去县五十里。"

《吴越春秋·越王无余外传》："禹三十未娶，行到涂山，恐时之暮，失其度制。乃辞云：'吾娶也，必有应矣。'乃有白狐九尾，造于禹。禹曰：'白者，吾之服也。其九尾者，王之证也。'涂山之歌曰：绥绥白狐，九尾庞庞。我家嘉夷，来宾为王。成家成室，我造彼昌。天人之际，于兹则行。明矣哉！'禹因娶涂山女，谓之女娇。"

"禹娶涂山"还见载于《尚书》《楚辞》《吕氏春秋》《史记》等更早的古籍中。《尚书·益稷》载禹曰："予创若时，娶于涂山，辛壬癸甲，启呱呱而泣。予弗子，惟荒度土功。"《楚辞·天问》："禹之力献功，降省下土四方。焉得彼涂山女，而通之于台桑？"《吕氏春秋·音初》："禹行功，见涂山之女，禹未之遇而巡省南土。涂山氏之女乃令其妾候禹于涂山之阳。"《史记·夏本纪》"禹曰：'予辛壬娶涂山，癸甲生启，予不子，以故能成水土功。'"足见越国存在时期就有这个神话。

（三）禹会会稽

"禹会会稽"主要保存在《左传》《国语》《墨子》《韩非子》等汉前古籍和《史记》《越绝书》《吴越春秋》等汉代古籍中。

《左传·哀公七年》载鲁国诸大夫言："禹合诸侯于涂山，执玉帛者万国。"《国语·鲁语》下："昔禹致群神于会稽之山，防风氏后至，禹杀而戮之。"《墨子·节葬下》："禹东教乎九夷，道死，葬会稽山。"《韩非子·饰邪》："禹朝诸侯之君会稽之上，防风之君后至，而禹斩之。"

《史记·夏本纪》："十年，帝禹东巡狩。至于会稽而崩。""或言禹会诸侯江南，计功而崩，因葬焉，命曰会稽。会稽者，会计也。"《越绝书·越绝外传记地传》："禹始也，忧民救水，到大越，上茅山，大会计，爵有德，封有功，更名茅山曰会稽。"《吴越春秋·越王无余外传》："（禹）周行天下，还归大越，登茅山，以朝四方群臣，观示中州诸侯。防风后至，斩以示众，示天下悉属禹也。及大会计治国之道……遂更名茅山曰会稽之山。"王充《论衡·书虚篇》引吴君高之语："会稽本山名。夏禹巡狩，会计于此山，因以名郡，故曰会稽。"

（四）会稽鸟耘

"会稽鸟耘"见诸下列一些越地古籍和非越地古籍。

《越绝书·越绝外传记地传》："大越海滨之民，独以鸟田，小大有差，进退有行，莫将自使。……当禹之时，舜死苍梧，象为民田也。禹至此者，亦有因矣。"《吴越春秋·越王无余外传》："（禹）乃纳言听谏，安民治室居。……凤凰栖于树，鸾鸟巢于侧，麒麟步于庭，百鸟佃于泽。……禹崩以后，众瑞并去。天美禹德而劳其功，便百鸟还为民田，大小有差，进退有行，一盛一衰，往来有常。"《论衡·书虚篇》载："《传》曰：'舜葬苍梧，象为之耕；禹葬会稽，鸟为之佃。'"

《水经注·渐江水》："昔大禹即位十年，东巡狩崩于会稽，因而葬之。有鸟来为之耘，春拔草根，秋啄其秽。是以县官禁民不得妄害此鸟，犯则刑无赦。"《史记·夏本纪》集解引《地理志》：会稽"山上有禹井、禹祠，相传以为下有群鸟耘田者也"。《艺文类聚》卷十一引《帝王世纪》：禹"年百岁崩于会稽，因葬会稽山阴县之南。今山上有禹冢、井、祠，下有群鸟耘田"。

（五）禹葬会稽

《墨子·节葬下》："禹东教乎九夷，道死，葬会稽之山。"《越绝书·越绝外传记地传》："及其王也，巡狩大越，见耆老，纳诗书，审铨衡，平斗斛。因病亡死，葬会稽。"

在越族中心区域今绍兴、上虞、余姚等地，存在众多禹的故迹地。如：（1）宛委山。《吴越春秋·越王无余外传》所称禹"登宛委山，发金简之书"之山，又名石匮山、玉笥山、天柱山，在绍兴城东南，山巅名香炉峰。《水经注·渐江水》载称："石匮山，石形似匮，上有金简玉字之书，言夏禹发之，得百川之理也。"（2）夏盖山，又名夏驾山、大禹峰。在今绍兴市上虞区北三十里,古上虞县治丰惠镇北六十里。《万历绍兴府志》卷五记载:"夏盖山,在县北六十里,山形如盖,无奥谷深林,卓然一顽石高出天半,世传夏禹尝驻盖焉。南距夏盖湖,北障海,海北即海盐县。……宋张即之书其门曰大禹峰。一名夏驾山。"(3)夏履桥。在今绍兴市柯桥区夏履镇。《吴越春秋·越王无余外传》载:大禹治水,"过门不入,冠挂不顾,履遗不蹑"。相传大禹治水途经该地,遗履于此。(4)凤林。宋《嘉泰会稽志》云:"凤林,《华氏考古》云:在五云门外,世传禹受图籍,是时麟游其庭,鸾结其巢,凤凰鸣飞,依于林木。"(5)了溪,又名禹溪,今名剡溪。在嵊州市北十五里,相传禹在此完成治水大业。《嘉泰会稽志》卷十载:"了溪在县东北一十五里,源出了山,合县南溪流以入于剡溪。《旧经》云:'禹疏了溪,人方宅土。'"《宝庆会稽续志》卷四亦载:"剡溪古谓之了溪,《图志》谓禹治水至此毕矣。"等等。

上述众多有关禹的故迹,每处都蕴含生动的历史文化内涵,充分表明越地大禹传说之丰富、遗迹之众多,证明了禹是深深扎根于古越大地上的民族英雄。所以,顾颉刚说:"禹是南方民族神话中的人物","这个神话的中心点在越(会稽)"[1]。

二 防风氏的神话

禹斩防风氏,是夏朝前期重大历史事件。防风氏始见于《国语》。《国语·鲁语下》:

> 吴伐越,堕会稽,获骨焉,节专车。吴子使来好聘,且问之仲尼,曰:"无以吾命。"宾发币于大夫,及仲尼,仲尼爵之。既彻俎而宴,客执骨而问曰:"敢问骨何为大?"仲尼曰:"丘闻之:昔禹致群神于会稽之山,防风氏后至,禹杀而戮之,其骨节专车,此为大矣。"客曰:"敢问谁守为神?"仲尼曰:"山川之灵,

---

[1] 顾颉刚:《古史辨·讨论古史答刘胡二先生》,上海古籍出版社1982年版,第126页。

足以纪纲天下者，其守为神；社稷之守者，为公侯。皆属于王者。"客曰："防风何守也?"仲尼曰："汪芒氏之君也，守封、嵎之山者也，为漆姓。在虞、夏、商为汪芒氏，于周为长狄，今为大人。"

《史记·孔子世家》基本照录《国语》。《史记·孔子世家》："吴伐越，堕会稽，得骨，节专车。吴使问仲尼：'骨何者最大?'仲尼曰：'禹致群神于会稽山，防风氏后至，禹杀而戮之，其节专车，此为大矣。'"

其后，《吴越春秋》《博物志》《述异记》等文献皆有记载。《吴越春秋·越王无余外传》："禹三年服毕，哀民不得已，即天子位。三载考功，五年政定，周行天下，归还大越，登茅山，以朝四方群臣，观示中州诸侯。防风后至，斩以示众，示天下悉属禹也。"《博物志》卷二《外国》："穿胸国：昔禹平天下，会诸侯会稽之野，防风氏后到，杀之。夏德盛，二龙降庭。禹使范成光御之，行域外。既周而还，至南海，经防风，防风氏之二臣以涂山之戮，见禹便怒而射之。迅风雷雨，二龙升去。二臣恐，以刃自贯其心而死。禹哀之，乃拔其刃，疗以不死之草，是为穿胸民。"《述异记》卷上："今吴越间防风庙，土木作其形，龙首牛耳，连眉一目。昔禹会涂山，执玉帛者万国。防风氏后至，禹诛之。其长三丈，其骨头专车。今南中民有姓防风氏即其后也，皆长大。越俗祭防风神，奏防风古乐，截竹长三尺，吹之如嗥，三人披发而舞。"《说文解字》卷六邑部："北方长狄国也，在夏为防风氏，在殷为汪芒氏。"

从以上记述可见，防风氏漆姓，又称汪芒氏，北方长狄国人，是身材高大的巨人种族，在夏禹时由北到南，成了越地的一个诸侯，被封于扬州之域，立国于封、禹二山之间的武康，因茅山（后改称会稽山）盟会迟到，被大禹借故杀戮。其后，防风国人与大禹之间的矛盾加深，其臣见禹即射；未果，则以刃穿胸自尽，成为穿胸国人。

防风氏被杀，影响甚大。防风之名已固着在有关的山川、祠庙和民俗中，江南的一些地方志书，对此均有载录。一是封、禹二山。

《国语》说防风氏"守封、嵎之山",三国时吴人韦昭注曰:"封,封山;嵎,嵎山。今在吴郡永安县也。"宋洪兴祖《楚辞补注》释《天问》"长人"为"防风氏",并说:"今湖州武康县东有防风山,山东二百步有禹山,防风庙在封、禹二山之间。"罗泌《路史》卷二十五引《吴兴记》云:"吴兴西有风渚山,一曰风山,有风公庙,古防风国也,下有风渚,今在武康东八十里,天宝改曰防风山。禹山在其东二百步。"1958年,武康县并入德清县,原武康县治今称武康镇。武康镇东南十多千米有封、禹二山。二是防风庙。据《梦粱录》《古今图书集成》等古籍及有关方志记载,浙江与防风氏有关的祠庙有五处:原武康县二处,绍兴县二处,杭州市一处。宋代吴兴人谈钥撰《嘉泰吴兴志》卷十三《祠庙》曰:"防风氏庙在武康邑境有二。其一在县东二里,地名清穆;一在封、禹二山之间,风渚湖上。"前者今已荡然无存,后者遗址犹在。南宋钱塘人吴自牧撰《梦粱录》卷十四《古神祠》曰:"防风氏庙,在廉德朱奥。"《嘉泰会稽志》卷六载,"防风庙,在(会稽)县东北二十五里,禹诛防风氏,此其遗迹"。《万历绍兴府志》卷十九又说,防风庙"在府城东北二十里马山,相传禹戮防风氏于会稽,其后越筑城得专车之骨,徙葬于此"。马山的防风庙俗呼"黄蜂庙"。《康熙山阴县志》卷十六又载:"七尺庙,在县西四十里湖塘村。禹戮防风氏,尸遗鉴湖之温泉乡。后贺知章第五子没而保障于此,里人构庙掘地中,得胫骨长七尺,因名焉。"三是刑塘。在绍兴市柯桥区型塘村,相传为禹斩防风氏处。贺循《会稽记》云:"防风氏身三丈,刑者不及,乃筑高塘临之,故曰刑塘。"宋王十朋《会稽风俗赋》云:"刑塘筑兮长人诛。"刑塘又称斩将台。《越中杂识·古迹》载:"斩将台,在涂山东。禹会诸侯,防风氏后至,刑者不及,乃筑高台,临而斩之。今府城北十五里有刑塘,是其地也。"

防风传说与大禹神话相关。根据《越绝书》《吴越春秋》等文献和民间传说,越国时期还有与大禹相关的舜的传说,限于篇幅,从略。

三　西施的传说

西施助越复国，是东汉初年见诸典籍的越国民间传说。专记吴越兴衰的越史"双璧"有如下记载：

> 美人宫，周五百九十步，陆门二，水门一，今北坛利里丘土城，句践所习教美女西施、郑旦宫台也。女出于苎萝山，欲献于吴，自谓东垂僻陋，恐女朴鄙，故近大道居。去县五里。(《越绝书·越绝外传记地传》)
>
> 越乃饰美女西施、郑旦，使大夫种献之于吴王曰："昔者越王句践，窃有天之遗西施、郑旦，越邦涔下贫穷，不敢当，使下臣种再拜献之大王。"吴王大悦。(《越绝书·越绝内经九术》)
>
> (句践)十二年，越王谓大夫种曰："孤闻吴王淫而好色，惑乱沉湎，不领政事，因此而谋，可乎？"种曰："可破。夫吴王淫而好色，宰嚭佞以曳心，往献美女，其必受之。惟王选择美女二人而进之。"越王曰："善！"乃使相者国中得苎萝山鬻薪之女曰西施、郑旦。饰以罗縠，教以容步，习于土城，临于都巷，三年学服而献于吴。乃使相国范蠡进曰："越王句践窃有二遗女，越国涔下困迫，不敢稽留，谨使臣蠡献之大王，不以鄙陋寝容，愿纳以供箕箒之用。"吴王大悦曰："越贡二女，乃句践之尽忠于吴之证也。"(《吴越春秋·句践阴谋外传》)

这是"迄今所见记述越国用美人计，送西施、郑旦两个美女入吴的传说的最早文本记载"[①]。明代学者杨慎《升庵集》卷六十八还有《范蠡、西施》一文载：

> 一日读《墨子》曰："吴起之裂，其功也；西施之沉，其美也。"

[①] 顾希佳：《浙江民间故事史》，杭州出版社2008年版，第79页。

喜曰：此吴亡之后，西施亦死于水，不从范蠡去之一证。……检《修文御览》，见引《吴越春秋》逸篇云："吴亡后，越浮西施于江，令随鸱夷以终。"乃笑曰："此事正与《墨子》合。"……盖吴既灭，即沉西施于江。"浮"，沉也，反言耳。"随鸱夷"者，子胥之谮死，西施有力焉，胥死盛以鸱夷；今沉西施，所以报子胥之忠，故云"随鸱夷以终"。

如果这段《吴越春秋》逸文和杨慎的解释不谬，那么，在《越绝书》《吴越春秋》所载东汉初越地民间传说中，西施和郑旦都是帮助句践成功复国的民间奇女子，又是功成被沉，下场同于伍子胥的悲剧女性。西施因此成为千百年来家喻户晓的古代美女之一。把《越绝书》《吴越春秋》的记载当作史实，并不恰当。其一，西汉以前记载越国史事的文献，从《左传》《国语》《史记》等传世古籍，到新出战国竹简《越公其事》，都只字未提西施。其二，从战国晚期到春秋前期不少文献虽提到西施，但都与越国无关，除了墨子（约前468—前376年）《墨子·亲士》"西施之沈，其美也；吴起之裂，其事也"，暗示好像与政治相关，绝大多数都仅表示是个美女。如韩非（约前280年—前233年）《韩非子·显学》："故善毛嫱、西施之美，无益吾面；用脂泽粉黛，则倍其初。"孟子（约前372—前289年）《孟子·离娄篇》："西子蒙不洁，则人皆掩鼻而过之。"（东汉赵岐注："西子，古之好女西施也。"）屈原（约前340—前278年）《九章·思美人》："虽有西施之美容兮，谗妒入以自代。"管仲（约公元前723—公元前645年）《管子·小称》："毛嫱、西施，天下之美人也。"管子的生活时代比句践早了两百年，他的笔下出现西施，足见西施乃是整个春秋战国时代的美女"共名"之一。其三，《吴越春秋》说句践十二年（前485年）有献美女于吴计划，"三年学服而献于吴"，则西施被送到吴国最快也要到句践十五年（前482年）。这一年越国乘夫差黄池会盟，大举攻入吴都姑苏，俘杀吴太子友，两国早已正面对抗，爆发大规模战争，此前数年夫差也一直在北方诸国间奔走，何来时间让夫差接受西施"长期腐蚀"？故学界虽有林华东等少数学者相信历史上有西施其人,龚维英、白耀天、杜景华等多数学者都认为历史上并无西施其人,王向辉认为西施应是《左传》中申公巫臣所迷恋的夏姬的异名,西施助越复国的故事原型出自《左传·哀公元年》所谈论少康中兴中的"女艾谍浇",东汉初"袁康等人创作新西施"还存在对《左传》中"诸稽郢"的想象①,均有其一定理据。

  然而,西施助越复国故事真的只是出现于东汉初吗?又为什么只是出现在这个时候?真的如王向辉文章所说,东汉初袁康等人创作西施故事,是因为申公巫臣乃越国所向往的英雄人物?臭名昭著的夏姬与舍身救国的西施,又何去万里?文献典籍汗牛充栋,越国历史人物众多,袁康等人又为什么如此钟情《左传》中"女艾谍浇"区区四字和诸稽郢一人?显然,那些完全否定东汉前乃至战国存在西施传说的论断,也是存在多方面问题的。

  20世纪80年代以来,诸暨、萧山两地发生了持续30多年的"西施故里"之争②。事实上,这是诸暨、萧山两地,也是整个越地古老"西施情怀"的一次再爆发;历史上,西施传说也绝不限于诸暨、萧山两地。如绍兴城区东郊除了文物不断出土的"西施山",还有其他相关地名。《嘉泰会稽志》卷十二载,凤林乡管里三,首即"西施里";五云乡管里二,其一"西施里"。绍兴城区西郊不远,距离市区仅约10千米的福全镇,也有相关地名。《福全镇志》结合民间传说和历史遗迹载:"容山,在容山村西北,村以山名。传春秋末期,吴越交兵,越为吴所败,句践忍辱负重,卧薪尝胆,誓报国仇。遣范蠡寻美人于诸暨苎萝山下,觅得浣纱女西施、郑旦,出使吴国而迷夫差。西施、郑旦从诸暨出发,经棠棣、六峰,过容山。就在现今的容山脚下,隆重举行仪式,重新整容改妆,西施显得更加庄重秀丽。后人因

---

  ① 参见林华东、方志良《西施考》,《浙江学刊》1985年第1期;龚维英《历史上根本没有西施》,《当代戏剧》1985年第3期;白耀天《西施考辨》,《中央民族学院学报》1986年第4期;杜景华《西施杂考》,《社会科学战线》1988年第3期;王向辉《西施形象源自〈左传〉考》,《重庆文理学院学报》2013年第1期。

  ② 20世纪80年代的争论,可参看《绍兴师专学报》1986年第4期上刊载的一组文章。2016年前后的争论,可参看:严红枫、陆健、俞燕《西施故里之争何时休》,《光明日报》2016年11月8日第5版。

西施在此小憩整容,因名此为容山。"① 如所周知,每个地名都蕴含了悠久的传说。

揆情度理,东汉初越地文献记载的西施复国故事,应非凭空出世,系出战国中晚期越国民众鉴于国势衰败,缅怀当年越国复兴之艰难和朝野牺牲之惨烈,特别是其间女性牺牲之巨大而想象出来、寄托深沉爱国主义情怀的传说。东汉初距离句践灭吴约500年,时间相当遥远,500年间若无民间不绝如缕的传说接续,越地士人忽然津津乐道此事,亦不可想象。有学者近年即比勘相关材料指出,"越国的确向吴王进献过美女,然而美女并非西施、郑旦,也并非是诸暨苎萝山的鬻薪之女","所谓的西施其实是句践之女",且是两位,即"越王二女";可能出于将句践之女献给吴王夫差的是诸稽郢的原因,传说中"西施遂与'诸暨'发生关联"②。当然,也有学者认为,西施确有其人,西施复国也确有其事。"她被包装后以句践女儿的身份送给吴王夫差,凭借'美人计'助越灭吴。吴越战争结束后,为避免'美人计'泄露损害句践贤君形象,西施被沉江","越国官方的着意隐瞒,使得西施的故事仅在民间流传"③。

无论如何,诚如钱汉东所言,西施传说或曰西施文化的核心价值,如报效家国、忍辱负重,刚烈侠义、贤慧双全等,传说中的"西施对越人产生了巨大而深远的影响,特别对越人集体性格的形成产生了积极而实在的作用"④,是毋庸置疑的。亦如潘承玉所指出的,一定程度上,西施传说"标志着越地女性文化早在先秦越国时期就有一个辉煌的开端"⑤,此后从曹娥到秋瑾,越地出现种种奇女子,是与此紧密相关的。

四 欧冶子的传说

西施的传说与越国崛起灭吴相关,应出于战国晚期。根据《越绝

---

① 福全镇志编纂委员会:《福全镇志》,中华书局2012年版,第98页。
② 陈民镇:《西施新考》,《寻根》2011年第5期。
③ 杨玲:《西施其人其事新论》,《求索》2015年第10期。
④ 钱汉东:《西施的文化价值》,《人民周刊》2016年第15期。
⑤ 潘承玉:《中华文化格局中的越文化》,人民出版社2010年版,第239页。

书》《吴越春秋》等文献和民间传说，主题同样与越国崛起壮大相关，产生时代同样在战国晚期，越国还有欧冶子的传说。西施传说，归根结底反映的是女性在越国发展中的牺牲；欧冶子传说所讴歌的，则是越国时期杰出工匠的才智。

《越绝书·越绝外传记宝剑》载：

> 昔者，越王句践有宝剑五，闻于天下。客有能相剑者，名薛烛。王召而问之，曰："吾有宝剑五，请以示之。"薛烛对曰："愚理不足以言，大王请，不得已。"乃召掌者……王取纯钧，薛烛闻之，忽如败。有顷，惧如悟。下阶而深惟，简衣而坐望之。手振拂扬，其华捽如芙蓉始出；观其釽，烂如列星之行；观其光，浑浑如水之溢于塘；观其断，岩岩如琐石；观其才，焕焕如冰释。"此所谓纯钧耶？"王曰："是也。客有直之者，有市之乡二、骏马千匹、千户之都二，可乎？"薛烛对曰："不可。当造此剑之时，赤堇之山，破而出锡；若耶之溪，涸而出铜；雨师扫洒，雷公击橐；蛟龙捧炉，天帝装炭；太一下观，天精下之。欧冶乃因天之精神，悉其伎巧，造为大刑三、小刑二：一曰湛卢，二曰纯钧，三曰胜邪，四曰鱼肠，五曰巨阙。吴王阖庐[闾]之时，得其胜邪、鱼肠、湛卢。阖庐[闾]无道，子女死，杀生以送之，湛卢之剑去之如水。行秦过楚，楚王卧而寤，得吴王湛卢之剑，将首魁漂而存焉。秦王闻而求之不得，兴师击楚，曰：'与我湛卢之剑，还师去汝。'楚王不与。时阖庐[闾]又以鱼肠之剑刺吴王僚，使披肠夷之甲三事。阖庐[闾]使专诸为奏炙鱼者，引剑而刺之，遂弑王僚。此其小试于敌邦，未见其大用于天下也。今赤堇之山已合，若耶溪深而不测，群神不下，欧冶子即死。虽复倾城量金，珠玉竭河，犹不能得此一物，有市之乡二、骏马千匹、千户之都二，何足言哉！"

> 楚王召风胡子而问之曰："寡人闻吴有干将，越有欧冶子，此二人甲世而生，天下未尝有。精诚上通天，下为烈士。寡人愿赍邦之重宝，皆以奉子，因吴王请此二人作铁剑，可乎？"风胡

子曰:"善。"于是乃令风胡子之吴,见欧冶子、干将,使之作铁剑。欧冶子、干将凿茨山,泄其溪,取铁英,作为铁剑三枚:一曰龙渊,二曰泰阿,三曰工布。毕成,风胡子奏之楚王。楚王见此三剑之精神,大悦风胡子,问之曰:"此三剑何物所象?其名为何?"风胡子对曰:"一曰龙渊,二曰泰阿,三曰工布。"楚王曰:"何谓龙渊、泰阿、工布?"风胡子对曰:"欲知龙渊,观其状,如登高山,临深渊;欲知泰阿,观其釽,巍巍翼翼,如流水之波;欲知工布,釽从文起,至脊而止,如珠不可衽,文若流水不绝。"晋、郑王闻而求之,不得,兴师围楚之城,三年不解。……于是楚王闻之,引泰阿之剑,登城而麾之,三军破败,士卒迷惑,流血千里,猛兽欧瞻,江水折扬,晋、郑之头毕白。楚王于是大悦,曰:"此剑威耶?寡人力耶?"风胡子对曰:"剑之威也,因大王之神。"楚王曰:"夫剑,铁耳,固能有精神若此乎?"风胡子对曰:"时各有使然。……当此之时,作铁兵,威服三军。天下闻之,莫敢不服。此亦铁兵之神。"

《吴越春秋·阖闾内传》又载:"干将者,吴人也,与欧冶子同师,俱能为剑。越前来献三枚,阖闾得而宝之。"并补出《越绝书》上述记载若干未详的细节:

> 湛卢之剑,恶阖闾之无道也,乃去而出,水行如楚。楚昭王卧而寤,得吴王湛卢之剑于床。昭王不知其故,乃召风湖子而问曰:"寡人卧觉而得宝剑,不知其名,是何剑也?"风湖子曰:"此谓湛卢之剑。"昭王曰:"何以言之?"风湖子曰:"臣闻吴王得越所献宝剑三枚:一曰鱼肠,二曰磐郢,三曰湛卢。鱼肠之剑已用杀吴王僚也,磐郢以送其死女,今湛卢入楚也。"昭王曰:"湛卢所以去者,何也?"风湖子曰:"臣闻越王元(允)常使欧冶子造剑五枚以示薛烛,烛对曰:'鱼肠剑逆理不顺,不可服也,臣以杀君,子以杀父。'故阖闾以杀王僚。一名磐郢,亦曰豪曹,'不法之物,无益于人',故以送死。一名湛卢,'五金之英,太

阳之精,寄气托灵,出之有神,服之有威,可以折冲拒敌。然人君有逆理之谋,其剑即出,故去无道以就有道',今吴王无道,杀君谋楚,故湛卢入楚。"昭王曰:"其直几何?"风湖子曰:"臣闻此剑在越之时,客有酬其直者,有市之乡三十、骏马千匹、万户之都二,是其一也。薛烛对曰:'赤堇之山已令(合)无云,若耶之溪深而莫测,群臣上天,欧冶死矣。虽倾城量金,珠玉盈河,犹不能得此宝,而况有市之乡、骏马千匹、万户之都,何足言也?"昭王大悦,遂以为宝。

有学者提出,"越国传说,多与剑器相关"[1]。剑器相关传说第一就是《越绝书》《吴越春秋》记载的上述欧冶子传说,这一传说也充分体现了越国民间传说的神异性及其历史与想象交融的文化特质。

在传说中,欧冶子所铸造的剑有五大特质。一是外形与质地神异。如纯钧剑,"手振拂扬,其华捽如芙蓉始出;观其釽,烂如列星之行;观其光,浑浑如水之溢于塘","观其才,焕焕如冰释"。龙渊、泰阿、工布三剑,"观其状,如登高山,临深渊","观其釽,巍巍翼翼,如流水之波","釽从文起,至脊而止,如珠不可衽,文若流水不绝"。二是铸造过程神异。如铸造纯钧,"赤堇之山,破而出锡;若耶之溪,涸而出铜;雨师扫洒,雷公击橐;蛟龙捧炉,天帝装炭;太一下观,天精下之"。三是威力神异。如纯钧剑,"观其断,岩岩如琐石";泰阿剑,楚王"引泰阿之剑,登城而麾之,三军破败,士卒迷惑,流血千里"。四是剑已人化、神化。越国送给吴国的三剑,鱼肠剑,"逆理不顺,不可服也,臣以杀君,子以杀父",成为阖闾刺王僚篡位的专用工具;磐郢,"不法之物,无益于人",只能成为阖闾"以送其死女"的陪葬;湛卢,"五金之英,太阳之精,寄气托灵,出之有神","人君有逆理之谋,其剑即出",阖闾"子女死,杀生以送之,湛卢之剑去之如水",此剑能判识主人善否,自动选择主人,自行往来各地。五是价值神异。如湛卢,"此剑在越之时,客有酬其直

---

[1] 鄢维新编著:《长江文明之旅:长江流域的神话传说》,长江出版社2015年版,第30页。

者，有市之乡三十、骏马千匹、万户之都二，是其一也"，但"虽倾城量金，珠玉盈河，犹不能得此宝"。如同泰阿铁剑"此亦铁兵之神"，纯钧之类铜剑也完全当得起"铜兵之神"的称号。归根结底，这都是欧冶子作为越国铸冶之神，"甲世而生，天下未尝有"的神异所在。

在传说中，是越王允常使欧冶子造剑五枚，冶铸过程中，又经历"赤堇之山，破而出锡；若耶之溪，涸而出铜"的山川之变，交代铸剑的金属原料是锡和铜，则其受允常命铸造的自是青铜剑，也说明他的生活时代主要是在越王允常时期。传说又称楚王欲"因吴王请此二人作铁剑"，"于是乃令风胡子之吴，见欧冶子、干将，使之作铁剑。欧冶子、干将凿茨山，泄其溪，取铁英，作为铁剑三枚"，"因吴王"的实际所指应该是"因吴地之王"，"之吴"即"入吴故都姑苏"。这些又说明欧冶子不仅是铸造青铜剑的第一高手，还是战国初铁器冶铸业开始大发展时期的铸造铁剑第一高手，还是生活在越王句践灭吴之后以姑苏为都城时的都城工匠。所以，透过欧冶子传说，我们可以看到从春秋晚期到战国初青铜器、铁器冶铸交替时代的技术发展。

欧冶子传说不仅存在于《越绝书》与《吴越春秋》两书，还广泛存在于原越国统治的中心区域和势力所及区域。如在越国绍兴都城附近，《嘉泰会稽志》卷九载："日铸岭，在县东南五十五里地，产茶最佳。……昔欧冶子铸五剑，采金、铜之精于山下，时溪涸而无云。千载之远，佳气不泄，蒸于草芽。""冶山，在（余姚）县东北二里。《传》云：'欧冶子铸剑之所。'"卷十载："铸浦，在（会稽）县东南三十里，与若耶溪接，一名锡浦。浦上有横梁、人家、聚落、欧冶祠。齐祖之《家山记事》云：'昔欧冶子铸神剑之所。'"卷十一载："欧冶井，在剑浦山。齐唐《录铸浦事》云：'欧冶子始铸神剑之所，有淬剑大井存焉。'"卷十三载："《越绝》云：'昔越王句践有宝剑五，闻于天下。'今越有铸浦、上灶、下灶、剑翁岭，说者以为皆越王铸剑之地。"在原越国国境中部以南，今属金华市武义县的宣平，《乾隆宣平县志》卷一载："欧溪山，在县东五里，相传欧冶子于此铸剑。"今衢州龙泉市的秦溪山，《万历括苍汇纪》卷七载："剑池湖在其阴,周回数十亩,湖水清洌,时有瑞莲挺出,旁有七星井,为欧冶子铸剑之所。"今闽北南平市松溪县的湛卢山,《康熙松溪县志》卷一载:"湛卢山……欧冶子铸剑,有名湛卢者,因以名山也。"其所谓"湛山十六景","铸剑炉,在剑峰上,欧冶子铸剑于此。相传石穴中有炉,时见五色烟光,炉中余炭,镕铁所遗。欧冶洞,相传欧冶子居此","剑池,欧冶子淬剑处"。卷九又载:"欧冶子,越人,越子允常使铸剑于湛卢山,盖三年而剑始成。"在越国灭吴而有之的原吴境,今江苏溧阳,《乾隆镇江府志》卷三载:"石屋山,(溧阳县)南七十里。《图经》云:'吴王使欧冶子铸剑于此山之西。'有铸剑坑,其遗迹也。"卷四十六又引吴颖《冶山寺记》载:"山盖以欧冶获名。……欧冶子亦以是时奉吴王命铸剑铁冶山中。……今冶山踞于群岭盘曲间,虽林麓静闃,为幽人老僧憩息之地,而千古剑光,若时与山川云气同其震动。……或曰铁冶山在邑南八十里石屋山西,有欧冶子铁剑坑焉。"甚至在安徽庐江的冶父山,《嘉庆庐江县志》卷三载:"盖冶铸之所,相传欧冶子铸剑于此,上有铸剑池。"这些地名,堪称当地欧冶子传说的文字化石。唐末苏州人陆广微《吴地记》亦载吴中流传的古老铸剑故事,内中有云:"匠门,又名干将门。……阖闾使干将于此铸剑,……使童女三百人祭炉神、鼓橐,金银不销,铁汁不下。其妻莫邪曰:'铁汁不下,宁有计?'干将曰:'先师欧冶铸剑之颖不销,亲铄耳。'"据此,欧冶子还是吴国铸剑名师干将的师傅。

兵器史专家钟少异曾关注浙南闽北的欧冶子传说,指出"所谓欧冶子铸剑地,自然皆难以求信,但多集中于浙南闽北,恐非偶然"。因为未注意到其他地区的欧冶子传说材料,他所做出的浙南闽北是欧冶子传说集中地的这一判断,自然不够准确;但他结合相关史料,揭示欧冶子传说的民族属性和传说产生的时代,却极有见地。实际上,欧冶子的本名是"区冶","子"是民间传说中给这位工匠名字缀加的尊称;有关"区冶"的记载最初见于战国晚期的文献,西汉初文献亦称"区冶",名中"区"字属于一种族称。如《韩非子·显学》载:"夫视锻锡而察青黄,区冶不能以必剑。"《淮南子·览冥训》亦载:"区冶生而淳(纯)钧之剑成。"东汉高诱注:"区读歌讴之讴,区越人善冶剑工也。"清代学者朱骏声《说文通训定声·区》在引述高注后进一步指出："区，区越也，犹言於越、瓯越、欧越，皆同，不必定读为讴。讴，齐歌也。"按照他的意见，"区冶"其实也可称"越冶"或"越冶子"。钟少异因而提出，"区冶"并非严格意义上的人名。冶者，铸铜也，由此引申为指称铸铜的工匠，"区冶的本意应是区越之冶者"①。

综上可见，欧冶子的传说，讲述的不是某一个铸剑工匠的神话，而是一个国家——越国，一个时代——从春秋晚期到战国初（这是从青铜器冶铸向铁器冶铸递嬗的一个技术大发展、大进步的时代），一批又一批工匠的惊天动地故事。战国晚期从越国绍兴都城流传开来的这个传说，寄托了衰落中的越国对铸剑技术辉煌时代也是鼎盛期越国的缅怀。

第三节　诗文

一　越国民歌

（一）《涂山之歌》

《吴越春秋·越王无余外传》载：

> 禹三十未娶，行到涂山，恐时之暮，失其度制，乃辞云："吾娶也，必有应矣。"乃有白狐九尾造于禹，禹曰："白者，吾之服也。其九尾者，王之证也。涂山之歌曰：'绥绥白狐，九尾庞庞。我家嘉夷，来宾为王。成家成室，我造彼昌。天人之际，于兹则行。'明矣哉！"禹因娶涂山女，谓之女娇。取辛壬癸甲，禹行十月，女娇生子启。启生不见父，昼夕呱呱啼泣。

---

① 钟少异：《欧冶子和干将、莫邪——吴越铸剑传说的来源和演变》，《古兵雕虫：钟少异自选集》，中西书局2015年版，第104—110页。

这首歌谣是大禹娶涂山女的"谶语",有学者认为,其诗味、格式与《诗经》极其类似,如出一辙。①

(二)《越人歌》

《越人歌》出现于刘向《说苑·善说》记载的故事中:鄂君子晳泛舟于新波之中,榜枻越人拥楫而歌,鄂君子晳不解,乃召越译为之楚说曰:

> 今夕何夕兮?搴舟中流。今日何日兮?得与王子同舟!
> 蒙羞被好兮,不訾诟耻。心几烦而不绝兮,得知王子。
> 山有木兮木有枝,心说君兮君不知!

学界历来对这首诗歌的文学成就大为赞赏。梁启超指出:"在中国古书上找翻译的文字作品,这首歌怕是独一无二了。歌词的旖旎缠绵,读起来令人和后来南朝的'吴歌'发生联想。"②白耀天指出,全歌"以反问始又以反问结,中间感叹抒情,短小精悍,珠联璧合,宛如天成,且叙事富有条理,就景取譬,以人之妒衬己之喜,感情波浪层层递进,显示了歌者构思的巧妙和想象力的丰富。而歌之时,系'会钟鼓之音毕,榜枻越人拥楫而歌',为即兴之作,诚为难能可贵。设若歌者所属人群,没有歌唱的风气,也无歌唱的素质,难以设想歌者俄而之间能唱出此等样歌。所以我们说,歌者不愧为古代越族优秀歌手,越族也不愧为深有歌唱素养而擅长歌唱的民族"③。鄂君子晳是春秋晚期人,这个记载不仅反映春秋晚期一位漂泊在外的越国无名劳动歌者——一位划船姑娘④——的文学才华,同时也折射出一位"越译"——一位越国文学精英——高超的越、汉(楚语即汉语)翻译水平。

---

① 金永平:《吴越诗歌谣谚刍议》,《探索》1989年第6期。
② 梁启超:《中国之美文及其历史》,贵州人民出版社2014年版,第13页。
③ 白耀天:《"榜枻越人歌"的译读及其有关问题》,《广西民族研究》1985年第1期。
④ 邹志方:《绍兴文学史》,浙江人民出版社2013年版,第8页。

二　反映越王句践时代的诗歌

《吴越春秋》中除了《涂山之歌》与《弹歌》明言为上古诗歌外，还记载了越王句践时期的几首诗歌，分别是《乌鹊歌》《采葛妇诗》《离别相去词》《河梁之诗》等。

（一）《乌鹊歌》（《句践夫人歌》）

《吴越春秋·句践入臣外传》载，越王句践入臣于吴，群臣送至浙江之上，无不垂泣感哀，"越王仰天叹曰：'死者，人之所畏。若孤之闻死，其于心胸中曾无怵惕。'遂登船径去，终不返顾"；越王夫人乃据船而哭，顾乌鹊啄江渚之虾，飞去复来，因哭而歌之，曰：

> 仰飞鸟兮乌鸢，凌玄虚兮翩翩。
> 集洲渚兮优恣，啄虾矫翩兮云间。
> 任厥性兮往还。
> 妾无罪兮负地，有何辜兮谴天？
> 飘飘独兮西往，孰知返兮何年？
> 心惙惙兮若割，泪泫泫兮双悬。

又哀吟曰：

> 彼飞鸟兮鸢乌，已回翔兮翕苏。
> 心在专兮素虾，何居食兮江湖？
> 徊复翔兮游飏，去复返兮於乎！
> 始事君兮去家，终我命兮君都。
> 终来遇兮何辜？离我国兮去吴。
> 妻衣褐兮为婢，夫去冕兮为奴。
> 岁遥遥兮难极，冤悲痛兮心恻。
> 肠千结兮服膺，於乎哀兮忘食。
> 愿我身兮如鸟，身翱翔兮矫翼。

去我国兮心摇，情愤惋兮谁识！

"越王闻夫人怨歌，心中内恸，乃曰：'孤何忧？吾之六翮备矣。'"句践夫椒之败后，仅剩残兵五千被夫差围困在会稽山上。为保存疆土，只得俯首称臣，且要含辱负耻，远离故乡而入吴为质。在离开越国时，群臣送至江边，在船将要启动之际，越王夫人据舷哀歌。金永平指出，两首《越王夫人之歌》是比兴交织在一起。句践夫人目睹许多乌鸢（苍鹰），时而聚集沙渚，时而啄食鱼虾，时而凌空翱翔，这自由自在、优哉游哉的神态，触发了内心的愁苦，联想到自己将远别故土，沦为吴王的"囚臣"和"奴婢"，从而抚舷悲吟，抒发了羁押缧绁之块垒，所以整首歌词回肠荡气、催人泪下。① 孟文镛也指出，《句践夫人歌》是抒情色彩十分浓重的离国哀歌。她见江边自由翱翔的乌鹊，触景生情，联系到他们夫妇将要失去自由，"妻衣褐兮为婢，夫去冕兮为奴"，一种对自由的向往之情油然而生，恨不得身如飞鸟，展翅翱翔，冲破牢笼。全歌辞藻优美，极富感伤色彩。《句践夫人歌》细腻地表达了句践夫人复杂的心理状态和内心冲突，字里行间饱含着亡国之痛、入臣之苦，抒情委婉深沉，如诉如泣，风格自然清新。《句践夫人歌》除运用象征和比喻的修辞方法，"兮""於乎"等虚词的灵活运用，"翮翮""忧忧""泫泫""遥遥"等叠字的巧妙安排，还有多次换韵，都使诗歌灵活多变，回环往复，富有音乐美。②

（二）《祝酒词》

《吴越春秋·句践入臣外传》载，越王句践五年（前492年）五月，将与大夫种、范蠡入臣于吴。群臣皆送至浙江之上，临水祖道，军阵固陵。大夫文种前为祝酒，其词曰：

皇天佑助，前沉后扬。

---

① 金永平：《吴越诗歌谣谚刍议》，《探索》1989年第6期。
② 孟文镛：《越国史稿》，中国社会科学出版社2010年版，第521页。

祸为德根，忧为福堂。
威人者灭，服从者昌。
王虽牵致，其后无殃。
君臣生离，感动上皇。
众夫哀悲，莫不感伤。
臣请荐脯，行酒二觞。

越王仰天叹息，举杯垂涕，默无所言。种复前祝曰：

大王德寿，无疆无极。
乾坤受灵，神祇辅翼。
我王厚之，祉祐在侧。
德销百殃，利受其福。
去彼吴庭，来归越国。
觞酒既升，请称万岁！

在生死离别的情境中，句践面对危国辱身的羞耻和渺茫的未来，仰天叹息，潸然泪下。此诗被明贺复征编《文章辨体汇选》卷一百九十九列为《上寿辞》之祖，贺氏并谓："上寿辞者，群臣宴上之辞也，有规有诵，如越群臣祝辞，则悲愤填膺矣。"

（三）《采葛妇诗》（《苦之诗》）

《吴越春秋·句践归国外传》载越王曰："吴王好服之离体，吾欲采葛，使女工织细布献之，以求吴王之心，于子何如？"群臣曰："善。"乃使国中男女入山采葛，以作黄丝之布，欲献之。吴王得葛布之献，乃复增越之封，赐羽毛之饰、机杖、诸侯之服。采葛之妇伤越王用心之苦，乃作《苦之诗》，曰：

葛不连蔓棻台台，我君心苦命更之。
尝胆不苦甘如饴，令我采葛以作丝。

> 饥不遑食四体疲，女工织兮不敢迟。
> 弱于罗兮轻霏霏，号绨素兮将献之。
> 越王悦兮忘罪除，吴王欢兮飞尺书。
> 增封益地赐羽奇，机杖茵褥诸侯仪。
> 群臣拜舞天颜舒，我王何忧能不移！

金永平认为，这首诗表面上似在表示女工们"理解"句践的"良苦用心"，乐意用自己的劳动为越王分忧解难。其实，诗中蕴含着织女的疲惫、憔悴与心酸，"饥不遑食四体疲，女工织兮不敢迟"便是她们辛勤劳作、无可奈何的苦叹。葛的花蒂蔓延茂盛，亦比拟织女们哀怨之深广。[①]

（四）《离别相去词》

在《吴越春秋》中，有两首反映越国征战的诗歌。其一是越王句践经过"十年生聚，十年教训"后，国富兵强，遂决定一雪宿耻，起兵伐吴前，越国民众共唱的《离别相去辞》。《吴越春秋·句践伐吴外传》载："令国人各送其子弟于郊境之上，军士各与父兄昆弟取诀。国人悲哀，皆作离别相去之词"，"于是，观者莫不凄恻"。词曰：

> 跞躁摧长恧兮，擢戟馭殳。
> 所离不降兮，以泄我王气苏。
> 三军一飞降兮，所向皆殂。
> 一士判死兮，而当百夫。
> 道祐有德兮，吴卒自屠。
> 雪我王宿耻兮，威振八都。
> 军伍难更兮，势如貔貙。
> 行行各努力兮，於乎！於乎！

[①] 金永平：《吴越诗歌谣谚刍议》，《探索》1989年第6期。

尽管诗的引言再三使用了"取决""悲哀""凄恻"等语词，但展读全诗，似乎并没有流露出这类情感，而是充溢着勉励出征、为王雪耻的豪气与以一当百、所向无敌的雄威。作为誓师战歌，整首诗铿锵有力，掷地有声。①

（五）《伐吴之曲》（《章畅辞》）

《吴越春秋·句践伐吴外传》载："越王还于吴，置酒文台，群臣为乐，乃命乐作伐吴之曲。……（乐师）引琴而鼓之，遂作《章畅辞》"。曰：

> 屯乎！
> 今欲伐吴，可未耶？
> 大夫种、蠡曰：
> 吴杀忠臣伍子胥，
> 今不伐吴人（又）何须？

《章畅辞》即《伐吴之曲》，应是乐师们用乐器演奏的庆祝伐吴胜利的引歌，是重复越王句践伐吴前问楚使申包胥的一句话："吴可伐耶？"实际上可能是句践出征时所发的号令。所谓号令，是古代大军出征时统帅所发的一种告天辞，也是激励士气的鼓动辞，由随军乐师引领，全体将士接应，带有仪式歌的性质。《古今乐录》载周武王伐商纣时，也曾作《克商操》一歌，歌曰："上告皇天兮，可以行乎？"《伐吴之曲》其内容如出一辙，可能是越国军史上的真实记录。②

（六）《河梁之诗》

《吴越春秋·句践伐吴外传》载："句践乃使使号令齐、楚、秦、晋皆辅周室，血盟而去。秦桓公不如越王之命，句践乃选吴越将士，西渡河以攻秦。军士苦之。会秦怖惧，逆自引咎，越乃还军。军人悦

---

① 金永平：《吴越诗歌谣谚刍议》，《探索》1989年第6期。
② 朱秋枫：《浙江歌谣源流史》，浙江古籍出版社2004年版，第26页。

乐，遂作《河梁之诗》","自越灭吴，中国皆畏之"。诗曰：

> 渡河梁兮渡河梁，举兵所伐攻秦王。
> 孟冬十月多雪霜，隆寒道路诚难当。
> 阵兵未济秦师降，诸侯怖惧皆恐惶。
> 声传海内威远邦，称霸穆桓齐楚庄。
> 天下安宁寿考长，悲去归兮河无梁。

句践二十五年（前472年），越王精选了将士，准备西渡河以攻打秦国。路途遥远且雪霜交迫，军士苦不堪言，这时，恰逢秦军恐惧，不战自退。于是，越军上下一片欢呼，遂作《河梁之诗》，全诗表述了从行军艰难的征战之苦，到忽闻秦军不战而退、可以凯旋而归的喜悦之情。全诗没有冷僻深奥的字眼，因而绝无晦涩拗口之感，而且还句句入韵。①

对于上述诗歌，明清学者杨慎、冯惟讷、赵翼，现代学者游国恩等对其产生的时代曾提出疑问，认为当是汉代人依托之作。今人于淑娟《〈吴越春秋〉歌诗研究三题》也认为：这些诗歌是赵晔"拟托春秋时期吴越争霸的历史人物之口演唱"而代作的诗歌，楚歌诗的演唱者身份不一，"大多是越人，如越王夫人、越地采葛妇、越地将士等。楚歌诗成为《吴越春秋》中表达人物内心情感的最为普遍的艺术形式，反映出汉代越地文人赵晔对楚歌诗的熟悉和认同"②。但蔡靖泉《楚文学史》认为："《吴越春秋》叙录有《乌鹊歌》《采葛妇歌》《离别相去辞》等。……这些歌即使为后人依托，依托者当也本故越地民歌情调和风格所作。"③徐志平对这些诗的由来和历史地位，做了公允考察指出，"《吴越春秋》作者赵晔系东汉人，他所记也肯定有所依据，很有可能是这些诗在浙江大地上一直流传，流传中经人加工，

---

① 金永平：《吴越诗歌谣谚刍议》，《探索》1989年第6期。
② 于淑娟：《〈吴越春秋〉歌诗研究三题》，《中国诗歌研究》（第八辑），中华书局2012年版，第102页。
③ 蔡靖泉：《楚文学史》，湖北教育出版社1996年版，第102页。

这种情况在古诗中是十分常见的,故不能轻易否定";艺术上,《乌鹊歌》《离别相去辞》等越骚体诗,"均产生在战国后期屈原'楚辞'以前,由此可知,'楚辞'并不局限于今湖北一带,在江南广大辽阔的地域上都有这种南方风味的诗歌存在",越骚体诗"这些诗歌对以后的'楚辞'的成熟流行起到了推动作用";文献所见"先秦时的越诗,在思想内容和艺术形式、风格方面都对后世有着重要的影响。早期诗歌中那种关心国家、关注现实、坚韧不拔、勇往直前的爱国爱家思想和英雄主义精神,为浙江诗歌奠定了基调,二千多年的浙江诗歌始终奏响着这一主旋律"。①

三 青铜器铭辞

更可靠的越国文学作品是越国青铜器铭辞,其中有散文,也有准诗歌性质的作品。

（一）铭诗

1.《越王钟诗》

《越王钟诗》是句践之子者旨於睗铸在青铜钟上的一篇铭辞。容庚1934年在《燕京学报》第十六期发表《鸟书考》一文,首先释为越王者旨於赐（睗）的错金铭文。郭沫若《两周金文辞大系图录考释》认为"者旨於赐（睗）"即句践六世孙"诸咎粤滑","粤滑"系"诸咎"之别号,由此定"越王钟"为战国中叶之器,铭辞是一首宴乐歌,体裁与《诗经·小雅》中的《鼓钟》《鹿鸣》相近,并将容庚的释文进行了修正,末云:

以乐吾家,喜尔宾客。
恬怡鼓之,凤暮不忒。
训余子孙,万世无疆,用之勿丧。②

---

① 徐志平:《推源析流话越诗》,《绍兴文理学院学报》1999年第2期。
② 郭沫若:《郭沫若全集》第八卷《两周金文辞大系图录考释（二）》,科学出版社2002年版,第531—533页。

在 1963 年林沄发表《越王者旨於赐考》和 1964 年容庚重新发表的《鸟书考》中，"者旨於赐（睗）"被确认为越王句践之子鼫与，"缓言之为者旨於赐，急言之则为鼫与"①。董楚平后来对释文有所修正。② 近年曹锦炎又撰《越王钟补释》一文，信从器主为越王句践之子鼫与，并将此诗全文重新予以考释。③ 根据曹锦炎的新释和诗的内在节奏，此诗可以分行如下：

唯正月季春，
吉日丁亥，越王者旨於睗择厥吉金，
自作龢钟。
我以乐考、嫡祖、夫（大夫）、宾客，
日以鼓之，
夙暮不忒。
训余子孙，
万世亡疆，
用之勿丧。

《越王钟诗》共 52 字，有较高的历史价值与文学价值，代表了越国鼎盛时期的铭文成就。此诗叙事、抒情和议论兼备，三小节各有内在的节律。其中，第一小节属于叙事，交代铸钟的季节、时间、器主和钟名，其中"龢钟"即乐音和谐之钟，"春""金""钟"分属上古音覃部、痕部、东部，可以互通；第二小节抒情，期待上乐先考和历代祖先，下乐群臣和四方宾客，希望长享此欢快时光，"客""忒"分属上古铎部、德部，亦可互通；第三小节由期待越国世代昌盛，转向告诫子孙，要善护爱惜此钟，"疆""丧"合上古阳部。

内容上，"我以乐考、嫡祖、夫（大夫）、宾客"句，考、嫡祖

---

① 容庚：《鸟书考》，《中山大学学报》1964 年第 1 期；林沄：《越王者旨於赐考》，《考古》1963 年第 8 期。
② 董楚平：《吴越徐舒金文集释》，浙江古籍出版社 1992 年版，第 162—169 页。
③ 曹锦炎：《吴越历史与考古论丛》，文物出版社 2007 年版，第 52—60 页。

分别指句践、句践之父允常以及其他直系越王,大夫是越国朝臣卿大夫,宾客指外国使者;"日以鼓之,夙暮不貣",每日早晚奏乐无差错,借以比喻政治无差错;"训余子孙,万世亡疆,用之勿丧"句义属训诰我的子孙,保存使用这些钟不要丧失,以至万世,"用勿丧编钟来隐喻勿丧越邦"。① 所以,铭文也形象地展示新一代越王承前启后、守成大业的政治愿景。

2.《越自剑诗》

这是铸在既往所谓3件"先自"剑剑首、内容基本一致的12字环列阳文。古文字学家董珊近年将先自剑定名为"越自"剑,并对铭文做出通释。按其释读,其中一件的12字可以分行为:

戉(越)自菡(茅),
戉(越)自䖒(吴);
戉(越)自以(琊),
戉(越)自䖒(莒)。

"戉"当然即是"越";"菡"可读为"茅",即茅山,亦即会稽山;"䖒"可读为"虞",即"吴"字,亦可读为"莒",指越国迁都琅琊之后,夹于齐国和越国之间的小邦莒国;"以",以音近而代"琊",即越国北方都城琅琊。铭辞夸耀据越国北方军事堡垒性都城琅琊攻取莒地的业绩,同时纪念先祖据会稽夺取吴地的辉煌历史,以表示进一步向中原腹地进军的雄心壮志。铭文句式整齐,朗朗上口,纯以介词词组构成,内中省略"扩张领土"这类意义的动词,实质内容是表示:"越国从茅山开始扩张,越国从吴地开始扩张,越国从琅琊开始扩张,越国从莒地开始扩张。"董珊推测此剑的铸造时间,"年代似应属于越王翳"②。如第二章第三节所述,还以铸于朱句时为宜。无论如何,本诗的结构,无疑可看作汉乐府民歌《江南可采莲》的最早

---

① 董珊:《吴越题铭研究》,科学出版社2014年版,第50页。
② 董珊:《吴越题铭研究》,科学出版社2014年版,第61—62页。

祖本。

(二) 铭辞散文

如果忽略上述《越王钟诗》等的内在音律,也可以将其看作为数可观的越国青铜器铭辞散文之一。越国青铜器铭辞散文中比较完整和重要,大体按铸造时代的先后有:

1.《姑冯句鑃铭》

姑冯句鑃于清朝乾隆年间在江苏常熟翼金门外出土,原藏日本大田岸俞氏。铭文39字,其中重文2,分八行分布于句鑃的正反面。器主"姑冯昏同"递经王国维、郭沫若、杨树达等考证,认为即《越绝书》所见越大夫冯同;《越绝书》《史记》《韩非子》《吴越春秋》又作"逢同"或"扶同";《左传》《国语》又作"舌庸",或衍为"后庸"。董楚平的释文为:

> 唯王正月初吉丁亥,姑冯昏同之子择厥吉金,自作商句鑃,以乐宾客,及我父兄。子子孙孙,永保用之。

董楚平提出,冯同之地位显赫,"应是越国土著贵族,有世袭之权,故其子能作此礼器。这与范蠡、文种等客卿不同。范、文功成之后,或隐或诛,不能久荣于越国,是因为在越国没有社会基础"。[①] 姑冯既是越王句践时的大夫冯同之子,则此器可能制于越灭吴之后。铭文记载了一位越国勋贵后裔,在国家强大之际与宾客和家族尊长欢乐相处的情景。

2.《其次句鑃铭》

其次句鑃于清朝道光年间在浙江武康县(今属德清县)一山中出土,同出13件,有铭文者2件。铭文内容相同,共31字,其中重文2。董楚平的释文为:

[①] 董楚平:《吴越徐舒金文集释》,浙江古籍出版社1992年版,第152—156页。李家浩对铭文隶定,与此略有不同,见第二章第三节。

唯正初吉丁亥，其次择其吉金，铸句鑃，以享以孝，用祈万寿。子子孙孙，永保用之。①

"其次"大概也是越国大夫冯同之子一类的人物，铭文呈现了越国贵族生活图景的又一片段。此类铭文也让今人发现，"句鑃的最大功能为'享'与'孝'。其中，'孝'的含义不仅包含了对先辈的献祭，也诉诸了生者祈求寿福的愿望"②。

3.《者尚余卑公盘铭》

此盘是上海博物馆接受私人捐赠，铸造十分精良的一件东周南方青铜水器，器型和铭文皆有显著的越国风格，考古学家董珊因而定为越国器。口沿外折，浅腹平底，下承三兽首短蹄足，两侧有一对龙首耳。腹饰三层卷龙纹，龙首倒顺置。腹内底铸铭文40字，其中重文2，分五行自左向右（与一般古籍相反）排列。根据董珊在陈佩芬研究基础上的考释，内容如下：

唯王正月初吉丁亥，者尚余卑公於即择其吉金，自乍（作）铸其般（盘），用祈眉寿，万年无疆。子子孙孙，永保用之。

"者尚余卑公於即"是器主的身份及私名。"公"是职官；"者尚余卑"作"公"的定语，是地名，可能即原吴国西接楚境的上邑棠邑，吴灭亡后属越；"者尚余卑公"大约即棠邑封君之意，从此盘的精美程度看，不大可能是低级别的邑公。"於即"是其私名，与越王"与夷"大约同名。③ 总之，铭文表现了新年伊始一位越国贵族希望永葆健康长寿和家族世系绵长的愿景。

4.《越王之子席镇铭》

越王之子席镇，2007年出土于湖北省天门市皂市镇彭家山一楚

---

① 董楚平：《吴越徐舒金文集释》，浙江古籍出版社1992年版，第156—160页。
② 马国伟：《句鑃的功能与用途》，《中国音乐》2016年第2期。
③ 董珊：《吴越题铭研究》，科学出版社2014年版，第93—94页；陈佩芬：《夏商周青铜器研究·东周篇下》，上海古籍出版社2004年版，第202—203页。

墓。青铜铸造，通高5.8厘米，呈半球状，顶上有钮，衔环，顶、腹部皆铸有鸟虫书铭文。顶部铭文一圈，腹部作上、下两圈，围旋排列。形制、铭文布局方式均接近浙江省博物馆收藏的一件器腹上、下各饰一组顾首龙凤纹，顶部饰以圆涡纹的青铜席镇。比较有关资料，以顶钮一侧作为起读标志，从下圈"戉"字起首，由下而上，按顺时针方向旋读。曹锦炎的释文如下：

戉（越）王之子忥不余择厥吉金，自乍（作）伏钓（约）。"厥大故小连，于轨九州，顺日有行。"□之孙唯宝。其永寿，凤暮不忒。①

第一句"戉（越）王之子"是作器者身份，"忥不"是其名，"余"为第一人称代词。"伏钓"，器名。"伏"，俯伏。"钓"当读为"约"。《说文》："约，缠束也。"引申为节制。席镇是用来压席角防其上翘，有覆压、节制之义，故铭文称之为"伏约"。"厥大故小连"以下三句为一则箴言，意思是说：因为强大，所以小国就会归属，天下一统，要顺着天道而行。作器者用此箴言作"座右铭"，不仅告诫自己，也是告诫后人。《广雅·释诂》："忒，差也。""凤暮不忒"，犹言小心谨慎，永远不要犯错。本铭词句与收藏在两岸故宫博物院的两件"能原镈"有相同之处，鸟虫书构形也相近。故其制作年代当在越国灭吴之后不久，"越王之子"很可能即句践之子；但是"与夷"，还是其他王子，不得而知。

因为作器者身份更为重要，在越国兴衰中担负的使命和责任也更大，所以本铭的思想意涵比上述三铭来得深刻；除了直接叙事抒情，还引用箴言，表现手法也比较丰富。

5.《朱句钟铭》

朱句钟铭著录于宋代薛尚功《历代钟鼎彝器款识法帖》卷一，称

---

① 曹锦炎：《鸟虫书青铜席镇初探》，《古文字研究》第二十九辑，中华书局2012年版，第374—377页。

"商钟四";经1983年曾宪通首次对铭文进行通释、1992年董楚平对铭文进行改释后①,学界一般皆称为"之利钟",2007年出版《殷周金文集成》修订增补本第一册即以此名称之,列为第171号,时代为战国早期。根据曹锦炎的重新隶定、释读②,此钟铭文可标点如下:

惟王正月初吉乙巳,□朱句之孙□亘□丧,王欲复师,择吉金自作禾钟,以乐宾客,志劳赗诸侯。"往已!余之客,畣畣孔协,万世之后,亡疾自下,允位,同女(汝)之利。嗣孙皆永宝。"

"王欲复师"即越王朱句打算班师,越国王孙"□亘□"大概死于某次战役;朱句未将其遗骸归葬故茔,而是就地办理丧事,于是诸侯各国纷纷有赗赠之举;在丧事结束准备班师回国前,为答谢各国诸侯的赗赠,朱句铸造了乐钟以铭志。"往已"两字前是叙事,后面是朱句带有中原霸主意味的告白(训诰)。训诰大意是:死者长已矣。我尊贵的客人们,大家团结协作,从此一直到万世以后,都没有疾病和灾难从下面来困扰上面各位,各位都融洽地安居其位,一同享受你们的利益。越国子孙要永远保存此钟。如本书第一章所引述,"铭文的真正目的,乃是通过'志劳赗诸侯'来显耀越国的霸主地位"。但就铭辞本身而言,仍然体现了年事已高的这位越王朱句,对王孙过早离世的深切亲情,以及化悲痛为力量,欲借丧事办理来促进各诸侯国和平共存、和谐相处的胸襟和政治智慧。

6.《者汈钟铭》

越国铭辞散文篇幅最长的一篇,即本书第一章第三节所提越王翳在位第十九年的《者汈钟铭》。同篇铭辞铸在13件编钟(其中一件为镈)的两面钲间和鼓部,存世各钟皆有残泐,单件存字多者如上海博

---

① 曾宪通:《吴王钟铭考——薛氏〈款识〉商钟四新解》,《古文字学论集》初编,香港中文大学国际古文字学研究会1983年版,收入《古文字学与语言学论集》,中山大学出版社1986年版,第1—26页;董楚平:《吴越徐舒金文集释》,浙江古籍出版社1992年版,第338—349页。

② 曹锦炎:《吴越历史与考古论集》,文物出版社2007年版,第61—64页。

物馆所藏有 50 字,少者仅存 16 字。① 郭沫若首次连贯完整地摹写拼接 13 件编钟的铭文 93 字,使成完璧,并通释全文,性质是越"翳王十九年,翳王为其太子诸咎铸器而告诫之"。② 董楚平结合饶宗颐、何琳仪等的研究成果,对郭沫若释读存疑或未妥的地方做出新的考释,也对全篇铭辞做出修正,并分析其文化意义。按董楚平的释读,这篇越王的训诰铭辞为:

唯戉(越)十有九年,王曰:者汈!女(汝)亦虔秉不湟("汭涇"两字合文)德,以克总光朕躬。考之逊学,趄趄哉,弼王宅,往捍庶盟,以祗光朕位。今余其念祷,乃为斋休祝盛,用偁烈壮,貺之虞肆,女(汝)其用兹。女(汝)安且寿,惠逸康乐。勿有不义谋,至于不适。唯王命元没是德,子孙永保!

用现代语言翻译此篇大意为:越王翳十九年,王说:诸咎!你要恭敬坚持而不致丧失常德,使能全面发扬我的法则传统。注意检点自己,谦虚学习,英武地辅佐王室,去捍卫诸侯盟国,以崇尚加强我的王位。今天我之所以念咒祷告,是为了恭敬地祈求神明保佑你有美盛的德性,激扬你的壮怀,赐予编钟一组,供你使用。你将平安长寿,和顺康乐。今后勿有不义之心,以至做出不轨之事。唯王命龟勉是从,则为至德,子孙将永远保住这套编钟。

董楚平还分析指出,此套编钟不仅形制、纹饰华夏化,所用语言也常见中原典籍,说明战国时期越国贵族子弟受中原礼教影响渐深。如"虔秉"出于《诗经》;"不湟德"内含"不汭泾德","泾德"即经德,意即不坠常在的经德,而"经德"出于《尚书》;"逊学"出于《礼记》;"斋休祝盛",意含盛德,而"盛德"出于《礼记》;等

---

① 吴镇烽:《商周青铜器铭文暨图像集成》,上海古籍出版社 2012 年版,第 27 卷第 409—458 页,第 29 卷第 238—244 页;张桂光等:《商周金文摹释总集》第一册,中华书局 2010 年版,第 19—21 页。

② 郭沫若:《者汈钟铭考释》,《考古学报》1958 年第 2 期。

等。① 换个角度也可以说，这篇铭辞较多地使用了中原文献的典故，使其思想意涵得以深化。

近年董珊对此训诰铭文又有新的理解，将其分成如下两段：

> 唯戉（越）十有九年，王曰：者汈！女（汝）亦虔秉不湮（沕—坠）德，以克续光朕昭考之训教，桓桓辅弼王宅，往捍庶盟，以祗光朕位。

> 今余其念譻乃有斋休告成，用偁烈壮，光之于肆。女（汝）其用兹晏安乃寿，思逸康乐，勿有不义。诰至于不适，唯王命元没乃德，子子孙孙永保！

训诰的第一部分属越王陈述者汈的德行功绩，大意是：者汈能恭持而不失德，因此能够继续发扬光大越王之昭考的训教，威武地辅弼王室，捍卫诸同盟国，因而巩固和光大了越王的王位。第二部分属越王对者汈以及其他人的嘉勉和训示，大意是：我想勉励者汈的德行谨敬而有功劳，彰显其为越国壮大做出的壮烈事迹，所以铸造这套编钟加以表彰（成套编钟即"肆"），希望用此编钟安乐你的晚年，思考安逸康乐之道，不要做不义之事。此诰命发布给所有人，哪怕是有僭越和无礼等不适当行为的人都要受此节制；所有人都要黾勉执行王命，这样子子孙孙才能永保平安。推敲铭文，越王与者汈并非父子关系，而是君臣关系，铭辞的性质就成了在位十九年的越王，对服务过两代越王的一位老臣的嘉勉。②

尽管对其理解有此差异，董珊在分析中同样广泛地征引了先秦中原典籍，更加说明此文的意蕴丰厚和辞章佳美。

---

① 董楚平：《吴越徐舒金文集释》，浙江古籍出版社1992年版，第170—194页。
② 董珊：《吴越题铭研究》，科学出版社2014年版，第88—92页。

第五章 越国的艺术

在越国发展、壮大、走向鼎盛的过程中，越国的各种艺术，特别是作为时间艺术的音乐和作为空间艺术的美术，凭借时代条件，在各种因素作用下也获得发展，走向繁荣，成为中国先秦艺术的重要组成部分，也为秦汉以后浙江发展成为中国的艺术重镇之一，奠定了坚实的历史基础。

第一节 越国音乐

於越民族是善歌喜舞的民族。越国音乐的发展，有着悠久的历史。句践时期的越国，是东周各诸侯国中以政府手段加强音乐管理的极少数国家之一。这在文献上有记载，众多出土乐器文物更提供了生动的证明。

《越绝书·越绝外传记地传》："北郭外路南溪北城者，句践筑鼓钟宫也。"《吕氏春秋·遇合》："客有吹籁见越王者，羽、角、宫、徵、商不谬，越王不善；为野音，反善之。"可见越国音乐中既有代表中原的钟鼓，亦有本土的野音，"鸿山越国贵族墓出土的乐器也反映了越国存在着中原系统和南方系统两个不同的系统的乐器"[1]。越国

---

[1] 张敏：《〈鸿山乐器五说〉驳议——兼论南方音乐文物的定名》，《南方文物》2014年第4期。

乐器的器类计有铙、甬钟、镈钟、编磬、句鑃、錞于、丁宁、铎、缶和悬铃，以及与乐器相关的悬鼓座、插座和敲击乐器的枹。除磬与缶外，都应为青铜器，然墓葬中出土的越国乐器多用硬陶或青瓷按1∶1仿制的明器，从而形成越国乐器的一大特色。①

一 中原系统乐器

中原系统乐器有甬钟、镈钟、编钟、铙、磬、鼓、琴等。尽管在大致器形上接近中原青铜乐器，但在细节和装饰上出现越国风格。甬钟的悬虫、镈钟的钮出现蛇的造型，甬钟、镈钟的篆部饰戳印有"S"形或"C"形纹，编磬的两端饰也戳印有"S"形或"C"形纹，可见越人在吸收中原文化的同时，顽强地保留着自己的文化传统。② 在长江中下游地区有广泛出土的铙，按纹饰的式样来分，有界栏式兽面纹、钟枚式和双目式，浙江及其附近地区即原越国境内主要流行的是钟枚式，枚间、篆部、鼓部两侧和周边都饰云雷纹，是吴越地区土墩墓青铜器上常见的套连云纹之一，也体现出鲜明的越文化特征。③

甬钟 打击乐器。越国青铜甬钟传世的有多件。根据吴镇烽《商周青铜器铭文暨图像集成》等的著录④，存世或见于著录有铭文的越国王室甬钟有：越王者旨於赐钟4件、越王朱句钟1件、者汈钟12件、越莒𨟻盟辞钟1件。另外，2003年绍兴塔山公园出土青铜甬钟1件，甬作上小下大的柱状形，上模印云雷纹饰间以蟠螭纹。有鸟虫书铭文50字。据曹锦炎考证，器主为"自"，器名称"铎"。从铭文书体看，是典型的越国鸟虫书风格，尤接近于宋代出土的越王者旨於赐钟，但铭文却注明是徐器。从铭文内容分析，这是徐人流亡越地后所

---

① 费玲伢：《越国乐器研究》，《南方文物》2009年第2期。
② 南京博物院、江苏省考古研究所等编：《鸿山越墓发掘报告》，文物出版社2007年版，第344页。
③ 陈佩芬：《越文化青铜钲的若干问题》，《陈佩芬青铜器论集》，中西书局2016年版，第345—355页。
④ 吴镇烽：《商周青铜器铭文暨图像集成》，上海古籍出版社2012年版，第27卷第409—458页、第28卷第7—10、27页、第29卷第238—244、250—261、497—501页；吴镇烽：《商周青铜器铭文暨图像集成续编》第3卷，上海古籍出版社2016年版，第398页。

为。因此，这件青铜甬钟的铸造地当在越国故都绍兴，其具体年代约在越王句践晚期或稍后。[①] 无铭文的越国青铜甬钟见于著录的有：萧山所前杜家村出土西周青铜甬钟1件，东阳博物馆藏当地出土战国青铜甬钟1件，湖北广济鸭儿洲出土春秋早期越式青铜甬钟23件。越国青铜编钟，衢州江山出土春秋早期青铜甬钟编钟1套7件（残1件）。青瓷甬钟多有发现，见于著录的有：海盐黄家山战国墓葬中出土原始青瓷甬钟13件，长兴鼻子山越国贵族墓出土原始青瓷甬钟7件，无锡鸿山越国贵族墓出土原始青瓷甬钟29件（同时还出土硬陶甬钟32件），德清亭子桥窑址出土有仿青铜原始青瓷乐器甬钟，杭州博物馆收藏1990年半山石塘出土战国原始瓷甬钟1件。此外，2000年绍兴县皋埠镇任家湾木椁墓还出土泥质黑衣陶甬钟19件。

镈钟　打击乐器。《周礼·春官·宗伯》："镈，如钟而大。"由于钟、镈相近，故后世往往视镈为钟。两者区别在于：钟体肥圆而镈体狭直，钟枚（钟乳）较长而镈乳较短，钟顶用甬而镈顶有钮，便于悬挂敲击。青铜镈钟，存世有铭文的越国王室器物有：者汈镈钟1件、越邾邳盟辞镈钟2件。近年考古工作者还在绍兴县平水镇出土春秋战国青铜镈钟1件，腔体呈合瓦形，正反各饰3排18个乳钉，上饰圆涡纹，自上而下排列有序地饰蟠螭纹。青瓷镈钟、硬陶镈钟在原越境也多有发现。

铙　军中打击乐器。《周礼·地官·鼓人》："以金铙止鼓。"郑注："铙如铃，无舌，有秉（柄），执而鸣之，以止击鼓。"《说文》："铙，小钲也。军法，卒长执铙。"可见铙主要是军队用的打击乐器，用以指示停止击鼓的；口向上，没有干，底有甬，中通，插入柄后可执，或将甬植于座上，如倒置的钟。20世纪晚期以来，在越国故地发现数十件青铜铙出土，大多饰有"C"形纹、云雷纹或鸟蛇纹。浙西地区，1959年长兴县上草楼出土一件西周初青铜铙，通高51.4厘米，甬高18.3厘米，口径（两铣间）40.3厘米，通体饰勾连云雷纹，与同时期的印纹陶纹饰十分相近，而与中原出土的商周青铜器上的勾连云雷纹不同。铙体

[①]　曹锦炎：《自铎铭文考释》，《文物》2004年第2期。

两面都有圆枚，枚饰圆涡纹。1969年长兴中学又征集到一件西周初青铜铙，两范合铸，重16千克，高21厘米，铣间宽27厘米。钲部共有圆枚四组，每组3行9枚。与1959年长兴县上草楼发现的青铜铙相比，除大小有别外，造型、纹饰如出一范，二者实为一组。1963年余杭石濑发现一件商周之交的青铜铙，通高29厘米，甬高12厘米，口径20.2厘米。在口沿宽3.9厘米处，饰云纹一圈。腹部饰饕餮纹，以圆圈纹为地纹，饕餮的两目作旋涡纹。2004年安吉高禹镇出土一件西周青铜铙，通高32厘米，甬高13厘米，口径19厘米。钲部饰云雷纹。钲部两面各有3排枚，每面18枚，甬与身内腔相通。浙东地区，1976年金华地区土产公司废旧物资仓库拣选出一件青铜铙，甬与内腔相通，通高28.5厘米，据曹锦炎研究，从造型和纹饰看，可定在商代。1986年磐安县深泽出土一件青铜铙，整体残高27厘米，甬高8厘米，铣口长20.8厘米，宽14.6厘米。甬呈圆管状，与钲腔相通，甬的直径为4厘米。钲部饰云纹，同时饰乳枚4组，每组9枚，共36枚。造型和纹饰与长兴出土的两件铙相似。2003年温州瓯海杨府山土墩墓出土一件青铜铙，通高47厘米，铣间长35厘米，口径21厘米，重23.5千克。圆筒形甬比较粗大，甬上有旋，甬中空，与腔体相通。铙体两面以钲分隔为左右两区，每区内饰有乳丁3排，每排3个，乳丁呈扁圆泡状，中间有突出乳头。钲部、鼓部、乳丁间、篆间满饰大型云雷纹，甬之旋上也饰有凸起的大型"C"形纹，舞部无纹饰。其形制和纹饰，特别是乳丁呈扁圆泡状且中间有凸出乳头的主体特征，与1959、1969年发现的长兴上草楼村铙和长兴中学铙，以及1986年发现的磐安深泽铙均完全相同。据彭适凡等考察，古越民族创造使用的上述7件铜铙，虽然数量不多，但种类较为齐全，其中，余杭、金华铙分别代表商代中期的兽面纹铙和云纹铙，安吉铙代表商末的成熟螺旋纹铙，长兴、磐安、瓯海铙代表商末周初的扁圆泡状乳丁铙；它们的演变规律清楚，"特别是从成熟螺旋纹铙发展演变为扁圆泡状乳丁铙的脉络更是清楚"[1]。曹锦炎较早

---

[1] 彭适凡、孙一鸣：《浙江温州市瓯海杨府山土墩墓的年代及相关问题》，《考古》2011年第9期。

也认为，"浙江出土的这几件铜铙，与湖南所出风格有所不同，可以排除由外省传入的可能性"①，换言之，这些都是越国境内逐渐创造、发展的青铜乐器。

磬 本是古代石制打击乐器，也有用玉、铜制成的。《尚书》的《舜典》《益稷》都载："击石拊石，百兽率舞。"其"石"，即指石磬。后来，或以磬的大小不同、或大小虽相同但以磬的厚薄不同为一组，排列于磬架之上，谓之编磬。在越地墓葬中多有原始青瓷或硬陶质磬出土。在海盐黄家山战国墓葬中出土泥质灰陶磬4件。长兴鼻子山越国贵族墓出土硬陶磬13件，形制基本一致，大小略有差异。无锡鸿山越国贵族墓出土硬陶磬33件、原始青瓷磬21件。2004年绍兴皋埠任家湾茅家山战国木椁墓出土黑衣灰陶编钟17件、编磬11件。

鼓 用途广泛的越国打击乐器。首先是用于行军进兵的军旅乐器。《吴越春秋·句践伐吴外传》载："句践有命于夫人、大夫曰：'国有守御。'乃坐露坛之上，列鼓而鸣之，军行成阵。""于夜半，使左军、右军涉江，鸣鼓中水，以待吴发。""越王阴使左、右军与吴望战，以大鼓相闻。潜伏其私卒六千人，衔枚不鼓攻吴。"《国语·吴语》也记载："（越）王乃之坛列，鼓而行之，至于军。""夜中，乃命左军、右军涉江，鸣鼓中水以须。"《墨子·兼爱中》也说："越王亲自鼓其士而进之，士闻鼓音，破碎乱行，蹈火而死者，左右百人有余，越王击金而退之。"鼓也用于宫廷日常报时和贵族宴享。《越绝书·越绝外传记地传》载："北郭外、路南溪北城者，句践筑鼓钟宫也，去县七里。"《吴越春秋·句践伐吴外传》载，越国称霸中原，威服诸侯后，"越王还于吴，置酒文台，群臣为乐，乃命乐作伐吴之曲。乐师曰：'臣闻即事作操，功成作乐。君王……功可象于图画，德可刻于金石，声可托于弦管，名可留于竹帛，臣请引琴而鼓之。'"绍兴博物馆藏有近年出土的战国青铜悬鼓环底座和青铜悬鼓环钮座各1套。前者环座高15.2厘米，宽16.5—20.5厘米，是悬鼓两边穿环的梯形底座，依鼓之弧度而设计，整体饰蟠螭纹，有两个方形穿环插

---

① 曹锦炎：《浙江出土商周青铜器初论》，《东南文化》1989年第6期。

孔，器型很大，制作精良，为典型的越地风格。后者高11.2厘米，宽21.5厘米，属悬鼓镶嵌附件，呈长方形，弧面，上沿有折边，面和折边均饰羽翼纹，四周带边廓，纹饰精美。中间设钮，钮面主饰绞索纹，钮内套双合活环，环面饰三角云雷纹。

其他乐器 绍兴306号墓中出土的铜屋模型中的6个乐俑塑像，除一人执槌击鼓，两个歌者收腹歌唱，就是一人捧笙吹奏、二人抚琴弹拨，足见弦乐器琴、管乐器笙，也是越地常见之物。上述《吴越春秋·句践伐吴外传》越国乐师"声可托于弦管"，"臣请引琴而鼓之"的记载，表明琴、笙常和钟鼓等乐器协奏。文物方面，原属越国西部边境故地江西贵溪的一处春秋晚期至战国初崖墓，出土有2件桐木剜制、形状相同的木琴，形体长而扁，其中1件现长166厘米，琴首近鱼尾状，有两行共13个弦孔，琴面平整，琴背呈凹面，前后端各有一道横凸边，隔成长方形音箱，被认为是具有越文化特征的罕见多弦木琴。另外，绍兴市博物馆近年还征集藏入战国时期玉石排箫一件，通长14.8厘米，通宽5.8厘米，管径0.9厘米。外表呈浅棕黄色并有褐色沁，由6管组成，一面平直。箫管由长至短依次排列，最长14.8厘米，最短9.5厘米，中间贯孔，两头对钻，器表琢磨光滑，至今仍能吹奏出清亮的音乐。

二 越国本土乐器

越国本土系统乐器有句鑃、錞于、丁宁、振铎、三足缶、悬鼓座和悬铃等。

句鑃 打击乐器。一般青铜铸造，一套由多件组成，形似铙而长，口向上，下有柄，手执柄而击之。句鑃这个名称不见于古籍，属于自称。现存句鑃上多有"择其吉金铸句鑃，以享以孝"的铭文，说明是古代祭祀和宴飨时用的乐器。传世与出土中自铭为"句鑃"的青铜器有5件：姑冯句鑃1件、其次句鑃2件，均为越国器；配儿句鑃2件，吴国器而在越国境内出土。2016年8月，在绍兴兰亭附近的河道中新发现春秋战国之交越国青铜句鑃1件。高43厘米，宽17.8厘米，器形修长，呈合瓦状，上宽下窄，素面，错磨光滑，黄色，其表面氧化层锃亮，长扁方形的执柄，近舞处有一段稍厚的饰圈，两边饰有兽目纹和勾连云纹，纹饰十分精致，乐器的平舞处，还有两个校音孔。东阳博物馆藏当地出土战国青铜句鑃1件，形制、大小与之完全相同。出土硬陶和原始瓷句鑃更多。如根据《鸿山越墓发掘报告》，鸿山越国贵族墓万家坟出土硬陶句鑃23件，老虎墩出土原始瓷句鑃21件、硬陶句鑃2件，邱承墩出土原始瓷句鑃29件；根据《浙江越墓》，长兴鼻子山越国贵族墓出土原始瓷句鑃8件。其他还有，浙江省博物馆收藏展览战国原始瓷句鑃1件；杭州博物馆收藏展览1990年半山石塘出土原始瓷句鑃6件；2000年余杭良渚街道大陆顾家埠出土战国原始瓷句鑃4件。

錞于 打击乐器，军旅中往往与鼓配合使用。《周礼·地官·鼓人》："以金錞和鼓。"郑玄注："錞，錞于也，圜如碓头，大上小下，乐作鸣之，与鼓相和。"先秦称铜为金，所谓"金錞"，就是以青铜为之。《国语·吴语》："王乃秉枹，亲就鸣钟鼓、丁宁、錞于、振铎，勇怯尽应，三军皆哗扣以振旅，其声动天地。"新中国成立以来，在"自交趾至会稽，七八千里，百粤［越］杂处"（《汉书·地理志》注）的南方中国以至越南的广大范围，出土了大量錞于，纹饰主要是船和鱼。根据学者研究，"錞于是古代越族的乐器，这可以从錞于的纹饰、起源、用途、出土地点和分布的地区得到证明"，其首创者就是居住于江苏、浙江、安徽一带的古越族，也就是越国民众；"江浙一带越族在楚的压迫下，向西南的一次大迁徙"，使得"錞于这种乐器也就随同主人向南传播"[①]。今浙江境内的越国青铜錞于尚未发现，已发现的都是陶瓷錞于。如1983年海盐黄家山战国墓出土原始瓷錞于2件，通高44.9厘米，胎色微紫红，顶面、上部及遂部均刻划"C"纹。2004年长兴鼻子山越国贵族墓出土原始瓷錞于3件，纹饰丰富。浙江省博物馆收藏展览战国虎钮原始瓷錞于1件。杭州博物馆藏有近年在当地出土战国桥钮原始瓷錞于1件，近底处刻划出郭长方

---

① 傅举有：《古代越族的乐器——錞于》，《民族研究》1983年第5期。

形，内填戳印"S"纹加"C"纹。萧山博物馆也藏有该地近年出土战国原始瓷錞于1件，高39.4厘米，近口沿处有两圈凹弦纹夹一圈连珠纹，底圈沿上呈绳索形纹饰。泥质黑衣陶錞于，主要有2000年绍兴皋埠镇任家湾木椁墓出土的6件，最大1件通高27.8厘米，口径17.9厘米。鸿山越国贵族墓出土的錞于更多，有原始瓷錞于13件，硬陶錞于6件。2010年，考古工作者在原越国灭吴后的统治腹地江苏盱眙出土1件战国青铜錞于，通高67.5、口径28.8—30.6、钮长8.9、宽4.4、高4厘米，器壁厚1厘米。腔体呈椭圆形，上大下小，顶部置圆盘，盘底平凹，盘边直立，盘中心立一双头龙钮，背部拱起，器身两侧自上而下各铸有两行鸟虫书铭文。据以推断，当为越国灭吴后为进军北上、称霸中原而铸造。

丁宁 打击乐器。又名钲、镯。《周礼·地官·鼓人》："以金镯节鼓。"郑玄注："镯，钲也，形如小钟，军行鸣之，以为鼓节。"段玉裁《说文解字注》："镯、铃，一物也。古谓之丁宁。"钲，形制与甬钟相近，使用时口朝上，可执柄敲击。该乐器在考古中大多与錞于共出，并常见被套置于同出的錞于之内。如江西修水曾家山、江苏丹徒王家山墓、丹徒大港北山顶墓出土青铜钲各1件，即均置于同出錞于内。作为军用乐器，"常以三个錞于配一个钲的形式存在"[①]。鸿山越国贵族墓邱承墩出土原始瓷丁宁3件，老虎墩出土原始瓷丁宁2件，万家坟出土硬陶丁宁1件。

振铎 用途广泛的乐器。《周礼·地官·鼓人》："以金铎通鼓。"郑玄注："铎，大铃也，振之以通鼓。"《国语·吴语》："王乃秉枹，亲就鸣钟鼓、丁宁、錞于、振铎，勇怯尽应，三军皆哗扣以振旅，其声动天地。"贾疏："此是金铃金舌，故曰金铎。"这是作为军乐器。《左传·襄公十四年》："故《夏书》曰：遒人以木铎徇于路。"杜注引《逸书》："遒人，行令之官也。木铎，木舌金铃。"《淮南子·氾论训》："禹之时以五音听治，悬钟、鼓、磬、铎，置鞀，以待四方之士。为号曰：'教寡人以道者击鼓，谕寡人以义者击钟，告寡人以事

[①] 朱国伟：《古越国乐器》，《中华文化画报》2010年第4期。

者振铎，语寡人以忧者击磬，有狱讼者摇鞀。'"这是用在社会治理方面。20世纪30年代罗香林《古代越族考》已提出越人用铎说。青铜铎在越国南北各地均有出土。富阳文物馆藏有当地春秋战国青铜铎1件，东阳博物馆藏有当地出土战国青铜铎3件，印山越王陵出土春秋晚期青铜铎1件。绍兴西施山遗址也曾出土战国青铜铎1件，通高6—6.9厘米，铣间5.9—6.8厘米。铎体上宽下收，前后两半作覆瓦状，两侧有合脊，于口略弧凹，铣角较锐，深腔，平舞，舞面中间筑一方銎，銎口通内腔，可纳木柄，舞面与銎四面均饰云雷纹。鸿山邱承墩越国贵族墓出土原始瓷振铎4件，其中虎钮1件、蛇钮3件，通高20—22厘米，正鼓部刻画出郭长方形，内填戳印的"C"形纹，蛇钮环钮上贴一蛇，蛇圆目、张口、回首。绍兴博物馆近年还征集收藏了1件具铭文的战国玉石铎（可以分成两半），高6.8—8.2厘米，铣宽6.4—6.9厘米。钲体短阔，口部呈凹弧形，有长方内空的銎，带圆柱形舌，外壁有"越王"铭鸟篆书，钲四周及銎部饰有云雷纹。越国振铎材质既有青铜，又有原始瓷和玉石，足见越人对此乐器的喜爱。

三足缶 盆盎类打击乐器。《尔雅疏》："缶，瓦器，郭云盆也。《诗·陈风》云，'坎其击缶'，则缶是乐器。《易·离卦·九三》'不鼓缶而歌'，则大耋之嗟。"文献中，这是下层阶级普遍使用、难登大雅之堂的乐器。《诗经·陈风·宛丘》："坎其击缶，宛丘之道。"《墨子·三辩》："农夫春耕夏耘，秋敛冬藏，息于聆缶之乐。"《淮南子·精神训》："今夫穷鄙之社也，叩盆拊瓴相和而歌，自以为乐矣。"邱承墩越国贵族墓出土3件原始瓷三足缶，胎色灰白，釉色泛青或泛黄，内外施釉。器体造型基本一致，均为深腹盆形，侈口，宽沿外卷，深弧腹，平底，矮蹄足。3件均在上腹部戳印"C"形纹（1件且戳印"S"形纹），1件两侧贴有对称的蜥蜴，匍匐在缶的上腹部至口沿，蜥蜴的两前肢拳在口沿上，嘴咬住口沿；大小尺寸分别为：口径40、底径18.8、通高24.8厘米，口径42.4、底径20.2、通高27.7厘米，口径42.6、底径21.3、通高28.2厘米。"缶在鸿山贵族墓中出现，且与其他礼乐用器同置一龛，显出越人对缶的地位的特殊看待。"① 无独有偶，2005 年绍兴县陶堰镇亭山村眠狗山也出土 1 件战国原始瓷三足缶，上腹两侧对称置半环形耳一对，另两侧对称贴塑蜥蜴一对。蜥蜴嘴衔缶口，两前爪紧攀口沿，两后爪及尾巴外伸紧贴上腹，作向缶内爬行状，造型生动逼真。口沿、上腹部及蜥蜴全身，戳印"C"形纹或两个反向"C"形纹构成的"S"形纹，内外施青黄色釉，釉层较薄，惜局部变形。浙江省博物馆也藏战国原始瓷缶 1 件，口径 45、通高 22.8 厘米，折沿平唇，弧腹斜收，腹部对称塑二兽耳，兽作攀援状，引颈向上，似在窥视缶内之物。

悬铃 呈半球形，顶置半环形钮，空腹，平底。青铜和陶瓷悬铃在绍兴、萧山、海盐、余杭等地曾有零星出土，或以为是席镇，或称为半球形器。悬铃与席镇区分很明确，就是前者空腹，后者空腹而一般填以铅。鸿山越国贵族墓大批出土成组成套、大小有序的原始瓷和硬陶悬铃后，考古学家张敏等综合文献记载，根据《伯乐相马经》"目如悬铃"，将其定名为"悬铃"，并认为"这种越民族所特有的圆形腔体"乐器，"数量较多，可能是悬挂成排，用枹来回滑动以演奏上、下滑音的滑音乐器"②。《诗·周颂·载见》："龙旂阳阳，和铃央央。"《周礼·春官·巾车》："大祭祀，鸣铃以应鸡人。"《左传·桓公二年》："锡鸾和铃，昭其声也。"《尔雅·释天》："有铃曰旂"。从这些文献记载来看，悬铃的用途实际较广，或用于和声，或悬于马颈或旂首。根据《鸿山越墓发掘报告》，鸿山越国贵族墓万家坟出土硬陶悬铃 36 件，老虎墩出土原始瓷悬铃 7 件、硬陶悬铃 18 件，邱承墩出土原始瓷悬铃 34 件。鸿山出土之前，湖州长兴鼻子山越国贵族墓出土原始瓷悬铃 6 件、硬陶悬铃 6 件，安吉龙山越国贵族墓出土原始瓷悬铃 4 件、硬陶悬铃 8 件；绍兴县文管所 1989、1997、1998、2000、2006 年先后在紧靠越国都城今绍兴市的平水镇、皋埠镇、富盛镇出土 5 件原始瓷悬铃；绍兴市博物馆还藏有 1991 年在绍兴县平水镇陈家坞村

---

① 朱国伟：《古越国乐器》，《中华文化画报》2010 年第 4 期。
② 南京博物院、江苏省考古研究所等：《鸿山越墓发掘报告》，文物出版社 2007 年版，第 346 页；张敏：《〈鸿山乐器五说〉驳议——兼论南方音乐文物的定名》，《南方文物》2014 年第 4 期。

出土的一件战国云纹原始瓷悬铃，以及 2008 年在市区西施山遗址出土的一对战国云纹青铜悬铃。

悬鼓座 即架鼓用的底座，也是鸿山越墓出土后才为世人所知的越国独特乐器。鸿山越国贵族墓万家坟出土硬陶鼓座 1 件，邱承墩出土原始瓷鼓座 4 件，均纹饰繁复精致，雕、印结合。其中，灰褐色硬陶鼓座 DVIM1：169，座身为覆钵状，中有管状插孔，插孔上部饰刻画水波纹和弦纹，座上部有 6 条堆塑的蛇，两蛇横卧座上，另外 4 蛇两蛇一组，腹部相交，颈部向上昂起，头如马首，有耳，两首相对，蛇身满饰鳞纹，弯曲作游动状，蛇与蛇之间有 5 个梭形镂孔，座身外侧以数道弦纹分隔，内饰戳印的"C"形纹、圆圈纹和"人"字纹，座的边缘有 4 个半环钮，钮上堆塑"S"形泥条。原始瓷鼓座 DVⅢM1：1053，胎色灰白，釉色泛黄。座身为覆钵状，中有管状插孔，插孔上缘及上下两端饰细密的水波纹，座以数道凸起的弦纹分隔，内饰戳印的"C"形纹，座上贴九条堆塑的盘蛇，蛇张口圆目，身饰鳞纹。管径 9.6、座径 30.8、高 18.4 厘米。DVⅡM1：1011，胎色灰白，釉色泛青。座身为覆钵状，座的上部有六条堆塑的双头蛇，两蛇一组，头向上昂，中腹部相交，蛇身满饰鳞纹，弯曲作游动状，座的边缘有 4 个衔环铺首。管径 9、座径 41.2、高 17.6 厘米。对比发现，绍兴 306 号墓出土的伎乐铜屋内，前排右侧的伎乐俑危坐，敲击悬鼓，其鼓座的形态与鸿山出土的鼓座正相同。青铜悬鼓座也偶有出土。

三 越国的浓厚音乐氛围和特色

《鸿山越墓发掘报告》在全面考察出土越国乐器时曾总结指出：鸿山越国贵族墓中出土的乐器，大致包括了乐音乐器、节音乐器、滑音乐器和噪音乐器。乐音乐器主要用于演奏，基本特征为造型相同，大小有序，甬钟、镈钟、编磬和句鑃皆为乐音乐器；錞于、振铎虽为军旅之用，然其达到一定数量亦可作为乐音乐器。三足缶、丁宁，应为节音乐器，即节拍乐器。悬铃的基本特征虽符合乐音乐器，然其形体较小，且数量较多，可能是悬挂成排以枹来回滑动以演奏上、下滑音的滑音乐器。悬鼓座的发现表明应有悬鼓，悬鼓可能为节音乐器，但更主要的是作为烘托气氛的噪音乐器。鸿山越国贵族墓出土的乐器，已具备了大型乐队的基本要素。鸿山越国贵族墓中出土的乐器，器类繁多，造型各异，气势磅礴，洋洋大观，足以组成庞大的乐队。鸿山越国贵族墓中乐器的出土，不仅第一次全面让后人了解了越国乐器的器类和组合，第一次目睹了越国乐器独特的风采，更重要的是还揭示越文化在保留自身文化传统的同时，如何对中原礼乐文化的吸收、改造和融合。[①] 这些推论是比较科学的。

鸿山越国贵族墓存在的这个庞大地下乐器阵容和音乐世界，是世间、地上越国社会从贵族到平民浓厚音乐氛围的折射。越王经常听钟鼓之乐，如《越绝书·越绝内传陈成恒》载其言："孤身不安床席，口不甘厚味，目不视好色，耳不听钟鼓者，已三年矣。"卧薪尝胆之时如此，可见句践此前"耳听钟鼓"之好。越国有重要行动时，皆喜奏乐助之。《吴越春秋·夫差内传》载，在吴越最后的决战中，"越兵至，三围吴，范蠡在中行，左手提鼓，右手操枹而鼓之"。《越绝书·越绝外传记吴王占梦》又载越王君臣迫使夫差伏剑而死时，"范蠡左手持鼓，右手操枹而鼓之，曰：'上天苍苍，若存若亡。何须军士，断子之颈，挫子之骸？不亦缪乎？'"句践灭吴后，为庆祝胜利，置酒文台，命作《伐吴之曲》。和平时期，越国贵族也重视音乐表演。绍兴306号墓中出土的铜屋模型中的6个乐俑塑像，或执槌击鼓，或捧笙吹奏，或抚琴弹拨，或挺胸敛腹而歌，生动具体地记录越国贵族生活中器乐伴奏的演唱场面。声乐歌唱方面，越国从贵族到平民，但凡情景触动，都会即兴吟唱，出口成歌。如越人为楚王子划船情绪激动，脱口即为《越人歌》；越王句践夫妇入吴为夫差奴婢，其夫人在离别故土时曾有充满离愁别恨的《乌鹊歌》；句践返越后，使越女采葛织布献给夫差，采葛妇作《采葛妇歌》；句践使三千余木工伐木一年，无所收获，木工思归，作《木客吟》；句践兴师伐吴，国人与军

---

① 南京博物院、江苏省考古研究所等：《鸿山越墓发掘报告》，文物出版社2007年版，第346页。

士诀别于郊境，国人悲哀，有誓师的战歌《军士离别辞》；句践灭吴后选吴越士卒西渡河以攻秦，士卒作《河梁之诗》等。

越国音乐既重视对中原礼乐文化的吸收、改造和融合，又极为注意保护自身文化传统和地方特色，不仅见于《吕氏春秋·遇合篇》的记载，"客有以吹籁见越王者，羽、角、宫、徵、商不谬，越王不善；为野音，而反善之"，在部分越国贵族墓出土仿铜乐器的种类和数量比较中也有体现。请看根据 2007 年出版《鸿山越墓发掘报告》和 2009 年出版《浙江越墓》做出的如下统计（见表 5-1，其中"陶"代表硬陶和泥质红陶，"瓷"代表原始瓷）：

表 5-1　　　　　　部分越国贵族墓出土仿铜乐器统计

越国贵族墓	仿中原乐器			越国本土乐器						
	甬钟	镈钟	磬	句鑃	錞于	丁宁	振铎	三足缶	悬铃	鼓座
鸿山万家坟	陶24	陶16	陶18	陶23	陶2	陶1		陶1	陶36	陶1
鸿山老虎墩	陶8 瓷3	陶15 瓷13	陶15 瓷5	陶2 瓷21	陶4 瓷3	瓷2			陶18 瓷7	
鸿山邱承墩	瓷26	瓷11	瓷16	瓷29	瓷10	瓷3	瓷4	瓷3	瓷34	瓷4
长兴鼻子山	瓷7	瓷3	陶13	瓷8	瓷3				陶6 瓷6	
安吉龙山									陶8 瓷4	
温岭塘山		陶5		陶3						
合计	陶32 瓷36	陶36 瓷27	陶46 瓷21	陶25 瓷58	陶9 瓷16	陶1 瓷5	瓷4	陶1 瓷3	陶68 瓷51	陶1 瓷4

这些墓葬虽然也经程度不同盗掘，有关考古属抢救性发掘，但跟印山越王陵相比，仍属较完整发掘，较好地保存墓葬遗存的原始面貌。在这些越国贵族墓中，属于中原音乐系统的乐器，出土甬钟 68 件、镈钟 63 件、编磬 67 件，共计 198 件；属于越本土系统的乐器，出土句鑃 83 件、錞于 25 件、丁宁 6 件、振铎 4 件、三足缶 4 件、悬铃 119 件、鼓座 5 件，共计 246 件。

四　越国的正乐管理

在举国上下发愤图强、谋求报仇崛起的非常时期，越国把音乐管理纳入全力振刷社会风气，振奋民族精神的系统工程。用政府的手段强力管理一个国家的音乐，这是春秋战国时期其他诸侯国少见的事业。

《吕氏春秋》载越王"善野音"，原来并非空穴来风，背后还大有文章。清华简《越公其事》载越王句践实施"五政"，在"好农功""好信""好征人""好兵"之后，其第五"政"云：

> 越邦多兵，王乃敕民、修令、审刑。乃出恭敬，王讯之，等以授大夫种，则赏谷之；乃出不恭不敬，王讯之，等以授范蠡，则戮杀之。乃趣徇于王宫，亦趣取戮。王乃大徇命于邦，时徇是命，及群禁御，及凡庶姓、凡民司事。唯位之次凥、服饰、群物品采之愆于故常，及风音、诵诗、歌谣之非越常律，夷訏（鄅）蛮吴，乃趣取戮。王乃趣至于沟塘之功，乃趣取戮于后至后成；王乃趣设戍于东夷、西夷，乃趣取戮于后至不恭。……越邦庶民则皆震动，荒畏句践，无敢不敬，徇命若命，禁御莫躐，民乃敕（整）齐。①

句践对越国全境实施了严厉和全面的风纪整顿，既打击种种乖伦乱常行为，又打击种种怠政、慢政和不作为；音乐方面的"外化"倾向，也是严厉打击目标。所谓"风音、诵诗、歌谣之非越常律，夷訏（鄅）蛮吴"，根据整理者的研究，"风"即吹奏，"诵"即吟诵，"常律"即"旧法"，"越常律"用今天的话来说，就是越国的民族传统；"訏"即鄅国，国都在今山东临沂之北，"吴"即吴国，"夷訏（鄅）蛮吴"指南北其他国家的歌谣习俗。根据句践的政令，民间日常吹奏乐曲、吟诵诗歌、歌唱谣谚等音乐行为，如果抛弃越国既有的民族特

---

① 李学勤主编：《清华大学藏战国竹简（柒）》下册，中西书局2017年版，第141—144页。

色，一味张扬他国之风，"乃趣取戮"，都要迅速予以诛罚。通过以"越常律"来整齐音律，以期达到"齐越民""和越民"的目的，加强越人的自我认同，这一做法在春秋战国时期都是独树一帜的，史籍中鲜见其他诸侯国有类似的举措。①

可以说，越王句践为越国音乐确定了"民族化"主旋律。"越邦庶民则皆震动，荒畏句践，无敢不敬，徇命若命"，越国在越王政令整饬下，实现言行举止的高度整齐划一，越国音乐也成为国家意识形态建设的一个重要方面，越国正乐亦透露出其向独立国家形态转型的一个重要信息。

当然，从另一方面来看，越国音乐的"夷訏（鄢）蛮吴"即外化，能成为越国治理的中心问题之一，除了说明越国统治者有明显的音乐意识形态观念，也说明其时越国本土民族音乐和其他音乐的交融之盛，以及后者日渐风靡之势。

第二节　越国美术

文献记载和考古出土发现表明，从绘画到雕塑，从器物构形到图案纹饰，作为空间艺术的美术在越国具有重要地位，取得很高成就，也很有自身的特色。其中，绘画、雕塑属于一般所谓比较纯粹的美术，器物构形则主要体现的是一种实用工艺美术；图案纹饰也属实用工艺美术的范畴，但往往又是雕塑等比较纯粹美术的重要组成部分。

一　越国美术地位

越国的美术信息，文献上记载不多，但意义不小。《越绝书·越绝内经九术》载，越王句践采用文种伐吴九术之一，"遗之巧匠，使起宫室高台，尽其财，疲其力"，"于是作为策楯，婴以白璧，镂以黄

---

① 黄爱梅：《〈越公其事〉的叙事立场及越国史事》，《社会科学战线》2020年第8期。

金,类龙蛇而行者,乃使大夫种献之于吴。……吴王大悦"。《吴越春秋·句践阴谋外传》亦载,越王得神木一双后,"巧工施校,制以规绳,雕治圆转,刻削磨砻,分以丹青,错画文章,婴以白璧,镂以黄金,状类龙蛇,文彩生光"。让战胜国君夫差大为爱赏的区区一项建筑构件,就集木雕、玉雕、金雕、镶嵌、彩绘、图案等多种工艺于一体,而且很好地表现了吴、越民族共有的龙蛇图腾信仰,这是越国崛起时期美术水平高超、工艺精良的一个侧影。

《吴越春秋·句践伐吴外传》又载,越国乐师曾对称霸中原归来的越王句践说:"君王……功可象于图画,德可刻于金石。"同书又载范蠡功成身退,"出三江,入五湖,人莫知其所适","越王乃使良工铸金,象范蠡之形,置之坐侧,朝夕论政"。《国语·越语下》亦载,范蠡"乘轻舟以浮于五湖,莫知其所终极,王命金工以良金写范蠡之状,而朝礼之"。这说明越国时期绘画、雕塑曾被赋予崇高政治功能,亦专门设有绘画、雕塑"国手"。孔晔《会稽记》陈音山条复载:"昔有善射者陈音,越王使简士习射,射于郊外,死因葬为冢。今开冢,壁悉画作骑射之象。"墓葬壁画往往是世间生活的写照。陈音墓中的壁画,是当时越国军政官员起居府第或其他重要场所绘有壁画的折光;也说明越国不仅有政治题材的绘画,还有以军事价值为追求的绘画,尤其是壁画。

《淮南子·泰族训》许慎注:"越人以箴刺皮为龙文,所以为尊荣之也。"所记是越人对人体的艺术装饰。类似的记载不少,应可信从。这些记载和"壁悉画作骑射之象"的"悉"字意味着,造型美术是越国政治、军事实践,与民众生活、生存中几乎无处不在的一个因素。

在传世文献之外,不断的考古发现越来越清晰地将越国美术的基本面貌和主要特色呈现出来。就此而论,诚如亦不仅如陈野所言,"青铜器、印纹陶和原始青瓷,是三代之时浙江境内最为重要的艺术成就,它们的共同走向,是在越国时期并臻繁盛,成为越国美术创造的主要内容"[1]。说是"不仅如",因为越国美术创造的主要内容至少

---

[1] 陈野:《浙江绘画史》,杭州出版社2005年版,第29页。

还应包含玉器工艺在内；美术史家称，"玉器工艺经由商周和春秋时期的发展，至战国时期达到了几近完美的程度"①，其中就包括了越国时期的玉器工艺贡献。

二 越国线刻铜器绘画

越国先民有很强的线刻画像能力。如河姆渡遗址出土的一件猪纹陶钵，外壁以写实的手法刻绘了猪的形象，造型逼真，头向前垂，双目圆睁，似乎正在寻觅食物。这件器物既是一件质朴的实用器，也反映了越国先民的艺术构思和审美情趣。

线刻铜器绘画，又称刻纹铜器图像，顾名思义，是用尖硬锐利的工具在薄如纸张的铜器表面或内壁刻绘出的图像，是春秋晚期至战国绘画艺术和青铜器艺术的独特结合，也是钢铁发明以后在艺术领域衍生的一种比较罕见的新工艺。

线刻画像铜器出土一直比较稀少。叶小燕首先据以分析提出，"刻纹铜器出土地点虽然不同，但同类器的形制一致，质地相同，图案的内容也颇肖似，具有一定的共性"，"这可能是某国某地区的一种青铜工艺，为专业的工匠们所经营"②。刘建国进而以为，"东周时期的刻纹铜器，是古代青铜器艺术中一项新的创造"，"迄今已发现的春秋刻纹铜器在器物类别、纹饰内容、工艺手法、风格特征等方面，都具有着极大的同一性"，"吴国应当是春秋刻纹铜器的原产地"，吴国灭亡后，"由她发明的青铜刻纹工艺并没有随之消亡，而是通过各种途径，使青铜刻纹作品和技艺，在战国时期得到更为广泛的传播"③。贺西林进一步扩大考察指出，"线刻画像铜器并不是春秋战国时代普遍兴起于华夏大地的一种新兴的艺术形式，而是吴越青铜文化特有的产物"，"东周线刻画像铜器是在中原周文化的影响下，产生于吴越地区，具有鲜明吴越文化风貌的艺术作品。吴越地区以外发现的东周线

---

① 回顾：《中国图案史》，人民美术出版社2007年版，第127页。
② 叶小燕：《东周刻纹铜器》，《考古》1983年第2期。
③ 刘建国：《春秋刻纹铜器初论》，《东南文化》1988年第5期。

刻画像铜器也当属吴越之器，它们是通过各种渠道从吴越地区流传出去的器物"；就"春秋战国时代形成并发达于东南沿海江、浙一带的青铜文化"而言，"越文化较吴文化要久远"[①]。所说虽然都是线刻画像铜器，实际上也都是线刻铜器绘画；从刘建国到贺西林，越国（不论是作为灭吴前的越国还是作为灭吴后涵容原有吴国的越国）线刻铜器绘画，在整个东周线刻铜器绘画中的地位越来越得到彰显。只是既往的分析虽然一再援引相关越文化史料，却鲜少提及出土越国文物。

2005年浙江省文物考古研究所对越国西施山遗址进行考古发掘，2008年当地又在该址进行迪荡新城基建，前后出土五六百件春秋战国时期的遗物。其中，在总数达200余件之多的青铜器中，有线刻铜器绘画的，有6件战国初文物，包括：青铜锥画四系盘1件，盘内壁刻锥画线图，远处太阳高照，近景是直立的树枝，刻19人，正在举行仪式，头戴羽饰，或击鼓，或舞蹈；多数人在室内，部分站在高台上，陈设有酒坛和放在架上的鼓。盘之内底刻蟠龙纹，"S"形首尾相连，与盘壁之间用锯齿纹隔开，布局有条不紊，构成一幅有声有色的祭祀场面。青铜锥刻三足盘1件，内外腹壁在水波纹、三角纹之间，刻饰追逐奔跑的野兽和在沼泽觅食的鹭群等，栩栩如生。青铜锥刻衡盘1件，内壁精心锥刻线纹图，有建筑、走兽和蟠龙等。青铜锥刻匜3件，内壁和底部锥刻线图，有建筑、走兽等，线条细如发丝。近年绍兴越中艺术博物馆还征集到1件迪荡新城基建出土极为罕见、钩钮远大于钩体的战国初青铜带钩。通高2.5厘米，钩钮直径5.3厘米。钩首蛇形，钩面象首形，钮面刻一组动物纹：中间以张口捕食的猛虎与弓背抵抗的角鹿为中心，上下分布矫捷跳跃的斑点鹿8只，间以体形较小的飞鸟和似鸟非鸟、似兽非兽的其他一些动物，姿态各异，栩栩如生（见图5-1）。

上述盘、匜的制作为技术娴熟的工匠手工捶打成形，然后精心加工修正，并刻绘图案。带钩应是铸造，钮面动物纹似也是铸刻，与锥刻有所不同；但出于线刻铸范，仍可划入线刻范围。在越国绍兴都城

---

① 贺西林：《东周线刻画像铜器研究》，《美术研究》1995年第11期。

图 5-1 战国青铜带钩及其钮面（绍兴越中艺术博物馆提供）

西施山遗址一地就出土 7 件战国线刻画像铜器，线刻铜器绘画在越国的盛行可见一斑。

这还有其他出土文物为证。如越国南部腹地的仙居，1988 年湫山乡上田村发现一处春秋战国窖藏青铜器，其中有 1 件青铜残片，残长 5.9、宽 2.5 厘米，体扁薄，略圆弧。一面光素，一面用细线锥刻在云彩下、树叶间的动物形象，一鸟敛翅抬首西望，三兽皆作奔跑状，其中有一兽回首。滚滚的云彩，肥硕的大片树叶；宁静的小鸟，完全不同奔跑姿态的巨兽。多种相反相成的元素融合在一起，既和谐安宁，又颇具力度。在越国绍兴都城西部肘腋之地的萧山，近年还出土战国刻绘青铜剑 1 件①。通长 53、宽 5、剑格宽 5.5、剑柄长 9 厘米，剑茎设两箍，剑首饰 13 圈同心圆，为越王剑剑制。此剑剑格、剑身的一面用坚硬锐利的工具凿刻出细如发丝的 8 幅图像：或张弓射鹿，鹿中箭回首奔逃；或武士持矛向敌，敌舞剑相抗；或执辔牵马，马昂首长嘶；或奋臂引弓，巨虎狞厉来嗜；或于高堂大屋，屈膝觐见尊者；或在山下野外，独自跳跃呼喊等。所绘武士多文身或佩剑，觐见场景中的高堂大屋与绍兴坡塘 306 号墓出土伎乐铜屋亦相似。

王汇文等曾在不知晓西施山遗址和萧山、仙居的这些出土发现的情况下，而主要根据江苏境内出土的数件文物写道，"刻纹铜器上的

---

① 杭州市萧山跨湖桥遗址博物馆编：《越人歌——昼锦堂藏先秦越器》，中国文化出版社 2017 年版，第 9—13 页。

纹饰内容较为一致，多与'断发纹身'、蛇图腾崇拜、'鸟田'等吴越文化习俗有关"，"东周时期的刻纹铜器主要表现了吴越地区的风格与特征，具有鲜明的地域特点"，"东周刻纹铜器以写实记录的方式刻绘了东周祭祀、礼乐、宴饮、出行等日常生活的画面，有声有色地叙述着一幅幅春秋战国时期各阶层的不同生活场景。刻纹图像画面主次分明，故事情节分段分层展开，最大限度地利用空间位置，把众多人物、鸟兽及建筑背景描绘得千姿百态，生机盎然"，"既体现了人们对社会文化及自然环境的深刻认识，也反映出当时生产工艺与艺术表现力的进一步提高"[1]。有了越国这些线刻铜器绘画，今人对吴越线刻铜器画当有更全面、准确的认知。

三　越国雕塑

从出土文物来看，越国雕塑艺术十分发达，形式丰富多彩，并传达出丰厚的历史信息。

（一）雕塑种类

从材料来说，有木雕、金雕（含青铜雕、黄金雕和铁雕）、陶瓷雕、玉雕、水晶雕等；木雕已难见到，出土最多的是青铜雕、玉雕和陶瓷雕。青铜雕和玉石雕的结合，有绍兴博物馆藏战国虺纹青铜玉石高台建筑模型，绍兴市柯桥区平水镇出土，高14.8、面宽26、台基宽5.5厘米。四角为曲尺形箍套状构件，顶角微向上弧，两边有锯齿状装饰，内外高低两层，外层设槽，用以放青铜栏板；内层有上下对穿圆孔，外饰抽象蟠虺纹、绞索纹、三角蝉纹等，其上对应曲尺青铜面板，设边框，抽象蟠虺纹二周，中间是透雕勾连云纹，非常精细，镶嵌绿松石，最上面是八边形曲尺边，饰蟠虺纹，有槽与面板相连，角起脊上翘。两面板之间为长方形玉石饰板，用14个点来固定，饰板居中为透雕圆涡纹，主纹是透雕抽象蟠虺纹，全部镶嵌绿松石，刻

---

[1] 王汇文、毛小龙：《从东周刻纹铜器的图像管窥吴越之习俗》，《江西社会科学》2009年第5期。

第五章 越国的艺术

蟠虺纹一周，带边框，两边还有双线绞索纹。四周围成一个正方体，造型特殊，纹饰优美，举世仅见。青铜雕和铁雕的有机结合，有2009年绍兴皋埠镇上蒋村战国木椁墓出土的一批青铜铁足环耳盖鼎，鼎身及盖为青铜铸塑。足有两种，一种三兽面蹄足的兽面部分为铁质，蹄足部分为青铜；一种三兽面蹄足全部为铁质，青铜和铁均很好地融为一体。黄金雕和玉雕的完美结合有春秋玉耳金舟，口径11.2—14.2厘米，器高6厘米。敛口，卷沿，腹微鼓，平底。两耳为玉质，呈圆环形（断面方正），饰卷云纹，铆接于近器口两侧。

从工艺来说，有微雕、浅浮雕、深浮雕、立雕、透雕、堆雕等，均工艺高超，留下一大批让今人惊叹之作。如玉器微雕，东阳前山春秋晚期越国贵族墓出土一批微型玉管，体形微细短小，形似腰鼓状，中心有圆孔纵向贯通，中腰直径仅0.15厘米；战国鸿山越国贵族墓出土的玉器亦让考古学家赞叹，"将良渚文化的阴线细刻发展成'微雕'，尤其反映出越玉奇巧和细腻的特征"[1]。青铜器浅浮雕，1982年绍兴县鉴湖镇狮子山出土春秋龙纹青铜阳燧（见图5-2），直径仅3.8厘米，镜面内凹，光可鉴人；背面以细密小点为地纹，作同心圆状排列，共12周，中间小钮，钮高0.4厘米，环钮对称浅浮雕4条龙，作昂首舞爪奔驰状，既遒劲有力，又飘逸灵动。深浮雕和立雕典

图5-2 龙纹青铜阳燧背面（拓片）

---

[1] 南京博物院、江苏省考古研究所等：《鸿山越墓出土玉器》，文物出版社2007年版，第5页。

型器物有 1984 年台州温岭琛山出土的商周夔纹蟠龙青铜大盘（见图 5-3），高 26、外口径 61.6、内口径 55.4、内深 12.8、腹径 49.2、底径 37.9 厘米，侈口方唇，圆腹，高圈足，盘心以浮雕加立雕技法铸出一条出水蟠龙，龙头凸出盘心 9.5 厘米，十分威猛。

图 5-3　温岭琛山出土商周夔纹蟠龙青铜大盘盘心（前后视）

透雕（往往又带微雕、浮雕），有各种材质的杰作。如原始瓷透雕杰作，有萧山博物馆藏当地出土的战国原始瓷透雕龙，高 7.5、长 18.2、厚 1.9 厘米，龙身整体呈"S"形，口微张，昂首后仰，形体弯曲，龙尾卷曲上翘，似腾云状，器身两面都满饰"S"纹，施青黄色釉，也极为稀见。玉器透雕杰作数量可观，颇具代表性的是安吉博物馆藏当地龙山一号越墓出土战国早期卷云纹龙形玉佩，长 9、宽 8、厚 0.4 厘米。鸡骨白色，略带黄色土沁，扁薄形。龙体虬曲，背高拱，龙首侧向昂首张口，尾上卷，身下有强健利齿，颈和爪上立有二只小鸟，拱背一侧有凤首，拱背上有一小圆孔可穿线佩挂。青铜器透雕精品，代表性的有 1965 年皖南屯溪弈棋镇越国贵族墓出土春秋晚期透雕青铜龙纹盘（M3：43），高 9.5、口径 32 厘米，大圆口，浅腹，圈足（见图 5-4）。附耳自盘腹上伸，高度低于盘口。盘壁四周镂空作云纹，镂空的 8 朵云纹壁内外，又阴刻兽面纹；盘底饰蟠龙纹，浮雕的龙首前又浮雕一个二目四足的动物，蟠龙环绕盘底，龙身阴刻鳞纹，围以云纹一周；两耳外侧也饰有兽面纹，盘腹外还有云形扉棱，圈足饰云纹。全器纹饰精美，有玲珑剔透的感觉。1982 年绍兴县坡塘出土战国早期鸠柱房屋模型（或称春秋晚期伎乐铜屋）（见图 5-5），

图 5-4　透雕青铜龙纹盘及其浮雕盘底

图 5-5　春秋伎乐铜屋

高 17、面宽 13、进深 11.5 厘米。屋顶作四坡攒尖式，上有八角形立柱，柱高 7 厘米，柱上塑一大尾鸠。四阶做出溅水。屋为三开间，明间宽于次间 0.3 厘米，进深三间。南面敞开，无墙、门，立圆形明柱两根，东西山墙作长方格透空落地式，后壁中间开一小窗。立柱饰"S"形勾连云纹，屋顶、后壁及屋阶饰方形勾连云纹。屋内跪坐 6 人，分两排。前排 2 人双手交置于腹部，似为歌者，另一人面向西，执槌击鼓，为鼓师；后排 3 人均面向南，2 人抚琴弹拨，1 人捧笙吹奏,均为乐师。6人均未着衣,其中两歌者束发于顶,胸前乳突明显,应为女性,余4人皆结发脑后,未见乳突,应为男性。不仅透雕难度极高,此种形式的房屋模型在所有青铜器中也仅此一例。艺术史家指出,"伎乐铜屋的出土,提供了古越人建筑的实例,同时反映了先秦时期歌舞演出的真实场面。铜屋内蕞尔小人,庄重虔诚地奏乐作歌,神情自然生动,显示了战国早期越地铸匠的微塑技能,透空方格墙壁与满饰华美的镶嵌纹样,形成富丽的氛围,伎乐的活动与这种氛围相契,再现了2000多年前越地的礼仪风俗。"[①]

青铜器堆雕(往往又带透雕、微雕、浮雕等)以及其他工艺的雕塑杰作,代表性的有1982年绍兴县坡塘狮子山出土春秋晚期或战国初青铜提梁盉(见图5-6),通高27、全长29厘米。覆盘式顶盖,小口,短颈,扁圆腹,三蹄形足。盖顶以菱形几何图案为地纹,堆塑11螭、16兽,其中7条圆雕蟠螭组成盖钮,周围环以4条伏地昂首、口衔小人的蟠螭。龙形提梁截面呈八角形,有镂空的扉棱状背鳍,龙身饰菱形几何纹,靠近龙尾一侧有一圆环,原应与盖钮上之环链相连。器腹以四道凸起棱脊为界,上、下两区各饰三角形蝉纹交错组成

图 5-6 春秋螭纹青铜提梁盉

[①] 邵学海:《先秦艺术史》,山东画报出版社2010年版,第294页。

的纹带一周，中区饰细密的蟠螭纹，侧边有一曲颈螭首形短流，螭首两侧及后顶堆塑4组蟠螭。三蹄足较矮，上部饰蟠螭12条，外侧立塑一小虎。此盉造型别致，制作精美，除塑有立兽19头外，蟠螭多达56条，以螭为主的装饰题材充分表现出越族文化的特色；盖顶和流顶的堆塑造型，也反映越国无名艺术家的高超堆塑水平。

（二）雕塑主题

从造型主题来说，越国雕塑最具特色的是龙蛇、凤鸟等图腾形象和各种阶层的人物；与人类生活关系密切的各种动植物造型，也是不容忽视的一个主题。

1. 图腾主题。"状类龙蛇"，不仅是极受吴国君主喜爱的美术造型，加上事实上的"状类凤鸟"，它们一起更是越国上下堪称痴迷的雕塑样式。因为寄托了图腾信仰，越国工匠为之费尽心血，在玉石、青铜、陶瓷等各种材质上，通过微雕、浮雕、透雕、立雕等各种工艺手段，塑造出融写实半写实动物的自然野性与图腾对象的神异性于一体的千姿百态形象，龙蛇、凤鸟因而成为越国雕塑的突出主题之一。上面所举雕塑杰作，大多数表现的都是这类主题特别是龙蛇主题。表现蛇主题的雕塑杰作，鸿山越墓出土的硬陶鼓座DVIM1：169，座身为覆钵状，座上部有6条堆塑的蛇，2蛇横卧座上，另外4蛇又属立塑，2蛇一组，腹部相交，颈部向上昂起，头如马首；原始瓷鼓座DVⅡM1：1053，座身为覆钵状，座上贴9条堆塑的盘蛇，蛇张口圆目，身饰鳞纹；原始瓷鼓座DVⅡM1：1011，座身为覆钵状，座上部堆塑6条双头蛇，2蛇一组，头向上昂，中腹部相交，蛇身满饰鳞纹，弯曲作游动状（见图5-7）。三者造型恰好构成一个序列：硬陶鼓座蛇最为狞厉，造型手法最为粗犷、随意；两原始瓷鼓座蛇狞厉野性渐次减弱，造型手法也渐次圆润、细腻；但首尾分明的蛇变成双头无尾蛇，在无形中又大大强化蛇的神异性。

其他材质同样匠心独运，在具象和抽象化不同方向上巧妙构思的这一主题杰作还有不少。如具象杰作，近年在原越国山阴大城核心区的绍兴市塔山公园工地出土1件战国青铜"上将军"牌饰（绍兴博物馆提供，见图5-8），长8.4、宽2.7厘米，左边一侧刻有篆书"上将军之"，右4字被铜锈覆盖，上下有八穿孔。牌面两行篆书之间，自上而下浮雕双眼圆睁、身躯粗大、相互缠绕的5条巨蛇，其中4条组合成两组，头尾相反相对中又呈盘旋追随的动态，一蛇头顶浮雕出另一仅露出半个头的蛇，立体感强。范蠡曾是越国之上将军，是越国品阶最高的军政官员。为越国最高军政官员铸雕的这件青铜牌饰，当然也反映了越国雕塑艺术的最高水平。

图5-7 鸿山越墓陶瓷悬鼓座造型对比　　图5-8 青铜"上将军"牌饰

抽象化杰作，则有同出鸿山越国贵族墓的两件琉璃釉盘蛇玲珑球形器：DVⅡM1：9，足径6.7、高5.8厘米，DVⅡM1：7，足径6.6厘米，高6.4厘米，均泥质灰白陶，球形，中空，下部为矮圈足，球身由8条蛇组成，蛇身盘成圆圈，或一蛇口衔另一蛇的尾和身，或头向上扬，构成玲珑球状。蛇圆目，口微张，头和身饰点状的蓝色琉璃

· 254 ·

釉，并以红彩相间。两器的8条蛇都是相当抽象化的，反映越国工匠的"未来"审美趣味。

2. 人物主题。越国在历史舞台上"演出"最精彩的时代是春秋晚期和战国前中期，这一时期也是中国艺术史上神人主题递嬗、人的价值发现的时代。与这一历史潮流同步，人物形象塑造成为越国雕塑的又一突出主题。上述伎乐铜屋、青铜兽纹方座，分别塑有6个乐俑、4个力士俑，即均折射了这一主题。

已发现4件青铜权杖（或称鸠杖），其中的雕塑焦点也是力士俑。其一，仅剩杖镦部分，1970年湖州埭溪出土，通高18.7厘米，整体呈上大下小的圆管形。口沿处饰两组阴刻细弦纹，中部半圆形箍及上下衔接处饰细密的蟠虺纹、棘刺纹，下端饰一周勾连云纹。底端塑一跪坐人像，头上蓄发至额前和耳部，脑后梳一椎髻，双目平视，双手置于膝部，断发文身。其二，1990年出土于绍兴漓渚镇中庄村坝头山北坡，有杖首、杖镦，杖首长26.7、銎径3.7厘米，杖镦长30.6、銎径3.6厘米。杖首呈管状，以三角形和半圆形凸棱分隔成三节，渐上渐收分，顶塑一立鸠，下开有圆銎口以套接杖身。两棱面分别饰有云雷纹和蟠虺纹，第一节自上而下分别饰双线水波纹、蝉翅纹和云纹带，第二节上下各饰云纹一周，中间饰二道蝉翅纹，错缝对置，第三节上下均环饰有云雷纹、蜗蝉纹一周。杖镦亦作管状，亦以半圆形凸棱（上饰透剔蟠虺纹）和三角形凸棱（上饰云雷纹）分隔成三节，上开圆銎口以套接杖身，底塑一跪坐人像。第一、二节中为蝉翅纹带，上下各饰粗细云纹一周，第三节上饰云雷纹、下为蝉纹带。铜人直脖抬头，双目平视，腰系宽带，两手下垂置于膝部，额上短发对分，脑后束发成一椎髻，插一支双股发笄，通身饰有云纹、几何纹（见图5-9）。其三，2003年出土于德清武康镇，有杖首和杖镦，杖首长29.5、銎径3.9厘米，杖镦长30、銎径4厘米。管状体，杖首、杖镦两端各置一跪姿相似、大小不同的跪坐俑，管体间以三角、环形凸棱，饰有锯齿、蟠虺纹。杖首由下至上逐渐内收至小跪坐俑底，下开圆銎以套接杖身；小跪坐俑戴指纹高冠，冠顶饰物（鸠）残缺，无耳，双目为不规整圆突状，鼻微突，右手弯曲向上，左手向下略残，

图 5-9 绍兴青铜权杖

胸腹部及背部阴刻卷云纹，纹饰简单。杖镦由上至下逐渐内收至大踞坐俑顶，上开圆銎以套接杖身；大踞坐俑头呈桃形，有环穿形耳，双目亦为圆突状，两臂平伸，右手向上略残，左手弯曲向下，股、胸、背饰有云纹和几何纹。在一件鸠杖上雕塑两个踞坐俑，一顶杖首之图腾，一顶全部鸠杖（含其上之同伴），而且左右手均一上一下，带有舞蹈感，举世仅此一例（见图 5-10）。其四，2021 年 12 月江西樟树国字山战国中期越国王室贵族墓考古发掘成果发布，内中 1 件青铜权杖踞坐人形镦，踞坐俑造型及头顶杖管形制与绍兴漓渚出土高度接近，只是踞坐俑属老年男性，与前者属青年男性不同（见图 5-11）。这 4 件青铜器（前 3 件属春秋）一共塑了 5 个头顶重要物件的踞坐俑。

同类青铜器还有皖南屯溪弈棋三号越墓出土的 4 件春秋顶物踞坐铜人（见图 5-12）。铜人高 9.7、头顶柱高残存 4.3—5.6 厘米不等。4 件铜人形体相同，均是两腿踞坐，上身挺直，双眼微闭，耳作环穿，两臂平伸，双手上举，做托物状；头顶有扁平方柱，柱有穿。全身丰

第五章　越国的艺术

图 5-10　德清青铜权杖

图 5-11　国字山青铜权杖

腴，胸前乳突尖锐，赤体，着装或纹饰当从略。从出土时作四角分布和器形推测，亦属器足之类。这4件跽坐铜人，头顶有柱，双手做托物状，亦属力士俑无疑。其胸前乳突，同于伎乐铜屋的两歌者；耳作环穿，及头顶物件时双手配合以动作的动感，同于德清武康鸠杖的大

· 257 ·

踞坐俑。1982年绍兴县坡塘狮子山出土凤纹人形足青铜插座（见图5-13）1件，则塑造4个背扛重物的力士俑。此件高16、边长6厘米，重10千克，方形，由承插柱、座体和垫脚三部分组成。承插柱上段为四面八棱形，四面饰交体龙纹，加饰云纹边框，缠绕的蟠龙体间留出上下两个销钉孔，便于插杆固定，下段弧扩成四面体，中空。座体的铜质外框上部为盝顶，每面阴刻宽体凤首龙体之异兽6组，原镶嵌绿松石已脱落；铜框之内浇灌铅汁，与承插柱下端相接。座体四角下端各有凸榫一个，用以连接垫脚。垫脚为4个人体跪像，像背开榫孔以与座套接；跪像身饰云雷纹，双手和双膝着地，引颈昂首，双目凝视前方，头戴翘角状额饰，腰缠宽带，做力士状。

图5-12 屯溪弈棋出土顶物踞坐铜人

图5-13 绍兴坡塘出土凤纹人形足青铜插座

综合观之，4件青铜权杖、4件顶物踞坐铜人、1件青铜凤纹方座，这批春秋战国之交和战国中期越国青铜器一共塑造13个力士俑。这13个力士俑中，除了顶物踞坐铜人，9个都是典型的断发文身打扮，它们是越国社会中最底层、最广泛的"苦力"阶层，应该也是奴隶阶级在越国雕塑艺术中的留影，反映越国无名艺术家对这个群体的关注。比较起来，绍兴漓渚青铜权杖力士俑不仅发型几乎和现代男性一样，又直脖挺胸、腰系宽带，外表显得尤其英武、硬朗；而德清武康青铜鸠杖力士俑和屯溪弈棋力士俑还传达出明显的动感，前者尤其传达出一种负重劳动所暗含的内在韵律美。凡此皆可看出越国无名艺术家对这个群体的审美态度，这明显反映了一种历史的进步。

仔细辨析，屯溪弈棋越墓出土4件顶物跪坐铜人，实际上是女性；无独有偶，绍兴市博物馆采集收藏越国文物中，有春秋悬鼓人物纹环座（见图5-14）1件，实际上也塑造了4个女性形象。该件通高8、环径9、边长10厘米，由头背相依、面朝外的四个跪坐铜人组成，身上、腿上有云纹，髻顶留有一圈剪短的头发，既反映越国"断发"习俗，面部造型又完全与伎乐铜屋前排两女性歌者一致（见图5-15）。这样一来，越国青铜器雕塑作品中就至少有10个女性形象。看来，在春秋晚期至战国初越国快速崛起、强大，需要所有国民包括女性为之献身，也确实涌现一大批杰出女性之时，越国无名艺术家深切关注到了不同层次女性的存在。

图5-14　春秋悬鼓人物纹环座（绍兴博物馆提供）

越国雕塑中还有不少其他以人物为焦点，或单独以人物为主题的作品，这主要表现在玉器雕塑领域。如绍兴市柯桥区越国文化博物馆

图 5-15　绍兴坡塘出土伎乐铜屋内两女歌者之一

藏原绍兴县出土东周双人玉饰1件，高4.6、宽3.7、厚0.3厘米，鸡骨白，双面雕。两人袖手并肩，裙摆匝地，头顶半截巨型蛇，蛇头上翘。浙江省博物馆藏近年出土战国人鸟饰1件，高6.4、宽2、厚0.4厘米，鸡骨白，双面雕。中间方形立柱（图腾柱），上刻细方格纹左右交替排列，两侧上下共雕玉人4个，袖手倚柱而立，裙摆匝地；上下玉人之间琢有鸟，尖喙，张翅，长尾。同馆又藏战国人形玉坠1件，通高3.6厘米，乳白色，作跽坐状。玉人脸部以阴线雕出五官，双手交置胸前。安吉县博物馆亦藏当地出土战国小玉人饰1件，高2.5、宽1厘米，鸡骨白，呈跽坐姿，双手交叉放置腹部。东周双人玉饰和战国人鸟饰所塑人物都是袖手而立，长裙拖地，举止安详，应都属越国贵族人物；前者双人共顶一蛇，后者4人倚图腾柱而间隔两鸟，可谓越国上层蛇、鸟信仰的又一写照。与上述两件基本都属平面雕塑不同，两件战国人像玉饰则都是立体雕塑。

还应指出的是，如前所引，《国语·越语下》载范蠡急流勇退后，"王命金工以良金写范蠡之状，而朝礼之"。这表明，越国雕塑人物主题的蔚然成风，还与越国官方出于特定政治目的的雕塑示范倡导相关。而越国官方雕塑聚焦于范蠡式上层高官显贵，民间雕塑则钟情于力士、女性等底层身份卑微人物，亦正表现出越国不同领域雕塑的文化分野。

3. 动植物主题。越国雕塑不仅倾情于图腾对象和世间上下不同阶层人物，也开始关注日常生活经常接触的自然界动植物，对其进行精妙的表现。动物主题代表性作品，如绍兴市博物馆藏西施山遗址出土春秋青铜牛镇1件，高5、底径6.5厘米。牛头上有月牙状角，臀部落地，后蹄屈，身躯侧卧，前蹄弓立，头回屈枕于前胸；牛脊部施二条绚索纹，腹、蹄部施鱼鳞纹，器形敦实，纹案规整。牛脊曲折回绕形成巧妙的盘蛇状，身躯主布鱼鳞纹，将於越民族对农耕社会最重要的生产资料——牛的亲近，与对鱼米之乡生活环境的喜爱融为一体，还让人感受到对古老图腾崇拜蛇的虔诚。植物主题代表性作品，如湖州长兴县博物馆藏当地出土战国青铜镦1件，通高10、球直径6.5厘米，紫铜色，圆銎，顶部呈球状瓜棱瓣，又像被风吹成团状的一大片植物叶子，造型十分规整、简洁、飘逸。这个造型折射出越国无名艺术家对自然界和日常生活所见诸多瓜、叶的高度概括水平。

四　越国器物构形

越国器物构形有大器早成、领异标新，部分具有历数千年若新出的超凡前瞻性等特点，体现出越国工艺美术不凡审美气度和特质。

（一）大器早成

越国不少印纹硬陶和原始瓷，体现出硕大精美的特点。历史渊源在于，於族先民有敢于制作大器甚至超大型器物的传统。如海宁博物馆收藏该市马桥街道达泽庙遗址出土的一件巨型夹砂红陶鼎，口径、高度均为60厘米，敞口、束颈、鼓腹、圆底，偏凿形三足，为良渚文化时期各遗址中所仅见。

越国时期大型陶瓷器物，见诸介绍的有：长兴县博物馆藏该县小浦镇炮头山石室土墩墓出土春秋印纹硬陶坛1件，高45、口径22、腹径37、底径22.2厘米，敞口卷沿，溜肩弧腹，腹下渐收，器壁上拍印方格纹,下拍印菱形填线纹;鼻子山战国越国贵族墓出土原始瓷镎于2件,1件通高44、盘径21.8厘米,1件通高41.5、盘径20.5厘米;以及原始瓷甬钟多件,1件高41.4、甬长12.1、铣间20.1厘米,1件高42.5、甬长13.5、铣间19.1厘米,呈圆柱体,有环状旋及钮,钲作合瓦状椭圆形,甬部饰圆圈纹,彝部及正鼓部冠状线内遍布正反"C"形纹。安吉县博物馆藏该县出土春秋组合纹硬陶坛1件,高43、口径18.5、底径20.3厘米,侈口卷沿,丰肩弧腹,腹下渐收,上腹至肩拍印方格纹,下部为菱形填线纹不及底;又藏战国双系原始瓷薰(又称长颈瓶)1件,高46.7、口径8.5、底径12、腹径25.8厘米,直口微侈,长颈球腹,肩部置对称贴耳,肩腹部镂刻有3组规则的三角形孔和"C"纹装饰带,施青黄薄釉。海盐县博物馆藏该县高地遗址出土战国硬陶瓮1件,高54.3、口径21.7、底径17.4厘米,通体拍印网格纹。平湖县博物馆藏该地出土战国印纹硬陶瓮1件,高62.8、口径23.6、底径21.6厘米,直口略外撇,丰肩,通体拍印米字纹。温州博物馆藏温岭市箬横出土春秋印纹硬陶瓮1件,高52、口径24.9、底径21.7厘米,侈口卷沿,短颈圆肩,深腹,腹下敛收,肩部对称塑贴锚形附加堆纹,器身遍饰斜方格纹、回字形方格纹和米格纹,间饰篦划纹。浙江省博物馆藏战国原始瓷缶1件,口径45、通高22.8厘米;战国原始瓷插座1件,通高40.5、口径10、底径50厘米;战国双系原始瓷薰2件,1件高43.5、口径9.2、底径17,1件高48.2、口径13.2、底径17厘米,分别施金黄色带淡墨绿斑点和金黄色釉,造型、色泽比安吉县博物馆藏更加圆润;战国原始瓷镎于1件,高37、口径14.6、底径17厘米;战国原始瓷句鑃1件,通高36、铣宽16.6厘米;战国原始瓷烤炉2件,1件长方形,长47、宽38厘米,1件圆形,口径41.5、高8.3厘米。杭州市文物考古研究所藏战国原始瓷薰1件,高42、口径9、底径12.5厘米;杭州博物馆藏战国原始瓷甬钟2件,1件通高39.2、铣宽21.5厘米,1件通高41.4、铣宽22.8厘米。

　　在原越国都城附近出土的越国大件且精美的陶瓷器更多。如绍兴市柯桥区越国文化博物馆藏在该地出土春秋印纹硬陶坛1件,高41、口径22、底径18厘米,侈口短颈,丰肩椭圆腹,下腹至底收敛较甚,肩腹部印重回纹交错十字填线纹;春秋印纹硬陶坛1件,高46、口径22.5、底径19.2厘米,卷口短颈,弧肩椭圆腹,下腹渐收,上腹印平行重回纹交错十字填线纹,下腹至底处饰斜行重回纹交错十字填线纹;战国原始瓷薰1件,高47.2、口径9.7、底径17.6厘米,口微敞,细长颈,弧肩鼓腹,口沿下饰5周凸弦纹,肩腹部饰7周刻斜线凸弦纹,肩部并有两周上下交叉分布的狭长三角形镂孔,器表施青黄带灰白色釉。绍兴市博物馆藏在柯桥区鉴湖镇出土商代印纹硬陶瓮1件,高42、口径25厘米,卷沿短颈,溜肩,肩部堆贴4錾系,圆底内凹,颈部饰有弦纹数周,通体拍印席纹,纹样杂而不乱;在平水镇出土西周硬陶四系坛1件,高39.5、口径19.5、腹径35、底径19.5厘米,斜折沿,弧肩鼓腹,肩处饰4个系,腹弧收,外腹壁拍印叶脉纹和回字纹;西周印纹硬陶坛1件,高42.5、口径20.3、腹径35.8、底径22.5厘米,斜折沿,弧肩鼓腹,下腹微弧收,席纹和回字纹组成复合纹饰;在柯桥区平水江水库出土战国印纹硬陶坛1件,高40.5、口径20.7、底径17.5厘米,直口丰肩,深削腹,下腹收削较甚,外饰米字纹,造型端庄大气;春秋原始瓷双耳筒1件,高39.8、口径30厘米,大口,窄折肩,附1对陶索状系钮,上大下小,弧腹下敛,外壁拍印长方格涡纹(又称重圈纹),排列整齐,施青黄釉。

在原越国绍兴都城近边,又处于越国对外交往首出地的萧山,萧山博物馆所藏当地出土越国大件且精美陶瓷器之丰,使该馆几乎成为越国大件陶瓷器的专题展览馆。其中包括:西周之器,印纹硬陶瓮1件,高55.4、口径27.2、底径32厘米,撇口短颈,溜肩弧腹,通体相间拍印4道曲折纹与4道回纹;印纹硬陶三系罐1件,高39.2、口径22.3、底径19.6厘米,敞口斜肩,弧腹平底,罐身有3条出脊,顶部皆置拱背形兽,形成3个环状系,罐身上部拍饰小方格填条纹,下部为大斜方格填条纹;印纹硬陶兽耳坛1件,高39、口径20.5、底径21.2厘米,敞口短颈,耸肩弧腹,两条出脊上部置拱背形兽作为双系,另两条顶部为圆环。春秋之器:印纹硬陶坛1件,高40.7、口径20.5、底径22厘米,敞口短颈,耸肩弧腹,肩腹部饰竖状"S"

纹，下腹部拍印斜方格纹；印纹硬陶坛1件，高59.8、口径25.2、底径24.3厘米，敞口缩颈，耸肩弧腹，以菱形纹为主题，上下拍印斜方格纹，造型浑厚；印纹硬陶坛1件，高46、口径24.8、底径26厘米，撇口短颈，溜肩弧腹，颈部有若干弦纹，坛身上部拍印曲折纹，下部为编织纹，制作精良；印纹硬陶坛1件，高42.4、口径16.8、底径19.8厘米，撇口缩颈，溜肩弧腹，颈肩部饰若干弦纹，上腹部拍印编织纹，下腹部饰网格纹；印纹硬陶坛1件，高43.9、口径18、底径17.2厘米，卷唇短颈，溜肩弧腹，两侧贴饰竖状出脊，颈部饰弦纹，肩部为水波纹，腹部以下拍印菱形填线纹，形如巨大鹅卵；印纹硬陶双系坛1件，高50.9、口径15、底径20厘米，口沿宽平，折肩弧腹，坛身上部饰水波纹，下部拍印箭羽纹，器型非常少见；印纹硬陶坛1件，高49.8、口径21.1、底径22.3厘米，平口丰肩，上腹部拍饰方格交叉纹，下腹部拍印麻布纹。战国之器：原始瓷錞于1件，高39.4、口径16.3、底径18.4厘米，敞口略束腰，鼓腹，假矮圈足，平底，近口沿处有2圈凹弦纹夹1圈连珠纹，底圈沿上呈绳索形纹饰；原始瓷句鑃1件，高48.5、直径22.9、柄长14.4厘米，口沿呈凹弧形，器身横截面呈椭圆形，柄部横截面呈长方形，分两段，器柄近底处施回纹，器身上以2圈弦纹夹饰4圈回纹，再添1圈三角形纹，三角形纹内满饰"S"形纹，施黄色青釉；原始瓷薰1件，高47.2、口径9.6、底径17.2厘米，口略敞，方唇，长直颈，鼓腹平底，口沿下有1圈加厚，颈部饰2条对称叶脉纹，颈以下饰有5圈绳索纹，犹如5道箍，肩腹部有3圈锐角三角形出烟孔，施黄色青釉；原始瓷薰1件，高40.2、口径9.9、底径17.5厘米，口微敛，方唇，弧形长颈，球状鼓腹，口沿下饰有1圈弦纹，颈部以下饰有5组弦纹，腹部有3组三角形组成的出烟孔，施黄色青釉。

生产陶瓷大器，对原材料要求不高，但对成型、窑炉高度和温度的掌控则比较严苛。如此众多的精美大器显示，越国在商代、西周就分别烧造出高42、口径25厘米和高55.4、口径27.2、底径32厘米的印纹硬陶瓮，在春秋时代就烧造出高59.8、口径25.2、底径24.3厘米的印纹硬陶坛，在战国时代又烧造出高62.8厘米的印纹硬陶瓮、

第五章 越国的艺术

高48.2厘米的原始瓷薰,不仅表现出越国工匠高超的工艺水平,而且表现出他们宏伟、壮丽的审美气魄。

越国在少数重要青铜器上同样表现出比较硕大壮美的风格。如杭州余杭中国江南水乡文化博物馆2003年从原越国都城所在绍兴县征集到1件战国蟠龙纹青铜大鼎,通高49.5、口径53、足高22厘米。平沿方唇,方立耳,半球形腹,底部近平,三蹄形足、两耳及腹部饰蟠龙纹。2010年考古工作者在原越国灭吴后的统治腹地江苏盱眙出土1件战国青铜錞于(见图5-16),通高67.5、口径28.8—30.6厘米,钮长8.9、宽4.4、高4厘米,器壁厚1厘米。腔体呈椭圆形,上大下小,顶部置圆盘,盘底平凹,盘边直立。盘中心立1双头龙钮,背部拱起。盘内钮两侧各饰1对称龙纹。肩部饰1周勾连龙纹,腰部两侧各饰1组四蛇环璧纹,近底部口沿处饰1周勾连蛇纹,器身两侧自上而下各铸两行鸟虫书铭文,分饰脊线左右,每行16字,计64字。[①]这2件大型青铜器,尤其超大型军乐器青铜錞于,是越国强大时期军

图5-16 战国青铜錞于(据《大邦之梦:吴越楚青铜器》)

---

① 苏州博物馆:《大邦之梦:吴越楚青铜器》,上海古籍出版社2017年版,第172页。

事、经济实力的折射，也是越国工匠宏伟审美气度的生动体现。前面提到长兴县上草楼出土云雷纹青铜铙，绍兴县鉴湖镇狮子山东周墓出土铭文螭纹青铜双连环三足罍、螭纹青铜分体式甗，温岭琛山出土夔纹蟠龙青铜大盘，也都是越国青铜器追求硕大壮美的代表。

（二）新颖"现代"

越国器物构形不仅在空间规模上追求硕大（以不浪费珍贵金属资源为前提），表现出宏伟气魄，而且在空间形态上既注意表现经典样式和同类题材的统一性，如兽面鼎、侧把盉、提梁盉以及外撇三足鼎等，不论是用印纹硬陶、黑陶、原始瓷还是青铜制造，都表现出比较稳定、统一的"越式"风格，又注意追求新颖新奇，凸显同类题材难得一见的独特个性，形成相当多所谓"异形"器，部分器物形成匪夷所思的"现代"品格，竟历数千年而宛如新出。这在青铜器、陶瓷器、玉器等多种类型器物上都彰显出来。

陶瓷器，如绍兴市柯桥区越国文化博物馆藏1987年在陶堰乡张岙村出土战国鱼篓形印纹硬陶罐2件，均高20、口径11.2、底径17.2厘米，直口，内斜唇，口沿至底呈喇叭状放大，上腹安对称半环形系1对。其中1件外壁印席纹不及底，通体呈灰褐色；1件外壁印"米"字纹不及底，通体呈灰色。绍兴市博物馆藏春秋印纹硬陶双系方口罐1件，高21.3、口径11.7、腹径23.2、底径18.3厘米，四面挤压成方口形，弧鼓腹，肩部附双系，口部饰弦纹，肩部饰折纹，腹壁饰回字纹；又藏战国原始瓷执把罐1件，高15.9、口径6.6厘米，直口短颈，弧肩直腹，一侧附"S"形单执把，肩部饰2道弦纹，下腹壁饰直棱纹，施薄青釉，制作精细，造形极为亮丽。萧山博物馆亦藏春秋印纹硬陶双系方口罐1件，高15.8、口径17.5×17、底径17厘米，轻四面挤压内倾形方口，圆腹，左右置双龙，前后粘贴竖形双系，通体拍印箭羽纹。安吉县博物馆还藏有带较现代、"苗条"感的战国印纹硬陶双系筒形罐1件，高23.4厘米、口径5.4厘米、底径8.5厘米，敛口深腹，底微内凹，肩对称贴塑泥条状弓形系，通体拍印麻布纹。

青铜器，如原处越国西境的皖南屯溪弈棋一号越国贵族墓 1959 年出土的两件青铜云纹五柱器，通高 31、柱高 16.5—16.6、底径 19.4—21.5 厘米，器上有五根圆柱，横列于长方形的脊基上，距离互等，下为空腔方座，四角剜圆无棱隅，四壁微鼓，四壁和脊基均饰交连纹和云纹。器型绝无仅有，考古专家将其定为"完全新颖的器物，中原地区还未见，诸家著录中也不见"[1]；近有学者推测其是被周礼抛弃的商代古老乐器"柷"，系殷商遗裔在吴越之地所再铸[2]，如所论不虚，则这件颇类现代无线路由器之物，还承载了三千多年前的文化信息。又如绍兴市博物馆藏 2010 年当地出土春秋靴形青铜钺 1 件，高 16、刃长 21、銎径 4.7×2 厘米。钺体扁平，呈靴形状。半月形长弧刃，两刃角上翘，背部中间靠后作长方形銎把，銎把略向后倾，两侧呈凹弧肩。銎部两面各饰五枚三角形纹。该馆还藏西施山遗址出土战国青铜鹊尾勺（见图 5–17）1 件，高 18.2、柄长 11.7 厘米。勺体呈花瓣形，柄扁平，两侧倾斜，与勺体连接处最狭窄，尾部宽阔，似

图 5–17 战国青铜鹊尾勺（绍兴博物馆提供）

---

[1] 李国梁：《屯溪土墩墓发掘报告》，安徽人民出版社 2006 年版，第 41、73 页。
[2] 齐韶花：《析安徽屯溪出土的"五柱器"》，《浙江艺术职业学院学报》2018 年第 1 期。

鹊尾状。这些青铜器的造型，历数千年仍令人赏心悦目。

水晶器，如1990年杭州半山石塘镇出土的战国水晶杯（见图5-18），高15.4、口径7.8、底径5.4厘米。敞口平唇，斜直壁，圆底，圈足外撇，光素无纹，造型简洁；透明通亮而略带淡琥珀色，局部可见絮状包裹体。几让人怀疑是当代科技与艺术的顶级结合品。诚如21世纪初专家撰文所言，"不仅是迄今为止我国出土的早期水晶制品中器形最大的一件，就其工艺水平而论，也是无与伦比的珍品。许多人被其特有的艺术魅力所打动，它堪称中国玉器史上一件独一无二的水晶制品"[1]。

图5-18　杭州半山石塘出土水晶杯

五　图案纹饰

图案纹饰，或称图案，或称纹饰，是雕塑艺术和器物构形工艺美术的重要组成部分，也是越国美术的一个重要门类。跟雕塑和器物构

---

[1] 李海：《战国水晶杯》，《东方博物》2004年第2期。

形工艺美术属于较大范围和整体的空间艺术相比，图案纹饰属小范围和局部的空间艺术。这个小范围和局部的空间艺术，可以丰富、深化较大范围和整体的空间艺术。越国图案纹饰正是如此，它们拓展了越国雕塑和器物构形工艺美术的造型空间，也为诸多雕塑作品和实用器物增添细腻、繁复和绚丽之美，在上述多样、大气、新颖和历史内涵丰厚基础上，提升越国美术的精致品位。

在各方专家学者的辛勤耕耘下，或在吴越文化的大视野，或在江南文化乃至南方百越文化的范围，越国图案纹饰的审美特色和具体纹样，得到越来越清晰的凸显。

（一）青铜器纹饰

马承源1987年发表论文，考察20世纪以来江浙、皖南一带土坑墓、土墩墓出土青铜器，提出，"土墩墓的遗存具有强烈的地区风格，是土著部族上层使用的器物，土坑墓的遗存主要是吴越王族系统的器物"。他把土墩墓中出土的青铜器分为西周文化型、仿西周文化型、基本为土著型和纯土著型器物四个类型，指出后三者的纹饰特点。1. 刻意仿铸西周的纹饰，包括变形兽面纹、凤鸟纹、乳钉雷纹、连珠纹等，但大多失去西周的特点，而形成自己的地域特色。如"失去了兽目的对称式变形兽面纹，是西周任何兽面纹或变形兽面纹所没有的"，"丧失了神秘的宗教气氛"；"凤纹没有锐利的爪子，而在西周这类纹饰中凤爪或鸟爪的形状则是粗壮而锐利的。最为奇特的是，主体对称的两凤中间有一小的蟾蜍纹，而这在西周的凤纹中是没有先例的"；"乳钉纹的上缘有一圈细密的圆珠纹，这是吴越青铜器纹饰的特征之一，是西周早期的青铜器中所未见"；"连珠是如此之广泛，从而可以断定，它是吴越青铜器纹饰中一个不可缺少的特征"。2. 仿铸西周的纹饰变形，包括肖生变形和非肖生变形，其中非肖生变形有从单个纹饰构图到横向多层交连构图等五种结构方式，"这五类变形纹饰，都具备以下的共同特点：一、基本线条为横向的钩形分歧；二、单位纹饰必上下交连；三、单位之间有界栏，或简单或复杂；四、有疣状或长或短的突出物，此突出物必处于固定的位置"，此"为任何中原地区和其他地区青铜器纹饰所未有,从而可以确定为吴越青制器的固有特色"。3. 几何形纹饰,包括方格纹,"这也是吴越青铜器或百越族青铜器上特有的纹饰,在中原青铜器上,是从未出现的";几何棘刺纹,"这是吴越青铜器中最富有特点的纹饰之一";锯齿纹,后代的同样纹饰主要出现在汉代绍兴镜上,当属"东周时代越族所喜爱的纹饰的遗风"。

在此基础上,他进一步概括提出,"吴越青铜器纹饰,它的图像所构成的线条,具有明确的普遍而独特的形态,单是把握住这些线条的独特形态,便能够和其他系统的纹饰清楚地区别开来"。这又主要包括以下四点。1. 线条上的刀形和斧刃形,"这是最引人注目的吴越青铜器纹饰的条纹"。具体而言,其特征是:"图案之起首或末端的线条,常表现为刀形。在同一组纹饰中,刀形视纹饰的结构而有多少之不同,刀形的长短阔狭,变化比较自由";"在纹饰的线条回转处的外侧,常常有块附加的突出物,多呈弧状的斧刃形"。"这两点在吴越青铜器纹饰中,是带有标帜性质的特征,而与其他纹饰相区别,掌握了这个特点,可以毫无疑问地将之与中原系统的纹饰清楚地区别开来"。2. 界栏式结构,"连续图案的构图手法,也是吴越地区青铜器中所特有的"。3. 对称式结构,因吴越青铜器工师不求形似,"对称的形式已缩小到不被注意的程度",代表性的兽面纹图像较之商周中原系统大大地变了形,"无中原系统兽面纹饰最富有精神的双目"。4. 绝大部分平雕,纹饰"大都是从中原系统西周中期之后变形纹饰再行递变模拟的结果,从而表现为浓重的地方性风格,也可说是新的创造"。关于吴越文化青铜器中越国青铜器的典型代表,以及越国青铜器的兴盛时代,他还专门提到,"绍兴306号战国墓的铜屋,所有的纹饰都是越式的,一尊的纹饰也完全是越式的";"史载越国之兴,大约晚于吴国之兴半个世纪","越国的青铜器铸造业也是相应地在春秋晚期兴盛起来的"。① 总之,马承源透过千丝万缕的线索,对吴越文化青铜器包括越国青铜器的纹饰特点,进行了极具开创性的研究,并在吴越文

---

① 马承源:《长江中下游土墩墓出土青铜器的研究》,《上海博物馆集刊》第四期,上海古籍出版社1987年版,第198—220页。上述条列,是从该文概括而出。

化青铜器纹饰中明确提出了"越式纹饰"的概念。

与马承源同时,陈佩芬基于对上海图书馆所藏与以原越国为中心南方各地出土青铜器的大量个案比较研究,集中论证春秋中晚期至战国"越族系统青铜器""越式器"的存在,分析了一系列"吴越地区青铜器纹饰的标志"。如提到,代表性的兽面纹龙流盉的肩部饰斜角雷纹,雷纹的转折处向反方向歧出一支,两条雷纹中间有一条自左至右斜形的线条为间隔,雷纹的卷曲松弛,末端有一个圆形实心点,腹部三组大兽面纹,兽面的腮旁有耳形纹饰,两组兽面相间隔的地方配置鸟纹,都是中原地区青铜器从未见过的;兽面纹大钲(大铙)的鼓部饰双尾龙纹,龙纹沿边的两侧各有一道刀形纹,"刀形纹是吴越青铜器纹饰的特点之一,在其他各族的青铜器上是找不到的",旋部饰耳形纹,耳形纹常见于吴越地区出土青铜器,中原地区商周青铜器从未见过;兽面纹铙的鼓部完全用突起的双钩细线条,组成变形的兽面纹,甚至连目也省略,这一类纹饰也是吴越地区青铜器纹饰的标志之一。她还总结指出,"在越式青铜器纹饰中,无论是兽面纹、连珠纹、雷纹和刀形纹饰,都像中原地区的纹饰而又不完全相同,有时形式相同,但实质就不一样,这是越族的土著民族模仿中原西周时代的纹饰,在漫长的时期中形成的地方风格";"从兽面纹龙流盉纹饰的具体分析,越器的特点多处可以看到","由此可以知道,越族铸造工艺水准的高超。也许正因为有这样好的工艺基础,才能成为合金配比极佳的、铸造兵器的名邦"。文中明确,这些青铜器出土于吴越地区,扩及百越、瓯越,其中"吴和越差不多是同一系统的";但又指出,"吴直接统治的地域内很少见","吴是一个疆域较小的国家,从文化面貌看,越的影响要大得多"。[①] 因而可以看出,她所说的"越式器""典型的越式花纹",很大程度上也就是"越国器""典型的越国式花纹"。

约10年后,李国梁也在系统论述吴越青铜器特色的一篇专文中,沿着马承源等的方向,分析吴越青铜器尤其是越国青铜器的纹饰特

[①] 陈佩芬:《记上海博物馆所藏越族青铜器——兼论越族青铜器的纹饰》,《上海博物馆集刊》第四期,上海古籍出版社1987年版,第221—232页。

色。他首先援引马承源的观点提出,吴越青铜器可分属中原系统的土坑墓青铜器和属吴越地区盛行式样的土墩墓青铜器两类,前者"反映吴越王室与中原文化融合程度的强烈",后者"反映吴越土著贵族在同中原文化融合的进程中,仍顽强地保持着独自的本民族地区的习俗和特色"。在揭示吴越地区盛行富有区域特征的青铜器的若干种类之后,他将吴越青铜器流行的纹饰分成模拟、变形和创新三种情况:其中,摹拟从整体上看似与中原差不多,但局部总有些不一致的地方;变形是中原纹样的形状、格式以及物象的正常形状和比例起了变化,采用的方法大致有省略或添加,夸大或缩小,弯曲或伸长等;"创新是吴越青铜器纹样中出现的新兴式样,它不是模仿或改变中原固有的纹样,而是创造具有地域和时代特色的纹样",具体包括交连纹、棘刺纹、方格纹、编织纹、锯齿纹、折线纹等,"多属几何图形,是用各种直线、曲线构成规则的装饰图案","还有反映南方山林、水泽中常见的蛇纹、蛙纹,特别是鸟纹,似乎得到了越人的偏爱"。[①] 所论与马承源亦十分接近,引以为据的大量例证亦来自原越国统治腹地,不少亦是典型的越国青铜器。

马承源又结合原始瓷纹饰,进一步深化、强化对吴越文化青铜器尤其是越国青铜器纹饰特色的研究,更清晰地揭示其中的审美意味。如他分析江浙土墩墓出土的器形非常肖似商周器者,"总有部分或微小的特征,显露出它是吴越匠师们的摹古之作"时,举例指出:一凤纹尊,器形近于周器,但其底纹、颈部立鸟纹和主体凤纹上的一周"S"纹,都是中原和从来青铜器上所没有的,"整体形象,颇有厚重壮丽的气势。这是越人仿摩周器极其成功的一例";一镂雕耳脊兽面纹方座簋,曾被定为周器,但其口沿下夔纹、腹部兽面纹,以及兽首耳脊非常华丽,作"S"形交连透雕等说明,"其工艺的精细水平,已经超出了西周的成就","鉴定为越器,是没有问题的,由此可见古越青铜铸造之技艺,足以雄视当世"。在分析基本属土著器者,"在形制

---

① 李国梁:《吴、越、徐青铜器概述》,中国青铜器全集编辑委员会编:《中国青铜器全集 11·东周 5》,文物出版社 1997 年版,第 1—29 页。

上以周器和商器为模式而有相当显著的改变,或者形制是古式,而纹饰有明显的土著风格"时,又举例指出:"浙江绍兴306号墓出土瓠形尊,腹部扁圆臌出尤甚,纹饰极其峻深,细线深约2毫米,其薄如纸。主体纹饰是长方块状中直条和勾形弧线相结合的对称图像,主干条纹表面更有极细的花纹。纹饰中间并布满极细的芒刺,颈和圈足与腹接合处,各有连珠带。此尊器壁极薄,纹饰铸作之精丽,至今还难以用普通的块范铸造和失蜡法铸造作出解释,它的技术秘奥,真不可测,足以使现代的铸造专家们叹为观止。"他还提到,"吴越青铜铸造的兴盛时期是在春秋中晚期,当然越族青铜业的繁盛会更长而可能延续到战国中期"。他还指出,江西新干出土的三件钲"纹饰壮丽",铸造技艺高超,代表"辉煌的江南青铜器文化",不是某些学者所说商器,多见春秋中晚期以来吴越文化青铜器上共有的装饰手法,尤其"形制和纹饰,都有越器的特征","其为越器,决无问题"。[①] 这即是说,春秋中晚期以来的越国青铜器,有"纹饰精丽"和"纹饰壮丽"的双重特色,"足以雄视当世"和代表"辉煌的江南青铜器文化"。

李学勤较早肯定马承源有关吴越文化青铜器的发现,以为"极有启发,对推进这方面研究很有作用"[②];后来又常在自己的研究中,对个别越国青铜器的纹饰做出精到分析。如在考释澳门萧春源珍秦斋藏越王戈铭文时,结合绍兴越国文化博物馆所藏越王得居戈铭,说道:"我们先看一下绍兴越文化博物馆的戈。……短胡三穿,阑上方有鼻饰;援长而直,有突起的脊线;方内,内上一狭穿,饰镂空的蟠虺纹,环以S形的勾连纹。……形制纹饰都很特殊。其胡甚短,胡上仅有两穿,在当时戈中罕见。……珍秦斋的戈则是长胡四穿,同样有鼻饰和脊线,阑饰S形勾连纹,内上纹饰分三截,近阑处是E形勾连纹,狭穿上下是嵌绿松石的蟠虺纹,末端又是镂空的细密蟠虺纹,并在下缘有一小的钩状突起。""这两件戈的纤巧精致,在勾兵间已达到

[①] 马承源:《吴越文化青铜器的研究——兼论大洋洲出土的青铜器》,马承源主编:《吴越地区青铜器研究论文集》,香港两木出版社1997年版,第1—24页。

[②] 李学勤:《非中原地区青铜器研究的几个问题》,《东南文化》1988年第5期。

极点，体现出制作技术的高峰。能同之媲美的，过去仅见有一件戈的残内。于镂空的蟠虺纹外环饰阳线的 S 形勾连纹，现在知道也是越器无疑。这类勾连纹曾见于绍兴坡塘 306 号墓所出铜屋，以及英国伦敦不列颠博物院收藏的越王州句矛，乃是越器的特色。"[1] 他以个案鉴赏，强调指出了越国青铜器纹饰的"精致"特色。

综上较权威研究可见，越国青铜器是吴越文化青铜器中最重要的组成部分，是春秋中晚期和战国时代辉煌的江南青铜器文化的主要代表；越国青铜器纹饰兼有"精致"和"壮丽"的特色，在对青铜器纹饰的创新中体现着顽强的民族个性。

（二）几何形印纹陶纹饰

根据考古学家彭适凡的研究，在"茅山以东的太湖周围和杭州湾地区，即苏南的一部分，上海市和浙北的宁绍平原、金衢盆地一带"，显然主要指越国统治范围，在良渚文化和马桥文化时期即已出现的南方几何形印纹陶，经过充分发展，在西周早、中期进入极盛阶段，基本组合是坛、罐、瓿、罍、瓮、尊、豆、碗等印纹硬陶。这个时期的纹饰有如下几个特点。1. 器物上盛行附加堆饰系。有的在肩部堆贴两个、三个或四个对称的双泥条系或桥形系，有的堆饰两个对称的兽形系，有的在沿部堆贴四个对称的横〰形饰，有的在折腹处堆贴三个对称的四泥条并合系，在系两端堆附 S 形装饰等，是这一时期印纹陶器上的一个重要特点。2. 主要盛行的几何形纹样有曲折纹、回字纹、大块云雷纹和由云雷纹组成的变体兽面纹等，其他还有一些席纹、方格纹、叶脉纹、双线叠圈纹、梯格纹和弦纹套叠菱形纹等。3. 几何形纹样多以组合形式出现，有的是肩部和腹部以下各饰一种纹样，有的则是肩部、腹上部和腹下部各饰一种纹饰。其纹样组合常见的是曲折纹与大块云雷纹、大块云雷纹与回字纹、变体兽面纹与回字纹、席纹与菱形纹、水波纹与弦纹、菱形纹与"回"字纹、叶脉纹与"回"字纹等。4. 这些几何形纹样一般都拍打得粗深有力，刀笔简洁，豪放，

---

[1] 李学勤、萧春源：《珍秦斋藏金——吴越三晋篇前言》，澳门基金会 2008 年版，第 10 页。

利落，具有鲜明的浮雕感。

在西周晚期至春秋前期，这一地区印纹陶仍在兴盛，其纹饰在传承中又发生变化。"这时的几何形纹样主要有方格纹、回字纹、凸方格纹、云雷纹、重回字对角交叉纹、田字纹、米筛纹、席纹、叶脉纹、米字纹、菱形填线纹、曲折纹、水波纹、双线叠圈纹等。器物上饰单一纹饰的少见，大量的是兼施两种或三种以上的复合纹饰，其组合形式多为曲折纹与凸回字纹、曲折纹与菱形填线纹、席纹与叶脉纹、水波纹与米筛纹等。多种纹饰中，诸如曲折纹、回字纹、凸回字和曲折纹的组合纹及其带凸浮雕作风等都应是前期印纹陶装饰遗风的反映。整个纹样风格不像前期那样粗而深，而是显得细而浅，那种粗犷、豪放和神圣的意味已大为减弱。"从商到春秋前期综合观之，这一地区几何形印纹陶纹样类别和作风的变化趋势是："由习见的各种浅显纤弱的竹编纹样转变为粗深有力、带有强烈凸浮雕感的几何形或变体兽面纹样，再发展到精巧、细腻和规整的几何形图案"，"一些陶器上的各种附加装饰，如双圆泥饼及扉棱等，在西周早、中期特别盛行，到西周晚期开始减少，而常见的是横∽形堆饰"。

在春秋晚期特别是战国以后，随着比赣、闽、粤、湘等地都早的衰退和结束时间的到来，这一地区几何形印纹陶纹饰种类大大减少，纹饰样式也显著简化。"如果说，春秋晚期到战国早期的一些遗址和墓葬中，尚保留一些变体云雷纹、米筛纹、曲折纹、回字纹、S形纹、圈点纹等几何形纹饰的话，到战国中晚期，这些纹样已日趋消失，主题纹样则为蕉叶纹、米字纹、回字填线交叉纹、麻布纹和刻划水波纹等。"[1]

以上是权威专家从历史演变角度，对以越国统治范围为主整个吴越地区印纹硬陶纹饰的考察。与此构成互补关系的是，有学者对原越国都城绍兴市柯桥区越国文化博物馆收藏的印纹硬陶进行研究，也指出，"纹饰在春秋时期以席纹、方格纹、米筛纹为主流"，"器物肩部贴饰对称的S纹以及颈部刻划密集的波浪纹带现象也屡见不鲜。战国时期米筛纹和席纹逐渐消失，方格纹演变成细方格纹，米字纹和

---

[1] 彭适凡：《中国南方古代印纹陶》，文物出版社1987年版，第113—137、258—259页。

麻布纹成为这一时期新出现并占主导地位的纹饰，纹饰风格趋于简化、单一"①。

由此可以说，在印纹陶工艺演变过程中，越国工匠发明、发展、创新了与器物和谐相融的诸多纹样。

显然，忽略时代因素从共时角度去看，这些越国印纹陶纹样，既有"精巧、细腻"的一面，又有"粗犷、豪放"和"粗深有力"的一面，这与青铜器纹饰中"精致"和"壮丽"的共存，完全一致。

（三）原始瓷纹饰

原始瓷是在制陶技术的基础上发展而来的工艺和器物，其鼎盛时期亦与印纹陶构成先后承接关系，即印纹陶的衰落伴随了原始瓷的兴盛。陈元甫有篇全面深入研究现浙江省范围商周原始瓷的论文，开头部分有这样一些文字，"原始瓷是我国南方百越民族中最为古老、最为强大的一支——於越族的伟大发明与创造。浙江，作为於越人的主要活动区域和建国之地，其出土原始瓷的情况具有以下几个特点"："浙江是原始瓷出土数量最多最为集中的地区"；"浙江是最早烧造原始瓷器的地区，同时也是烧造原始瓷的中心地区"；"浙江是原始瓷从早到晚发展序列最全、最完整的地区"；等等。因而，这篇论文实际上揭橥的就是越国原始瓷的发展情况，越国原始瓷的纹饰史和特色包含其中。

根据这篇论文的考察，商代越国原始瓷，配合使用慢轮拉坯成型或手制与慢轮相结合、普遍采用叠烧的烧造工艺，"装饰上则以素面为主，只有部分罐类器上有与印纹硬陶相同的菱形云雷纹、斜角相交席纹、方格纹等拍印纹饰，明显保留着刚从印纹硬陶中脱胎出来的痕迹"。进入西周时期，随着越国原始瓷的迅猛发展，"纹饰上打破了前期以素面为主的局面，开始在一些豆、盂、罐、尊上施以简单的刻划与堆贴纹饰。敞口豆和直口豆的内底往往是几组比较细密的弦纹，有的弦纹之间还饰有篦状纹。敛口豆、盂和尊的口肩部除普遍有粗疏弦

---

① 李志祥：《柯桥区博物馆馆藏东周印纹硬陶与原始瓷研究》，《文物鉴定与鉴赏》2018年第9期。

纹外，有的还堆贴二三组小泥饼。这种小泥饼堆贴，成为这一时期最为常见和流行的装饰。少量大件罐类器仍可见到折线纹、席纹、方格纹等拍印纹饰"。西周晚期至春秋早期，越国原始瓷生产迎来大发展时期，在器类增加并出现使用原始瓷仿铜礼器的第一个高峰时，"装饰上的普遍性和纹饰上的多样性，成为此时原始瓷的一大亮点。前期常见的弦纹仍较多见，新出现大量的'S'纹堆贴，完全取代了前期那种成双配置的小泥饼堆贴，并成为此时盛行的主要纹饰，具有显著的时代特征。其他还有篦点纹，常见于盘、盂等器物上。大件罐和尊类器上仍常见拍印的席纹、折线纹和刻划的网状纹与水波纹，而在一些卣和桶形器等仿铜礼器上，则多饰有大型的勾连云雷纹、变体云雷纹和对称弧线纹等"。春秋中晚期，越国原始瓷的生产工艺已发展到较高水平，出现了舍数量而追求质量的趋势，器类大为减少，"纹饰极少也是此时原始瓷有别于前期的显著特点之一，素净无纹成为此时原始瓷器的基本风格。少量大件罐类器物上见到的对称弧线纹和米筛纹，显得细密规矩、排列整齐，一改此前的粗放风格"。

战国时期，越国原始瓷生产进入鼎盛期，新品种、新器形大量出现，器类丰富程度前所未有，仿青铜的礼器大量出现，又增加乐器这个新的品种，产品呈现出一种遒劲挺拔、昂然向上的精神风貌，代表了原始瓷生产的最高水平，而在图案纹饰上，"有的仿铜礼乐器还塑造出兽头、龙身、瑞鸟等装饰，不少青铜器上的纹饰也被移植应用到这类原始瓷的礼乐器上，如云雷纹、'C'形纹、蟠螭纹、夔纹和各种铺首衔环等，充分说明此时对青铜礼乐器的仿制，完全达到了惟妙惟肖和神形兼备的艺术效果"。在这些纹饰烘托之下，这类仿铜礼乐器"既体现了青铜器劲健有力的阳刚之美，又不乏泥土细腻温和的柔美之秀"，实现了"青铜器刚劲有力的线条所表现出来的狂野、豪放的张力与泥质胎体媚丽柔婉的内蕴"的完美结合。①

---

① 陈元甫：《浙江出土商周原始瓷概述》，浙江省文物考古研究所：《古越瓷韵：浙江出土商周原始瓷集萃》，文物出版社2010年版，第1—7页；又见《陈元甫考古文集》，文物出版社2016年版，第271—280页。

艺术史学者王汇文也对越国原始瓷及其纹饰重点进行了比较细密的考察。其文中提出：西周中晚期越族原始瓷最有特色的几何形纹饰是仿青铜器的勾连"S"形纹、重圆圈纹、锥刺纹等纹饰，"线条大多纤细、劲俊，外形尖头尖尾，形成了'瘦劲有力，清奇秀逸'的笔线风格"；"两周之际，德清火烧山第二期纹饰种类较多，纹饰风格粗狂，大块、立体感强，有重复和重叠的拍印现象"；春秋早期纹饰种类减少，纹饰更精细密致、排列整齐，少见重复、重叠拍印现象，春秋中期勾连"S"形纹、重圆圈纹等纹饰已经不见，水波纹、弧形纹等简单纹样拍印尤为工整细致，春秋晚期更以素面为主。在春秋晚期到战国中期，"在越国众多器物的装饰中，蛇成为主要的视觉符号，达到物之所及之处，如无锡鸿山越墓出土硬陶、原始瓷、玉器的装饰中，出现大量以蛇为造型的装饰题材。蛇的形式复杂多样，姿态生动，有作堆塑的单条长蛇、双蛇交腹之态、盘蛇有序排列，还有较为繁缛的积蛇形象的蟠虺纹、由'C'字正反戳印组成'S'形纹饰等。装饰在器物的部位不一，原始瓷甬钟的悬虫为堆塑的蛇，镈钟、振铎的钮上匍匐一条堆塑的蛇，长身回首，青瓷镈的枚作盘蛇状"，"蟠虺纹变化较多，但从其最基本的特征可以看出，表现众蛇聚集的现象"，"越国原始瓷装饰，以'S'形纹的使用最为广泛，众多学者认为是蛇身扭曲形态的简化"。[①]

可见从共时角度来看，越国原始瓷的纹饰风格也是兼具"粗放""粗狂""瘦劲"和"柔美""秀逸""精细"于一体，具体纹样又变化多姿，被注入一以贯之的民族精神。

（四）玉器纹饰

既往对越国玉器的工艺和纹饰水平认识不足，近年新发掘的浙江境内外越国贵族墓特别是无锡鸿山越国贵族墓出土玉器，大大深化今人对此的认知。

如刘斌曾描述春秋战国时期的浙江玉器也就是越国玉器纹饰，仅

---

① 王汇文：《南方原始瓷研究》，博士学位论文，苏州大学，2009年，第44—46、72—77、127—132页。

有极为简略的评述称:"一般以阴线或浮雕的手法,施满蟠螭纹、谷纹或勾云纹等装饰。浮雕一般较浅,过渡平稳,蟠螭纹与谷纹等卷曲布局随意自然,具有吴越玉器的装饰风格。绞丝纹玉环、玉镯,边缘做出扉牙的小玉璧、玉璜以及扁方玉管等,也具有吴越玉器的风格。玉剑饰是较为多见的玉器,在剑格上刻兽面纹或'越王王王'等鸟篆书,更为越玉所特有。"[1] 在看到鸿山越墓打开的美轮美奂的越国玉器世界之后,考古学家张敏重新评价越国玉器说:"越国玉器的基本特征可归纳为玉料精良、精雕细琢、造型奇巧、纹饰细腻,在林立的诸侯国中独树一帜,而鸿山越国贵族墓出土的玉器,将越玉的这些特征表现得淋漓尽致","鸿山越国贵族墓出土的玉器,为春秋战国玉器中的一朵奇葩,它不仅展示了越人治玉的高超技艺,更展示了越国王侯玉器的风采"[2]。

蒋蕙具体分析鸿山越国玉器的纹饰特色指出,"其装饰更加多变,不但有涡纹、卷云纹、谷纹和蒲纹等几何纹,还有龙纹、蛇纹、蟠螭纹等动物纹","出土玉器中的神兽造型,均饱含着一种紧张的气势,大大地增强了内在精神韵律和强烈的生命活力"。分类言之,几何纹饰,"不光是有乳钉纹,还出现了云纹、谷纹、绞丝纹等,并且已经作为单独的纹样出现在玉器装饰上"。其中云纹最早出现于青铜器上,在玉器中会以阴线纹、阳线纹、阴阳线并用纹饰和粗细线混合纹饰等形式出现,赋予玉器别样的装饰内涵;云纹在无锡鸿山越墓玉璜的装饰上运用了很多,"以阴刻云纹为主,装饰于整个表面,使整个玉器看起来精美细致"。动物纹,鸿山越墓"动物纹饰已经由原先的奇形怪状渐渐发展为写实状态,尤其是传统的龙凤纹装饰,已逐渐从以往静止的图案化艺术中解脱出来,更加注重造型的变化和神态";"鸿山越墓这一时期的谷纹和云纹,骤然视之,似为疏密有致的几何纹,仔细观察,才依稀辨别出它们是排列有序的夔龙纹,奇妙无比,精巧

---

[1] 刘斌:《浙江地区出土玉器概述》,刘斌、杜正贤主编:《中国出土玉器全集8·浙江》,科学出版社2005年版,概述第Ⅲ页。
[2] 张敏:《鸿山越墓出土玉器概说》,南京博物院、江苏省文物考古研究所等:《鸿山越墓出土玉器》,文物出版社2007年版,第5页。

之至"。①

综上可见,"典型的越国式花纹",广泛存在于越国青铜器、印纹硬陶、原始瓷和玉器之中;兼有"精致"和"壮丽"之美,在创新中体现民族个性。

---

① 蒋蕙:《无锡鸿山越墓玉器的造型与纹饰研究》,《无锡商业职业技术学院学报》2016年第5期。

第六章 越国的信仰与风俗

《汉书·地理志下》载:"凡民函五常之性,而其刚柔缓急,音声不同,系水土之风气,故为之风;好恶取舍,动静亡常,随君上之情欲,故谓之俗。"风俗是地域民性的表现,体现出上下同具的好恶取舍。按当今民俗学家的研究,"风俗与信仰,是一个由多种因素互相联系而构成的完整体系。某种具体的风俗事象总会受到某一价值体系或思想体系的支配。这种特有的价值体系、思想体系是被这一社会的成员作为约束其行为的标准而共同遵守的,因此,它便成为风俗与信仰中带有支配力的共同倾向"[①],风俗与信仰密不可分。受到多种因素的影响,越国民众形成独特的信仰和风俗。

第一节 社会信仰

在日常生活习俗中,人们逐渐形成一系列的观念信仰,即社会信仰。社会信仰形成之后反过来又会对人们生活产生较大的影响。

一 太阳崇拜

越人日月崇拜产生得很早。如河姆渡出土双鸟朝阳纹象牙蝶形

---

① 仲富兰:《风俗与信仰》,复旦大学出版社2012年版,第2页。

器，正面用阴线雕刻出一组五个大小不等的同心圆，构成太阳纹，外圈上端刻出象征太阳光芒的炽烈的火焰状纹，两侧对称刻出钩喙双鸟，面向太阳，似在引吭啼鸣。越国时期太阳崇拜依然盛行。如绍兴市越中艺术博物馆收藏在近年出土的一件春秋晚期太阳纹青铜戈（图6-1），戈内两面中间就各雕铸一轮火焰燃烧的太阳，这是越国武士阶层盛行太阳崇拜的有力证据。绍兴市博物馆还收藏一件精美的春秋时期越国透雕虺纹青铜玉石构筑件（见图6-2），其四面纹饰中也各有一轮燃烧的太阳。

图6-1 春秋太阳纹青铜戈

图6-2 春秋太阳纹透雕虺纹青铜玉石构件

越国民间盛行太阳崇拜，近年又获得新的发现。自 2002 年 12 月起，在台州市仙居县陆续发现小方岩岩画、中央坑岩画、送龙山岩画、央弄殿前岩画、西塘岩画、石盟垟岩画、余岭岩画等 9 处岩画，统称为"仙居古越族岩画群"，2013 年 5 月被国务院公布为第七批全国重点文物保护单位。这些岩画均系凿刻而成。其中西塘岩画线条流畅，笔画粗犷，风格古朴，有形似花朵、鸟、蛇、太阳、人像等图案 100 多个，面积超过 1000 平方米，是华东地区面积最大的岩画群落。送龙山岩画太阳图案，圆形中含众多线条，从中心点向外辐射。仙居岩画所在地均上险而下平，既是祭天地、礼鬼神的祭坛祭祀之地，又便于作画。岩画题材丰富，在鸟蛇图腾崇拜之外，期盼丰收的太阳崇拜也是其重要内容之一。仙居是於越和瓯越先民的故地。根据专家的研究，仙居岩画的凿刻年代为商周至春秋战国，正好纵贯整个越国时期。

二 鸟图腾崇拜

越国位处东南一带，冬季较为温暖，故成为候鸟冬天的重要栖息之地。正因如此，东夷有"鸟夷"之称。由于迁徙的候鸟不仅预示着季节的变迁，还给农田带来不少好处，故越人对鸟颇多好感，形成了丰富的鸟图腾崇拜。

越人崇拜鸟，在早期文献中便有记载。《尚书·禹贡》："淮海惟扬州……鸟夷卉服。"因崇拜鸟图腾，故将东南於越人称为"鸟夷"。越地多鸟，故越人以鸟作为本土特产。西周初年，越人曾献鸟于周公。《论衡·超奇》："白雉贡于越。"到了春秋战国时期，越国鸟崇拜依然非常盛行。《越绝书·越绝外传记地传》："大越海滨之民，独以鸟田，小大有差，进退有行，莫将自使，其故何也？曰：禹始也，忧民救水，到大越……无以报民功，教民鸟田，一盛一衰。"《吴越春秋·越王无余外传》："凤凰栖于树，鸾鸟巢于侧，麒麟步于庭，百鸟佃于泽。……天美禹德，而劳其功，使百鸟还为民田，大小有差，进退有行，一盛一衰，往来有常。"

· 283 ·

越人还常常将鸟视为祥瑞。王嘉《拾遗记》卷三："初，越王入国，有丹鸟夹王而飞，故句践入国，起望鸟台，言丹鸟之异也。"丹鸟被句践视为祥瑞，故称霸之后，句践筑望鸟台，以示怀念。

越人甚至将鸟语视为祥瑞。《吴越春秋·越王无余外传》：

> 无余传世十余，末君微劣，不能自立，转从众庶为编户之民。禹祀断绝，十有余岁，有人生而言语，其语曰"鸟禽呼"，"嚇喋嚇喋"，指天向禹墓曰："我是无余君之苗末，我方修前君祭祀，复我禹墓之祀，为民请福于天，以通鬼神之道。"众民悦喜，皆助奉禹祭，四时致贡。因共封立，以承越君之后，复夏王之祭，安集鸟田之瑞，以为百姓请命。自后稍有君臣之义，号曰无壬。

这里所说的"鸟禽呼""嚇喋嚇喋"都是鸟语。因为人（即后来无壬）会说鸟语，而获得越民的拥护，以其为大禹之后。

《吴越春秋·句践入臣外传》所载《句践夫人歌》亦多以鸟为喻："仰飞鸟兮乌鸢，凌玄虚兮翩翩。集洲渚兮优恣，啄虾矫翮兮云间。任厥性兮往还。……彼飞鸟兮鸢乌，已回翔兮翕苏。心在专兮素虾，何居食兮江湖？徊复翔兮游飏，去复返兮於乎！……愿我身兮如鸟，身翱翔兮矫翼。去我国兮心摇，情愤惋兮谁识！"这些都说明，越人不仅对鸟非常熟悉，而且对鸟多怀好感。

越国的鸟崇拜在出土文物中有很普遍的反映。如1982年原绍兴县坡塘出土春秋晚期铜质房屋模型，其攒尖顶的中心立八角图腾柱，"柱顶塑一大尾鸠"[①]。1990年绍兴县漓渚出土了一件青铜鸠杖的杖首和一件青铜杖镦。杖首高26.7厘米，銎径3.7厘米，顶端立一鸠，两翅微展，尾的外端宽、里端窄，略呈梯形，上饰长方格形羽毛图案。一般认为鸠杖是权力、尊严之象征，被认作权杖。另外，鸠为吉祥物，赐鸠杖给高龄老人乃尊老、敬老的一种礼仪。鸠杖上雕鸟，显

[①] 浙江省文物管理委员会等：《绍兴306号战国墓发掘简报》，《文物》1984年第1期。

然与自远古以来的鸟图腾崇拜有关。余姚老虎山出土的瓷香熏器盖顶上便是一只鸟。还有诸多出土器物上，都装饰有鸟纹或鸟首龙身纹。

此外，越人鸟图腾崇拜的又一特殊表现，就是前述"鸟书"。兹不赘言。

三 龙蛇图腾崇拜

越地龙蛇图腾崇拜产生得很早。从史前陶器纹饰来看，上海市青浦县福泉山良渚文化遗址出土的陶鼎（M65∶90），为夹砂黑衣红陶，外表打磨光滑，有盖，盖作笠形，全器自盖至三足外侧，满布鸟首盘龙（蛇）纹。口径26.4厘米，全器通高25.8厘米，是一件大型器。豆（M101∶90），豆盆外壁在凹弦纹下，细刻鸟首盘龙（蛇）纹和侧视与正视飞鸟纹，盘内壁刻划侧视飞鸟纹，体内均填刻横直线与云纹组成的图案。仙居西塘岩画中有9条形态各异的蛇形图纹，"雕刻很深，蛇头形象生动，有两幅还把吐出的蛇信都刻画出来"①。

近年考古出土的大量文物证明，春秋战国时期，越国龙蛇崇拜更为盛行。

先看龙图腾崇拜。绍兴坡塘306号墓、安吉龙山1号墓、安吉递铺垵坝村、杭州半山石塘战国墓、无锡鸿山越国贵族墓等，均出土各种造型的龙形玉佩、龙形玉觿、玉璜等珍贵玉器，生动反映了越国民众的龙图腾崇拜观念（见图6-3）。

再看蛇图腾崇拜。越国对蛇的崇拜在春秋战国时期，是敌我皆知的事实。《吴越春秋·阖闾内传》："（伍子胥）立蛇门者，以象地户也。……欲东并大越，越在东南，故立蛇门以制敌国。……越在巳地，其位蛇也，故南大门上有木蛇，北向首内，示越属于吴也。"伍子胥认为越国处巳位，属蛇，故造城时立蛇门以厌之。有关越国蛇图腾的文物出土，较之龙图腾文物，数量更有过之而无不及。如越国绍兴都城故地，西施山遗址出土青铜带钩，相当一批都有蛇的造型。绍

---

① 新华网杭州2007年4月6日专电，《浙江仙居古岩画呈现蛇图腾崇拜》。

图 6-3　安吉龙山出土龙形玉佩

兴博物馆、柯桥区越国文化博物馆、绍兴市越中艺术博物馆等收藏类似文物甚多（见图6-4）。

图 6-4　蛇首蛇纹青铜带钩（绍兴市越中艺术博物馆提供）

在越国灭吴后的新都姑苏以西不远，鸿山越国贵族墓亦出土众多蛇图腾相关文物，其中最值得重视的是两件悬鼓座。一件胎色灰白，釉色泛青，座身为覆钵状，中有管状插孔，座径41.2厘米，高17.6厘米，管径9厘米，鼓座的边缘有4个衔环铺首，美观雅致。鼓座饰有堆塑的双头蛇雕像6条，形象逼真，蛇身饰鳞纹，弯曲作游动状，头向上昂，每两条蛇相交，栩栩如生，传递出越人以蛇为图腾的象征意义。另一件鼓座贴9条堆塑的盘蛇，体现出更强大的生命力。

越国的龙崇拜与蛇崇拜往往又合为一体。如绍兴市博物馆藏从绍兴县平水镇出土一件战国时代越国镂孔龙蛇凤纹玉戈（见图6-5），全长23厘米，栏部宽7厘米，厚0.5厘米。玉质鸡骨白色，以透雕龙、蛇、凤组成主体纹饰。戈援为三龙，龙形有侧视和俯视二种形象，龙身作匍匐状，卷曲成"S"形。胡部蛇呈俯视状，也卷曲成"S"形。内部透雕同体相缠的一龙一凤，呈侧视状。

图6-5 战国镂孔龙蛇凤纹玉戈

越国的蛇图腾与凤鸟崇拜结合在一起的出土文物，还有江苏无锡鸿山越国贵族墓出土的蛇凤纹玉带钩（见图6-6），长5.8、宽3.7、扣径短1.5、长1.7、1.2厘米。青白玉，局部呈黄褐色，半透明。钩首为蛇首状，阴刻鳞形纹、细斜线纹，间以浅浮雕谷纹、斜方格纹。钩身的中部为绞丝纹圆环，圆环中心为一椭圆形浅浮雕，上阴刻细密的斜方格纹；外框为透雕的四凤，四角向内出凤首；四蛇身与四凤相连，蛇首穿过中心的圆环。

四 巫鬼信仰

自远古以来，越地巫鬼信仰极其发达。

图6-6　战国蛇凤纹玉带钩

(一) 越巫

交通鬼神是巫最早也最重要的职能之一。良渚文化中便出现了巫师，良渚文化玉器多为巫师的法器。如反山、瑶山遗址出土的玉鸟，"应是缝缀于巫师衣袍下部的一种功能性的装饰"[①]。

越人崇信的大禹，可能就带有巫师色彩。袁珂认为，禹"本身就是巫师"，"本身就是一个业巫的世家"。[②] 后世史料中有不少禹从事巫祭的记载。《史记·封禅书》："禹封泰山，禅会稽。"《拾遗记》卷二："禹铸九鼎，五者以应阳法，四者以象阴数。使工师以雌金为阴鼎，以雄金为阳鼎。鼎中常满，以占气象之休否。"《韩非子·十过》："禹作为祭器。"《尸子》："禹于是疏河决江，十年未阚其家。手不爪，胫不生毛，生偏枯之疾，步不相过（顾），人曰禹步。"《洞神八帝元变经·禹步致灵》："禹步者，盖是夏禹所为术，召役神灵之行步。"

原始社会人多相信万物有灵论。到了春秋时期，越人依然相信人

---

① 刘斌：《神巫的世界》，杭州出版社2013年版，第82页。
② 袁珂：《〈山海经〉"盖古之巫书"试探》，中国《山海经》学术讨论会编辑：《〈山海经〉新探》，四川省社会科学院出版社1986年版，第234—235页。

第六章　越国的信仰与风俗

有灵魂：

> 越王问于范子曰："寡人闻人失其魂魄者，死；得其魂魄者，生。物皆有之，将人也？"范子曰："人有之，万物亦然。"……问曰："何谓魂魄？"对曰："魂者，橐也；魄者，生气之源也。故神生者，出入无门，上下无根，见所而功自存，故名之曰神。神主生气之精，魂主死气之舍也。魄者主贱，魂者主贵，故当安静而不动。魂者，方盛夏而行，故万物得以自昌。神者，主气之精，主贵而云行，故方盛夏之时不行，即神气槁而不成物矣。故死凌生者，岁大败；生凌死者，岁大美。故观其魂魄，即知岁之善恶矣。"（《越绝书·越绝外传枕中》）

人们甚至编造出文种死后魂魄化为怒涛的传说。《吴越春秋·句践伐吴外传》："（文种）葬一年，伍子胥从海上穿山胁而持种去，与之俱浮于海。故前潮水潘候者，伍子胥也。后重水者，大夫种也。"正因如此，当时越国巫术、巫风极为盛行。《越绝书·越绝外传记地传》中记载了一些巫的名字，如"越魌，神巫之官也""越神巫无杜"等。越国以"巫"命名的地名不少，并且越王句践曾葬巫于江中以祸吴船：

> 巫里，句践所徙巫为一里，去县二十五里。……巫山者，越魌，神巫之官也，死葬其上，去县十三里许。……江东中巫葬者，越神巫无杜子孙也。死，句践于中江而葬之。巫神，欲使覆祸吴人船。（《越绝书·越绝外传记地传》）

越巫颇长于"厌胜"之术。所谓"厌胜"指的是巫者借助某种手段战胜或解除灾祸，从而获得平安吉祥的一种巫术。据说，范蠡曾用此术厌吴。《嘉泰会稽志》卷十三载《旧经》云："晋太元中，谢輶为郡守，掘郡厅柱下深八尺，得古铜罂，可容数斗，题作越王，字文甚分明。……輶以为范蠡厌胜之术，遂埋之。"句践将巫葬于江，

· 289 ·

使覆祸吴人船便是一种厌胜巫术。秦汉以降，有不少此类例子。

（二）卜筮

越人深信天命、鬼神等，凡大事都要先占卜而后行事。越国占卜种类颇多。

1. 龟占

殷人多龟占，出土的大量甲骨文便多是殷人占卜的记录。此后龟占成为最主要的占卜形式，广泛流传于各地。越人亦用龟占，这在文献中有不少记载。如：

> 龟山者，句践起怪游台也。东南司马门，因以炤龟。又仰望天气，观天怪也。……句践之出入也，齐（斋）于稷山，往从田里；去从北郭门，炤龟龟山。……民西大冢者，句践客秦伊善炤龟者冢也，因名冢为秦伊山。（《越绝书·越绝外传记地传》）

《韩非子·饰邪》："越王句践恃大朋之龟，与吴战而不胜，身臣入宦于吴。"可见，与吴战之前，句践曾进行龟占，大吉，因恃之而与吴大战。但结果兵败，为奴于吴。该文又载："反（返）国弃龟，明法亲民以报吴，则夫差为擒。"可见，句践对龟占之法曾经有所觉悟和抛弃。

2. 日占

所谓日占，即通过占卜来定日时凶吉，以便择良日。择日术在先秦时期非常盛行，出土的多种《日书》便是很好的明证。越地亦盛行日占，句践每行大事都要先占时日。

在吴为奴时，句践闻夫差欲赦之而喜，范蠡通过日占认为并非如此：

> 越王闻之，召范蠡告之曰："孤闻于外，心独喜之，又恐其不卒也。"范蠡曰："大王安心，事将有意，在《玉门》第一。今年十二月戊寅之日，时加日出。戊，囚日也；寅，阴后之辰

也。合庚辰，岁后会也。夫以戊寅日闻喜，不以其罪罚日也。时加卯而贼戌，功曹为腾蛇而临戌，谋利事在青龙。青龙在胜先而临酉，死气也。而克寅，是时克其日，用又助之，所求之事，上下有忧。此岂非天网四张，万物尽伤者乎？王何喜焉？"果子胥谏吴王曰："昔桀囚汤而不诛，纣囚文王而不杀，天道还反，祸转成福。故夏为汤所诛，殷为周所灭。今大王既囚越君而不行诛，臣谓大王惑之深也。得无夏、殷之患乎？"吴王遂召越王，久之不见。(《吴越春秋·句践入臣外传》)

结果不幸被范蠡言中。

范蠡长于日占，故每行大事，句践先请范蠡占之。文献载：

吴王乃引越王登车，范蠡执御，遂去。至三津之上……谓范蠡曰："今三月甲辰，时加日昳。孤蒙上天之命，还归故乡，得无后患乎？"范蠡曰："大王勿疑，直视道行。越将有福，吴当有忧。"(《吴越春秋·句践入臣外传》)

越王……顾谓范蠡曰："今十有二月己巳之日，时加禺中，孤欲以此到国，何如？"蠡曰："大王且留，以臣卜日。"于是范蠡进曰："异哉！大王之择日也。王当疾趋，车驰人走。"越王策马飞舆，遂复宫阙。……越王乃召相国范蠡、大夫种、大夫郢，问曰："孤欲以今日上明堂，临国政，专恩致令，以抚百姓，何日可矣？惟三圣纪纲维持。"范蠡曰："今日丙午日也。丙，阳将也，是日吉矣。又因良时，臣愚以为可。无始有终，得天下之中。"大夫种曰："前车已覆，后车必戒，愿王深察。"范蠡曰："夫子故不一二见也。吾王今以丙午复初临政，解救其本，是一宜。夫金制始而火救其终，是二宜。蓄金之忧，转而及水，是三宜。君臣有差，不失其理，是四宜。王相俱起，天下立矣，是五宜。臣愿急升明堂临政。"越王是日立政。(《吴越春秋·句践归国外传》)

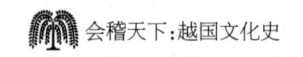

除范蠡之外，文种亦好日占。文献载其死前：

> 其妻曰："君贱一国之相，少王禄乎？临食不享，哺以恶何？妻子在侧，匹夫之能自致相国，尚何望哉？无乃为贪乎？何其志忽忽若斯？"种曰："悲哉！子不知也。吾王既免于患难，雪耻于吴，我悉徙宅自投死亡之地。尽九术之谋，于彼为佞，在君为忠，王不察也，乃曰：'知人易，自知难。'吾答之，又无他语，是凶妖之证也。吾将复入，恐不再还，与子长诀，相求于玄冥之下。"妻曰："何以知之？"种曰："吾见王时，正犯《玉门》之第八也。辰克其日，上贼于下，是为乱丑，必害其良。今日克其辰，上贼下止，吾命须臾之间耳。"……越王遂赐文种属卢之剑。……遂伏剑而死。（《吴越春秋·句践伐吴外传》）

第二节　民众习俗

民俗不仅表现在思想信仰等精神方面，更表现在物质文化方面。这既表现于广大基层民众的衣食住行等生活方面，也表现于贵族上层的礼器和葬俗等方面。越国基层民众的生活习俗，饮食方面——"饭稻羹鱼"，人所共知；比较独特的，是在服饰和居行方面。

一　服饰

於越先民由于生活在水乡泽国，气候又比较温暖，加以日事劳作，又崇拜龙蛇，其服饰就在利落、实用中透露出一定的朴野气息。

（一）裸体徒跣

越国民众往往不冠不衣，断发裸身。《列子·汤问》："南国之人，祝发而裸。"唐殷敬顺释云："不以衣蔽形也。"《左传·哀公七年》："仲雍嗣之，断发文身，裸以为饰。"唐孔颖达疏："裸以为饰者，裸其身体以文身为饰也。"《淮南子·齐俗训》："越王句践……无皮弁搢笏之服。"《论衡·书虚》："禹时，吴为裸国。"《论衡·恢国》："夏禹倮入吴国。"可见吴越人爱裸体不衣。1982年在绍兴坡塘306号墓中出土一座铜质房屋模型，房屋内有6个乐俑，均未见身上有衣着痕迹，身后股沟明显，4个乐工胸前平平，似是男性，2名歌者前胸有明显乳突，应是女性。这可以当作吴越裸体的一个考古实证。

裸体包括赤足，即"徒跣"，这也是越人流行的风俗之一。《韩非子·说林上》："越人跣行。"《三国志·吴书·薛综传》：山越"椎结徒跣，贯头左衽"。

（二）断发文身

越人断发文身最为闻名。据记载，越人断发文身起源很早。《史记·越王句践世家》："越王句践，其先禹之苗裔，而夏后帝少康之庶子也。封于会稽，以奉守禹之祀。文身断发，披草莱而邑焉。"此后此便成为越人打扮的明显标志。

《墨子·公孟》："越王句践，剪发文身，以治其国。"《庄子·逍遥游》："越人断发文身。"《淮南子·齐俗训》："越王句践劗发文身。"《韩诗外传》卷八：越人"文身剪发而后处焉"。《汉书·地理志》：粤（越）地"文身断发"。"断发""剪发""劗发"等，都是指将头发剪短。

越人又有"被发""椎髻"之俗。"被发"，即散发，不加结束，任其自然。《战国策·赵策》："被发文身，错臂左衽，瓯越之民也。"《韩非子·说林》："越人被发。"《淮南子·原道训》："九疑之南，陆事寡而水事众，于是民人被发文身。"

"椎髻"即将头发扎在脑后。《吴越春秋·吴王寿梦传》吴王寿梦曰："孤在夷蛮，徒以椎髻为俗，岂有斯之服哉？"《越绝书·越绝外传记范伯》："吴、越二邦，同气共俗。"可见此所言虽为吴人，越人亦是如此。越人行椎髻习俗的文献记载，也可从出土的考古文物中得到证明。绍兴坡塘306号墓出土的铜质房屋模型，塑有6人，2女4男4男皆结发于后。秦汉时期越人亦多如此。

文身即纹身，在身上刺上图案花纹，包含动物或图腾神。上引《墨子》《庄子》《淮南子》《韩诗外传》等诸书皆有记载。《越绝书·外传本事》："夫越王句践，东垂海滨，夷狄文身。"《汉书·严助传》："越，方外之地，劗发文身之民也。"《淮南子·原道训》："九疑之南，陆事寡而水事众，于是民人被发文身，以像鳞虫。"高诱注："刻画其体，内墨其中，为蛟龙之状。"

对于越人文身原因，文献亦有所记载。《淮南子·泰族训》："刻肌肤，镵皮革，被创流血，至难也。然越为之，以求荣也。"高诱注："越人以箴刺皮，为龙文，所以为尊荣之也。"《说苑·奉使》载越使诸发答梁使者曰："彼越亦天子之封也……而蛟龙又与我争焉，是以剪发文身，烂然成章，以像龙子者，将避水神也。"《汉书·地理志下》："粤地……其君禹后，帝少康之庶子云，封于会稽，文身断发，以避蛟龙之害。"颜师古注引应劭云："常在水中，故断其发，文其身，以像龙子，故不见伤害也。"总之，是求美或求图腾神保护。

（三）贯头左衽

越人不可能总是裸体，于是贯头左衽成为越人衣饰的另一重要特征。《战国策·赵策》："被发文身，错臂左衽，瓯越之民也。"《史记·赵世家》："夫剪发文身，错臂左衽，瓯越之民也。"《三国志·吴书·薛综传》：山越"椎结徒跣，贯头左衽"。《吴越春秋·句践入臣外传》："越王服犗鼻，着樵头。夫人衣无缘之裳，施左关之襦。"樵头，即贯头衣。《汉书·地理志下》：粤（越）地"民皆服布如单被，穿中央为贯头"。颜师古注："著时从头而贯之。"

二 居行

在漫长的发展过程中，原始人逐渐学会了建造遮风避雨的房屋。处在山泽之国，善于水行而山处。

（一）干栏式建筑

"干栏"概念频出古籍。或云："以高栏为居，号曰干栏。"（《太平寰宇记》卷一百六十三）或云："山有毒草及沙虱、蝮蛇，人并楼居，登梯而上，号为干栏。""依树积木，以居其上，名曰干栏。"（《通典》卷一百八十七）干栏式建筑，即是以木柱和连接其间的木梁为骨架，于木梁上铺垫地板，形成高出地面的建筑基础，再在此基础上架设房屋梁柱，木构件之间以榫卯接合，以木、竹席等围墙、盖顶的建筑。这种建筑具有干燥、通风、明亮，可避免潮湿，亦可防止虫、蛇及其他野兽侵害，且在山林坡地与河湖沼泽地均可适用等优点，是中国南方一些少数民族地区至今流行使用的建筑样式，更是越人早从新石器时代就发明、越国时期一直采用的住宅建筑样式。如萧山下孙遗址发现6个干栏式建筑柱洞，跨湖桥遗址发现一批柱坑、柱桩和一个独木梯。余姚河姆渡遗址发现干栏式建筑木构件总数在千件以上，榫卯的种类有十多种，加工也比较规整，显示干栏式建筑的榫卯技术已经相当成熟。台州玉环三合潭发现春秋战国时期干栏式建筑遗址，出土大小木桩、木柱100多根，其中南片大致分成3个相对独立的建筑单元，木柱非常密集，柱子多粗壮，直径一般在20厘米以上，最大达80厘米。

（二）水行山处

《吴越春秋·句践伐吴外传》："句践喟然叹曰：'越性脆而愚，水行山处，以船为车，以楫为马，往若飘然，去则难从，悦兵敢死，越之常也。'"《越绝书·越绝外传记地传》亦载而略异："句践喟然叹曰：'夫越性脆而愚，水行而山处，以船为车，以楫为马，往若飘风，去则难从，锐兵任死，越之常性也。'"

"山处"即居于山也。早期於越先民居住比较简易，山居特点明显。《吴越春秋·越王无余外传》："（大禹）乃纳言听谏，安民治室居，靡山伐木为邑。""余始受封，人民山居。"汉代之后，多称越人为"山越"，显然与越人多山居有关。

春秋战国时期，越国出现了一些城市。不少城市筑于山上，或依山而筑。《越绝书·越绝外传记地传》有"会稽山上城"，"会稽山北城者，子胥浮兵以守城是也"等记载。

第三节 上层习俗

这里主要介绍上层贵族流行的礼仪习俗，包括生前礼仪用器和死后墓葬。

一 礼器

越人被称夷蛮之国，一直有重墓葬、敬鬼神的古老习俗。商周以来，特别是春秋战国时期，上层贵族不断接受中原文明的影响，其礼乐文明有了很大提高，出土的越地礼器为此提供说明。

（一）礼用玉器

从史前至周代，在北方中原地区，玉器经历了从"灵玉"到"礼玉"和"佩玉"的演变。《说文解字》："灵，巫以玉事神。"新石器时代巫师通神的媒介，就是"灵玉"，如带有神人兽面神徽的各种良渚玉器。进入有文字记载的文明时代商代，如《礼记·表记》所言，"殷人尊神，率民以事神，先鬼而后礼"，以及商墓考古出土的璧、琮、圭、璋等物所折射的，玉器的灵玉功能仍在延续，但已逐渐向礼玉演化。西周是"礼玉"制度全面建立的时代；影响之下，古老的"灵玉"，与东周时代由于"比德于玉"观念深入人心而出现的人格化、审美化的"佩玉"，也都带上礼玉的性质。

《周礼·春官·大宗伯》："以玉作六器，以礼天地四方：以苍璧礼天，以黄琮礼地，以青圭礼东方，以赤璋礼南方，以白琥礼西方，以玄璜礼北方。"周代所建立的"礼玉"使用制度，涵盖诸侯分封、行军救灾、邦国交往、改过责善、聘娶丧葬等方面，范围极为广泛。如分封时有"命圭"制度，将玉器奉为各贵族阶层身份和地位的象征。《左传·僖公十一年》"天王使召武公、内史过赐晋侯命"，杜预注："诸侯即位，天子赐之命圭为瑞。"《周礼·春官·大宗伯》："以玉作六瑞，以等邦国：王执镇圭，公执桓圭，侯执信圭，伯执躬圭，子执谷璧，男执蒲璧。"结为婚姻时有"圭璋聘女"制度，将玉器作为婚聘信物。《周礼·冬官·考工记》："谷圭七寸，天子以聘女。……大璋亦如之，诸侯以聘女。瑑、圭、璋八寸，璧、琮八寸，以頫聘。"《周礼·春官·典瑞》并载："典瑞：掌玉瑞、玉器之藏，辨其名物与其用事，设其服饰。王晋大圭，执镇圭，缫藉五采五就，以朝日。公执桓圭，侯执信圭，伯执躬圭，缫皆三采三就。子执谷璧，男执蒲璧，缫皆二采再就，以朝觐、宗遇、会同于王。诸侯相见，亦如之。……珍圭，以征守，以恤凶荒。牙璋，以起军旅，以治兵守。……驵（组）圭、璋、璧、琮、琥、璜之渠眉，疏璧、琮，以敛尸。谷圭，以和难，以聘女。琬圭，以治德，以结好。琰圭，以易行，以除慝。大祭祀、大旅，凡宾客之事，共（供）其玉器而奉之。大丧，共（供）饭玉、含玉、赠玉。"这里除了命圭制度、聘女制度，还记载了珍圭用以征召诸侯和抚恤灾荒，牙璋用以发兵和调动驻守部队，琬圭用以表彰诸侯德行和缔结诸侯间友好，琰圭用以告喻诸侯改变行为和消除恶行等重大军政制度。所谓"驵（组）圭、璋、璧、琮、琥、璜之渠眉，疏璧、琮，以敛尸"，"大丧，共（供）饭玉、含玉、赠玉"，即殓尸时用丝带贯串圭、璋、璧、琮、琥、璜沟纹中的孔眼，使璧、琮上面的沟纹上下贯通，要用这样一套玉器组合覆盖在尸身上；死者的嘴里还要放进碎玉（饭玉），左右智牙之间和口的中部要放进小璧（含玉），尸身包裹好后放进棺材里时还要在尸身边放进大璧（赠玉）。这些都属周代贵族的丧葬制度。东周时代儒家学者的"以玉比德"观盛行。如《荀子·法行》载孔子解释"夫玉者，君子比德焉"，说玉有"七德"；《管子·水地》说"夫玉之所贵者，九德出焉"；《礼记·聘义》又载孔子说玉有"十一德"。儒家学者这些对玉的解释和推崇，使神秘并具有宗教、政治礼仪色彩的玉器又戴上了"品行高尚"的桂冠，玉器在春秋战国时代也就经历了一个人格化的过程；人们以佩玉为荣为美为时尚，重在表现人的高尚的精神世界和自我修养的程度。屈原《离骚》"高余冠之岌岌兮，长余佩之陆离"，《九章·涉江》"被明月兮佩宝璐"，《九歌·大司命》"灵衣兮被被，玉佩兮陆离"，这是东周"佩玉"风尚漫延至南方的反映。但周代礼制严密，人格化、审美化的"佩玉"并非今人所想象的自由自在之举，仍要受到礼制的约束。《礼记·玉藻》载："君子无故玉不去身，君子于玉比德焉。天子佩白玉而玄组绶，公侯佩山玄玉而朱组绶，大夫佩水苍玉而纯组绶，世子佩瑜玉而綦组绶，士佩瓀玫而缊组绶，孔子佩象环五寸而綦组绶。"这是对怎么佩玉的规定，不能逾越。该篇又载："君子必佩玉，右徵角，左宫羽，趋以《采齐》，行以《肆夏》，周还中规，折还中矩，进则揖之，退则扬之，然后玉锵鸣也。"这是对佩玉之后行为举止的规定，即行走时要注意诸玉件因自击而锵鸣时，合乎音律，形成和声，且步伐与乐曲相谐。当时贵族的佩玉是以玉璜和玉管、玉珠等串联在一起的，身份越高，璜数越多，玉佩越长，行步也越迟缓，故有《左传·定公五年》"改步改玉"，《国语·周语中》"改玉改行"的说法①。有关越国礼玉制度的文献记载极少，但考古出土的遗物揭示，玉器是越国长期普遍使用的礼器，越国礼器玉主要分为仪仗用玉、服饰佩玉与丧葬用玉三类。

1. 仪仗用玉

中原的仪仗用玉，主要指璧、琮、圭、璋、璜、琥这所谓"六器"。越国的礼仪玉中玉璋尚未发现，玉琮、玉圭、玉琥亦数量极少，数量庞大的是璜、璧和玉兵器，其中最富越国特色的是玉兵器。如研究者所言，玉矛、玉戈等，"是越国玉器中常见的器物，有的也刻有'越王'等鸟篆书。这些玉质兵器，不具实用功能，制作精美，应为象征君王权威的仪仗玉器"②。

玉圭，仅见2009年绍兴县漓渚镇九板桥村出土商代平头玉圭1件、2002年安吉垅坝战国墓出土扁方形带纵穿玉圭2件等极少数。春秋战国时代的越国玉琮，目前仅见苏州严山春秋晚期越国贵族墓出土1件；玉琥，仅见坡塘狮子山306号墓出土1件，长9.5、厚0.2厘米，为半透明青玉。器形扁薄，虎作张口卷尾状，两面随虎的形态阴刻勾云纹，纹饰随形而构，疏朗有序，背上有两个穿系小孔。造型既

---

① 孙机：《中国古代物质文化》，中华书局2014年版，第251—253页。
② 陆建芳主编：《中国玉器通史·战国卷》，海天出版社2014年版，第103页。

威猛，又让人有宁静、安谧之感，属于典型的礼仪玉。

玉璜，见于著录比较精美的有：商代玉璜1件，长8.4、宽1.5、厚0.25厘米，湖州安吉县递铺镇三官村出土。黄绿色，半透明，局部沁白。整器为扁平窄环，一端为夔龙头，一端残断。两端有穿系小孔。春秋晚期蟠虺纹玉璜1件，长9、宽2.1、厚0.3厘米，苏州严山窖藏出土。玉色淡青，一边带褐色沁斑。扁平圆弧形，琢同体双龙形，两端对称下垂的变体夔龙首，张口卷唇。两面通体饰有相同的蟠虺纹，以浅浮雕技艺琢就，琢磨精细。背中穿有一小孔，用于垂挂。春秋晚期蟠虺纹玉璜又1件，长8.6、宽2、厚0.25厘米，苏州严山窖藏出土。玉色灰白，带有褐斑。扁平圆弧形，通体以浅浮雕技巧，琢刻来回蠕动的蟠虺纹，两面饰纹相同。纹饰分区而设，两端是夔龙首，作简化形式。中间以细绳纹间隔框成的扇形，为龙的共生体。上端中间偏左穿有一可以垂挂小孔，系成器后再琢。

战国玉璜1对，长8、宽1.5、厚0.25厘米，湖州安吉县递铺镇垅坝村出土。玉质受沁为鸡骨白色，表面有黄色土沁和灰色结晶斑。整器如半璧形，边缘做出扉牙，两面饰勾云纹，中部有小孔，用以系挂。战国玉璜又1对，长6.96、宽1.7、厚0.4厘米，杭州半山石塘第13号墩2号墓出土。鸡骨白色，边缘做出扉牙，表面阴刻勾云纹。拱背中心有一圆形穿孔，便于系挂。战国玉璜又1对，长8.5、宽2、厚0.4厘米，绍兴城南平水镇上灶村出土。象牙白色，双面雕饰云纹，边缘作对称，长弧边中间有一小孔，器形规正。

作为敬天、祭天的重要礼仪器，越国玉璧见于著录比较精美的有：春秋玉璧1件，外径5.7、内径2.7、厚0.2厘米，1982年绍兴县鉴湖镇坡塘狮子山306号东周墓出土。内、外均有廓。双面饰浅浮雕卷云纹，线条柔和自然。玉呈粉白色，质地较软。春秋晚期玉璧1件，外径6.6、内径2.8、厚0.35厘米，苏州严山窖藏出土。象牙白玉质，多处带褐色斑纹。扁平圆形，中透圆孔。内外边缘分别出廓，区内琢磨浅浮雕蟠虺纹，填以羽状细划纹，图案布局严谨。两面饰相同纹样。战国云雷纹透雕龙纹玉璧1件，外径3.9、内径1.8、厚0.4厘米，2000年绍兴县平水镇中灶村出土。此器两面均满饰云雷纹，纹饰极其精美。内径透雕一腾龙，张口圆目，引颈曲身，长尾翻卷，足蹬内缘，衬以龙身周绕的浮云，似腾云驾雾，气韵生动。玉质细腻润泽，琢磨精细。战国云雷纹玉璧1件，外径6.6、内径2.6、厚0.4厘米，2000年绍兴县平水镇中灶村出土。两面均满饰云雷纹。玉质较疏松，色呈乳白，带有土沁色。战国玉璧1件，外径8.5、内径3.1、厚0.5厘米。双面雕刻，饰云雷纹，纹饰清晰，分布均匀。石质呈灰褐色，半透明。质地较好，制作规整。战国小玉璧1件，外径4.2、内径1.8、厚0.3厘米，绍兴县平水镇出土。玉质呈鸡骨白色。双面雕刻，主要纹饰为双勾"S"纹和云纹，辅助一些单线卷钩纹及细网纹。内外有廓线。虽小却很精细。战国玉璧又1件，外径12.2厘米，安吉县递铺镇垅坝村出土。玉质受沁为黄白色，有青灰色结晶斑。造型规整，双面饰勾云纹。战国晚期玉璧1件，外径15.6、厚0.4厘米，余姚老虎山14号墓出土。青玉，半透明。个体较大，通体抛光。内外缘各有廓一圈，两面均浮雕凸起的谷纹，谷纹上阴刻勾云纹，有的凸起部分较大，有的较平缓，璧面凹凸不平，同时还可隐约见到划分每个谷纹的暗菱形状网纹。战国晚期玉璧又1件，外径8、厚0.6厘米，余姚老虎山10号墓出土。白玉，通体抛光。内外缘廓较凸起，两面浮雕规则的谷纹，接近乳钉纹。

根据张敏的推断，玉兵器"应为第一等级的越国玉器"[①]。其中又包括玉钺、玉戈、玉矛、玉剑、玉剑鞘、玉剑首、玉剑格、玉剑饰、玉镞等。玉钺，属于比较古老的仪仗玉，春秋战国时期已经衰落，出土也极为稀少，目前仅见苏州严山越国贵族玉器窖藏中有1件。玉石戈，商代越地比较流行，出现多种形制，如1974年在上海青浦沈巷出土的商代石戈，1989年在余杭瓶窑北湖乡出土的商代石戈，今存余杭中国江南水乡文化博物馆的商代石戈，以及2009年绍兴县漓渚镇九板桥村出土商代直内玉戈，就分为宽援型、舌援型、长尖援型和短尖援型四种。

东周时代，越国玉戈的繁复、精美，达到登峰造极。前文已述

---

① 张敏：《张敏文集·考古卷》中，文物出版社2013年版，第763页。

及，绍兴县平水镇出土一件战国时代越国镂孔玉戈，以透雕龙、蛇、凤组成主体纹饰，工艺精美，形象逼真，代表了越国贵族身份，是越地玉器中罕见的仪仗用玉，十分珍贵。

更为珍贵的是，杭州余杭中国江南水乡文化博物馆还收藏越王朱句专用的一套玉石三戈戟，分矛（刺）、戈、镦三部分。矛长22.4、宽4.85厘米；一号戈，三穿戈，通长22.7（援长15.5、内长7.2）、胡长10.2厘米；二号戈，三穿戈，援长13.3、胡长10.3厘米；三号戈，二穿戈，援长12.1、胡长6.9厘米；镦长11.4、直径2.2厘米。矛和戈上刻有精美的鸟篆铭文，矛上两组铭文均为"戊（越）丩（句）王"，三号戈上铭文为"戊（越）王句州"。矛柄部、一号戈的内及镦的上端装饰云雷纹（见图6-7）。越王朱句的权威在这套礼仪玉中得到淋漓尽致的体现。

图6-7 越王朱句玉石三戈戟及三号戈铭文（中国江南水乡文化博物馆提供）

玉矛也是春秋战国时代越国的重要仪仗用玉。1958年绍兴县漓渚镇出土一件春秋"越王"玉矛，长21.8厘米，宽4.5厘米，呈柳叶状，两刃内弧，锋、刃部较为锐利。骹中空，且呈内弧形，间有一穿孔。从面遍饰勾连纹，脊两侧阴刻有鸟篆文"戊""戊""戊""王""王"五字。呈灰褐色，通体光滑，玉质感较强，造型优美，制作精良。1997年绍兴县皋埠镇上蒋村木椁墓出土一件越王不光玉矛，长23.2厘米，宽4.8厘米，柳叶形，骹中空。造型端庄，呈灰褐色，纹饰布局匀称、饱满。其中一面勾连云纹间竖刻鸟篆书两行，每行三字，矛身叶部左右均刻"戊（越）王"，近本部左右铭"不光"。2000年绍兴县平水镇中灶村出土一件越国云雷纹玉矛，长13.3厘米，宽2.2厘米。此器小巧玲珑，呈束腰柳叶形，骹中空，用以插柲。器身满饰云雷纹，骹端部饰短斜线羽状纹，纹饰琢刻清晰。玉色乳黄，略带土沁色。质地温润，制作精美。2002年绍兴县富盛镇下旺村出土一件越嗣王玉矛，长23.5厘米，宽5厘米。柳叶形，前锋较尖锐，中起脊，刃部锋利；本部呈圆弧形；骹中空且呈内弧形，间有一孔，用以穿插固定矛柲。器表除刃部外满饰勾连云纹，其中正面中脊两侧刻有"戊（越）昌（嗣）王 戊（越）昌（嗣）王"鸟篆书。本部加饰蝉翅状尖角纹。通体光滑，呈灰褐色，有玉质感。制作精良，造型优美。绍兴博物馆另收藏战国奶黄色"越王不光"玉矛和紫灰色"越王戔""越王越"玉矛。

根据曹锦炎《鸟虫书通考》（增订版）截至2013年的调查、考辑，出土越国有铭文的玉戈、玉矛，分别即多达24、43件。

绍兴博物馆还收藏有1件战国越王州句玉剑。

玉戈、玉矛、玉剑之外，出土玉剑首、玉剑格、玉剑饰、玉剑鞘、玉镞等数量更多。如根据简报，东阳前山D2M1出土玉剑首、玉剑格各1件，印山越国王陵出土玉箭镞2件，鸿山邱承墩墓出土玉剑首、剑格和玉削各1件，长兴鼻子山墓出土玉剑首1件，杭州石塘第13号墩1号墓出土由剑鞘、剑格、剑璏、剑珌四部分组成的玉剑饰1套，第24号墩1号墓也出土由剑鞘、剑格、剑璏、剑珌四部分组成的另外一种玉剑饰1套和剑首1件、剑格5件。曹锦炎《鸟虫书通考》（增订本）还著录浙江省博物馆、绍兴古越阁等公私收藏机构收藏的具铭越王玉剑首、玉剑格十多件。

2. 服饰佩玉

璧、璜等，既是仪仗用玉，也是越国贵族服饰佩玉。

第六章 越国的信仰与风俗

北方周人说玉有"七德""九德"或者"十一德",在礼制上形成了"以玉作六器"、典瑞"设其服饰"、"君子必佩玉"等规定。春秋晚期至战国时代,受到中原文化影响,越国贵族阶层也形成自己的服饰礼制。无锡鸿山邱承墩越国贵族墓出土的越国贵族正佩"五璜"与"五环(璧)"和其他杂佩,尤其为我们观照越国贵族的规范佩玉方式,提供极为珍贵的实物资料。

根据考古学家张敏的研究[①],越国贵族服饰佩玉皆双面有纹饰,制作精美。根据佩戴的方式和佩戴部位的不同,可分为正佩和杂佩。正佩佩戴在胸前,象征着贵族的身份、等级和地位,器型主要为条形的璜和圆形的环(璧),并间以管形或动物造型的佩饰。杂佩主要佩戴在腰间,或许有辟邪之意,器型有削形、韘形等与兵器有关的佩饰。

邱承墩越国贵族墓正佩中的璜,自大而小、自上而下呈现5种不同的形态,即龙形璜、龙凤璜、云纹璜、双龙首璜和龙首璜。其中,龙形璜呈回首卷尾的龙形,身体蜷曲,背部向上呈弧形弯曲,有一穿。龙凤璜身体蜷曲,背部向上呈弧形弯曲,有一穿;一端为龙首,有角,龙目亦为一穿,一端为凤首,有冠。云纹璜上下均出牙,两端开条形槽,中部上方有一穿。双龙首璜两端作龙首形,口内獠牙呈一圆圈形成圆穿。龙首璜一端为龙首,一端为龙尾,尾上卷。五璜之下为云纹觿,觿呈弯月状,一端宽而平,两侧出牙。邱承墩越国贵族正佩包括龙形玉璜1对、龙凤形玉璜1件、云纹玉璜1对、双龙首形玉璜1件、龙首形玉璜1件和云纹玉觿1对,构成完整的"五璜佩",代表其身份与春秋战国时期的诸侯相当。璜是贵族身份的象征,璜的数量代表了贵族身份的高低。

邱承墩越国贵族墓正佩中与五璜相配的,还有五环(璧)。环形或璧形的佩饰,自大而小、自上而下是蟠螭纹璧形佩、螭凤纹璧形

---

① 南京博物院、江苏省考古研究所等:《鸿山越墓发掘报告》(张敏为主要执笔人),文物出版社2007年版,第305—316页;张敏:《鸿山越玉赏析》,《收藏家》2009年第8期;张敏:《鸿山越墓的发现与越文化的再认识》、《越国玉器的等级研究》,《张敏文集·考古卷》中,文物出版社2013年版,第723—743、58—773页。

佩、谷纹环形佩、绞丝纹环形佩和出郭龙纹璧形佩。其中，蟠螭纹璧形佩正反两面满饰浅浮雕的蟠螭纹。螭凤纹璧形佩满饰浅浮雕的螭纹和凤纹，螭与凤相互纠结，减地部分阴刻斜线纹，形成两层纹饰。谷纹环形佩边缘对称出牙，饰减地谷纹。绞丝纹环形佩阴刻绞丝纹。出郭龙纹璧形佩减地成云纹和卷云纹，龙首、龙尾出郭，阴刻直线和弧线组成的大鳞纹。五环之下为双龙管形佩，其中部为方形管，一孔上下贯穿，两侧各有一透雕的龙，龙回首张口，身体弯曲呈"S"形。

"五环（璧）佩"自上而下佩戴在胸前中部，即两列玉璜之间，与两侧成对的璜和觿组成一套完整的"正佩"。其中形体最大且等级最高的是龙形玉璜、龙凤形玉璜和云纹玉觿；作为五璜间的间隔，兔形玉佩2件；作为璜、璧等正佩之间的间隔，还有制作精美的飞凤形玉佩3件与盘蛇神兽纹玉管2件。双龙管形玉佩是作为胸前中部"五环（璧）"下的玉佩，故采用完全对称的造型，其龙首向外，与两边"五璜"的五个龙首遥相呼应，端庄威严而不失神韵灵动，给人以高深莫测之感。玉凤、玉兔、盘蛇神兽纹玉管在正佩中作为"五璜"与"五环（璧）"的间隔，可能蕴含有"金乌玉兔"和铭记蛇图腾祖先之意。

璜为"六瑞"之一，是贵族身份的象征，璜的大小、多少和复杂程度代表贵族身份的高下。璧原为礼天的礼器，也可作为信物。《周礼·春官·大宗伯》："以苍璧礼天。"《荀子·大略》："问士以璧，召人以瑗，绝人以玦，反绝以环。"（璧的形状通常呈扁圆形，中有一圆孔，与璧近似的还有玉瑗和玉环。《尔雅·释器》："肉倍好谓之璧，好倍肉谓之瑗，肉好若一谓之环。"璧、瑗、环的区别在于中心圆孔的大小，大者为瑗，孔与边沿相等者为环，小者为璧。）虽然《周礼》中并未见明确的佩璜数量的记载，从出土情况来看，春秋战国时期的诸侯佩戴5件不同造型的璜，称之为"五璜佩"，此外，还有"三璜佩""二璜佩"和"一璜佩"（见图6-8）。越人在佩戴五璜的同时又加了五环（璧），反映越国贵族在仿照中原佩璜礼仪的同时，凸显越国的等级观念（见图6-9）。

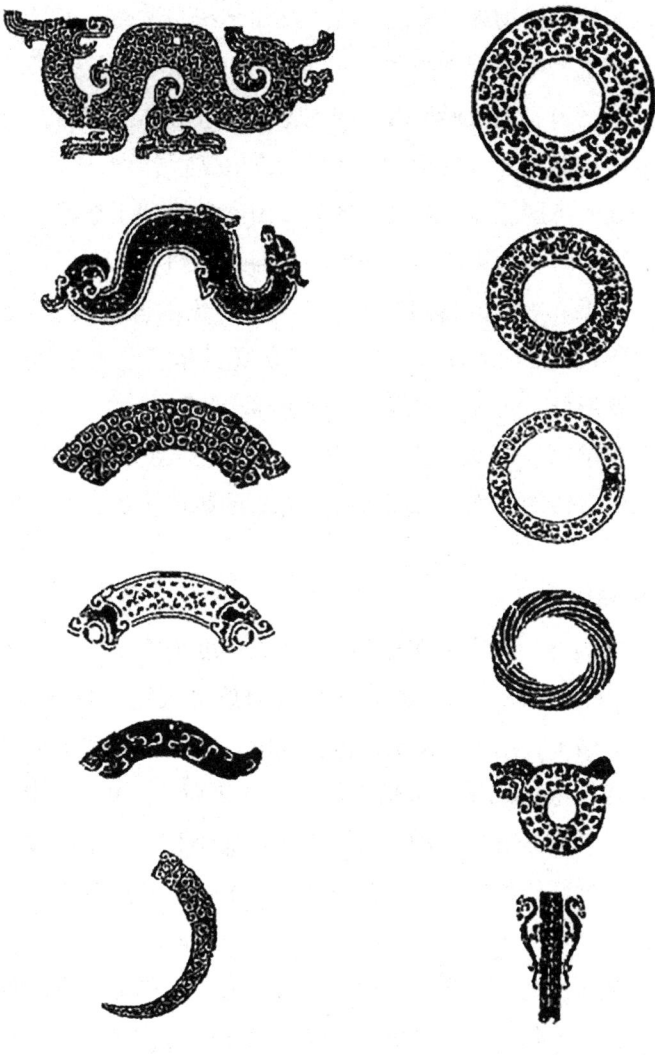

图6-8　越国贵族五璜佩组合　　图6-9　越国贵族五环

（璧）佩组合[1]

　　根据张敏的研究发现，邱承墩越国贵族墓反映的越国贵族正佩，尚不是越国最高等级的服饰佩玉。台北故宫博物院收藏的龙蛇合体的玉璜，应为第一等级的越国玉器，印山越王陵出土的玉悬铃、玉剑、

---

[1] 南京博物院、江苏省考古研究所等：《鸿山越墓发掘报告》，文物出版社2007年版，第310、312页。

玉镞和台北故宫博物院收藏的玉戈，杭州传统工艺馆收藏的玉矛、玉戈等玉兵器也是第一等级的越国玉器；鸿山邱承墩和杭州石塘战国墓出土的龙形玉璜、龙凤形玉璜和蛇、龙独体或分体的玉器，应为第二等级的越国玉器；安吉龙山战国墓出土的立鸟龙形玉璜和龙形玉璜，为第三等级的越国玉器；绍兴坡塘狮子山春秋晚期至战国墓出土龙形玉璜和虎形玉璜，为第四等级的越国玉器；苏州大真山春秋墓出土虎形玉璜，为第五等级的越国玉器；长兴鼻子山战国墓出土云纹玉璜，为第六等级的越国玉器；无锡鸿山曹家坟、邹家墩出土的云纹璧形佩、谷纹璧形佩，为第七等级的越国玉器。

只有越国第一等级的贵族即越王，才既拥有第一等级的越国玉器——龙蛇合体的玉璜，又拥有第一等级的越国玉器——玉矛、玉戈等玉兵器。

3. 丧葬用玉

中原《周礼·春官·典瑞》："大丧，共（供）饭玉、含玉、赠玉。"含玉就是玉琀，赠玉就是在尸身边放进大璧。越国丧葬用玉，也有玉琀；赠玉，则主要指给尸体安放大、小玉覆面和玉带钩等。玉琀，安吉垅坝战国墓出土玉琀1件，长2.7厘米。蝉形，体形饱满，双眼突出，两翼未张，圆腹，有一纵向贯通小孔，用于系挂。背部浅刻鳞片纹，颈部浅刻斜线纹。造型生动。玉色受沁呈鸡骨白，有青灰色结晶斑。

大玉覆面由虎形玉饰、玉瑗、玉拱形饰、玉琀等组成，覆盖尸体整个面部。如苏州大真山D9M1越国贵族墓棺内，在墓主头部发现了虎形玉饰2件，较小的拱形饰2件，较大的拱形饰1件，玉瑗2件、玉琀1件。2件虎形玉饰均为单面纹饰，两面雕琢后，锯割成两片，而且首尾各有一穿，说明正面朝上，有纹饰，反面则为素面。如果是这样的话，只能是首首相对而放。2件玉瑗也有异曲同工之处。2件小拱形饰，形状和大小完全一致，应当用作眼罩，而1件大拱形饰应该是鼻罩。这样，虎形玉饰代表双眉，较小的拱形饰代表双眼，较大的拱形饰代表鼻子，玉瑗代表面颊，玉琀代表口，一套共8件组成玉覆面（见图6-10）。

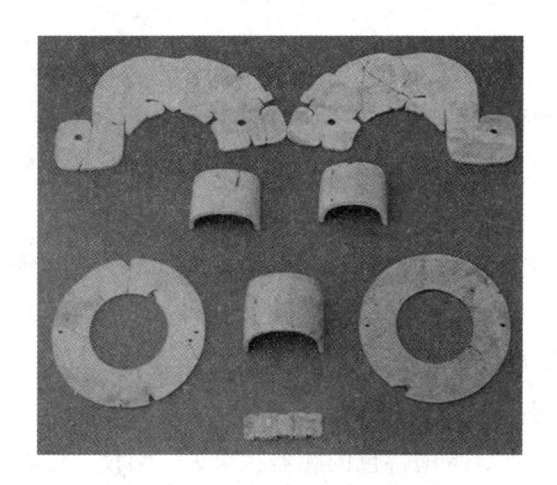

图 6 – 10　苏州大真山出土玉覆面

无锡鸿山邱承墩越国贵族墓出土的葬玉，有小玉覆面，高 7.9、宽 5.8、厚 0.2—0.4 厘米。青白玉，夹有绿色花斑，半透明。长圆形，两耳外凸，上有两穿，正面以十字形条带纹分为四部分，各有一浅浮雕"S"形龙纹，条带及周边阴刻云纹、斜线纹、细方格纹；背面微凹，素面（见图 6 – 11）。长兴鼻子山、苏州大真山越国贵族墓，以及安吉高禹镇吟诗村等地，也都出土有玉带钩。

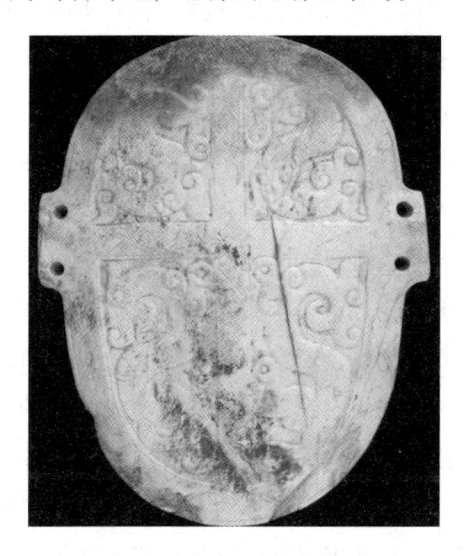

图 6 – 11　战国龙纹玉覆面

· 307 ·

（二）礼用青铜器

商代越国就已经有了自己的早期青铜器文化。从商到西周，越国的青铜器，一方面颇受悠久、先进的中原青铜文化的影响，特别是礼器；另一方面不同程度仍有本地区的特征，有些甚至完全是本地区所特有的。越国和先秦其他诸国一样，也自始至终看重青铜器对于国家权力的象征意义与在国家礼乐文明建设中的重要作用，尽管在后代学者的印象中，越国对陶瓷以及玉器似乎更加青睐。

越国青铜礼器中，鼎、簋、尊、盉、甗、罍、盘、鉴、匜等，是中原流行而又自具越国特色的礼器；炭炉、鸠杖、铜钺、伎乐铜屋等，是不见于中原而为越国或吴越两国独有的礼器。

1. 具有越国特色的中原流行礼器

鼎 饪食器。是青铜礼器中最重要的器物。越国青铜鼎出土不少。如瓯海杨府山出土商周青铜鼎4件（3件残），安吉出土商代晚期青铜鼎1件、春秋弦纹青铜鼎1件，长兴出土西周蟠虺纹青铜鼎1件、春秋弦纹间蟠螭纹青铜鼎1件，绍兴出土春秋三牺神兽青铜鼎1件，绍兴坡塘出土春秋晚期至战国初青铜圜底鼎2件、兽面鼎1件（残），皖南屯溪弈棋出土春秋晚期至战国初青铜圆鼎8件、青铜方鼎2件，绍兴西施山出土春秋晚期青铜鼎1件、战国青铜鼎2件与云雷纹青铜附耳兽面鼎1件，东阳出土战国青铜鼎1件，永嘉出土春秋末至战国青铜鼎2件（残），浙江省博物馆藏嵊州出土春秋弦纹青铜鼎（见图6-12）1件、战国蟠螭纹青铜鼎1件。其中，长兴出土春秋弦纹间饰蟠螭纹青铜鼎、浙江省博物馆藏嵊州出土春秋弦纹青铜鼎、绍兴西施山出土战国青铜鼎等，都是典型的三足外撇的"越式鼎"；长兴出土西周蟠虺纹青铜鼎、安吉出土春秋弦纹青铜鼎、绍兴坡塘出土春秋晚期至战国初青铜圜底鼎等，都是"越式鼎"的变化形式；另外一些则属中原风格，或属越国青铜鼎的新发展。根据研究，"越式鼎"是地方特色最稳定、延续时间最长的青铜礼器，是仿照当地陶鼎制造的，为中原所不见，从西周一直延续到战国，成为越国青铜器的标准器。屯溪弈棋出土春秋晚期至战国初青铜方鼎、绍兴西施山出土战国云雷纹青铜附耳兽面鼎、2009年绍兴皋埠镇上蒋村出土战国鸟首龙身纹青铜附耳盖鼎（见图6-13），是越国青铜鼎的新形制。

图6-12 嵊州出土春秋弦纹青铜鼎

图6-13 绍兴上蒋出土战国鸟首龙身青铜附耳盖鼎

簋 盛食器。越国青铜簋出土不少。如长兴上草楼出土西周初龟纹青铜簋（见图6-14）1件，瓯海杨府山出土商周龟纹青铜簋1件，杭州湖墅出土春秋几何纹青铜簋1件，绍兴出土春秋乳钉纹束腰青铜簋1件，屯溪弈棋出土春秋晚期至战国初五种形制的青铜簋10件。其中，长兴所出龟纹青铜簋与瓯海杨府山所出龟纹青铜簋形制几乎一样，是越国早期青铜簋的代表；杭州湖墅所出与屯溪弈棋三号墓所出，是越国后期青铜簋的代表。

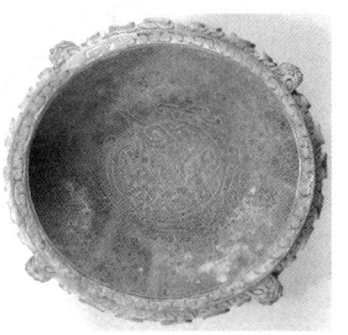

图6-14　长兴上草楼出土西周龟纹青铜簋（浙江省博物馆提供）

尊　盛酒器。这是中原西周早中期常见，西周晚期消失，春秋晚期又在越国出现的器物。越国青铜尊出土不少。如黄岩小人尖出土西周青铜尊1件，绍兴坡塘出土春秋晚期至战国初青铜尊1件，屯溪弈棋出土青铜尊7件。主要是颈、腹、足三段分明的三段式尊，或称宽体矮胖尊，侈口，高颈，扁圆鼓腹，高圈足。仿自中原西周侈口觚形尊，但腹部鼓出呈丰满的圆弧状或相当突出的扁球形，与中原瘦长尊不同。典型如绍兴坡塘出土青铜尊（见图6-15），口径18.3、高20厘米，敞口，粗高颈，扁圆形腹，高圈足外撇，下接高1厘米的直裙。

盉　温酒器。出土越国青铜盉形制多样，主要有：绍兴坡塘出土春秋晚期至战国初蟠螭纹青铜提梁盉1件、青铜瓿盉1件，屯溪弈棋三号墓出土青铜分裆盉1件，安吉出土春秋青铜提梁盉1件、战国长方把青铜盉1件。其中，弈棋分裆盉有拱形盖，敞口，束颈，分裆，三款足，盖面布满纹饰，顶有蟠龙钮，龙体上身翘起，龙首曲颈向前，吻部尖锐，前有曲管状流，后有兽鋬；安吉长方把青铜盉直口，平唇，短颈，盖与直领套铸，弧肩，扁圆腹，平底下有三蹄足，兽头

图6-15　绍兴坡塘出土青铜尊

流，曲折长方把内空；坡塘青铜甗盉上部作甑形，下部为鬲式盉，鬲式盉前端流嘴为立式螭首形，一侧铸圆饼形柄座，与流嘴呈90°角，筒形柄与柄座旋合。坡塘青铜提梁盉和安吉青铜提梁盉形制接近，均为三足提梁盉。

甗　蒸煮器。下半部是鬲，用于煮水，上半部是甑，用来放置食物，中间有箅以通蒸气。出土越国青铜甗主要有：海盐东厨舍出土商代晚期人字纹青铜甗1件，绍兴坡塘出土春秋晚期至战国初螭纹分体式青铜甗（见图6-16）1件，东阳出土战国青铜甗1件。绍兴坡塘所出青铜甗具有代表性：高57.2、最大宽度47厘米，器型极为硕大。甑口微敛，双耳呈方形外撇竖立于器口；甑腹外有凸弦纹两道，弦纹之间饰宽体勾连蟠螭纹带，弦纹上下饰三角形勾连云雷纹；甑底开长方形箅孔，内有半圆形铜质活动隔扇装置，可将甑体分隔成左右两部分，同时蒸煮不同食品；鬲以短颈套接甑底，双耳呈方形，侧立于肩上。

罍　盛酒兼盛水器。周代"六尊六彝"十二礼器之一。《周礼·春官·司尊彝》："司尊彝：掌六尊六彝之位，诏其酌，辨其用。……

图 6-16 螭纹分体式青铜甗

其朝践用两献尊,其再献用两象尊,皆有罍,诸臣之所昨(酢)也。"《礼记·礼器》:"庙堂之上,罍尊在阼,牺尊在西。……君西酌牺象,夫人东酌罍尊。"《仪礼·少牢馈食礼》:"司宫设罍水于洗东,有枓。"郑注:"凡设水用罍,沃盥用枓,礼在此也。"绍兴坡塘出土春秋晚期螭纹双连环青铜三足罍(见图6-17)1件,高41.5、口径28厘米,直口,方唇,圆肩,筒腹,平底,器底附方形三短足。双肩侧附半环状耳,耳内贯双连提环。纹饰有蟠螭纹、绹纹、垂叶纹等,肩部铭文有十余字(残缺不可识读)。

图 6-17 螭纹三足青铜罍

盘 盥洗器。越国青铜盘出土主要有：温岭琛山出土商周夔纹蟠龙青铜大盘（见图6-18）1件，屯溪弈棋越国贵族墓出土春秋晚期青铜盘7件（三号墓圆盘3件、方盘2件，一号墓圆盘2件），永嘉桥下出土春秋末至战国青铜盘2件。其中，温岭琛山青铜大盘，高52.2、外口径61.6、内口径55.4、内深12.8、腹径49.2、底径37.9厘米，侈口方唇，圆腹，高圈足，盘心以浮雕加立雕技法铸一条出水蟠龙，龙首凸出盘心9.5厘米，龙体自尾至首转旋三圈，龙背饰重方格纹，龙腹饰菱纹以为鳞。春秋晚期弈棋青铜圆盘（M3:43）盘心亦浮雕龙形，可见越国青铜盘的前后一致风格。

图6-18 温岭琛山出土商周夔纹蟠龙青铜大盘

鉴 盥洗器、照容器。《说文》："鉴，大盆也。"《说苑》："曾子曰：'响不辞声，鉴不辞形。'"越国青铜盘主要有：绍兴坡塘出土青铜鉴1件，皖南屯溪弈棋越国贵族三号墓出土青铜方鉴2件，正好构成大、中、小三种形制的代表。其中，绍兴坡塘所出口径40、通高16.5、底径27.5厘米，广口，宽平沿，唇沿厚重方正，肩稍外斜，折为内弧收，平底；唇口及肩端饰勾连回纹一周，颈及上腹部饰三道绚纹，颈部与腹中部饰细密而简化的蟠螭纹。弈棋方鉴一（M3:20），高11、口径12.8—13.6、腹径13.5—14.7、圈足径11.6—12.2、圈足高1.7厘米，体方，口微外侈，颈稍敛，腹较鼓，方圈足，平底；腹饰横竖行线纹组成的编织物纹，上饰变形兽面纹。方鉴二（M3:011），高6、口径5.8、腹径7.5、圈足径6厘米，体方，口微外侈，颈稍敛，鼓腹，方圈足，腹部饰斜方格乳钉纹。

匜 盥洗器。是一种古代贵族举行礼仪活动时浇水的用具。越国青铜匜出土主要有：绍兴西施山出土春秋晚期青铜匜4件、战国绘金云气纹青铜匜1件，亦正好构成小、中、大三种形制和不同风格。其中春秋晚期青铜匜4件中的3件，形制相同，均为小件，直径不超过7.9厘米，高不足3.1厘米，平面椭圆如瓢，弧腹；另外1件高5、口径11厘米，为鎏金铜匜，胎薄如纸，通体鎏金，平面为圆形，微敛小口流，弧腹，平底，附竖钮衔环。战国绘金云气纹青铜匜，高7.5、口径18.5、底径8.8—11.5、流长5.4、流宽4.5厘米，椭圆形，微敛口，方唇，弧鼓腹，平底，口沿一侧置短流，流口弧敞并上仰，与流对称另一侧上腹铆一活环钮，口颈内外、内腹壁及内底描绘云纹图案。

2. 越国或吴越独有的青铜礼器

炭炉 温火器。1986年8月诸暨市次坞镇上河出土1件，口径38、高16、底径32厘米。器身扁圆形，平唇，侈口，弧腹，圆底。上腹部铸附对称铺首衔环一对，下腹部对称焊接连环形把手两个，底部环列兽面纹足九个与环底粘接。器外壁满饰蟠螭纹（见图6-19）。

图6-19 诸暨次坞出土春秋青铜炭炉

鸠杖 权杖或敬老器。在越国绍兴都城附近和北部邻近吴国的今湖州、德清先后发现春秋晚期以降青铜鸠杖3件，在越国西境江西樟树国字山越国贵族墓发现战国中期鸠杖1件。

铜钺 祭祀法器。1976年宁波市鄞县甲村公社出土战国羽人划船纹青铜钺（见图6-20）1件，长方形銎，正面高9.8、背面高10.1、刃宽12厘米。一面为素面，另一面通体施羽人划船纹。在边框线内，上方有两条相向的龙，前肢弯曲，尾向内卷，昂首向天。下部以边框底线表示狭长的轻舟，上座4人，头戴羽冠，双手划船。制作极为精美，而又规格较小，难敷实用，应属威严的礼器。

图6-20 战国羽人划船纹铜钺

伎乐铜屋 疑为祭祀法器。绍兴坡塘出土，通高17、面宽13、进深11.5厘米。铜屋呈四角攒尖顶，屋面以勾连云纹为饰，屋内置有裸体跽坐人物俑，或束发于顶，或结发于脑后，应是越人装束之缩影。屋内表现了越人音乐演出（或属祭祀活动组成部分）的场面：前排三人，一是鼓师，执槌击鼓，另二人双手放于小腹，应是乐伎。后排三人，或双手捧笙吹奏，或抚琴弹拨，或执棍击筑。屋顶云纹柱上立一鸠鸟，当是越族鸟崇拜的反映。

二 墓葬

墓葬是人类最终的归宿。越国上层贵族与普通民众墓葬有同有异，与越人生活环境有着密切的关系，也体现越人独特精神追求。这包括葬制、葬俗两者。

(一) 墓制

越国墓葬的主要形制是山墓葬,即大多分布在较高的山顶、山冈、山脊分水线上,少数分布于低矮的小山和山麓岗地甚至平地。文献记载的禹葬,反映的应是越地最早的山墓葬:

> (禹)命群臣曰:"吾百世之后,葬我会稽之山,苇椁,桐棺。穿圹七尺,下无及泉;坟高三尺,土阶三等。葬之后,田无改亩。"(《吴越春秋·越王无余外传》)

> (禹)葬会稽之山,衣衾三领,桐棺三寸,葛以缄之。绞之不合,通之不埳,土地之深,下毋及泉,上毋通臭。既葬,收余壤其上,垄若参耕之亩,则止矣。(《墨子·节葬》)

文献记载的历代越王及子孙,以及越国功臣亦皆山墓葬:

> 夫山者,句践绝粮困也,其山上大冢,句践庶子冢也,去县十五里。……独山大冢者,句践自治以为冢,徙琅琊,冢不成,去县九里。(《越绝书·越绝外传记地传》)

> 陈音死,越王伤之,葬于国西,号其葬所曰陈音山。(《吴越春秋·句践阴谋外传》)

就具体葬制而言,从考古发现来看,商周至春秋战国时代,越国先后流行的山墓葬主要有以下七种形式。

1. 土墩墓

土墩墓流行于商周至战国初。此类墓的构筑方式是不挖圹穴,一般只对地表稍加平整之后,即将尸首及随葬品陈列于地面上,就近取土掩埋,加封成墩,外形呈馒头状。"墓墩大小不一,一般高2—3米,个别达到5米以上,底径在20—30米,个别也有40多米的"[1]。

---

[1] 蓝达居:《百越民族丧葬文化初探》,《百越研究》第二辑,安徽大学出版社2011年版,第183页。

墓向以东西向为多，南北向较少。其分布以太湖周围、杭州湾两岸和金衢地区最为集中。今长兴境内大大小小的山冈坡地上，即广泛密集地分布着数以万计的土墩墓。其中又分一墩一葬和一墩多葬两种。一墩多葬即一个土墩墓入葬多人，属于平民墓，约占发现总数的80%，一般规模较小，主要随葬泥质陶、夹砂陶、几何印纹硬陶和原始瓷器等，器物种类主要有炊具的鼎、釜、鬲、甗，盛储器的坛、罐、瓿，饮食器的碗、钵，以及生产工具的陶纺轮等。一墩一葬即一个土墩墓只葬一人，约占发现总数的20%，属于贵族墓，一般规模较大，构筑比较讲究，部分随葬品除了一般陶瓷生活用具外，还有仿青铜的原始瓷或硬陶礼乐器。在越国东南沿海、不属于於越族而属于原瓯越族生活区的极少数土墩墓，如温州瓯海杨府山和台州黄岩小人尖的西周土墩墓，还发现随葬青铜器。

土墩墓主要特色在于平地起封成墩，无明显墓穴，不用木质葬具。少数在墓底铺一二层或几行天然石块或鹅卵石构成石床，或以天然石块围成长方形石框，死者及其随葬品放于其上。部分墓底除石床外，还铺有用于防潮散水的木炭、草木灰、螺蛳壳、红烧土等。

2011—2012年发掘的萧山柴岭山土墩墓群中的大部分墓葬，是这类墓葬的代表。萧山柴岭山土墩墓群包含了平地堆土掩埋型墓14座、石床型墓6座、石框型墓16座、浅竖穴土坑墓2座等共38座无室土墩墓，从一墩一墓到一墩四墓均有。其中2座平地堆土掩埋型墓、1座石框型墓，属于商代中晚期墓葬；3座平地堆土掩埋型墓、4座石框型墓，属于西周早起墓葬；2座平地堆土掩埋型墓、3座石框型墓、2座石床型墓和1座浅竖穴土坑墓，属于西周中期墓葬；5座平地堆土掩埋型墓、6座石框型墓、2座石床型墓和1座浅竖穴土坑墓，属于西周晚期墓葬；1座平地堆土掩埋型墓、1座石框型墓，属于春秋中期墓葬；1座平地堆土掩埋型墓，属于春秋晚期墓葬。

2. 石室土墩墓

石室土墩墓属土墩墓的发展形式，主要流行于西周中期到战国前期。其构筑方式是：在丘陵低山的顶部顺着山脊走向，选择平整的石面或板实的土面就地取材，用石块垒成长条形的石室。石室平面成长条状，上窄下宽，后壁直立，两侧壁上部逐渐成相对弧状内收，顶上一般留有一定宽度的上口，横断面呈梯形，上面加盖扁平大石块，墓口用石块垒砌封门墙，墙外是长短不一的墓道。整个石室建成后，即在其周围和上面覆盖封土成墩，外观呈长圆形墩状或者馒头状。有的土墩外围底部还用石块砌出护坡。"石室土墩墓规模大小相差悬殊不一，小的石室长3米、宽0.45米，土墩高2.5米、底径8.5米；大的石室长20米、宽1.8米，土墩高7米、底径21.5米。"[1] 随葬品一般放在石室后部，以几何印纹硬陶器和原始瓷器为主，器物种类有坛、罐、瓿、簋、钵、盂、豆和碗等食器和盛储器，也有少量泥质陶器及个别陶纺轮、网坠等小型生产工具，但不见有夹砂质陶炊器，如鼎、鬲等，也无发现金属器和棺木等葬具。不少石室中还发现有两组或多组时代不同的器物放置在前后不同部位或被上下叠压，显示不同时期曾利用同一石室多次埋葬死者。主要分布在太湖周围地区，在钱塘江沿线和杭州湾南岸的宁绍平原也有一些发现。据《萧山柴岭山土墩墓》（文物出版社2013年版）一书介绍，柴岭山墓群中共发现14座石室土墩墓，起于西周晚期，绵延于春秋早期、中期、晚期，终于春秋末战国初。近年发现特大型石室土墩墓，有位于绍兴平水镇四丰村旗峰自然村将台山山巅的将台山春秋越国贵族墓，据考察，墓向顺山体走向为正北。墓葬的修建过程为：先营建基础平台，平台基本呈正方形，面积约10000平方米，然后利用自然山体往上修筑陵台，陵台共有三层，均为长方形，最后在第三层上平地起建墓室。墓室长条形，上窄下宽，呈"八"字形，墓壁用巨型条石错缝砌筑，墓葬外侧有石砌的挡土墙，挡土墙和墓壁之间用土、石填充，墓顶用巨型石条平盖。

  石室土墩墓与一般土墩墓的区别主要有四点。一是葬地位置不同。一般土墩墓多筑于坡地甚至山麓平地，石室土墩墓则绝大多数筑在山顶，顺山脊一字排列，葬地位置更高。二是墓葬结构不同。一般土墩墓为平地起土掩埋而成，没有墓坑或仅有平整地表时顺势清理形成的浅墓

---

[1] 叶文宪：《越人石室土墩墓与华南悬棺葬》，连晓鸣、李永鑫主编：《2002·绍兴越文化国际学术研讨会论文集》，浙江古籍出版社2006年版，第266—267页。

坑，石室土墩墓则在馒头形土墩内部还砌有长方形石室。三是随葬器物的陶系不同。土墩墓出土泥质陶、夹砂陶、几何印纹硬陶和原始瓷器，其数量始终比较均衡，各占25%左右，石室土墩墓出土则主要是几何印纹硬陶和原始瓷，比例高达90%，几乎没有夹砂陶。四是陶器组合不同。土墩墓中有鼎、鬲、釜、甑之类炊器，石室土墩墓中没有炊器。[1]

3. 石棚墓

石棚墓又叫支石墓，流行于商代晚期至春秋时期。其构筑方式是：用石板、石条或石块构成起支撑作用的室壁，上部盖以板状或团块状的整块巨石，形成地上墓室。按结构和形制主要分为三类。一是每壁多块立支式石棚墓。这类墓在地面上用比较扁薄的长条或长方石紧密埋立，构筑成高1米左右的三面支石墓壁，一面不设支石，留为墓门，上置巨大的扁平盖石，形成裸突于地面的石构墓室，有较高的墓室空间。底部无大石块铺底，多为填筑泥面，少数在底面上铺设有砾石或河卵石。三壁支石高度一致，盖石与支石之间没有空隙，支石间不可避免的缝隙有的用小石块填塞。墓室长度多在2—3米，宽度1.3—2米。二是四角立柱式石棚墓。在墓室四角各埋立一块粗大的柱状长条石作为支石，上架盖石，构成墓室，盖石完全依靠四角支石来支撑，有高大墓室空间。大的墓室高度在1.3—1.8米，平面面积达到20平方米左右。三是大石盖墓。在盖石下没有高大直立或侧立的支石，只垫支低矮的块石，几乎无地面空间。随葬品大部分是实用器，如原始瓷豆、碗、盂、罐，印纹硬陶罐、瓿，陶纺轮、石锛、石棒、石球以及青铜钁、刀、凿、锸等工具以及青铜剑、戈、镞等兵器，少数是明显不具有实际使用功能的明器，如质地松软的泥质陶小鼎、纺轮，壁薄如纸的青铜小编钟等。主要分布在原瓯越族生活的浙南沿海一隅，迄今仅发现58座，限于温州市瑞安、平阳、苍南和台州地区的三门、仙居5个县市范围；墓葬位置在山脊山顶和山麓与平地共存，大多数分布在比较低矮的小山上，部分分布在山麓平地甚至

---

[1] 叶文宪：《越人石室土墩墓与华南悬棺葬》，连晓鸣、李永鑫主编：《2002·绍兴越文化国际学术研讨会论文集》，浙江古籍出版社2006年版，第267页。

山间盆地的平地上，分布在高山峻岭上的极少。

浙南石棚墓最早出现的时间约在商代晚期，比无石室土墩墓要晚，比石室土墩墓要早。但是，"它们出现的先后顺序是：无石室的土墩墓→石棚墓→石室土墩墓。石棚与无石室土墩墓在形制结构上不存在一丝的相似，它们不可能存在先后的发展演变关系。而石室土墩墓出现的时间较石棚墓要晚，石棚墓更不可能由石室土墩墓发展而来。"[1] 不仅如此，浙南石棚墓在与瓯越族相邻的闽北地区也找不到渊源，从而完全是越国时期浙南地区出现的一种具有地方特色的墓葬。但石棚墓在隔海相望的我国东北东南部以及韩国、朝鲜和日本等国家有较大量存在。

4. 竖穴土坑木椁墓

竖穴土坑木椁墓流行于西周中期至战国时代，战国时代越国墓葬的主流形态，一般认为随越地华夏化暨楚文化的东渐，由越国本地的石室土墩墓向中原和楚地的土坑木椁墓转变而来，但仍保留越国自身的个性特色。其构筑方式是：在山顶（如印山越王陵、长兴鼻子山M1）或者山脊坡地（如绍兴小家山M17、祝家山M1、绍兴漓渚M1），或者山麓平地（如绍兴坡塘狮子山M306，安吉龙山D141M1），或者岗地（如嵊州小黄山M13），由原地表向下开挖平面长宽比约为3∶1甚至更大的长条状土坑（楚地流行的长方形竖穴土坑墓长宽比多在2∶1以下）。坑内构筑木椁墓室，墓室一端往往还设置有墓道，与墓室一起呈平面"甲"字形。墓室、墓道外填木炭、膏泥。墓上保留土墩墓墓上封土的传统，但封土形状不再是原来的圆形或椭圆形馒头状，而代以高大的长方形覆斗状。如印山越王陵封土底东西长72、南北宽36、中心最高处厚9.8米，安吉龙山D141M1封土底东西长50、南北宽42、中心最高处厚8米，长兴鼻子山M1封土底东西长32、南北宽18、中心最高处厚3.7米。这种长方形覆斗状高大封土，立面呈四面斜坡状向上收拢，四坡挺直，顶部平整，"很可能是模仿

---

[1] 浙江省文物考古研究所、温州市文物保护考古所、瑞安市文物馆：《浙南石棚墓调查发掘报告》，文物出版社2014年版，第118页。

中原贵族地面宫室建筑的有意之作"①。

此类墓根据其墓坑的深度，可以分为浅土坑墓、深土坑墓两类。浅土坑墓，指墓坑深度在50厘米以下的竖穴土坑墓，一般规模比较小，墓坑长度多在2—4米，宽多在2米以下。上虞凤凰山墓葬群中47座战国晚期浅土坑墓，M135坑深0.3米，M210坑深0.4米，M193坑深0.42米，M136坑深0.46米。深土坑墓，指墓坑深度在1米以上的竖穴土坑墓，其中部分坑深远远超过1米，墓葬规模也很大。如绍兴漓渚猪肉畚M1坑口长25、宽6.8—7.2米，坑底长24.3、宽6.5—6.9米，坑深1.6—1.75米，绍兴小家山M17墓坑长约9.3—9.4、宽约4.2米，坑深2.02—2.74米；长兴鼻子山M1坑口长14.8、宽5.1—5.7米，坑底长13.7、宽4—4.2米，坑深达2.3米；印山越王陵坑口长46、宽14米，坑底长40、宽12米，坑深达12.4米。两类中，浅土坑墓与楚墓差别很大，楚墓是清一色由原地表向下挖很深的生土坑，且长方形土坑竖穴长宽比一般在2∶1以下，越地浅土坑墓则相当大部分是在地表向上堆筑一部分土，再在堆土上向下挖坑，墓葬长宽比例达到3∶1甚至更大，这是此类"平面长条形墓葬具有越地特色"②的体现。此类墓根据木椁构筑方式，又可以分立面两面斜坡状，横断面呈三角形的木椁墓（如印山越王陵、安吉龙山D141M1），与矩形直壁平顶箱式木椁墓两类（如长兴鼻子山M1）。两类中，前者的木椁与越地原有的石室土墩墓的石室有形制的相似，可以说是此类墓具有越地特色的又一体现。诚如专家考察所言："石室土墩墓之墩内石室……两侧壁往上逐渐向内斜收，顶上一般留有数十厘米宽的上口，上口用长方或长条石盖顶。……从墓葬形制上考察，虽然石室土墩墓与印山越王陵属于两种完全不同的墓葬形制，前者属平地掩埋的土墩墓范畴，后者则系竖穴深坑封土墓，但就墓室的形态结构而言，印山越王陵断面呈三角形的长条形木室，与断面呈梯形的长条形石室

---

① 陈元甫：《越国贵族墓葬制葬俗初步研究》，《浙江省文物考古研究所学刊》第九辑，科学出版社2009年版，第226页。

② 田正标：《江、浙、沪地区战国墓分期初探》，《浙江省文物考古研究所学刊》第九辑，科学出版社2009年版，第298页。

是颇为相似的，两者的区别仅仅在于，后者石室两壁顶部未合拢而留有一定宽度的顶口，前者两壁顶端基本直接相互支撑而未留顶口。这一形态结构上的差异，似乎与构建材料的不同也有一定的关系。因此我们认为，印山越王陵这一独特的木结构墓室，基本采用了本地传统的墓室形制。"[1] 已发掘的此类越国贵族墓的墓道形式，明显分斜坡状（如长兴鼻子山 M1、杭州半山石塘 M1）和基本成平底状（如印山越王陵、安吉龙山 D141M1、绍兴漓渚猪肉岙 M1）两种，而且与木椁形制存在一种颇有规律性的组合，"是斜坡墓道者，墓内木椁呈矩形，是平底墓道者，墓内木椁呈两面斜坡状"；墓道位置绝大多数在东面，也就是绝大多数墓葬都采用了向东的朝向，"反映出这一东方民族以东为尊的思想"[2]。另外，已发掘的此类越国贵族墓，不少还在墓外发现与墓葬规模大小成正比、同样是长方形的陪葬器物坑，而且位置几乎都在顺墓葬方向的左侧附近。有的距离墓坑较近，为封土所覆盖，如嵊州小黄山 M13；有的距离墓坑较远，设在封土之外，如杭州半山石塘 M1、长兴鼻子山 M1、安吉龙山 D141M1，以及安吉八亩墩越国贵族墓。还有的有多个器物陪葬坑，如近年抢救性发掘的平水小岙战国越国贵族墓 M88，由残存墓室底部两道椁室垫木痕迹，可知属于竖穴土坑木椁墓，周围即残存 7 座器物陪葬坑。

但无论墓内还是墓外陪葬器物坑，此类墓的随葬器物主要是这样四类：一是印纹硬陶器，包括印纹硬陶坛、瓮、罐、小罐等；二是原始瓷器，包括盅式碗、钵式碗、罐、杯、瓿等，规模较大的墓葬中还出土各式鼎、豆、壶、盘、匜等仿青铜的原始瓷礼器，甬钟、镈钟、编磬、铃、句鑃、錞于等原始瓷乐器；三是生活用泥质陶器，主要种类有瓮、罐、盆、甗、羊角形器、璧等；四是仿青铜陶礼器，包括泥质或泥质黑衣陶的鼎、豆、壶、盒、钫、杯等。其中一、二两类是整个东周时期越地始终最为流行的，占了绝大多数。但不论是浙江已发

---

[1] 浙江省文物考古研究所、绍兴县文物保护管理局编著：《印山越王陵》，文物出版社 2002 年版，第 54 页。
[2] 陈元甫：《越国贵族墓葬制葬俗初步研究》，《浙江省文物考古研究所学刊》第九辑，科学出版社 2009 年版，第 230 页。

掘的春秋晚期到战国时期的上百座越国墓葬，还是江苏无锡发掘的7座不同等级的战国时期越国贵族墓葬——其中特大型墓葬邱承墩DⅦ出土陪葬器物1098件，含原始青瓷器581件、泥质陶器337件、硬陶器134件、玉器与仿玉器的石璧35件、琉璃器5件（套）①，像此前的於越族土墩墓和石室土墩墓一样，均未发现陪葬大件青铜礼乐器，而只有仿青铜的陶瓷礼乐器。"用仿青铜的原始青瓷或硬陶的礼器与乐器代替青铜器随葬，是越国贵族墓葬主要的葬俗特征，与中原及包括吴国在内其他地区同时期贵族墓葬普通随葬青铜器的葬俗形成了明显的对此，同样具有鲜明的民族与地区特色"。在德清梁山战国墓中，甚至发现了用仿青铜的原始青瓷生产工具斧、锛、锸随葬的现象。这是否越国国力不足采取的权宜之计？陈元甫分析说，"气势恢宏的绍兴印山越国王陵，出土大量陶瓷礼器、乐器和玉器的江苏无锡鸿山越国贵族墓，从一个侧面见证了当时越国的强盛与辉煌。在这种情况下，统治者要使用几件青铜器随葬，应该是完全办得到的事情"，"越国贵族墓中不用青铜器随葬的现象，并非没有实力之原因，这一方面应该是反映了越国比较务实的精神。铜在当时无疑是一种贵重物品，资源的稀缺和连绵的战争，又迫使越国把有限的青铜资源首先使用到最为需要的农具和兵器的制作上去，用以发展生产，壮大军队，增强国力。墓葬陪葬品是让死者带到冥冥世界去生活享用的东西，并非是要去实际使用的物品。陶瓷品的制作较青铜器廉价得多，其可塑性和入土不朽的优点，就自然成为越人首选的青铜替代品"，另一方面这也是"由於越民族特有的丧葬习俗所决定的"，"这种有别于其他地区的特殊葬俗，突出体现了古代越人求真务实的民族精神，集中反映出於越民族精勤耕战的民族文化"②。

5. 土墩木椁墓与石砌甬道木椁墓

这是西周晚期至战国时代的两种特殊墓葬，是传统土墩墓、石室

---

① 南京博物院、江苏省考古研究生等：《鸿山越墓发掘报告》，文物出版社2007年版，第172—173页。

② 陈元甫：《越国贵族墓葬制葬俗初步研究》，《浙江省文物考古研究所学刊》第九辑，科学出版社2009年版，第239—241页。

土墩墓与日渐占据主导地位的竖穴土坑木椁墓相结合的产物。

其中，土墩木椁墓，以萧山柴岭山西周晚期 D30M1 和绍兴香山战国中期偏早 M1 为代表。萧山柴岭山 D30M1 位于土墩中部，为长条形石床木室墓，由石床、白膏泥基底、枕木、"人"字形墓木室等组成。墓葬的营建方式为：选择山脊较为平缓宽敞处修凿基岩，平整地表，并设置明显的墓葬范围，在地表平铺一层大小不一的石块构成石床，石床之上铺一层白膏泥形成墓底，其上铺几根横向枕木，用原木斜撑构建墓室，墓室上铺一层树皮，最后封土成墩。随葬器物有原始瓷豆、碟，印纹硬陶瓮、罐。绍兴香山 M1 规模很大，其构筑方式是：在山麓平地，用人工拌合而成的灰黑色土夯打筑成多层垫土，上面用枋木营建多层枕木，中间以小圆木、小木片和夯土支撑和填压，从而形成一个中间平整而且高于四周的东西向长条形土木结构基础平台即墓床。木椁底部以近百根大型规整的枋木紧密平铺而成，枋木长近5、厚约0.53、宽约0.55米，两端包以树皮。椁底每根枋木两端凿有斜向凹糟，凹糟处填以树胶状黏合剂，上面承接斜撑木，构成两面斜坡状、横断面呈三角形的木椁。木椁一端（东部）设有平面呈长方形，底部平，与椁底基本处于同一平面的墓道。墓道与木椁相连处建有横断面呈三角形的比较长的木构甬道（不短于 7 米）。封土高大，底部长度、宽度分别在 90、50 米以上。随葬器物有原始瓷盅式碗、印纹硬陶坛、罐等。香山 M1 "先平整墓地，再营建墓葬土木结构基础平台，然后再构建木椁、墓道的埋葬过程，应是承继了越地传统的平地堆土掩埋的埋葬习俗。此外，无锡鸿山越国墓地的老虎墩（DI）、万家坟墩（DVI）同样是平地起封"，"以上越国墓葬资料说明，多数越国上层贵族在埋葬习俗上受到了外来文化因素的强烈影响，同时，有一些越国贵族还固守越地传统丧葬文化，坚守越地传统埋葬习俗"[①]。

石砌甬道木椁墓，以东阳前山 D2M1 为代表。其构筑方式是：在

---

① 浙江省文物考古研究所、绍兴市文物考古研究所等：《绍兴越墓》，文物出版社 2016 年版，第 18—23、43—53、186 页。

自然突兀的山峰上平地起建长方形浅土坑木椁墓,在浅墓坑一端用石块垒砌较长的甬道与较短的墓道,形同石室,与浅墓坑一起平面整体呈"凸"字形。其中,甬道与墓道的砌筑方法是,两壁底先侧立一排较大的石块,往上再垒叠相对较小的块石,两壁往上逐渐斜向内收,形成上窄下宽的状态,横断面呈梯形,上面用多块长条石盖顶,底部用具有平整板面的小块石铺面。在垒砌两壁的同时,壁外堆封大量的泥石形成护坡。甬道与墓道之间底有门槛,用板状长条石横向侧立连接而成;两侧有门框,它们均是在一块高1.5米的竖立长条石上,再接叠一块高0.55米短条石而成。墓坑底部放置垫托棺椁的多根枕木,枕木间用河卵石铺设成石床。墓内木椁,从封土剖面判定是用长枋木构建的两面斜坡状、横断面呈三角形的形态,与横断面呈梯形的石室在形态上极为相似,也与印山越王陵的木椁形制相同。随葬器物近3000件(组),全部为玉石器。"考古资料表明,越地流行的传统土墩墓和土墩石室墓,从春秋晚期开始逐渐为楚和中原式的竖穴土坑木椁墓所取代,平地起建的土墩石室结构,逐渐演变成为土坑木椁形式,到了战国时期,完成了由平地向土坑、由石室(椁)向木椁的转变过程,土坑木椁墓开始成为越地流行的墓葬新形制","东阳前山D2M1这种石砌甬道、木椁墓室的浅土坑墓,应该代表着平地掩埋的土墩石室墓向挖坑埋葬的深土坑木椁墓发展演变的一种过渡形态"[1]。

6. 崖墓

春秋战国时期,地处赣东北武夷山地区的古越族的一个支族"干越"族,属越国的地域。这里的土著居民流行一种特殊的崖洞葬俗,考古上称为"崖墓"。1979年,江西省历史博物馆在江西贵溪县西南角仙女岩和水岩群山中,两次发掘清理了14座崖墓。

贵溪崖墓一般位于距地面20—30米的崖壁中部,崖壁上系天然形成的洞穴,洞口多朝东南向,崖洞大多外张内收,洞内能够遮雨蔽日。洞口顶沿经人工修凿整齐,以便于采用木板封闭墓门。墓门多数

---

[1] 浙江省文物考古研究所:《浙江越墓》,科学出版社2009年版,第6—8、12—44页。

采用夹板式墓门，个别大墓用木棒或竹竿横穿脊孔并联成大门。在一些比较宽大的洞穴内，采用封门板的方法将洞内分隔成若干间椁室，以区分主室和侧室，分别放置棺木及随葬品。在14座崖墓中，共存放棺木37具，均用整段木料刳制而成，其形制可分为圆筒状、长盒状、屋形和扁圆状4类。棺盖与棺身采用子母榫合口，多不施棺钉，绝大多数不加髹漆。部分棺盖、棺身口沿和挡板上刻有简体云雷纹边饰和四出窗格纹图案。少数棺内铺设垫尸板或垫尸架，有的垫尸架边缘木板上刻有云雷纹和绳纹带边饰。尸骨以竹席裹卷，半垫半盖，席下交叉排列有三支细竹条。葬俗分单洞单葬、单洞群葬和联洞群葬三种。随葬器物包括陶器、原始瓷器、竹木器和纺织品及纺织器材等。陶器以印纹硬陶为主，器形多坛、罐、鼎，成组出现，器形多敛口鼓腰，有的肩有双贯耳及横"∽"堆纹，与越国其他地区出土同类器物相似，纹饰以方格纹和米字纹较多，另有鼎、盉、盥盘等仿铜泥质灰黑陶，与绍兴凤凰山2号墓出土器物几乎相同。原始瓷器以碗、杯、碟为主，罐次之，器表多素面，纹饰有横"∽"堆纹及带状梳齿纹。

（二）葬俗

越国墓葬中的中小型墓葬属平民墓葬，主要为土墩墓和石室土墩墓，随葬器物主要为陶瓷生活用品，可存而不论；大型墓葬属上层贵族墓葬，一般规模较大（常见高大的封土堆、墓坑长度一般大于10米），结构较复杂（有墓道和墓室，有的还有侧室、后室或壁龛），随葬器物也较平民墓葬大为丰富。根据张敏对吴、越贵族墓的甄别研究[1]，越国上层贵族墓葬在墓葬形态、埋葬习俗、随葬器物等方面都自具特点。

1. 墓葬形态

吴国贵族墓葬墓地的选择讲究风水，封土呈圆形丘状，墓向西。代表性墓葬有丹徒北山顶春秋墓、丹徒青龙山春秋墓。越国贵族墓葬

---

[1] 张敏：《吴越贵族墓葬的甄别研究》，《文物》2010年第1期。

墓地选择不讲究风水，封土多呈长方形覆斗状，墓向东。代表性墓葬有印山越王陵、苏州大真山春秋墓、鸿山邱承墩战国墓、长兴鼻子山战国墓和安吉龙山战国墓。两者可列表对比如（见表6-1）：

表6-1　　　　　　　　吴、越贵族墓葬形态比较

墓葬	墓地	封土	墓坑	墓室、墓道	墓向	国属
北山顶	有风　有水	圆形　丘状	曲尺形	长方形	西（270°）	吴
青龙山	有风　有水	圆形　丘状	"甲"字形	长方形	西（270°）	吴
大真山	有风　无水	长方形馒头状	"甲"字形	长条形	东（93°）	越
印山	有风　无水	长方形覆斗状	"甲"字形	长条形	东（90°）	越
邱承墩	有风　无水	长方形覆斗状	"中"字形	长条形	东（110°）	越
鼻子山	有风　无水	长方形覆斗状	"甲"字形	长条形	东（100°）	越
龙山	无风　无水	长方形覆斗状	"甲"字形	长条形	东（105°）	越

墓地不讲究风水，反映了越国民众对山居环境的灵活适应；墓向朝东，表达了作为东夷一支，对东方海洋世界的向往，与太阳崇拜亦息息相关。

2. 埋葬习俗

吴国贵族墓葬有人殉、人祭或牺牲。如丹徒北山顶春秋墓有女性人殉一和人祭男、女各一，而丹徒青龙山春秋墓有人殉男、女各一和三匹杀殉的马牲。越国贵族墓葬基本无人殉、人祭，也无牺牲。印山越王陵、苏州大真山春秋墓、鸿山战国墓、长兴鼻子山战国墓和安吉龙山战国墓，无不如此。两者可对比如（见表6-2）：

表6-2　　　　　　　　吴、越贵族墓葬殉葬情况比较

墓葬	人殉	人祭	牺牲	国属
北山顶	1人（女性）	2人（男性1，女性1）	无	吴
青龙山	2人（男性1，女性1）	无	马（3匹）	吴
大真山	无	无	无	越
印山	无	无	无	越
邱承墩	无	无	无	越
鼻子山	无	无	无	越
龙山	无	无	无	越

无人殉、人祭，也无牺牲，反映越国贵族很早就摆脱奴隶主贵族的残忍习性，和一定程度上对物力的珍惜。

3. 随葬器物

吴国贵族墓葬，随葬青铜器和陶器，偶见原始瓷，不见玉器。其中，青铜器又分青铜礼乐器，含礼器鼎、杖，乐器钟、镈、錞于、丁宁等，不见句鑃；青铜车马器，主要有车軎、车辖和马镳、马衔等；青铜兵器，主要有矛、戈、剑、镞、矢等。代表性墓葬有丹徒北山顶春秋墓、丹徒青龙山春秋墓。

越国贵族墓葬，主要随葬原始瓷、陶器和玉器，不见或偶见青铜器。其中，陶瓷器又分陶瓷生活用器，主要有瓿、坛、罐、豆、碗、盂等；陶瓷礼乐器，主要有仿青铜的立耳浅腹盆形鼎、甗形鼎、兽面鼎、匜、鉴、盉、钟、镈、磬、句鑃、錞于、丁宁、悬铃和角形器、璧形器等。玉器主要有璜形佩、环形或璧形佩、觿、管、珠、牌等佩玉以及覆面等葬玉。代表性墓葬有印山越王陵、苏州大真山春秋墓、鸿山战国墓、长兴鼻子山战国墓和安吉龙山战国墓。两者可列表对比如（见表6－3）：

表6－3　　　　　　　　吴越贵族墓葬随葬器类比较（1）

墓葬	青铜礼乐器	青铜车马器	青铜兵器	陶瓷生活用器	陶瓷礼乐器	玉器
北山顶	常见	常见	常见	少见	不见	不见
青龙山	常见	常见	常见	常见	不见	不见
大真山	不见	不见	不见	少见	常见	常见
印山	偶见	不见	不见	少见	不见	常见
邱承墩	不见	不见	不见	常见	常见	常见
鼻子山	不见	不见	不见	少见	常见	常见
龙山	不见	不见	不见	少见	常见	常见

扩大研究发现，自西周至战国早期，吴、越贵族墓葬最具指示性的随葬要素，乃是青铜车马器、陶瓷礼乐器和玉器。吴国贵族墓葬随葬青铜车马器，无陶瓷礼乐器和玉器；越国贵族墓葬随葬陶瓷礼乐器和玉器，无青铜车马器。

早期认为属西周，近被认定属春秋晚期至战国初的屯溪弈棋、春秋时期的绍兴印山、苏州大真山、战国时期的无锡鸿山、绍兴坡塘、海盐黄家山、余杭笆斗山、杭州石塘、长兴鼻子山、安吉龙山等越国贵族墓，与西周时期的丹徒烟墩山、荞麦山、两周之际的磨盘墩、春秋晚期的北山顶、青龙山、王家山和繁昌汤家山等吴国贵族墓，两者随葬，壁垒分明。两者可进一步列表对比如（见表6－4）：

表6－4　　　　　吴越贵族墓葬随葬器类比较（2）

墓葬	时代	青铜车马器	陶瓷礼乐器	玉器	国属
丹徒烟墩山	西周	有	无	无	吴
丹徒荞麦山	西周	有	无	无	吴
丹徒磨盘墩	两周之际	有	无	无	吴
繁昌汤家山	春秋	有	无	无	吴
丹徒北山顶	春秋	有	无	无	吴
丹徒青龙山	春秋	有	无	无	吴
丹徒王家山	春秋	有	无	无	吴
屯溪弈棋村	西周	无	有	有	越
绍兴印山	春秋	无	无	有	越
苏州大真山	春秋	无	无	有	越
丹徒粮山	战国	无	无	有？	越
绍兴坡塘	战国	无	无	有	越？
杭州石塘	战国	无	有	有	越
余杭笆斗山	战国	无	有	有	越
海盐黄家山	战国	无	有	有	越
无锡鸿山	战国	无	有	有	越
长兴鼻子山	战国	无	有	有	越
安吉龙山	战国	无	有	有	越

少见青铜器，完全不见青铜车马器，用陶瓷礼乐器代替青铜礼乐器，这是"水行而山处，以船为车，以楫为马"的越国民众，鉴于山居和沿海沼泽的生存条件，物力不丰的实际，而又渐重礼教的形势，采取的因地制宜之举。

上述主要是张敏对春秋晚期到战国初代表性越国贵族墓的考察。乍看似与其他学者的研究和考古发现不尽吻合，不能反映越国贵族墓随葬制度的全貌。如马承源曾言，吴越贵族墓葬中的土坑墓的遗存主要是吴越王族系统的器物，这些王族及其有关的统治者所享受的是追求高层次的中原东周盛时的青铜文化，所以土坑墓出土青铜器；土墩墓的遗存主要是土著部落上层使用的器物，少量土墩墓也出土青铜器。[①] 确实瓯海仙岩杨府山西周或商末周初土墩墓、新近发现的衢州衢江庙山尖西周早期土墩墓、皖南屯溪弈棋西周或春秋晚期土墩墓，以及绍兴凤凰山、任家湾茅家山战国晚期土坑木椁墓，都随葬有青铜器；2012年发掘的东阳巍山镇白坦村顾家山西周土墩墓还发现了3号、4号殉葬坑。

张敏关于越国贵族墓的判断，实际上是有关春秋晚期至战国初，处在民族爆发力鼎盛期的越国主体民族——於越贵族的，与马承源的看法及更广泛时空范围的考古发现并不矛盾。其一，马承源所言指长江下游的江苏沿江和苏南地区、浙江西北部、皖南等地，本就泛指吴越地区而言，时代亦指整个春秋时代。其二，瓯海仙岩杨府山西周或商末周初土墩墓、衢州衢江庙山尖西周早期土墩墓、皖南屯溪弈棋西周或春秋晚期土墩墓，墓主族属都非越国主体民族，而是越族支裔的瓯越、姑蔑或干越。这些民族的贵族墓都是常见青铜器出土的。如有论著就提道，"青铜时代东瓯文化的标志性遗存则是印纹硬陶、原始瓷、青铜器和土墩墓。瓯地土墩墓仅发现3处，即浦城土墩墓群、黄岩小人尖土墩墓和温州仙岩土墩墓，此3处土墩墓表现出很大的共性，最主要的共性，是3处都出土了大量形制相似的青铜器"[②]。其三，东阳巍山镇白坦村顾家山西周土墩墓，或反映於越贵族早期的葬俗；绍兴凤凰山、任家湾茅家山土坑木椁墓，则反映战国晚期业已大大楚化的於越贵族葬俗。

---

① 马承源：《长江中下游土墩墓出土青铜器的研究》，《上海博物馆集刊》第四期，上海古籍出版社1987年版，第198、218页。
② 黄舟松：《先秦时代东瓯文化初探》，林华东主编：《瓯文化论集》，浙江人民出版社2009年版，第101页。

第四节　社会风尚

由于受到环境、传统、时代等因素影响，越国社会上下还在长期的生活、劳动、斗争实践中形成饶有意味的社会风尚。

一　敬天重祖

人类社会都经历从神本时代向人本时代的转变。在万物有灵论思想影响下，天地万物都成为远古人类的祭祀对象。进入文明时代之后，神灵祭祀渐衰，却从来没有消亡；同时，祖先崇拜始终一以贯之。越国即是如此。

（一）天地祭祀

於越先祖禹常进行各祭祀活动。《吴越春秋·越王无余外传》记载了禹祭山神得天书明治水之理的传说：

> 禹伤父功不成，循江溯河，尽济甄淮，乃劳身焦思以行，七年，闻乐不听，过门不入，冠挂不顾，履遗不蹑，功未及成，愁然沉思。乃案《黄帝中经历》，盖圣人所记，曰："在于九疑山东南天柱，号曰宛委，赤帝在阙。其岩之巅，承以文玉，覆以磐石，其书金简，青玉为字，编以白银，皆珱其文。"禹乃东巡登衡山，血白马以祭，不幸所求。禹乃登山，仰天而啸。……禹退又斋，三月庚子，登宛委山，发金简之书，案金简玉字，得通水之理。

越王句践亦常重视天地山川祭祀。文种"伐吴九术"第一术便是"尊天事鬼，以求其福"。句践听从其言，"乃行第一术，立东郊以祭阳，名曰东皇公。立西郊以祭阴，名曰西王母。祭陵山于会稽，祀水泽于江州。事鬼神一年，国不被灾"（《吴越春秋·句践阴谋外传》）。

《越绝书·越绝德序外传记》:"越王句践即得平吴,春祭三江,秋祭五湖,因以其时,为之立祠,垂之来世,传之万载。"《拾遗记》卷三:"越谋灭吴,蓄天下奇宝、美人、异味,以进于吴。杀三牲以祈天地,杀龙蛇以祠川岳。"越人重天地山川祭祀可见一斑。

(二) 祖庙祭祀

越地一直盛行祖先崇拜和祭祀。舜传位于禹,舜崩,禹为之服丧。《吴越春秋·越王无余外传》:"舜崩,禅位命禹,禹服三年,形体枯槁,面目黎黑。"禹为於越先祖,故后世祭祀不绝。"启使使以岁时春秋而祭禹于越,立宗庙于南山之上。"又曰:"无余质朴,不设宫室之饰,从民所居。春秋祠禹墓于会稽。"《越绝书·越绝外传记地传》:"故禹宗庙,在小城南门外大城内。禹稷在庙西,今南里。"越王句践之时,祖庙之祭依然存在。《国语·越语上》载越国行成于吴之辞:"若以越国之罪为不可赦也,将焚宗庙,系妻孥,沉金玉于江。"此表明越国宗庙祭祀一直长存。

越人崇拜、祭祀祖先,当然包括崇拜、祭祀历代祖先,而非仅大禹,以至迁居常徙其祖冢。《越绝书·越绝外传记地传》:"若耶大冢者,句践所徙葬先君夫镡冢也,去县二十五里。"这应该是越国强盛时从他处迁至山阴大城边。后来句践迁都琅琊时,亦欲徙其父允常冢。《越绝书·越绝外传记地传》:"木客大冢者,句践父允常冢也,……去县十五里。"《吴越春秋·句践伐吴外传》:"越王使人如木客山,取允常之丧,欲徙葬琅琊。三穿允常之墓,墓中生飘风,飞砂石以射人,人莫能入。句践曰:'吾前君其不徙乎?'遂置而去。"

二 尚武轻死

因儒家礼教不发达,更出于统治集团强国强军以复兴的提倡,越人尚武轻死之风盛行。

自允常立国兴霸以来,越尚武之风逐渐兴盛。越王允常好剑,曾令欧冶子铸剑。《吴越春秋·阖闾内传》载,"越王元(允)常使欧冶子造剑五枚","吴王得越所献宝剑三枚,一曰鱼肠,二曰磐郢,三曰湛卢"。越王句践亦好剑。《越绝书·越绝外传记宝剑》："昔者，越王句践有宝剑五，闻于天下。"

句践曾竭力培养军士从令轻死精神。此类记载颇多：

（文种曰：）"吾赏厚而信，罚严而必。君欲知之，何不试焚官室？"于是遂焚官室。人莫救之。乃下令曰："人之救火者死，比死敌之赏；救火而不死者，比胜敌之赏；不救火者，比降北之罪。"人涂其体，被濡衣而走火者，左三千人，右三千人。……故越王将复吴而试其教，燔台而鼓之，使民赴火者，赏在火也；临江而鼓之，使人赴水者，赏在水也；临战而使人绝头刳腹而无顾心者，赏在兵也。（《韩非子·内储说上》）

昔者越王句践好勇，教其士臣三年，以其知为未足以知之也，焚舟失火，鼓而进之，其士偃前列、伏水火而死，有不可胜数也。（《墨子·兼爱下》）

昔越王句践好士之勇，教驯其臣，和合之，焚舟失火，试其士曰："越国之宝尽在此！"越王亲自鼓其士而进之。士闻鼓音，破碎乱行，蹈火而死者，左右百人有余。越王击金而退之。（《墨子·兼爱中》）

句践试其民于寝宫，民争入水火死者千余矣，遽击金而却之。（《吕氏春秋·离俗览·用民》）

句践亦试其士于寝宫之庭，赴火死者不可胜数。（《论衡·率性》）

句践曾用死士赢得了第二次槜李之战的胜利：

吴伐越，越子句践御之，陈于槜李。句践患吴之整也，使死士再禽焉，不动。使罪人三行，属剑于颈，而辞曰："二君有治，臣奸旗鼓。不敏于君之行前，不敢逃刑，敢归死。"遂自刭也。师属之目，越子因而伐之，大败之。（《左传·定公十四年》）

吴王阖庐（间）闻允常死，乃兴师伐越。越王句践使死士挑

战，三行，至吴阵，呼而自刭。吴师观之，越因袭击吴师，吴师败于欈李。(《史记·越王句践世家》)

上行下效加严令要求，越国上下遂形成尚武轻死的风尚，如《吴越春秋·句践伐吴外传》所云"悦兵敢死，越之常也"，《越绝书·越绝外传记地传》所云"锐兵任死，越之常性也"。

大事年表

年月	大事内容	资料来源
夏少康在位 （前21世纪）	"少康恐禹祭之绝祀，乃封其庶子于越，号曰无余。""无余初封大越，都秦余望南，千有余岁而至句践。"	《吴越春秋·越王无余外传》《越绝书·越绝外传记地传》
周成王七年 （前1036年）	周洛邑建成，"王如东都，诸侯来朝"，"於越纳……会稽以鼍"。	今本《竹书纪年》、《逸周书·王会解》
周成王二十四年 （前1019年）	"於越来宾。" "周成王时，於越献舟。"	今本《竹书纪年》、《艺文类聚》卷七一引《周书》
周成王二十五年 （前1018年）	"王大会诸侯于东都，四夷来宾。"	今本《竹书纪年》
周穆王三十七年 （前940年）	"（周穆王）大起九师，东至于九江，架鼋鼍以为梁，遂伐越，至于纡。"	今本《竹书纪年》、《文选·恨赋》注引《纪年》、《北堂书钞》卷一一四引《纪年》
周惠王二十一年 （前656年）	齐桓公"择天下之甚淫乱者而先征之"，"东南多有淫乱者，莱、莒、徐夷、吴、越，一战帅服三十一国……使贡丝于周而反"。	《国语·齐语》
周定王六年 （前601年）	"楚为众舒叛，故伐舒、蓼，灭之。楚子疆之，及滑汭（在今安徽合肥一带），盟吴、越而还。"	《左传·宣公八年》
周灵王二十二年 （前550年）	"鄂君子皙之泛舟于新波之中也……榜枻越人拥楫而歌……乃召越译，乃楚说之曰……"	《说苑·善说》
周景王元年 （前544年）	"吴人伐越，获俘焉，以为阍，使守舟。吴子余祭观舟，阍以刀杀之。"	《左传·襄公二十九年》

续表

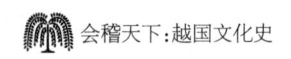

年月	大事内容	资料来源
周景王四年 （前541年）	越王夫谭卒，子允常立，或在本年。"越侯传国三十余叶，历殷至周敬［景］王时，有越侯夫谭，子曰允常，拓土始大，称王，《春秋》贬为子，号为於越。""常立，当吴寿梦、诸樊、阖闾之时，越之兴霸自元（允）常矣。"（允常，出土青铜器铭文作得居）	《史记·越王句践世家》张守节《正义》引《舆地志》、《吴越春秋·越王无余外传》
周景王七年 （前538年）	"（楚）灵王会兵于申，僇越大夫常寿过，杀蔡大夫观起。起子从亡在吴，乃劝吴王伐楚，为间越大夫常寿过而作乱，为吴间。"	《史记·楚世家》
周景王八年 （前537年）	"十月，楚子以诸侯及东夷伐吴"，"越大夫常寿过帅师会楚子于琐（在今安徽霍邱）"。	《左传·昭公五年》
周景王十一年 （前534年）	"［经］冬十月壬午，楚师灭陈，执陈公子招，放之于越。"	《左传·昭公八年》
周景王十四年 （前531年）	允常铸金戚戈佐徐国称王，铭文"越邦先王得居，铸金戚，佐徐以为王后"，或在此年（次年楚灵王因此欲讨伐徐国）。	曹锦炎《越王得居戈考释》
周景王十六年 （前529年）	越大夫常寿过"矫（楚）公子弃疾命召公子比于晋，至蔡，与吴、越兵欲袭蔡"，"遂入杀灵王太子禄，立子比为王"，"灵王于是独傍徨山中，野人莫敢入王"，"王死申亥家"。	《史记·楚世家》
周敬王二年 （前518年）	"楚子为舟师，以略吴疆。……越大夫胥犴劳王于豫章之汭，越公子仓归王乘舟，仓及寿梦帅师从王。"	《左传·昭公二十四年》
周敬王十年 （前510年）	"夏，吴伐越，始用师于越也。" "吴王以越不从伐楚，南伐越。……破槜里（槜李，在今桐乡市濮院镇附近）。"	《左传·昭公三十二年》《吴越春秋·阖闾内传》
周敬王十五年 （前505年）	夏，"越入吴，吴在楚也"。 "越王元（允）常恨阖闾破之槜里，兴兵伐吴。吴在楚，越盗掩袭之。"	《左传·定公五年》《吴越春秋·阖闾内传》
周敬王二十年 （前500年）	句践先后铸造青铜剑，剑格铭文均作"越王越王之子鸠浅"，或在本年。	张振林《关于两件吴越宝剑铭文的释读问题》、曹锦炎《鸟虫书通考》
周敬王二十三年 （前497年）	"允常卒，子句践立，是为越王。（次年）越王元年，鲁定公之十四年也。"（句践，出土青铜剑作鸠浅）	杜预《春秋释例》卷九

续表

年月	大事内容	资料来源
周敬王二十三年 （前497年）	越国贵族其次铸造一批青铜句鑃，其中两件凿款反书铭文"唯正（月）初吉丁亥，其次择其吉金铸句鑃，以享以孝，用祈万寿，子子孙孙，永保用之"，当在越王允常或句践时期。	董楚平《吴越徐舒金文集释》
周敬王二十四年、句践元年 （前496年）	"吴伐越，越子句践御之，陈于檇李。……大败之。灵姑浮以戈击阖庐（闾），阖庐（闾）伤将指，取其一屦。还，卒于陉，去檇李七里。"	《左传·定公十四年》
周敬王二十六年、句践三年 （前494年）	"吴王夫差败越于夫椒（今太湖洞庭西山），报檇李也。遂入越。越子以甲楯五千保于会稽，使大夫种因吴大（太）宰嚭以行成。……三月，越及吴平。"	《左传·哀公元年》《史记·越王句践世家》
周敬王二十八年、句践五年 （前492年）	"越王句践五年五月，与大夫种、范蠡入臣于吴，群臣皆送于浙江之上。" 句践"卑事夫差，宦士三百人于吴，其身亲为夫差前马"，"令大夫种守于国"。	《吴越春秋·句践入臣外传》《国语·越语上》
周敬王三十年、句践七年 （前490年）	句践"与范蠡入宦于吴，三年，而吴人遣之"。 "越王句践臣吴至归越，句践七年也"，"吴封地百里于越，东至炭渎，西止周宗，南造于山，北薄于海"，"欲筑城立郭，分设里闾"，于是范蠡"筑作小城，周千一百二十二步"，"外郭筑城，而缺西北"。 "句践之地，南至于句无，北至于御儿，东至于鄞，西至于姑蔑，广运百里"。	《国语·越语下》《吴越春秋·句践归国外传》《国语·越语上》
周敬王三十一年、句践八年 （前489年）	"吴王闻越王尽心自守，……增之以封，东至于句甬，西至于檇李，南至于姑末，北至于平原，纵横八百余里。"	《吴越春秋·句践归国外传》
周敬王三十二年、句践九年 （前488年）	正月，越王召五大夫共商国计，扶同提出"宜亲于齐，深结于晋，阴固于楚，而厚事于吴"，"（越）王思邦游民，三年，乃作五政。"	《吴越春秋·句践归国外传》、清华简《越公其事》
周敬王三十三年、句践十年 （前487年）	二月，"越王深念远思"，"须贤任仁，然后讨吴"，文种陈"报怨复雠，破吴灭敌者有九术"，"九者勿患，戒口勿传，以取天下不难"。	《吴越春秋·句践阴谋外传》《越绝书·越绝内经九术》
周敬王三十四年、句践十一年 （前486年）	"越王深念永思，惟欲伐吴"，计倪陈"必且内蓄五谷，实其金银，满其府库，厉其甲兵"。	《吴越春秋·句践阴谋外传》

续表

年月	大事内容	资料来源
周敬王三十六年、句践十三年（前484年）	越王以"越国洿下，水旱不调，年谷不登，人民饥乏，道荐饥馁"，派文种向吴国请籴，夫差不听伍子胥之谏，"乃与越粟万石"。"吴将伐齐，越子率其众以朝焉，王及列士皆有馈赂。吴人皆喜，惟子胥惧曰：'是豢吴也夫！'……王闻之，使赐之属镂以死。"	《吴越春秋·句践阴谋外传》《左传·哀公十一年》
周敬王三十七年、句践十四年（前483年）	"越王粟稔，拣择精粟而蒸还于吴。……吴种越粟，粟种杀而无生者，吴民大饥。"范蠡进善剑越女、善射陈音，使教军士。	《吴越春秋·句践阴谋外传》《国语·越语》
周敬王三十八年、句践十五年（前482年）	吴王"不稔于岁，乃起师北征"，与晋定公争盟于黄池，"越王句践乃命范蠡、舌庸率师沿海溯淮以绝吴路，败王子友于姑熊夷（今苏州市吴江区同里镇）"，又自率中军"溯江以袭吴，入其郛，焚其姑苏"。"冬，吴及越平"。	《国语·吴语》《左传·哀公十三年》
周敬王四十二年、句践十九年（前478年）	"三月，越子伐吴。吴子御之笠泽（在今苏州市吴江区），夹水而陈。越子为左右句卒，使夜或左或右，鼓噪而进。吴师分以御之。越子以三军潜涉，当吴中军而鼓之，吴师大乱，遂败之。"战役发动前，越王咨询楚使申包胥后，又"请八大夫"决议。	《左传·哀公十七年》《吴越春秋·句践伐吴外传》
周敬王四十四年、句践二十一年（前476年）	"春，越人侵楚，以误吴也。夏，楚公子庆、公孙宽追越师至冥（在今安徽广德与浙江长兴交界处），不及乃还。"	《左传·哀公十九年》
周元王元年、句践二十二年（前475年）	"吴公子庆忌骤谏吴子……弗听，出居于艾，遂适楚。闻越将伐吴，冬，请归平越，遂归。欲除不忠者以说于越，吴人杀之。十一月，越围吴。"	《左传·哀公二十年》
周元王二年、句践二十三年（前474年）	"夏五月，越人始来（鲁）"，为灭吴后北上中原争霸做外交准备。	《左传·哀公二十一年》
周元王三年、句践二十四年（前473年）	"夏四月，邾（在今山省邹城市境内）隐公自齐奔越，曰：'吴为无道，执父立子。'越人归之。大（太）子革奔越。冬十一月丁卯，越灭吴。请使吴王居甬东，辞曰：'孤老矣，焉能事君？'乃缢。""句践已平吴，乃以兵北渡淮，与齐、晋诸侯会于徐州，致贡于周，周元王使人赐句践胙，命为伯"，越"以淮上地与楚，归吴所侵宋地于宋，与鲁泗东方百里"。	《左传·哀公二十二年》《史记·越王句践世家》

续表

年月	大事内容	资料来源
周元王三年、句践二十四年（前473年）	"越灭吴，上征上国，宋、郑、鲁、卫、陈、蔡执玉之君皆入朝。" "越已胜吴，又索卒于荆（楚）而攻晋"，楚"起师与分吴"，越"乃割露山之阴五百里以赂之"。	《国语·吴语》《韩非子·说林下》
周元王四年、句践二十五年（前472年）	"秋八月，（鲁）叔青如越，始使越也。越诸鞅来聘，报叔青也。" 句践"使使号令齐、楚、秦、晋皆辅周室"，秦不如命，"句践乃选吴越将士西渡河以攻秦"，秦师屈，越军"作河梁之诗"。 相国文种"伏剑而死"。"范蠡辞于王"，"越王乃收其妻子，封百里之地"，《吴越春秋》置于上年九月，误，当在本年稍前。	《左传·哀公二十三年》《吴越春秋·句践伐吴外传》
周元王五年、句践二十六年（前471年）	四月，"邾子又无道，越人执之以归，而立公子何，何亦无道"。 "（鲁哀）公如越，得大（太）子适郢，将妻公而多与之地"，不果。	《左传·哀公二十四年》
周元王六年、句践二十七年（前470年）	五月，卫侯辄因大夫作乱出奔宋，使祝史挥"如越请师"，时人皆知"越新得诸侯"。 "六月，（鲁哀）公至自越。"	《左传·哀公二十五年》
周元王七年、句践二十八年（前469年）	越皋如等率越、鲁、宋联军攻卫，纳卫侯辄，不克。卫人立悼公，卫侯辄"遂卒于越"。	《左传·哀公二十六年》
周贞定王元年、句践二十九年（前468年）	"春，越子使后（舌）庸来聘（鲁），且言邾田，封于骀上（在今山东滕州市东南）"，以霸主身份重划因鲁侵邾而变动的两国边界，"二月，（越、鲁）盟于平阳（今山东邹城）"。 八月，"（鲁哀）公欲以越伐鲁而去三桓"，自公孙有山氏出奔邾，"乃遂如越"。 "於越徙都琅琊（在今青岛市黄岛区）"，"从琅琊起观台，周七里，以望东海，死士八千人，戈船三百艘"。	《左传·哀公二十七年》、今本《竹书纪年》、《吴越春秋·句践伐吴外传》
周贞定王二年、句践三十年（前467年）	"（鲁）国人迎哀公复归，卒于有山氏"，句践"不为哀公伐三桓也"。 莒国（在今山东莒县）侵邾，越国调停划分莒、邾边界，乘机"夹削其壤地"，并铸造一批越、邾、莒盟辞钟，镈以纪念，盟中邾君称越为"主越"，莒君自称"莒大土，越立建"，两君对越"连余大邾、大莒"即顺势将疆土扩展到自己脚下表示"称劳"，甘愿以越为宗主，或亦在本年。	《史记·鲁周公世家》《吴越春秋·句践伐吴外传》、曹锦炎《鸟虫书通考》

续表

年月	大事内容	资料来源
周贞定王三年、句践三十一年（前466年）	越王之子疌不铸造青铜席镇，铭文即其座右铭称"厥大故小连，于轨九州，顺日有行"，表示国家强大小国就会附随，要以统一天下，顺行天道为座右铭，或在本年	曹锦炎《鸟虫书通考》
周贞定王五年、句践三十三年（前464年）	"十一月，於粤子句践卒，是为菼执，次鹿郢立。"（鹿郢，《左传》作適郢，《史记》作鼫与，《越绝书》作与夷，《吴越春秋》作兴夷，出土青铜器铭文多作者旨於赐）	古本《竹书纪年》、杨宽《战国史事编年辑证》
周贞定王六年、越王鹿郢元年（前463年）	越王铸造青铜甬钟，错钿紫金铭文"唯正月季春，吉日丁亥，越王者旨於赐厥吉金，自作鯀钟。我以乐考、嫡祖、大（夫）、宾客，日以鼓之"，或在本年	容庚《鸟书考》、曹锦炎《越王钟补释》
周贞定王七年、越王鹿郢二年（前462年）	正月，越大夫舌庸之子姑冯铸造青铜句鑃，铭文有"惟王正月初吉丁亥"，"择厥吉金，自作商句鑃，以乐宾客，及我父兄，子子孙孙，永保用之"等三十九字，或在本年	《殷周金文集成》第二册第424号、李家浩《关于姑冯句鑃的作者是谁的问题》
周贞定王八年、越王鹿郢三年（前461年）	越王经营淮河流域，帮助徐人复国，封徐人"侯"，铸造青铜戈赠蔡侯，铭文"癸亥，徐侯之皇、戉王者旨於赐"，或在本年	董楚平《吴越徐舒金文集释》
周贞定王十年、越王鹿郢五年（前459年）	越王太子铸造青铜矛，矛身正、背两面中脊两侧铭文"於越嗣王、旨於之大（太）子不寿自作元用矛"，或在本年	曹锦炎《鸟虫书通考》
周贞定王十一年、越王鹿郢六年（前458年）	"於越子鹿郢卒，不寿立。"（不寿，《越绝书》作子翁，《吴越春秋》作翁，或以为即金文丌北古）	今本《竹书纪年》、《史记·越王句践世家》、杨宽《战国史事编年辑证》
周贞定王十二年、越王不寿元年（前457年）	越王之子朱句铸造两批铜格铁剑，铭文作"越州句，越州句，自作用剑，自作用剑"，或在本年	曹锦炎《鸟虫书通考》
周贞定王十三年、越王不寿二年（前456年）	六月，朱句以太子身份代表越王登衡山祭祀南岳，刻石岣嵝峰，碑文称"唯王二年六月丁酉，承嗣越臣宪亘朱句……盟于此曰：虔主山麓，汝弼益福"	曹锦炎《岣嵝碑研究》
周贞定王二十年、越王不寿九年（前449年）	"越人来（秦）迎女。"	《史记·六国年表》

续表

年月	大事内容	资料来源
周贞定王二十一年、越王不寿十年（前448年）	"於越子不寿见杀，是为盲姑，次朱句立。"（朱句，《史记》作翁，《越绝书》《吴越春秋》均作不扬，出土青铜剑矛均作州句）	今本《竹书纪年》
周贞定王二十二年、越王朱句元年（前447年）	楚惠王伐蔡，"蔡恃越而亡"。	《史记·六国年表》、《战国策·齐策五》、金正炜《战国策补释》
周贞定王二十四年、越王朱句三年（前445年）	越的同姓国杞（今山东安丘县）被楚惠王所灭，复以"楚之兵节，越之兵不节"，在长江水战中败于楚。	《史记·六国年表》《墨子·鲁问篇》
周贞定王二十八年、越王朱句七年（前441年）	越令尹宋与赵桓子及诸侯之大夫盟，"遂以伐齐，齐人焉始为长城于济"。	清华简《系年》
周考王三年、越王朱句十年（前438年）	墨子弟子说越王大悦，越王"请裂故吴之地，方五百里，以封子墨子"，墨子以"越不听吾言，不用吾道"婉拒；墨子评议，"今天下好战之国，齐、晋、楚、越"，"今以并国之故，四分天下而有之"，"南有楚、越之王，而北有齐、晋之君，此皆砥砺其卒伍，以攻伐并兼为政于天下"，当在本年前后。	《墨子·鲁问篇》《非攻下》、《节葬篇》、梁涛《墨子行年考》
周考王十年、越王朱句十七年（前431年）	楚惠王伐莒，"莒恃越而灭"。	《史记·六国年表》《战国策·齐策五》
周考王十一年、越王朱句十八年（前430年）	"（赵卿）赵狗率师与越公朱句伐齐"，攻破齐国长城，"越公、宋公败齐师于襄平"。	清华简《系年》
周威烈王十二年、越王朱句三十四年（前414年）	"於粤子朱句三十四年灭滕（今山东滕县西南）。"	古本《竹书纪年》、今本《竹书纪年》
周威烈王十三年、越王朱句三十五年（前413年）	"於粤子朱句三十五年灭郯（今山东郯城西南）。""於越子朱句灭郯，以郯子鸪归。"某王孙阵亡，正月，越王铸造青铜歔钟，答谢致赗诸侯，铭文"王欲复师，择吉金自作禾钟，以乐宾客，志劳赗诸侯"，或在本年。	古本《竹书纪年》、今本《竹书纪年》、曹锦炎《朱句钟跋》
周威烈王十四年、越王朱句三十六年（前412年）	越王先后铸造两批青铜剑，铭文"越王州句州句之用剑。唯余土利邶"，流露迁都回吴意愿，或在本年前后。	曹锦炎《鸟虫书通考》

续表

年月	大事内容	资料来源
周威烈王十五年、越王朱句三十七年（前411年）	"於粤子朱句三十七年卒。""於越子朱句卒，子翳立。"（翳，《越绝书》《吴越春秋》均作无彊，误；出土剑矛铭文作旨医、者旨不光、不光、不扬等）"齐庄子请攻越，问于和子，和子曰：'先君有遗令，曰无攻越，越猛虎也。'庄子曰：'虽猛虎也，而今已死矣。'"	古本《竹书纪年》、今本《竹书纪年》、林春溥《战国纪年》、《吕氏春秋·顺民篇》
周威烈王二十二年、越王翳七年（前404年）	越王翳联合韩、赵、魏三晋伐齐，"齐与越成，以建阳、郎陵之田，且男女服"，越国迫使齐国割建阳（今山东临沂北）、郎陵（与建阳邻近）等领土，且提供男女奴仆，"越公与齐侯贷、鲁侯衍盟于鲁稷门之外。越公入飨于鲁，鲁侯御，齐侯参乘以入"。	清华简《系年》
周威烈王二十三年、越王翳八年（前403年）	越王翳铸造两批青铜剑，铭文"越王越王，者旨不光，自作用剑"，"唯尸（夷）邦旨（稽）大"，自居"夷邦"，又自许数我为大，或在本年。	曹锦炎《鸟虫书通考》
周安王十年、越王翳十九年（前392年）	越王翳铸造一批编钟、镈，告诫太子，铭文"唯越十有九年，王曰：者汈，汝亦虔秉不汭泾德，以克总光朕躬……用偶烈壮……勿有不义"。	郭沫若《者汈钟铭考释》、董楚平《吴越徐舒金文集释》
周安王十一年、越王翳二十年（前391年）	"缯（在今山东枣庄东）恃齐而悍越，齐和子乱，而越人亡缯。"	《战国策·魏策四》
周安王二十四年、越王翳三十三年（前378年）	"於粤子翳三十三年迁于吴"，都城自琅琊迁回今苏州。	古本《竹书纪年》
周烈王元年、越王翳三十六年（前375年）	"於粤子翳三十六年七月，於粤太子诸咎弑其君翳。十月，粤杀诸咎。粤滑（乱），吴人立子错枝为君。""七月，於越太子诸咎弑其君翳。十月，越人杀诸咎。越滑，吴人立孚错枝为君。"（诸咎，出土青铜器铭文作图寿、者汈）	古本《竹书纪年》、今本《竹书纪年》、杨宽《战国史事编年辑证》
周烈王三年、越王孚错枝二年（前373年）	"大夫寺区定粤乱，立初无余之。""於越大夫寺区定越乱，立初无余，是为莽安。"（初无余之、初无余，《史记·越王句践世家》作之侯）	古本《竹书纪年》、今本《竹书纪年》

续表

年月	大事内容	资料来源
周显王八年、越王莽安十二年（前361年）	"（初无余之）十二年，寺区弟思弑其君莽安，次无颛立。""於越寺区弟思弑其君莽安，次无颛立。"（无颛，《庄子·让王篇》《吕氏春秋·贵生篇》作子搜）	古本《竹书纪年》、今本《竹书纪年》
周显王二十六年、越王无颛十八年（前343年）	"於越子无颛卒，是为菼蠋卯，次无彊立。""王无彊时，越兴师北伐齐，西伐楚，与中国争强。"（无彊，或以为出土青铜剑铭文中的丌北古）	今本《竹书纪年》、《史记·越王句践世家》
周慎靓王二年、越王无彊二十四年（前319年）	楚"东有越累"，因"城广陵"而拒之。	《战国策·楚策三》、《史记·六国年表》
周赧王元年、越王无彊二十九年（前314年）	中山国王铸鼎，铭文谓"昔者吴人并越，越人修教备保，五年覆吴，克并之至于今"。	《中山王鼎铭文》
周赧王三年、越王无彊三十一年（前312年）	"越北伐齐"，齐王使使令其释齐联魏伐楚，于是"越王使公师隅来（魏）献乘舟始罔及舟三百、箭五百万"，"越窥兵通无假之关"，楚、越对决，楚"五战三胜"越，楚亦"陈卒尽矣"。"越甲至齐，雍门子狄请死之"，"越人引甲而退七十里"，又"引甲而归"，或在越北伐齐初。	《史记·越王句践世家》、古本《竹书纪年》、《战国策·楚策一》、黄以周《儆季杂著·史说》、《说苑·立节》
周赧王四年、越王无彊三十二年（前311年）	"（楚怀）王使邵滑之越，五年而能亡越。"（邵滑，此前以越人而为楚大司马，史料又作召滑、昭滑、卓滑、悼滑、淖滑等）"（秦）惠王卒，子武王立，韩、魏、齐、楚、越皆宾从。"	《韩非子·内储说下》、《史记·秦本纪》、林春溥《战国纪年》、黄以周《儆季杂著·史说》
周赧王八年、越王无彊三十六年（前307年）	越内乱，楚怀王举兵伐之，"大败越，杀王无彊，尽取故吴地至浙江"，"越以此散，诸族子争立，或为王，或为君，滨于江南海上，服朝于楚"，"楚南塞厉门而郡江东"。今宁波一带"越涌君嬴将其众以归楚"。"越王……允常子句践，大霸，称王，徙琅琊，都也；句践子与夷，时霸；与夷子子翁，时霸；子翁子不扬，时霸；不扬子无彊，时霸，伐楚，威［怀］王灭无彊，无彊子之侯，窃自立为君长；之侯子尊，时君长；尊子亲，失众，楚伐之，走南山。……无彊以上霸，称王；之侯以下微弱，称君长。"（之侯，据《吴越春秋·句践伐吴外传》应作玉）	《史记·越王句践世家》、《甘茂列传》、黄以周《儆季杂著·史说》、李学勤《越涌君嬴将其众以归楚之考》、《越绝书·越绝外传记地传》

· 343 ·

续表

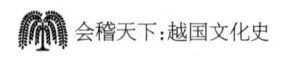

年月	大事内容	资料来源
周赧王二十六年（前289年）	苏秦说齐闵王，"天下遍用兵矣，齐、燕战而赵氏兼中山，秦、楚战韩、魏不休，而宋、越专用其兵"，无疆之后越国各君长仍有相当实力。	《战国策·齐策五》
周赧王二十七年（前288年）	苏秦说齐闵王，对齐不构成威胁的国家，"楚、越远，宋、鲁弱"。	《战国纵横家书·苏秦谓齐王章一》
周赧王三十年（前285年）	无名氏说秦御史起贾，设想五国伐齐、肢解齐地的后果，"楚割淮北，以为下蔡启□，得虽近越，实必利鄡"，越国当已收复不少楚江东郡地。	《战国纵横家书·谓起贾章》
周赧王三十四年（前281年）	楚人以射猎为喻，劝顷襄王四出征伐天下，"北游目于燕之辽东，而南登望于越之会稽，此再发之乐也"，说明越国仍然保有浙东地区。	《史记·楚世家》
秦王政五年、楚考烈王二十二年（前242年）	楚春申君由淮北改封江东，"因城故吴墟，以自为都邑"，其"蛇门南面，有陆无水，春申君造以御越军"。"春申君黄歇于吴墟西南立菰城"。姑苏南"有西岑冢，越王孙开所立，以备春申君，使其子守之，子死，遂葬城中"。姑苏"娄门外马亭溪上复城者，故越王余复君所治也，去县八十里，是时（楚考）烈王归于越"，"娄门外鸿城者，故越王城也"，"马安溪上干城者，越干王之城也，去县七十里"，"摇城者，吴王子居焉，后越摇王居之"。菰城、西岑城与这些越城应均始筑于本年或稍后。	《史记·春申君列传》、陆广微《吴地记》引《越绝书》佚文、《嘉泰吴兴志·城池》引北宋《续图经》、《后汉书·郡国志·吴郡》安县条下刘昭注引《越绝书》佚文、《越绝书·越绝外传记吴地传》
秦王政九年、楚考烈王二十五年（前238年）	"巫门外糜湖西城，越宋王城也，时与摇城王周宋君战于语招，杀周宋君"，"通江南陵，摇越所凿，以伐上舍君"。春申君被杀，江东越国各君长自相戮并。	《越绝书·越绝外传记吴地传》《史记·春申君列传》
秦王政十四年、楚幽王五年（前233年）	"吴[越]、楚、燕、代谋为一举，而欲伐秦，姚贾……为秦往使之，遂绝其谋。"	《韩诗外传》卷八
秦王政二十五年（前222年）	"王翦遂定荆江南地，降越君，置会稽郡。"	《史记·秦始皇本纪》